I0567211

BESTACTIVITYBOOKS.COM

Copyright © 2021 DELTA CLASSICS

Tous droits réservés. Aucune partie de ce livre ne peut être reproduite ou utilisée de quelque manière que ce soit sans l'autorisation écrite du détenteur des droits d'auteur, sauf pour l'utilisation de citations dans une critique de livre.

PREMIERE ÉDITION

Dépôt légal, Août 2021

Illustration Graphique Extra: www.freepik.com
Merci à Alekksall, Starline, Pch.vector, Rawpixel.com,
Dgim-studio, Upklyak, Macrovector
& Freepik.com Designers

Découvrez des Jeux Gratuits en Ligne

Disponible Ici :

BestActivityBooks.com/FREEGAMES

5 ASTUCES POUR DÉMARRER !

1) COMMENT RÉSOUDRE LES MOTS MÊLÉS

Les puzzles sont dans un format classique :

- Les mots sont cachés sans espaces, tirets, ...
- Orientation : Les mots peuvent être écrits en avant, en arrière, vers le haut, vers le bas ou en diagonale (ils peuvent être inversés).
- Les mots peuvent se chevaucher ou se croiser.

2) DONNEZ PLUS DE PIMENT AU JEU !

Un espace est prévu à côté de chaque mot pour noter de nouveaux termes, des traductions ou des observations.
Cette édition vous offre un **CARNET DE NOTES** très pratique à la fin du livre.

3) MARQUEZ CERTAINS MOTS

Vous pouvez inventer votre propre système de marquage. Peut-être en utilisez-vous déjà un ? Sinon, vous pourriez, par exemple, marquer les mots qui ont été difficiles à trouver d'une croix, ceux que vous avez aimés d'une étoile, les mots nouveaux d'un triangle, les mots rares d'un diamant, etc...

4) FACILE À DÉCOUPER !

Les jeux sont imprimés avec une marge extra large permettant de découper facilement la page du livre. Certaines personnes peuvent trouver plus pratique de les résoudre de cette façon.

5) VOUS AVEZ FINI TOUTES LES GRILLES ?

Allez à la section bonus **CHALLENGE FINAL** pour trouver un jeu gratuit à la fin de cette édition !

Simple et Rapide ! Découvrez notre collection de livres d'activités pour votre prochain moment **de détente** et de plaisir, **à juste un clic de distance !**

Trouvez votre prochain défi sur :

BestActivityBooks.com/MonProchainLivre

À vos marques, prêts... Partez !

Saviez-vous qu'il existe environ 7 000 langues différentes dans le monde ? Les mots sont précieux.

Nous aimons les langues et avons travaillé dur pour créer les livres de la plus haute qualité pour vous. Nos ingrédients ?

Une sélection unique de caractères faciles à lire, trois belles parts de divertissement, puis nous ajoutons une cuillère de mots difficiles et une pincée de mots rares. Nous les servons avec soin et un maximum de plaisir pour vous permettre de résoudre les meilleurs jeux de mots mêlés qui soient !

Votre avis est essentiel. Vous pouvez participer activement au succès de ce livre en nous laissant un commentaire. Nous aimerions vraiment savoir ce que vous avez préféré dans cette édition !

Voici un lien rapide qui vous mènera à la page d'évaluation de vos commandes sur Amazon.fr

BestBooksActivity.com/Avis50

Merci pour votre fidélité et amusez-vous bien !

De la part de toute l'équipe

Puzzle 1

```
結 故 出 ぼ 圧 室 登 社 お 海 摘 ん 乗 加 場 子 意
ろ 明 確 に ク ど を ニ 金 ぽ 報 や 算 賃 供 れ ク
ス テ ー ト メ ン ト お ニ じ リ 再 私 の た 退 れ
ド カ ニ 向 然 オ サ サ ニ ょ 合 開 囚 向 ち を 化
リ 乏 コ 重 能 イ 通 覧 も だ せ 応 リ ス 妹 歩 に
ン 応 ル 海 話 サ 化 圧 出 レ ト っ で 退 進 ぐ つ
ク ヌ バ サ 重 ニ ゴ 合 ぎ 写 私 報 の 育 む い
ノ 囚 化 重 ゴ 権 結 方 狙 っ 写 意 鳥 物 ぎ チ て
む 読 き レ 能 ー ベ 応 写 私 ぎ ぽ 質 上 側
故 摘 デ ゅ 報 育 ぽ 方 然 む 退 妊 の 記 ま
結 覧 ー タ 金 写 ヱ 本 や 育 歩 室 信 カ つ
通 合 阪 が 然 解 報 登 無 や 特 京 号 ラ
百 意 然 コ ざ ょ だ 狙 ッ 所 定 海 圧 ス
ゃ 開 チ レ 精 ぎ ヱ 出 ク ニ る 退 両 親 能
カ ラ ス 精 ぎ ヱ 出 ク ニ っ 室 退 せ ぎ
```

信号
妹を
バルコニー
手の
データが
鳥の
について
特定
ライオン
ステートメントを
家賃の
子供たちは
物質の
カラス
明確に
ゴール
乗算
上記
ドリンク
両親

Puzzle 2

```
ヒ ぎ ふ 頻 報 サ ぐ 精 何 開 砂 コ 開 暫 て ス ガ
通 合 く 繁 妊 画 れ 投 狙 ホ 安 室 ル 発 ひ プ ツ
読 し ょ に 論 す 非 難 仕 上 能 ノ ノ 囚 安 レ ニ
マ ウ 報 投 る ベ 故 再 コ ふ 芸 愛 ッ む
故 ス ォ 愛 ー ト ノ ン 登 能 写 む ぼ 話 ハ ド 嶋
モ ハ タ セ カ 精 度 お て し テ 進 ラ
チ や 愛 ー キ 場 百 育 ノ じ ヒ 能 何
医 シ ッ ョ ト が 然 暫 権 っ ぽ ハ ト ス
学 重 く 安 ま 辞 精 意 リ セ 画 最 食 消
話 リ せ ヒ も ス っ 重 を も 事 え
セ 安 登 ヱ 防 リ 再 サ 幸 だ ニ
ひ 再 リ き ビ 定 ぐ 応 芸 ク せ 意 能
海 結 出 テ き ベ に 選 進 方 モ な 加 乏
ど っ 砂 コ で 議 は ヌ お 歩 サ 砂 応 安
だ 出 砂 エ 芸 ぐ で 覧 ノ リ ま 安 能 室 砂 場
```

会議は
ガス
ウォーク
ショットが
防ぐ
医学
消え
ベビー
精度
する非難
法定
壁画を
仕上げ
開発
セキュリティを
マスター
スプレッド
最も幸せな
食事
頻繁に

Puzzle 3

```
ょ ラ で 選 択 す る ボ モ ル 全 ス 選 解 結 ナ ひ
結 無 イ れ 方 ま 沈 カ リ ヒ 員 ヒ 出 ひ 軌 レ せ
ト や 芸 読 ラ だ を 黙 お ュ の 昨 る 道 多 ー き
ヒ 場 京 応 ブ ク 登 室 リ ー 日 ム コ モ ニ タ 愛
ふ 最 的 に は 消 る 室 ス ム 無 登 ド ニ ュ ー 合
最 終 場 向 で し ホ ス ゴ そ 報 シ ヒ ま 妊 サ 摘
サ 摘 育 お て だ 開 ド 私 り の ニ ツ っ 娠 ひ 応
登 ネ ぎ れ っ 育 し 退 妊 歩 私 ス 意 も キ 加 ひ
ハ 重 ミ っ 京 海 報 暫 ょ ひ 卵 芸 選 ん ャ ひ ノ
や 私 結 二 社 写 項 ハ 水 卵 故 報 だ 解 ン プ 投
能 せ 室 じ モ 報 目 弟 泳 ト だ 再 テ ま や 砂 側
暫 乏 開 辞 囚 出 き 囚 ハ を 応 登 ど 然 投 圧 二
会 会 論 囚 保 応 だ 何 然 家 社 ろ つ 所 ヌ ん ゅ
合 論 所 圧 存 社 だ て 安 は ク ど ぼ 故 精 側
進 所 解 ハ 場 二 て 家 は 安 ク ど ぼ 故 精
```

Puzzle 4

```
必 読 写 意 ク 向 登 重 百 チ つ ぽ じ ぽ ク 論 ふ
せ 死 阪 ト ざ の 間 時 解 ぽ 側 新 ょ ひ カ ソ 場
狙 化 意 能 べ 真 で だ 出 ぽ 解 鮮 ひ 嶋 二 解
話 ふ ニ 加 何 ボ イ 子 セ 解 論 動 進 会 に 精
ヒ 安 写 応 圧 ハ カ 覧 ド べ ざ き 私 サ 危 読
マ ラ 阪 ス だ ド ヌ 側 ソ 側 故 の 狙 私 険 通
ッ ビ む 登 応 ヌ 何 ド ノ 囚 だ 乏 化 だ な テ
プ タ ヌ 意 ク ま べ 弱 選 解 べ 合 狙 エ ひ で
は ミ ス つ ヒ ベ レ 何 化 会 摘 烈 選 解 ク ぼ
、 ン だ 論 ス 読 阪 レ ラ 報 い 熾 権 ド 報 育
む 側 む 育 ト 後 で イ イ 辞 ハ 選 安 の せ ス
私 ま ぎ 能 ア で 応 解 オ ヱ 歩 い く 愛 雨 ク
興 ま 深 い 場 然 社 再 ン ホ 合 ハ つ か 量 れ
味 ト 進 読 出 所 選 解 の ぼ ま 歩 場 ど の 応
結 ト っ ニ 登 ヌ 選 ぎ 重 ま 通 良 芸 方 京 写
ざ 結 っ 登 ぎ ヱ ノ れ い 室 報 せ 場
```

Puzzle 5

能化歩達私だひせ再側ル妊摘合ひ歩辞
場覧で成ルソま退登辞ヱ読話登弱も論
説も無してヌレぼ場写ツスノドリくロ安
だ明重てヌせ愛ヱ育スーベノピろ登所で
ざ乏す登せ破す壊る然だンリクプれメ精
お側のトトの場けの植物報海ジトーノ権
ノ狙ルヌ暫回金だ結社海無船ラ無再登ドぎ
ヌ暫教会きや故ど京報私無じ能ぼ重でハ登ル
メしグ摘や故応砂ハ向私たじハぽ証チ登読
芸ディウ無乏傷向私じろ重登証拠芸
多室ウ辞芸乏傷意退ろ合ヱどひどひ登育
読べ権所意テ芸退ろ合ヱどひ膨の親の辞
ひ室大所、きテ合芸合ヱどひ登親の乏
膨大詳細は、

クリーン
膨大
スノードロップ
回避
証拠
説明
教会の
詳細は、
メディア
達成します
ミイラ
リピート
メッセージ
だけで
の親の
傷ついた
破壊する
ウィグルの
船を
の植物

Puzzle 6

ほぼ
キー
入植者が
変更
競争
セキュリティ
に空
結ば
ブドウ
同様の
ゴースト
たかっ
の価値を
カップ
品質
有料
シリーズは
強打
世界
ステーション

画画金芸強だソ辞読暫本ヱぎ方シろぎド
権画解海打しノ合く金有料リ競権争社て
ドド品会変ぽたお論ブ私ぽ二権はずぎニ多
く品変京セぽ更かソ阪ド写暫ウ解結ば何辞圧
弱質ぽる阪っ重故し暫育意ばツ論京金開
通ェ重退たど阪ゴースト百暫育室く乏サおまひ私
読トャ報場応ス安ろ解室私ぎ囚ヌざ狙
カ京スほせど阪ト意ぎ世界入妊がひトサ
ップステーション応場サ愛ニ入植ヌ選て精加
ひラまひカ阪ノヌ何植スクホ
然多読能せろやっ解意ぎ応能百価値を
場ゅむせ投やや妊ひ室キ化ぐの値を
コっ結投故妊ひ室応ィ化の価値を
囚弱故の私通芸ぎ応ひ化ぐ
妊同様の私通芸ぎ
つ

Puzzle 7

```
不 ゃ お ハ 場 ハ 摘 乏 ひ サ ク ょ 会 感 ワ 権 通
安 だ 一 所 イ ラ 私 き 愛 し 画 テ 所 触 イ ど 妊
定 れ 致 ニ 海 囚 妊 っ 会 ノ 阪 ヌ ヤ ど 教 会 阪
変 写 す 芸 サ 組 ト 京 圧 だ っ 子 犬 ー 応 登 結 嶋
む 位 る 応 ヌ 織 側 投 解 報 ヱ ノ 権 ケ む 登 再
本 ふ 化 バ 狙 っ 投 開 せ ん ホ サ 解 重 画 歩 風 狙 開 砂
社 だ ク ヱ ホ 登 然 開 ヌ ヌ モ ニ 日 曜 金 方 本 再
然 側 方 結 ぐ ひ 京 暫 店 退 ニ 日 曜 金 方 多 合
廃 読 再 し 再 応 ク コ 合 登 写 能 場 ど 、 テ ヱ 愛 金 権 化 私
液 ど 進 摘 加 コ 重 ぎ 父 ャ の 場 ゃ 向 解 結 モ
ハ や 能 ま コ い 父 ゃ の 場 ゃ 向 解 ト 結 モ 摘 ニ 話 愛
れ 写 海 モ サ ゃ の 場 ゃ 向 解 結 モ 摘 ニ 話 愛
ソ
モ
```

父の
その
変位
ケーキの
金曜日の
ワイヤー
感触
バック
不安定
子犬
教会
店の
組織
重い
、風の
廃液
一致する
ハイライト
コレクト
スキル

Puzzle 8

女の子は、
ドクター
イカ
チキン
現在の
トーク
ノート
チェリー
ラウンド
ブック
の異なる
ナビゲート
実行します
困ら
目に見える
リーク
レース
典型的な
法的には
飛行機の

```
芸 や 法 る 育 摘 出 方 れ ぼ ヌ 論 妊 っ ひ ろ ろ
登 ノ 妊 的 囚 京 ド ゃ 百 テ 画 会 べ ぼ ぎ 海 出 だ
ル スー 権 に チ だ ヌ ひ リ ー ク 開 私 ひ 海 の 金 場
阪 安 ト 解 は っ 困 向 女 リ ッ れ 現 の 機 行 れ サ
応 トー ク サ 場 投 安 ら の ェ ブ モ 在 じ 飛 芸 圧
芸 ー っ 話 重 狙 れ も 子 チ コ え な 行 権 嶋
で ゲ 投 退 き 金 ど 本 は 目 見 登 異 の っ ク
ヱ ビ ぼ ぽ 愛 摘 ノ せ 金 ド 、 に 能 話 ル 能 ラ ふ
ニ ナ だ エ せ む ょ エ ッ タ 論 場 お や ス や 場 ク
所 乏 精 実 行 し ま す ー カ 然 ツ て れ 摘 ぎ ド
意 ふ ヌ ク 方 画 ぼ 圧 も 育 ラ む イ 権 だ 退 ろ ぎ
せ ヌ 精 向 砂 ヌ ろ ひ ラ 読 カ 故 ゃ テ じ リ
べ も 場 お ル レ 論 ひ ウ 退 権 無 ょ だ セ
阪 ソ 社 だ で だ 典 型 的 な ド む キ 無 無 セ リ
```

Puzzle 9

てょれ能セ応結化能出る私化何弱場報
妊何だや退解つ場どしもぐ英レ権ふろ
読育戦い摘しクひニ囚セ囚話進嶋弱カ
野位いのレ愛ニ会ょエ報つつ方ラ否リ
球置の供サ方登土場愛応囚写海ど登決を
ルが供サ子土曜歩投画やニょラ百否測
囚愛子証方日ヌ一緒化囚ろ喜ん突再無
開圧明無日緒に含どまひ結金囚風登読
ゅ育する無化どれじざれまひ辞乏ひゅ
ツ合重る化含ざまひ結囚加レ精ヒ応だ
形登じ化含どれ結金読投乏カ権歩べ
大型トラックれ読弱投応ラ向金選ざ
ヌぼ多芸ひ開弱て投応ラ画や化重ぎ
会投じ画ホ狙ス覧応ラ画や化重ぼ

野球
土曜日に
一緒に
大型トラック
安い
拒否
位置が
英語
、グランド
到着
突風
戦いの
決定を
喜ん
子供の
測定
病院
証明する
形式
含まれて

Puzzle 10

スペル
ゴム
を過ごした
トンボ
動物園の
日時計
スペルの
結婚
エネルギー
ムーン
もたらした
連想させます
達し
選ぶ
つつく
送信
顧客
見え
、キャベツ
、必ず

、ま選ゃ側エべだ写海二投ひ弱ノ社出
必話ぶ解ルネ場ぽヱ安ノふ乏ょ阪画
ず覧顧ひコひも登読安く育論精ヱもっ
だリ客進べ囚ふギ達たひ応精もやレ金
ツ読権進でふスたーしひむやスせ精
ろ登リト重会らルぎ進ょ連だ結ょ
故投カ結結育じたスぎご重想さサ婚む
報報ツ婚た然登ぽ狙過圧連さヒだひ
サざじふ私登ホふドさせぼトン
場ぐトン暫まぽ海意チャ所せま妊ボ
故ひ結応ャ海スト投チムつ日ますっ
まホ室ふ海スぺル狙故二時ぽ嶋すー
登結ま故海通ペ意の多計妊っトン
所向ざ室狙ふ化通ルぎ狙送加何本ヌ
退ざし見え化セ嶋歩園送ド嶋妊通海
退し見えセ二動ド本する金通ニヌ

Puzzle 11

然 サ む ふ ト 出 能 読 論 ス ま 何 意 狙 囚 解 だ
乏 ハ 歩 話 無 国 や 芸 、 は ト 精 コ 通 報 コ じ
ト 精 ノ 弱 ニ 際 し 百 の ク ニ ロ ノ 辞 ニ 京 ス
グ コ 祖 ゅ つ 場 わ の 靴 二 加 登 ぼ 伴 京 一 嶋
ざ ル 父 ー 摘 ぐ 向 の 砂 辞 が 写 り う ワ 金 社
故 ド 無 ワ 合 武 イ の 芸 が 芸 も 方 話 況 化 き
ク 無 海 プ 器 の ン バ 退 チ 結 じ 暫 ま ラ フ 合
マ イ ナ ー の 花 ひ ク ト チ 権 歩 ア 状 フ リ き
出 多 能 選 ひ も だ モ 本 べ 愛 通 権 態 リ 安 つ
ど 登 投 応 る 意 く 論 乏 っ 辞 写 っ 側 カ だ 進
愛 ゅ も ス ト 本 論 権 隠 す 登 ヌ ぼ 再 セ ク だ
ド て る ト ま ヌ 能 投 乏 る 投 ょ ス 出 ラ ベ 場
解 結 化 京 ゃ ぎ 方 投 開 報 乏 ヱ ひ む コ 場 だ
退 ハ し ひ 登 精 ろ ゃ 開 報 乏 ヱ ひ む コ
ん モ

花が
ストロベリー
チェア
国際
インチが
祖父
状態
カリフラワー
隠す
グループ
靴の
しわの
砂の城は、
バンワード
ウズラ
伴う
武器の
ゲートは、
マイナーの
状況を

Puzzle 12

の買い
画像が
示した
快適
高級
スタイルの
出版
機能
犯罪
ワールド
ロケット
笑顔
後に
冷たい
会社の
インタビュー
、ブロッコリー
コンドルの
七面鳥の
責任ある

示 し た 投 場 意 お 乏 ま エ 弱 れ も 退 開 ぐ の
ょ ワ エ ー リ コ ッ ロ ブ 、 せ ひ 出 多 版 買 い
画 レ ー サ 向 故 囚 ケ ぽ ニ ょ 退 室 芸 も 再 写 で
像 退 だ ル 安 笑 顔 ッ る 阪 む 犯 カ ク 無 モ ツ も 化 ク
が 出 き 歩 ド 進 社 ト ニ 会 ゅ 開 ソ 論 ぼ ラ ビ ク ま
ま 室 百 ま エ チ ハ 登 狙 く じ 覧 ソ ベ ょ 弱 ュ む 投
エ 故 囚 お ス ヱ 会 モ ヌ だ ク 出 ド ぎ 写 ー 二 っ
七 面 鳥 の 妊 サ ノ テ ト ざ 向 イ レ ぼ サ 阪 ル の
ぼ サ ヌ 意 イ サ テ 論 ぐ ン ド 冷 快 適 ぎ 圧 砂 高
会 妊 読 ソ ル 芸 画 側 安 ぼ ち 重 出 チ 摘 ン 級
ゃ 社 て 圧 の 向 室 ぼ 登 育 安 選 辞 登 ド
機 能 の 責 テ も ぼ ょ ラ 投 や セ ン
後 モ ひ 進 任 向 ヌ せ ス 開 愛 コ て お
に む れ ヱ る 妊 故 開 だ 写 登 リ 愛 選 も 本 て お 高 級

Puzzle 13

暫 む ま 暫 だ ス カ ヌ 選 精 お コ だ ト ざ
て 再 論 も 圧 金 し で き ラ せ 砂 乏 ろ き
ホ 会 ょ 化 セ 然 エ 通 モ き 場 金 話 囚 て
ヘ 辞 化 応 ス ひ ス 開 だ 摘 然 砂 重 会 ぎ
ッ 通 阪 登 カ や っ だ な る 能 報 登 ル で
ジ の 嶋 に ー き 写 再 側 妙 共 本 京 ド 基
属 て 然 会 フ 会 シ 囚 巧 も 通 登 シ ニ 本
だ し か リ 狙 レ ー ニ 意 ぽ 京 プ オ ッ 会
し 止 つ 安 暫 ぎ お ケ っ ま 京 ス ッ て 百
や 停 多 ニ 能 ス 摘 ン へ 社 シ オ セ 私 歩
ス 金 写 乏 ぎ 化 カ の 辞 ヘ 皮 ャ 写 方 し
ん で む ト 読 ハ ノ 出 合 ト ひ ン コ だ ぐ
圧 場 ス ま ふ カ 、 は ト ス ぼ ど ぎ ヒ 京
ル 安 ニ 妊 狙 ャ ニ 平 均 テ ラ だ ざ ド 向
ト 本 エ ト ド じ ぎ も ツ 金 室 話 権 室 ぎ

でき
基本
コントラストは、
ヘン
資格を
かかし
属し
共通
ヘッジ
停止して
シーケンス
巧妙な
オプションの
の後ろに
幸せな
スカーフ
テストを
平均
皮膚
スイカ

Puzzle 14

動機の
特に
許可
塗料は
おなじみ
制御を
捕捉
行為の
一部の
溝が
小さな
運ば
スカート
ライブ
サイクリング
ドライバ
自分を
生物学
輸送
熱くする

ぼ 行 だ 一 安 社 金 特 生 本 許 ド ラ イ バ ん ど
向 為 ス ソ 部 も に 物 故 可 阪 社 再 出 所 ツ 本
ク の カ テ し の 溝 出 学 囚 ま ゃ モ 囚 登 合 重
チ 解 一 側 サ 私 が ド 自 辞 ゃ 愛 リ 化 む ひ 登
ヱ 阪 ト 権 場 ト ホ 進 分 モ 愛 選 ス 応 る む 私
画 じ 化 百 る ラ て 故 レ 小 を 御 制 進 ぐ コ 化
ゅ 塗 意 レ ヒ る み ヌ 結 故 さ お や 金 京 ラ 百
本 料 社 輸 動 捕 捉 ヱ 狙 み な ク ん む ブ 登 ラ
ど は 熱 送 機 故 捉 愛 狙 じ 然 ょ ょ 京 イ 方 登
二 ざ く 暫 の 多 弱 だ 解 ん ひ 投 意 ブ だ 加 金
再 ど 暫 す 百 選 故 退 カ ょ ん 意 ラ だ 場 っ 論
む き る ツ じ も 加 精 画 セ チ ぼ 覧 イ ば 化 だ
室 だ っ 重 ヌ も 退 画 嶋 ト 結 で サ っ 登 意
ど 向 た 暫 何 ぎ き 精 読 登 ぼ ク 運 論 ょ
加 登 乏 弱 会 ぎ き ひ 読 嶋 登 ぎ っ 化 登

Puzzle 15

```
ど百論テだっニリ開バン何辞っ写出能
読チ愛進緩しひだハやぎお解結じ側報
ツニバ乏やショート朝論故もかテノ権精海ヌ向
れリひをいなれオーディションテらポスロク
歩ひ砂いオ側室進応てふあ明たラポッムクヌ
含ど化かトるま加ざテラポ報圧ひろスてむて
めも何加わ室応寝のヌ向ふあ選ウェ方論写画
せ弱だっま寝室の市らかのシれ加ひ安コむ退
に迅万人愛会む歩民べっ場工話権辞加写つ
側京結速二愛会ひだ権にっ場ラ京ひノ安加退画
悪故二ひょひだ通権歩民べっ場エ話権辞加辞コ
話い京せ通金弱暫画結ラ京ひノスコ退つ画
本ぎ狛多場狛弱暫画結ハテクレコ退つ画
```

バン
寝室の
かもしれない
市民の
かわいい
オーディション
緩やかな
バンを
明らかに
あたりの
含め
ポット
万人の
ショート
朝の
に迅速
クロス
悪い
ウェイク
シット

Puzzle 16

バルーン
また
も、
バイソン
ミル
第六
符号
成果
があり
痛み
嵐の
のウェット
、より良い
レポートは、
ロビン
土地の
感動を
カモを
グラフ
読ん

```
二会ログラフ痛摘多れツヌ摘応精覧圧ソ進ひ
通論ヌビ出みヱどバ歩ひ応サ私精サモざ狛論っ
所ヌテ暫ンソイバ圧砂ひ覧会はカだっま狛ス
チ報ぐ百ソ投場ビル歩レむポぽエ場んサ論っニ
し話能つ化妊ニ覧乏ぐ土ェだのスどぎ
話摘応感動おぎ会京むヒ何然の室ラ覧ニ
無スせ開能社狛をサ論写ふ圧覧乏符ぎ
囚せ読乏ノラ愛サむ成土地登リホもス号
向、よんヌクサカ応所れ無報ま果側ハセ符第六
べりノスヒやれっ論精阪京がハ開もっ号本
阪辞良ノ乏まカ応本精阪応応圧っ砂
画いたカだバルーンミノスおり投歩辞六
のウェット妊登嵐の権ニあ
ま結何し妊登嵐の権ニり投歩辞六本
```

Puzzle 17

ひ ハ つ ぎ ハ ー 阪 ク ラ 社 開 ア ぐ ょ ぎ 場 ひ
コ 芸 妊 圧 ノ ニ 定 ト ふ ぼ タ チ 報 論 画 の
ぎ せ ミ ラ ー 選 お の ゼ リ ー ミ ウ ロ チ 息 子 の 金
れ ざ 結 ゃ 辞 ヒ ョ ウ ミ ウ ロ チ ー リ 圧 無 方 線 ド っ
ぐ セ ソ 観 点 女 性 の セ 結 ホ れ 論 曲 画 ソ れ
ト 応 辞 点 数 小 グ ロ ー で 現 実 ジ ど ま ド ぎ
百 本 重 お 小 、 こ で や だ 選 出 進 砂 再 阪
有 す る カ 、 こ こ ト ト さ だ 海 京 重 退 意 ク 摘
で セ 話 加 ッ 所 所 サ ま 海 出 検 討 少 無 開 化
読 海 加 し 本 結 お ヌ ざ 重 退 ソ 向 何 側 写 向
チ ぼ 本 結 ヌ ふ ざ 海 京 だ 進 ヌ 少 な く と も
合 つ ろ じ ヌ 重 退 検 討 向 選 ぼ 少 開 論 然 出 本 せ
妊 む レ ド 阪 だ ソ 向 育 し 私 ク 懸 念 社 ぐ ヌ ょ 砂 化 ゅ で
故 れ ル ニ チ テ 側 し 所 懸 念 社 ぐ ヌ ょ 砂 だ ル
ど ル ニ チ テ

ゼリー
一定の
観点
ミュージカル
懸念
息子の
ヒョウ
現実
少なくとも
検討し
、小数点
ミラー
女性の
アタック
、ここで
カット
有する
クロウ
グロー
曲線

Puzzle 18

応 裁 出 コ 囚 場 無 の ス ト き ふ サ チ 弱 何 ヌ
合 っ 判 学 生 変 数 カ ん じ 側 暫 育 嶋 ク 精 ど モ
る 砂 摘 所 ス 変 辞 ラ 何 だ ぐ 嶋 愛 セ ヱ 然 ク
し 写 し が ス 愛 所 フ 乏 ひ 然 愛 を で 報 辞 応
故 場 や 阪 愛 ざ ま ル な ゅ 人 準 辞 ハ 出 側 出
場 ノ モ 私 パ ょ ひ 結 大 ラ 暫 ぼ 芸 む れ ノ
カ 精 結 ト フ ラ 意 乏 選 愛 辞 投 が い 高 二
く 進 無 ニ ィ ジ 画 写 ヌ 応 ヒ コ 話 権 退 再
む 権 ぎ セ ン オ 本 多 む 動 ぐ れ だ ン ド ポ
セ 私 歩 孤 テ ニ ノ ま 通 車 ハ ぎ ざ く で ヱ
ベ 進 孤 立 観 ざ 愛 う 語 の 小 ハ む き 精
ノ 権 立 退 察 で 妊 通 彙 の 麦 本 通 阪 て
サ 私 孤 結 登 暫 砂 読 サ 退 粉 二 加 や だ
ボ 孤 結 カ ブ 乏 妊 ふ ス の 加 ど 通 側
非 常 に 登 ろ ょ 場 む つ ル 故 れ

ポンドが
まで
カブ
パフィン
語彙
変数
観察し
ボディ
学生
のカラフルな
準備ができて
孤立
自動車の
しかしが
ラジオ
裁判所
、大人を
非常に
小麦粉の
高い

Puzzle 19

精 ヌ ス 百 京 した 摘 患 画 進 セ 進 ア 然 登 開る
本 っ 入 キュ 解 ぎ 者 芸 まま ノ 通 ク べ 狙 何 ひ摘
レ も 場 チ 室 説 砂 向 ク 加 合 ス 乏 れ む 読 多無し
ど 圧 室 く ー テ き 開 チ イ ス 妊 主 読 エ 話トリ
圧 進 百 育 ろ ピ ッ 室 辞 ス ケ 退 張 応 リ プリ
進 カ 写 ヒ 合 金 ハ 応 合 ジ 海 劇 妊 の カ 登弱
ぐ スタ まり ん 話 カ スス ジュ 嶋 覧 暫 意 コ ッ や種
ヌ 然 経 歩 囚 ド ひ レ む ど 出 場 は スモ ろ 無 種
で 加 済 側 金 ひ ド コ 文 化 金 ぎ サ 意 向 一 弱
応 弱 く ど ぽ 報 国 き ざ 場 通 育 明 投 弱 一 種
弱 摘 選 摘 モ 報 国 ざ 出 室 文 化 スコ 育 っ 妊
摘 退 ソ 登 応 歩 れ 敬 遠 ざ 場 通 ぐ どつ 妊明
退 ヒ 覧 正 歩 敬 国 民 画 きざ 場 通 ぐ どつ 妊
ヒ 無 正 を ぎ 敬 遠 ざ 場 通 ぐ どつ 妊明 日
無 正 をぎ 敬遠 ざ 場 通 ぐ どつ 妊 明日 種

語リスト:

スケジュール
アクティビティの
した
ハムスター
正を
入場
患者
解説
チェイス
経済
文化
劇場は
リップ
明日
国民の
主張
量の
敬遠
一種
キューピッド

Puzzle 20

安 れ 愛 家 具 通 でょ 所 投 合 ノ ホ ク 安 セ テ
早 い や ど 重 ラ サ や コ 解 そ ク れ 歩 囚 ク
会 ド 側 囚 ヱ道 徳 的 な ヒ 育 ぞ セ ホ ノ
ト つん ラ 会 まツ ひ な 画 重 っ れ 午 選 本 ロ
妊 室 合 金 報 ベ ぎ ヒ 嶋 登 カ 後 出 ぽ ジ
所 ぎ っ チ ャ キ だ ぎ 覧 重 レ 囚 側 ひ ー
笑 え チュ ガ セ ぽ 警 報 ろ ヨン 愛 け 向 出
精 安 投 ー ソ ヱ だ 官 ひ う 暫 金 ろ の 要
出 権 ブ リ 選 サ ぽ ぼ 社 ぎ 登 応 所 っ 因
ぼ エ ひ ャ ン どひ ヱ エ 進 カ ス どム 場 る
知 だ ソ 右 の ヌ つ カ ぼ 精 ぎ アー を 進
ゃ ら ま べ 話 能 出 ニ エ だ 論 会 ム 金 ト む
ろ 所 る ソ る て 精 多 育 ふ ぽ 結 ひ 二 重 ぐ
嶋 二 ・ ホ 笑 社 ぼ ま 社 安 愛 解 結 だ
ま 砂 笑える 精 育 ま ノ 安 じ

語リスト:

ガソリン
キャベツ
笑える
キャッチ
クレヨン
チューブ
テクノロジー
警官
それぞれ
右の
アームを
家具
午後
夕焼けの
早い
だろう
知ら
道徳的な
のソロ・
要因

Puzzle 21

感謝を乏た荒野や弱圧暫合ルコ所ア通
何ヒ市ひ向歩阪じチひ砂圧で重むイ解
通ト都妊ひ結京ん っヌ方側レ無ょデし
方明らかにすの愛然て海向シウかンて
方スニツ歩サ金読応進論海ムトのテど
ヌこスぎ投ト再てじく ぎ論確確ほィも
ゅともサ正読芸ゃ進も合セ大やテ育
ょがル報正論ぎぎく覧圧ル芸巨芸ィ社
論でざ確寛大もア簡合ゅ覧を本しィ覧
暫きト用なれア歩素圧ニ化育のや再ぎ
ぎる選品ざた簡カ化弱故ぽむれ暫ヱ出
会社覧用登育セウ簡海開ろ無だ読狙ヲ
狙加加ぽ社圧弱ンや海話っ再や会嶋つ
ひニニラも嶋登海化再開無進通進ラだ
ひホホで歩ヱくルゅひ投暖炉っど選社

、正確な
アカウントを
用品の
明らかにする
テントウムシ
の簡素化
ビール
議論の
寛大
荒野
巨大な
アイデンティティ
布の
感謝を
ことができる
都市を
のほか
暖炉
たくさんの
明確な

Puzzle 22

、質阪ツ狙ホも論ろフレル無むだ砂側
ニグ問囚クじ結文っ開ィベ表っそょん阪
おスレをでき然の愛ヌド面方らヱ再
だ覧せ一話て解百加読ルホすヌ応芸
つだおん歩だろ京権通ブぐべ健話選っ
サじん権ふちチむ精投知モトまれ与趣味
ニエ加重んサ神愛動はベ嶋る選え味合
オ実証ぐっヱハ社ツ摘物芸ッ室能ました写読
コ登側京ぼ投ひ退芸エ意辞写ニ入
ジヌ摘弱スぽ金チ退でド化問てカ場ヱ
ョぎ狙何くヒ私もコ室加百進ろ重
ゅ辞じてな投ソでだツ囚エ歩サ何ぎ報
ヌだ登ほだ開応海ぐだッ応海進む場報
京カ精何っプルを砂だぎれ百む場ろ

健康
表面
、グレー
入力して
フィート
与えました
なくなっ
プルを
ベッド
趣味
質問を
精神
そらす
実証
論文の
ブルーベル
オコジョ
通知
問題
動物は

Puzzle 23

だ ド 合 育 ぎ ト 側 し ス 割 せ 嶋 ぼ せ 合 ろ 退
圧 合 ぼ 海 や ル 私 っ リ ぎ 向 私 話 阪 本 論 ひ
ぎ 加 ド く ソ 化 ラ 多 私 再 れ 込 暫 圧 歩 っ ド
れ ス 、 再 利 ぼ 安 ろ 化 依 予 み 歩 応 ヌ 摘 コ
カ バ 登 ニ 用 化 可 な 所 存 測 ぐ 再 砂 安 読 ヌ
応 登 に 然 何 進 育 ぼ を 芸 ノ シ 砂 ク ひ 報 室
芸 に 意 重 要 育 追 し せ ラ シ ー リ の 重 本 の
も せ 常 非 セ ヒ 摘 加 ワ 結 ュ ス も 室 ブ コ
が リ 再 、 劇 き ョ ぎ シ れ リ も 重 ラ 場 カ
ト レ レタ 方 こ を ン ひ ー ソ 無 京 ま 室 ツ 室
ン グ つ 方 重 悲 ト ひ ヌ ぽ が 解 京 も ク 場
タ ラ っ 重 の 砂 ー 場 っ 歩 百 阪 然 食 会 ツ 室
ス 京 方 画 ー ポ 百 阪 然 食 っ 品 二 論 ク
ン ノ 室 せ ん な 摘 金 暫 投 ト 覧 ざ テ 報 圧 室 報

シャワーが
、非常に
カバ
ものの
割り込み
重要な
ソリューションを
、再利用可能なを
インスタントが
くらい
タレント
追加し
リング
サポートを
悲劇的な
、このような
食品
ブラック
予測
依存

Puzzle 24

トピック
サイ
修正
チップ
サングラス
示唆して
ノック
ストリップ
獲得
と考えている
手配
コミュニティは、
制限
緊張
速い
道を
つらら
バスケットボール
クック
国家

手 配 国 ノ ト ニ コ ょ セ 読 示 バ 辞 意 権 イ サ
ク 歩 家 ピ 読 ミ て 多 暫 唆 ス グ 場 ン サ ベ
安 ッ ひ ラ ニ ュ 読 ゅ 意 し ケ ヒ 修 本 正 方
精 ク 意 ッ コ ニ も 乏 ぼ て ッ ツ 砂 報 論 ょ カ
ろ ク く ク 社 テ 再 化 制 投 ト 解 ひ モ 砂 リ
所 摘 何 場 能 ィ 安 ぐ 限 砂 ボ 進 ソ 獲 意 レ 無
と 考 ソ 投 投 無 は ス 、 カ ー ど 出 レ ャ お
も え 狙 て 金 る 所 速 ツ 画 ト つ 意 ら ル ぼ ぎ
レ 阪 金 開 ホ ヒ 暫 い ラ 読 重 方 何 せ 本 で
ス 出 出 室 ヌ や ス し ニ 能 再 ょ せ 論 砂 コ
ト 多 ス ぎ 側 無 ふ 室 合 辞 場 海 意 無
リ 嶋 だ っ 道 を 摘 ヌ 故 て 応 ぼ 側 加
ッ ッ ラ 道 れ 緊 論 ッ 阪 辞 海 話 ぼ ぎ
プ ぎ ラ 摘 エ 意 張 安 ク 出 加 ソ ぼ 金 で
つ ょ チ っ ル ろ 育 ゅ 出 乏 ぼ だ テ ま だ 二 ぎ

Puzzle 25

フ イ モ チ 金 然 弱 ト ぼ 本 ニ 加 ク ソ 弱 再 お
能 ラ ス モ ぎ セ ょ ト 質 まし 的 合 ノ 芸 場 安 ・ビ
応 弱 京 メ 精 再 解 ス ぽ 的 化 退 選 最 報 室 ジ
弱 ざ 京 ェ ょ 然 京 ト ソ 的 二 終 歩 意 図 、 ネ
報 本 報 ぽ 金 真 応 ニ 精 退 無 選 金 す 加 れ ス
ま 報 ま じ 実 孤 独 な 圧 育 ヌ 向 狙 コ 権 ぎ 話
ト 圧 だ 芸 結 報 圧 せ 育 出 結 レ 加 ー 精 加 ハ
レ む 社 ひ ょ 投 能 ど 結 気 エ エ テ 年 や ト
ゃ ハ ベ ス の 読 ぎ っ ス 臆 精 ょ 間 側 通
チ ョ コ レ ー ト の 読 る 気 候 精 ざ も っ
や 覧 ぼ ス 出 登 る も っ ヱ 覚 え 気 病 の 頭 然
ょ 方 精 ざ コ 登 安 つ 場 登 選 候 私 側 ヒ ぎ
室 ト ツ ぽ 狙 登 れ 場 選 圧 嶋 病 者 の コ 百
ゃ お ぽ ひ 狙 意 通 圧 二 通 む ふ ル ト 頭 進
芸 ト ひ 百 然 っ リ 通 二 通 ひ ル ト 本 を 他

年間
フラグメント
もつれ
ものを
孤独な
トライ
・ビジネス
気候
百頭の
意図する
本質的な
チョコレートの
病気
他の
真実
覚え
、最終的な
臆病者
滅びるが、
コヨーテ

Puzzle 26

侵略
壮大
用語集
ツリー
リラックス
ドール
アクセス
関与
ヘルプ
ランダム
ことが多い
ヤード
雑用
委員会
フリッパー
キリン
特別な
肖像
寿命光
満足

っ 何 ス ヤ キ リ ン セ ぎ 無 フ 加 壮 応 ひ 阪 愛
し 弱 圧 ー 多 権 嶋 れ 場 リ だ 精 大 レ ソ 意
き ひ 方 ド 登 側 ヌ 芸 登 ッ き 読 寿 ド リ む
用 ぎ 出 論 ひ 海 し ル ひ パ 能 ろ 命 退 権 ヌ
っ 語 故 辞 ヱ ベ ク ス く ー 通 ひ 光 こ リ セ
ゃ 応 集 や ぎ ニ 無 弱 ま き 何 侵 論 と ュ で
百 ぼ 乏 本 愛 阪 暫 歩 ょ せ 投 略 て が ト 登
ア も 精 ヒ れ 辞 く 金 ん 何 海 故 エ 多 チ 辞
ス ク 肖 像 ッ ろ つ 退 せ 囚 阪 登 い テ ハ
レ 進 セ 故 ろ 解 べ ひ 京 無 嶋 り っ ク
特 別 な ス 然 投 ざ む 側 開 ろ ュ 方 応
暫 ッ 百 ク 結 足 ろ 暫 所 ス ベ じ ど ふ
プ プ き ッ 満 何 出 暫 で 開 雑 委 カ 進
ル ー ド ラ エ き 歩 レ 写 用 員 登 て
へ む 場 リ セ 能 ソ 妊 退 会 ス 化 海
ゅ チ 私 何 権 ランダム 登 れ

Puzzle 27

化 カ だ だ 塗 ひ ま 愛 京 歩 許 ひ 辞 芸 ヱ 選 阪
る 社 ド 出 ス る チェック 所 結 ハト 容 囚 覧 然 出 退 トゃ
阪 エ 所 歩 投 合 所 加 範 何 歩 だ 育 ッ 何 合 れ
ニ 化 ニ 側 も せ 進 会 狙 る 囲 レ 登 製 故 が お
投 裁 だ で 意 ニ 自 読 む 投 レ 何 無 嶋 京 結 在
再 判 れ 意 ひ ど 然 両 じ ニ 側 多 っ タイトル 重 狙 や
狙 官 解 ど い ト じ 精 の 態 状 然 精 無 ケ レ 辞
愛 ソ は ひ 登 海 報 無 意 再 粉 論 画 ル ポ ク し
能 力 は 登 用 通 て 再 き 状 画 ぐ で グ セ 芸 力
だ 多 引 用 無 砂 洗 濯 方 摘 ひ 磨 だ ノ イ 乏 辞
ゅ 引 む 無 通 無 砂 会 ラ 摘 ひ 歯 再 セ ノ 育 阪
本 む 無 砂 洗 濯 会 ラ 摘 ひ 磨 歯 ク 阪 育 報 合
無 愛 砂 多 洗 濯 会 ひ だ く せ 歯 で だ ノ マ ヌ
ふ 出 多 会 ひ だ く せ 磨 ク 再 ツ 阪 ノ マ 報 ふ
通 育 も ひ だ く せ 歯 ク 再 ツ 阪 育 報 ヌ ふ

楽しい
許容
自然
ポケット
タイトル
クールな
チェック
能力は
範囲内
マイグレーション・
歯磨き粉の
状態の
洗濯
裁判官
製品の
が存在
両方の
塗る
ひどい
引用

Puzzle 28

ト れ ぐ ノ ト く ぼ 百 ル 百 ド ぼ ク 本 ゅ 砂 摘
解 構 ひ ニ ラ る ヱ 芸 京 ょ ア 何 つ ヒ だ ラ 安
セ 阪 造 何 の な い ニ ト ん ト 多 論 だ セ 所 チ
精 き 力 報 の だ に 能 安 で 故 出 化 ま ハ 阪 室
任 命 重 化 嶋 再 ニ ヱ の り だ ク ニ お 多 ニ 側
ま ゅ 権 ク 選 投 話 ソ 価 見 だ つ 再 い だ エ ひ
本 エ ツ ぐ 圧 囚 囚 ル 格 じ つ け 所 し 権 暫 精
試 会 暫 れ 能 セ 出 ー べ け 弱 コ い 利 意 ま 応
ゃ 行 報 れ 海 ー ホ タ ろ 愛 ロ 私 ダ 投 ひ 骨
ま ぎ 本 育 割 ハ 金 ッ く ホ だ ホ 嶋 ロ 京 折
し ス 側 テ リ ト ヱ た カ タ ツ ム だ ヒ セ 無
た 安 だ ま 退 り 解 チ ぎ 登 ろ で 辞 ス エ 囚
写 妊 モ 解 摘 つ 問 安 登 然 テ 京 レ 権 意
会 む ん 囚 写 屈 砂 ぎ 故 で 室 注 私
側 応 多 投 ティーチ ぽ う ひ 画 っ だ 室 チ 意

セロリ
価格
のり
ました
割り当て
ドア
骨折
試行
見つけ
構造
カタツムリ
問う
注意
ティーチ
おいしい
クロコダイル
退屈
のない
セーター
任命

Puzzle 29

```
コ ぎ っ の も 弱 ひょ 会 し テ の カ 圧 多 私 通
し じ 解 芸 故 投 海 を ニク ひ も カ 合 歩 ノ ラ 論 側
場 写 然 ガイ デスク を ひ も チ 妊 ッ ペー カ ろ ス む お 金 ひ く
ゅ ろ 暫 ドクラ レー ド 社 応 摘 じ 面 登 常 積 騎 本 向 ド ゆ 圧
ゃ り て ライン 社 応 報 だ じ 能 ふ む 駐 は 朝 狙 ド ル ゅ ホ 結
合 圧 ー ど ぼ ン 故 囚 安 カ ニ 話 ふ ひ 阪 は 開 食 ど ゅ だ 権 ぼ 投
弱 側 ン は 、 セ 砂 再 論 だ 夜 の 狭 故 し ょ 選 囚 摘 妊 ハ 投
育 イ 退 論 を 加 て 社 多 べ す カ 狭 い 再 不 足 支 援 興 権
リ ア ラ イ ズ っ 動 私 サ ニ じ や 豊 富 な 方 ぎ 重 再 ノ 興 奮 ト
だ 室 き ど お き サ 登 能 辞 ホ 通 会 サ ス も ふ ド ト 権 ハ
で 進 結 会 能 辞 ホ 通 会 サ ス も ふ カ や じ 百 権
```

不足
のガイドラインは、
アイ
朝食
興奮
狭い
動き
のカップル
騎士は
面積は
デスクを
すべての
リアライズを
カーペット
常駐を
クレードル
支援
リード
豊富な
夜の

Puzzle 30

```
芸 ヌ 阪 権 歩 コ お 室 ク ゅ や す 写
多 シ ー ズ ン む 暫 ろ っ ス エ 何 す さ コ
ふ ろ 方 だ フ じ 圧 写 然 だ ふ 出 読 芸
能 ま ヌ 囚 ロ ひ だ 砂 百 退 百 論 室 金 読 コ
読 レ カ ジ 選 ぎ ト ン を 百 ル だ 読 百 論 ゅ 多 コ 
砂 モ レ ジ ス ト ン を 何 コ セット を レ モ 画 多 し 権 芸
ま サ 嶋 が 解 ぽ 通 出 化 ひ 応 社 ゅ
論 イ サ ン 狙 し ぽ 意 出 歩 化 ひ 応 エ
重 社 覧 き ぐ 解 意 登 説 得 焼 く の 愛 ろ ど
出 場 ひ 場 チ ス ボ シン グ 彼 女 の 結 ま
動 作 話 本 ん 通 だ 室 愛 金 ヒ っ ひ べ 能 合 精
暫 金 ど も っ 覧 乗 っ ょ ヒ っ ひ べ 彼 女 の 結 能 合 精
ひ ハ ト ど 妊 ぎ 応 ニ 狙 む 向 囚 然 だ リ ク ト の 校 ス 乏 で ヱ 圧
く だ 結 ひ せ だ ク っ ヌ 故 べ ょ コ ム 合 ま ひ ま
```

クリーム
カニ
やすさ
説得
コーナー
動作
理解して
彼女の
ボクシング
フロント
レジストを
赤ちゃんの
乗っ
サポート
メインが
満たす
セットを
焼く
学校の
シーズン

Puzzle 31

```
ニ ひ き 通 サ 側 ク 場 進 つ ゅ 京 ぼ 積 サ 意 応
歩 ホ 辞 ク 金 だ ふ の 嶋 室 ふ ニ 極 ん 場 話 ヱ
ス 何 報 本 テ 圧 用 り ス む 重 的 場 製 嶋 ソ モ
投 サ 本 出 暫 乏 使 や い 再 警 な 室 造 れ ソ
出 ド 故 画 開 圧 レ 思 捨 辞 告 ス 圧 会 ク エ
ル 弱 画 半 無 圧 ク 画 て な ド ま 選 ん 嶋
ク ー ペ 期 だ 私 加 所 私 少 整 ソ く 向 盗 ド
ー サ ョ ワ せ 会 ト こ れ ら 実 理 ニ 進 せ ド 百
サ ョ シ 退 故 ッ ジ イ ダ 通 妊 室 く 辞 開 京
ヒ ひ 狙 ひ む お ネ 向 ひ 登 応 私 れ 狙 妊 権 意
砂 投 辞 っ テ 芸 ト 結 嶋 投 だ カ 室 情 報 おし だ 再
投 三 角 ぼ 濃 縮 ぎ 選 暫 室 側 出 画 然 ふ 然 暫 登
三 ク ニ サ 方 進 安 エ 側 出 画 も っ 然 通 暫 登 ニ
```

濃縮
情報
サークル
製造
警告
ダイジェスト
使い捨て
実際に
積極的な
思いやりの
盗ん
少ない
整理
使用は
これらの
クーペ
ネットワーク
四半期の
ショー
三角

Puzzle 32

条約
読み取りに
アリ
キリンの
認める
てしまった
フィルム
マネージャ
ハロー
分析
ファーム
波の
きちんと
無意味な
月の
来た
高速道路の
溶融
外を
例外

```
て 無 歩 む 私 ん ゅ ぐ 暫 だ 無 読 み 取 り に ホ
し 意 合 摘 ラ だ ぎ チ ア 溶 お て 海 ニ ぼ 投 論 き
ま 味 高 速 道 路 の 精 リ ヌ 融 認 め る レ ど ラ 波
っ な 重 故 ひ ヱ ル ぐ 本 ま 認 例 レ ホ ど ぎ 投 の
た む む ホ ニ 権 ド ん ク 能 外 話 多 ホ フ ニ ン
私 読 報 意 べ ぐ ヌ 重 ス む 工 ひ ー ァ つ 再 話 リ
テ ク 歩 金 本 重 画 ふ ラ ネ 外 多 ジ ぎ 囚 キ 室
愛 ソ 再 る 出 金 ト ょ 芸 ラ ー 多 ャ 写 覧 論 リ
お 育 摘 覧 ト ト ヒ 弱 ド 多 ロ ひ モ べ ン で ン
っ も 来 た 結 京 月 ク 能 ホ ハ ヌ 開 ど セ の
場 ぽ 金 だ ニ 読 せ 能 嶋 側 進 ひ ぎ 芸 認
開 せ 本 本 芸 話 ホ の れ 弱 も 通 や テ ド め
会 何 ノ ぎ 約 向 読 多 育 テ 外 場 ツ る
ょ 会 じ 摘 ニ や き 投 通 結 外 ム せ て
ニ 重 京 ヌ 育 妊 能 砂 歩 応 フ ィ ル ム 分 し
ま ぽ ヌ 辞 育 妊 能 砂 歩 応 フ ィ ル ム 析
```

Puzzle 33

ト略ト再出カ論覧ろ摘論側精故京サネ
解ツ語場話ひむ私妊安クノビ精コしクタ
ろだテどふゃ報ラフリージア再進膝をウイ
コぐもニラ進社リーヴ弱嶋妊何きダー応で
テ報スラ化しっクでチ専本多ぼサぼしぎ
出報ょ貸取砂カせカ向門的トにょじだ
セ暫報し狙圧狙じ個阪結の応ら投じ合室ひ
ホ室チまだ狙ヌ場人化辞通さ票囚サ再ト
社ろ妊す重能まか者二方敵票囚砂ク室
ぐっ圧会めハ無二辞通得てカさ退
ス二所つ登選通ツ妬や投ん故リ再
セんぐ登じ加応、得さサじスト
然ぐひじだラ妊ツの得カ砂クも
おスチ芸ヌ登ラ妊の得てカ砂クも

観察
会議
フリージア
めったに
取っ
貸します
ビルドを
投票
敵の
パウダー
専門の
彼ら
略語
得
沸騰
ネクタイ
、さらに
膝を
個人的に
愚か者の

Puzzle 34

謎のうち
なし
な否定的な
立っていました
との間で
テープ
姉妹
必要な
全体の
オブジェクトを
チョコレート
の商用
眠い
の電話
生産
行く
廊下
上昇
火曜日の

歩応し生セテープ向ヌ会っ暫合しな謎の体全セ
廊下出産金室むク金権然愛否定的な必金て
行コド京摘ソ摘るぎ登話やだ要必場社ぎ
くろ圧権チ暫姉論嶋せくや故電場砂のソ登
話ど京くノょ妹社乏モぼの読ス百ソト出
立ていぽ砂権上昇化ベくト芸育火れ曜ぼ進安の百
何場ゃモ砂権登読ノ読ーひ加海ぽ日砂の進意ソ
開論化出向ょ権ノ化意場ノうち進愛眠や意場ト
室ヒ安レ囚応応覧権歩辞意っベ出阪応スト結安
解でだ囚ょ進ら論ルだ百テ海ハ結て合読安
間のふや商用解京画囚画ハ

Puzzle 35

スニ百砂ク大ハ合ゅスヒキガエル読芸
ー向民応ラ丈ヌふ登プトレおコ然然解退
プ暫市後リも二つ通ヱー狙狙百私弱場
・嶋、おそ方や私室トふンべ選ま何歩
応っ狙せむ化ハ意場ド合退ヌ出透明
何摘通お芸べリヒ登チ愛応サ投読応ラ
でぎ加民トデぽ場っむリる精圧彼女私
画民的主妊ぎチもティむ期待応に能芸
化ふ応なチエ魔何論し化シたっ会砂の
旅行ぎも魔女ニ私れま一ヒ百ざれ通ろ
ニホ応協力し論だ化ェす然囚ひ意ス出
ル然ぎスン何れま化一ドろ応砂通意コ歩
愛コ意タンドくだ私結じト然妊化故意
だモ安ド投芸応私化百然応無ひ妊
金百二投芸応結じトろ応妊故意

、市民
クラブの
ドングリ
スタンド
魔女
テディ
民主的な
スプーン
協力します
ヒキガエル
大丈夫
たときに
その後、
シェード
透明
旅行
期待
彼女
スープ・
誰の

Puzzle 36

が、
循環
停止
分母の
トライアル
単に
看護師を
技術
アナグマ
を越え
対象
貧困を
ウッド
方法
の連続した
通信
ことができます
バイオレット
叔母の
ツールの

育選読こ論き循環ツむ場ニ妊ヌくド向
所む、とクツうホをト権チト然ょるろニ社論せだトライアルト
ひぼスが対象画ッれ越おホトっ辞てぎトで報ょ会然室テ
れだクでじラ社でドえ会摘写通ぎトでレス然アグマでくざ歩論
しク阪きょラ金単看連摘した阪狙だっ読レスアナグマで歩
登本故叔合ノ摘開ホレットく摘ホモ話方じ
```
```

Puzzle 37

```
二 金 ハ 圧 置 く ス コ ア 無 応 ふ て ょ セ 解 芸
場 権 だ 弱 京 権 チ 場 脅 威 を っ 海 二 化 所 精
ヌ 解 ゃ 然 囚 意 ギ ソ 残 し 投 話 乏 も ソ ど 化
話 場 安 読 育 ヌ リ カ ニ 妊 ド ニ 読 ソ 精
し れ 場 ハ ひ 報 精 応 ぽ ル き 囚 意 ろ ニ ル 所
ぐ 化 水 ぎ 結 ん 社 本 や ょ 写 し 何 京 嶋 選
登 妊 分 ナ 化 モ 消 読 計 場 画 ラ ズ ベ ッ 所
家 し を ツ 所 防 写 ょ 解 ラ サ 安 リ ホ
族 く ル ー シ メ 士 論 ヒ ヌ 方 ト 開 ー ッ 選
無 ょ ー エ ト き 叔 父 は 、 通 だ 京 ル
安 ひ メ 阪 シ 投 二 海 意 ツ 考 え ょ お ゃ 私
芸 ス 方 ゃ ひ ナ れ べ 超 高 層 凝 視 謙 二 論
暫 狙 覧 ざ 再 嶋 リ 摘 ル 応 愛 し 囚 虚 む 百
ん 砂 無 然 ひ だ 開 オ 歩 ト 解 安 お な 応 二
ふ ツ 芸 会 ク 砂 論 ノ サ 京 金 圧 ゃ 砂 ど
```

メールを
計画
残し
水分を
シナリオ
超高層
ホッケー
脅威を
凝視
ベルト
家族
考える
謙虚な
置く
ラズベリー
消防士
叔父は、
ナツメグ
スコア
シール

Puzzle 38

持っていた
セル
ジャンプが
起こります
素敵な
、すべての
実行している
ポストの
別れの
カブトムシが
茶色の
レスポンスの
サミットは、
剣テーブル
定規の
ブリード
希望
一度
つま先
ボーダー

```
ク カ 読 所 く ざ つ 茶 開 起 希 望 ぼ ラ だ ブ お
ま 方 弱 ぎ ょ テ ブ 色 合 こ 愛 こ チ っ ん リ 画
辞 ク 乏 剣 テ ー ル せ の ゅ り 向 ま ー ク
退 暫 ヌ エ 選 圧 砂 ド べ 権 素 先 ド 囚 退 然
カ 妊 何 定 ス 向 ノ テ 応 べ 海 敵 向 カ 場 む セ
ボ ブ の 規 妊 カ 圧 社 報 す な ろ な す ン 投 の 持
ー 方 ト の セ 室 ジ む き レ 結 ホ 嶋 だ れ っ て い
ダ 阪 ス ム ル ャ ン ん カ ト や ぼ 室 意 そ た
ー く ポ シ 安 が プ 圧 出 ッ て ス リ で 安 ひ 芸
ス れ 進 ヌ 多 覧 本 応 だ ミ サ ぼ 側 開 安 だ 登
多 ぎ ト リ 合 京 読 ー っ ラ 妊 精 読 や 進 室 実 論
チ ヒ れ べ 妊 覧 乏 ク む 応 写 百 応 進 室 実 行 会
所 っ ひ 話 画 方 通 で 百 応 進 室 実 行 し て い る
```

Puzzle 39

やニ暫ルっ会リし識話ク話スだ画覧写
ツぽむざ開ス精方別セニて報意場向ひ
百何ヱぐハチ意報リす意私精ひ会私え
っ重画ハ暫意合ゃる応私覧れ嶋摘ス
ヌヌラど私社然囚スソチひ許メレ保結
阪るコや事業し再ミカ画合だ無ンち故
れトニ登長の多投スコオぎ画バますむ
るニ成ぽヒ多理論オクウべム方ーすぐ
が承合ろダニ愛芸処化ム社話のス何通
進認だヒ方弱芸育ぽ覧エ選テスリ所
出認だノ方芸処化社覧選然狙コ場囚ひ
開ょぽサビ京階暫ぽ覧ヱ高ヌ権通社だ
金ホッププンリざ芸育階暫ヱ度べっヱドゅ
選能論グだ百場下コ度べっヱドゅ社だ

高度
ダイビング
保ちます
処理
冗談
オオカミの
教え
承認
ホップ
階下
理論
アドレス
識別する
メンバーの
オウム
が成長の
事業
許し
ヒイラギ
コース

Puzzle 40

評価
多くのことを
警察
反応は
友人
紛争
選択は
受信
吸収
探索
結果
オプション
おじいちゃんの
ラクダ
音楽
戦略は
男性の
人形
正確に
カブトムシ

ひせじざ弱話側金意化投るヌぼや精カ
方京ツき警出おじいちゃん育んのく私阪加
写狙ふ進察ヱょて育ちょセき嶋くセろ
選択は略戦場覧にや弱京室反弱室ひゅ
ひ登歩べ正確やヌ百じ進応登論再探コ
ト話しカブ無金ラクダ紛圧吸収ぎサ化何歩ラぽ選
所信ニカエっ能価育ちれ暫精加辞ぐ多辞るぽく京
受ニ暫話ヱ評価ざっコ意せひ結ぎ向せゅコチ阪ヱだド

Puzzle 41

芸 ぎ 無 登 囚 ふ エ 室 エ つ 読 会 報 ホ 陽 能
登 ビ 百 む 化 意 ク お 化 っ 社 っ 海 気 必 選
画 一 妊 ま 再 イ ス ー ソ 進 り 暫 ネ 必 要 精
百 ル 圧 だ 注 側 プ 場 権 リ ょ れ ー 重 な ぐ
暫 の ぽ ホ ぐ レ 嶋 読 カ カ 出 育 進 要 社 砂
ソ む 登 写 し ス じ ま 重 ょ 再 つ 拡 カ カ ヱ
て 合 向 モ ロ シ の 日 写 カ 囚 然 張 ひ ひ ラ
セ と 規 コ を 砂 ひ 曜 狙 水 海 然 展 せ 投 を
ハ ひ 話 制 な ハ 結 加 国 セ れ 海 権 示 ゃ 何
ぎ 社 圧 方 っ て ま 私 天 れ タ 権 登 芸 コ ぎ
向 育 ク ょ て ド ッ 場 報 会 る ち と エ モ で る
ぽ 芸 ク ま 落 ち た 画 お ヌ ど 阪 写 写 摘 開 金
ニ て だ む む 弱 所 ろ 写 ど 忘 れ ま ド ス 海

できるよう
必要
陽気な
リソース
拡張
エクスプレス
注ぐ
天国の
水曜日の
トウモロコシの
落ちた
展示を
タッチをし
規制を
スイング
マネー
ビールの
忘れ
ハンドル
となって

Puzzle 42

スロー
部分の
ソート
石鹸
将来の
を見て
勧誘を
調査
バージョン
シンプルな
品の
ています
ベース
埃っぽい
継続
通学
発言
にもかかわらず、
余りが
女王の

将 来 の 品 テ ト だ だ 然 リ む ん 能 ぼ む に 摘
話 愛 エ 石 や カ 囚 ど 化 べ ま ろ ヌ 方 選 も せ
意 狙 暫 鹸 ま 砂 然 多 砂 ま 化 社 レ 故 モ か 砂
ク 辞 ヌ 本 を 誘 勧 海 辞 ひ ど ト 場 再 ラ か 歩
せ 登 余 り が 見 進 ハ チ ク て い す 調 ず ん
話 然 ひ だ 部 海 ょ な ぽ ル い シ 発 査 ら っ
場 て エ て 海 進 の 摘 百 プ ョ ー 言 安 ソ 側
っ 埃 っ ぽ い ヒ 分 故 囚 ラ ジ ロ 覧 お ヒ ー
ニ 登 退 ん 女 ス 摘 芸 っ ベ ー 再 ソ 故 ベ
ク ぎ サ 育 ル 王 エ 故 海 選 バ 多 摘 ょ せ ー
む て ヌ じ モ の も 安 場 嶋 ぽ 所 京 ス ヱ ト
通 ひ ク 弱 歩 乏 安 場 ツ ゃ く っ ま ぎ 読
学 む ま 安 も ル 乏 海 結 報 ツ 育 ぼ ラ
重 ゃ 場 だ 摘 囚 方 歩 加 ス 写 っ 摘
囚 だ 育 摘 阪 進 論 育 阪 所 ぎ 所 ニ 所

Puzzle 43

```
登 登 再 、 金 ん 通 辞 報 ま 海 じ 結 つ 嶋 絵 登
辞 愛 モ 優 多 私 加 余 裕 が 弱 開 セ 百 筆 応 話
つ 応 話 れ 権 ヒ 弱 ん 本 弱 社 っ リ 砂 っ 何 ニ
読 愛 や た ぎ 画 く ま 合 多 る ド ニ だ ホ 選 歩
も 刑 っ ろ ぽ 愛 覧 登 目 的 お く 多 加 リ 所 禁
覧 務 ょ ひ く ホ 雇 用 ど 然 母 ホ ん 二 ぽ 覧 止
チ 所 だ ヒ 安 モ 狙 何 阪 じ さ ク き 砂 室 意 す
ェ 安 摘 論 育 選 方 開 じ 砂 ん 解 じ 何 覧 開 る
ッ 海 歩 ょ 囚 サ 私 ル 論 だ き っ ル 能 京 催 や
ク だ や だ ひ ハ 報 グ 方 砂 べ 砂 お 登 画 歩 催
が 室 の 素 場 然 私 ロ 開 お 解 め め 会 の 京 京
注 何 解 ソ 座 っ ー 安 愛 め で と 画 ス の ヌ 出
洞 パ ワ ー の 々 個 、 ブ 側 で と う 結 京 モ
報 窟 サ だ モ 子 精 ヌ 精 再 っ 阪 読 芸 ヌ っ 出
覧 側 精 側 狙 解 帽 妊 ま ニ ょ 通 芸 ヌ
```

帽子の
チェックが
、優れた
クラスの
お母さん
座って
注が
開催
刑務所
禁止する
グローブ
おめでとう
余裕が
、個々の
絵筆
洞窟
雇用
パワーの
の素敵な
目的の

Puzzle 44

カー
ヤギ
ウォッチ
櫛の
欺く
個人は
テレビ
第十
クリップが
イチゴの
スポンジ
レビュー
疲れ
学生の
正方形の
の物理的な
は何も
電車
単語の
クラッシュ

```
場 所 所 私 画 れ ニ 暫 ゅ む 話 本 ぽ 阪 進 む カ
ス 化 き 方 覧 ス ク 応 ひ 本 ニ 私 ろ 圧 社 べ っ 然
ニ ポ 阪 ク 百 だ ラ し 本 辞 重 化 選 ゃ ぎ 何 ッ
芸 ン チ 狙 せ ッ 権 ニ 進 や 弱 く は も 育 ヌ 圧 精
ヱ る ヌ ジ リ シ 写 報 読 開 退 合 ん ヌ じ 然
金 く 写 ど 無 ま 個 暫 し 海 ヌ せ ス だ 意 ざ
ぽ 乏 れ 通 向 リ 開 摘 重 金 っ レ ノ ぎ 登 話 通
ん り 故 方 芸 カ 狙 生 ウ 結 レ 所 て ー ト 囚 囚
の 物 理 的 な 弱 学 語 ォ レ 再 ュ っ ま ク
ゴ 退 乏 向 ゅ ノ 欺 く れ ッ 無 電 リ 無 ス
チ 結 し 再 テ ど セ 出 お 第 芸 車 ぎ プ コ
イ 化 投 向 レ 側 ト 私 サ 十 乏 海 通 が ス
ヒ 暫 ざ 二 ビ 正 方 形 の 通 嶋 海 何 だ 無
能 お れ 砂 櫛 べ 疲 の ヤ ざ 精 ゅ 通 ぎ
選 ヌ 砂 じ の 覧 れ ニ く も 歩 ヌ ん 乏 無 コ ス
```

Puzzle 45

```
じ 論 多 会 モ き エ ょ 退 検 ぎ ぎ ぎ ホ 弱 テ 能
ぺ っ テ 嶋 開 ノ リ チ べ 査 会 然 進 サ お ざ
て ニ マ 不 ぐ ク な チ 要 の 行 写 認 識 クル 海 阪 然
嶋 ょ ー 可 視 再 能 開 防 せ 出 ダ く ヌ エ リ 側 歩 登 ざ
リ 話 だ の 写 側 ホ ヲ 辞 や 権 室 ぎ モ リ 狙 を 登 ま 妊 論
進 だ 辞 の 写 聞 ヱ ヲ 所 ノ 方 て テ 付 ざ 随 化 応 れ っ 進 タ
ニ 辞 日 差 おい 作 成 今日 の ざ サ 随 化 応 百 化 会 でん 砂
所 日 差 し 化 今日 投 精 解 権 報 阪 ソソ 読 イ 然 権 ヒ 歩
会 ゃ し 作 化 今日 投 精 退 む 室 開 精 摘 ハ 百 ニ 重 臭 百 カ き
選 安 摘 暫 精 退 歩 解 権 報 阪 ソ 百 ニ 重 モ ヱ い レ 重 権 で
安 ぼ 写 ざ で 歩 開 精 摘
```

日差し
のテーマ
付随
今日の
認識
検査の
編を
ペニー
攻撃
インチ
防衛
旅行の
ダウンの
の重要な
聞いて
飛行機を
臭い
不可視の
モンスター
作成

Puzzle 46

奪う
ちょっと
スチーム
ベル
長さが
成分
拡張する
管理を
オープナー
ストリート
表示される
たいと考えてい
欲求
数の
の経路
アヒル
音声
新しい
編集
スペルチェック

```
場 論 会 ラ た 編 集 能 読 長 覧 ざ 合 ざ ゃ 表 方
ちょっと れ いし 新 べ 奪 う 成 分 化 示 され だ ニ 合
ヌ ひ せ ヌ ひ 阪 と 側 ル が 管 理 を 報 妊 る れ 能 圧 スんど
覧 ク 方 室 む 再 ホ ツ 考 話 摘 ゅ 進 だ 摘 カ 故 方 示 ハ 投
エ ッ チ む 結 で え ヒ コ 摘 む ひ ヌ 路 圧 だ れ 方 金
ニ ェ ス ょ セ 圧 選 方 妊 ぐ て 音 の 経 チ 応 ひ だ も
ス チ ー ム ぎ 弱 ぐ 妊 芸 ラ い 声 数 せ ク ざ ス 金
サ ル ナ 私 圧 辞 モ 私 解 チ じ 辞 ア ク 退 む
摘 ペ プ 会 ひ ま ル 私 覧 側 論 ニ 育 応 退 権 で
拡 ス ー っ 所 愛 じ 能 愛 ひ れ 所 ヒ 場 金 然 も ス ま
砂 張 オ す 応 き 能 ソ 写 エ 阪 応 砂 ル 開 ひん 権 辞
サ リ カ サ る 狙 加 欲 ストリート クょ 退 ぐ ゃっ 阪 で
ラ カ 側 論 安 だ 暫 求 狙 れ 場 摘 弱 乏 育
弱 側 側 論 ニ 砂 海 ひ 出 ヱ れ 摘 弱 乏
お サ ニ む 砂
```

Puzzle 47

```
エ ス 脅 デ 通 っ 精 出 多 妊 ツ 向 私 登 セ 登 ぎ
だ ト ゃ 威 リ 解 重 進 き 場 セ 登 ニ ソ 会 愛 私
然 ッ 阪 通 だ 社 選 ケ 写 報 ノ 大 カ 解 安 ド モ
ぽ キ チ 歩 モ 話 ー ト 、 チ 報 圧 の 境 環 側 ス
ス グ ト て 然 だ ひ ジ 結 最 近 だ 有 再 遅 モ 報
阪 報 ノ 安 ク 妊 メ き な だ 退 利 っ 解 故 い 摘
百 社 ル 場 愛 ヱ 愛 せ ノ む 多 海 な 決 金 ょ 所
ス 何 百 芸 ひ 報 所 登 ま 摘 ざ 場 化 場 せ テ 登
チ 開 ニ ひ 進 ク ピ ニ 京 狙 本 写 れ 読 側 ふ 読
砂 想 ょ 進 ニ ス 科 学 者 本 ざ 加 現 加 進 ク し
ヒ 像 ニ ス マ ル は ひ フ ェ ン ス を 在 ゃ っ り
多 室 ノ エ る 、 ク ぐ コ つ イ ぐ 菜 精 育 リ 向
き コ 化 辞 ひ ニ 嶋 応 何 コ 選 野 進 百 見 育 で
囲 お 室 辞 ひ ニ 嶋 応 何 コ 選 野 進 百 せ で
```

メジャー
想像
ピル
デリケートな
解決
チャンス
現在
野菜を
フェンスを
、最近の
遅い
クマは、
最大
ストッキング
科学者
発見
コイン
有利な
環境の
脅威

Puzzle 48

ソース
正しい
不規則な
示しています
招待
必要と
ビット
ブロー
進捗状況を
ホテル
車両
庭の
定規は
優しい
オベイ
回復が
だと思う
フェレット
話す
シェル

```
正 も や せ レ む し ヱ ふ 示 方 ト ク れ 無 阪 っ
し 乏 選 サ オ ベ イ 登 話 ノ 京 モ や ま ニ 招 待
い 論 ス 圧 登 ソ フ ェ レ ッ ト て ツ ょ 定 海 つ
リ ヒ 登 し っ ー 覧 だ 摘 場 登 い し 規 話 二 選
れ 多 精 ル セ ス ヌ 読 何 無 百 だ や ま は 愛 セ
ゃ ト 庭 の 回 ド が リ 権 ク だ 砂 優 し す ロ ー
解 妊 弱 ビ 復 お 出 向 多 ニ レ 方 ぽ ひ ブ 金 ニ
っ 本 し ッ お 嶋 リ 然 歩 ル お ぎ ぽ 論 加 む 会
サ サ ま ト せ ノ 向 海 権 ぎ ん れ だ ト 場 再 画
辞 だ 話 ニ 写 砂 選 狙 海 会 ぎ 再 ひ 故 ょ 車 出
も ぎ 場 ノ く 開 論 モ ぎ 選 ツ シ 論 育 ル 両 ゃ
進 ソ 状 況 を 二 権 ノ ひ 狙 ひ 海 圧 ェ 室 ホ 応
ソ 権 話 き 必 ょ 重 化 狙 ひ 海 ゅ 故 安 テ 社 ょ
ん 話 所 通 要 ヒ 開 ス 本 暫 ゃ 覧 読 ル ゅ 多
登 然 ニ ト と き 不 規 則 出 な だ 話 故 安 応
```

Puzzle 49

イ	フ	ル	ー	ツ	ド	ケ	ー	ス	せ	選	話	ア	ド	く	き	挿	入	し
退	べ	論	モ	リ	ぼ	ぎ	選	ょ	二	多	育	軍	応	サ	モ	コ	入	安
や	が	ン	ー	ケ	リ	ハ	ろ	環	写	境	話	隊	ィ	セ	出	方	だ	妊
海	ヌ	好	ト	リ	カ	ー	テ	ン	境	話	無	ブ	エ	愛	向	ノ	っ	ド ロ
退	ク	奇	好	を	忘	れ	て	し	ま	っ	た	ニ	も	百	退	ゼ	画	意
摘	無	心	む	叫	故	芸	ニ	出	応	無	登	多	何	退	カ	報	報	じ
再	ょ	旺	祖	百	ん	砂	心	解	ひ	ょ	多	ぎ	ヌ	応	画	狙	じ	
き	ク	盛	母	で	き	だ	配	方	向	く	ま	ぎ	ス	オ	報	お	結	京
投	ん	出	二	ぐ	じ	何	ん	厚	さ	の	囚	エ	妊	レ	狙	お	論	京
れ	き	進	再	愛	ラ	の	む	ニ	会	ひ	無	ニ	再	選	ス	ン	お	結 室
再	海	ぽ	選	セ	開	む	ヱ	ハ	何	報	合	ニ	狙	ぎ	お	結		
む	進	出	じ	ぽ	ヱ	ト	重	報	精	多	モ	ス	む	結	ん			
ヌ	再	ゃ	ぎ	ト	れ	平	和	辞	ひ	ス	む	ヱ	ル	ぐ	ん	論	京	
化	開	能	私	ん	側	ょ	じ	ぐ	二	ど	ひ	解	暫	二	妊	妊	室	

好む
叫んだ
ゼロ
祖母
心配
イベントを
出席
アクティブ
フルーツ
環境
カーテン
挿入し
の厚さの
平和
忘れてしまった
オレンジ
軍隊
ケース
ハリケーンが
好奇心旺盛

Puzzle 50

あること
笑った
に向けて
フライ
選択し
トラック
ポテト
日の
ボルト
アトミック
ローカル
ワーキング
鼓舞
等しい
最悪
役割
お勧めします
調べる
単なる
外観リンゴ

単	れ	笑	辞	所	ト	社	ク	セ	コ	社	開	に	読	何	サ	ポ	テ
な	通	っ	進	れ	ト	ニ	ぎ	ニ	等	し	い	向	愛	つ	通	テ	ト
る	ス	た	む	通	ろ	海	ろ	ひ	選	択	報	け	乏	レ	最	ト	つ
べ	権	や	ニ	画	リ	覧	リ	ク	愛	選	報	て	ざ	ざ	悪	だ	無
調	リ	ぼ	だ	場	ふ	向	ふ	愛	出	歩	れ	ス	意	方	ス	よ	進
ワ	ざ	愛	テ	ぎ	ハ	ぐ	ひ	コ	弱	登	だ	だ	能	進	多	育	応
れ	ー	海	ひ	本	だ	何	モ	ホ	会	側	や	能	ろ	ろ	お	場	テ
嶋	ま	キ	写	て	読	方	ボ	コ	出	だ	ツ	囚	ふ	ふ	育	合	圧
あ	ソ	ソ	画	阪	芸	フ	ル	開	化	観	ロ	ホ	カ	カ	場	だ	ヌ
報	る	レ	ン	芸	能	カ	ト	芸	く	日	芸	ヌ	砂	砂	合	よ	ヱ
狙	モ	こ	ぼ	能	だ	ー	ラ	く	ル	の	く	ハ	摘	摘	だ	ホ	カ
通	読	ヒ	じ	だ	読	ト	ス	安	ア	阪	ミ	ホ	れ	ゃ	よ	ル	ス
お	勧	と	進	嶋	ボ	安	ミ	ク	リ	安	本	れ	本	重	ャ	れ	や
で	め	役	し	す	ル	ク	意	ノ	ン	辞	然	辞	然	セ	ホ		
選	鼓	舞	割	写	ソ	ツ	退	サ	ゴ	ヌ	辞	安		重			

Puzzle 51

```
、せや無報む育ルク読投ま本退ペ連弱
ニ何今結誕チ室てむ出ヌ歩室解ン絡チ
ンひ後じ会生合の弱摘ひき愛私だ先き
ジサたに族家の数半過ょや通ぼ向ニ能
ン安し摘レ精百ラ読投ざ応権ろ論ゃ狙
育砂応嶋っヌ出ノ群れマ重ろん摘会愛
くラカ囚愛妊然写まスシニ社ホラセソ
砂コセスょホチつ圧結ンテ金応ソモ京
だ合無ぎ海トク方覧ケテろ解て困難摘
戦略登能狙京写ょじッ阪結無ニ百京な
ゅだ精狙し報選もざレ安化も練習やは
ラ辞ドお所選じざ応ジドメスレ育
解ソ論豊まも圧安結テーレベリ
エ狙スか支砂レぎドロモベで
本登辞なド暫ヌひだチろませでリれ
```

ジュース
ペン
モーメント
ジャケット
過半数の
戦略
練習は
レモネード
マシン
の家族に
、ニンジン
連絡先
誕生の
群れ
豊かな
した後
育て
困難な
支配的な
今後

Puzzle 52

含まれ
砂糖
キャロット
心臓
雑誌の
態度
次の
泥だらけの
休暇は
利益
歯磨き粉
労働を
資源
失われた
比較
明日は
、カリフラワー
カナリア
値の
コート

```
退解意含ひ解泥辞やルヒひ資合ニだ登
合開場まセだ選読休金然開源京ま退通
テ値の態おだ重二暇能心明臓っ歯まだ
阪れ故労度ら辞論はノ日る場チ磨ぎ応
所スト働意けルもぼるひざ暫れ室粉次会
ク、をルのヲ再安方べぐ歩権進のっ
乏選カ意ヌフ解っテ化社退辞故た
んぐリ進写ラ話コ然砂レや会ゃ嶋の
ス失フ妊嶋ワキ再室セ比覧じ開投
雑れラる度ーャ話加ルク意コ安百読解
誌たワど進キカ通利どる話リ安場通
のぎーホ嶋ャロノ益きコ砂故ゅ育ま
百嶋写しル結ナラつスくど糖ニるむ画れ
ヌひ嶋セ弱コリスざ場っスサコサ
```

Puzzle 53

ぎゃ ふ ぎ だ 権 ん て ル く む 向 し ラ 社 カ 登
失 望 わ 私 つ ヱ ヌ ヒ 応 囚 ょ 安 て ソ 応 狙 ク ぐ
関 ス ふ ニ ト だ 絹 の よ な 全 い 開 ニ 圧 何 論 阪
係 進 わ ツ 画 ス ャ リ う の に き ぎ や 育 精 ク 能
の せ む ラ 海 プ ン ス も 特 し ゃ ニ 精 だ 第 圧 カ
再 百 ひ き 応 ャ ま ス レ 定 暫 ト 精 場 四 だ 集 れ
ふ 室 巨 大 然 も っ 登 化 嶋 再 で っ 解 お 育 バ 故
京 読 ハ ヒ 通 ル ス ヱ 投 選 ぐ ニ だ 私 二 収 ッ む
エ 無 ト 影 退 海 ま ヱ 化 ぎ 出 本 進 摘 ふ チ
ド エ ひ 響 き 無 ぽ 登 私 ス 囚 嶋 ま ど せ ヱ
む ソ す 読 合 選 ぎ 嶋 ヱ ロ 多 ヱ
ハ ー ド る 二 意 ク 叔 母 者 アリーナ 化 結 写 金 摘 れ
写 ト 側 て 回 室 ひ 山 猫 ル コ モ れ 何
室 報 無 解 ク ぐ 意 合 も ひ 多 て 乏 カ

Puzzle 54

す サ ニ ぽ ひ 無 解 登 と れ 本 加 弱 弱 二 開
物 る 、 十 な 美 し い 言 の 漠 砂 く 写 合 し
語 ひ も 開 ぎ 愛 嶋 少 機 関 プ 愛 進 側 ぽ 語
能 ソ れ の 開 側 も 然 応 応 ん ャ ロ し ス っ の
多 ファ 古 代 と 合 乏 調 査 応 私 こ 狙 ふ る 論
ニ 結 囚 私 事 実 エ 何 重 ふ 結 き 選 乏 エ
結 解 ぼ 故 開 る 京 ど 再 多 開 モ ょ 二 画 故
ニ 側 や 場 応 バ 辞 通 安 合 し 退 ん ひ
合 ス ん 妊 方 タ 場 乏 無 再 通 ろ 合
ざ ツ ぎ 社 室 能 フ 合 銀 サ 多 故 ぎ モ
て 権 つ 阪 ヱ ラ だ 行 ひ ニ ヌ 私 ー
精 社 ぎ 囚 イ 応 ょ 百 然 シャンプー ソ
応 覧 阪 室 フ ヱ る 摘 室 モ 精 ま 重
リ ド ラ 話 囚 妊 所 会 ハ 芸 テ 暫
進 無 登 ふ 妊 囚 ヱ る 所 会 ク

Puzzle 55

```
だ 登 能 側 ヌ 故 化 愛 圧 圧 本 デ ス ク 画 歩 パ
通 再 だ む ヌ 摘 開 投 圧 ニ カ ま エ チ 石 、 ン
む っ 摘 適 切 鉱 ソ 縄 ぎ マ タ も ゅ は 方 ろ は
私 し 京 能 本 ざ 投 山 ニ カ モ 育 退 報 室 弱 選
狙 然 ホ ひ ス 合 鉱 カ ヌ 覧 だ 会 育 ゅ テ も 暫
登 ク 海 ス 合 場 山 ツ モ だ ろ 多 圧 ヌ も 退 ろ
乏 リ っ 激 バ 然 阪 京 ら 天 論 ヌ 故 報 弱 化 る
ヌ ス 報 サ ャ キ や ひ 応 使 狙 ぼ ふ お 化 お チ
ベ マ き 無 ク ょ ュ 読 月 む ぼ 日 ぐ ス 社 応 能
ニ ス 加 報 要 出 ヌ 砂 ル 曜 弱 芸 ノ べ 応 再 ゅ
愛 の 科 理 暫 ま プ チ ソ 意 狙 能 っ ひ 退 だ ヌ
し よ ん 乏 海 ゅ ン 砂 出 狙 画 再 ぐ だ ラ る
向 モ 読 愛 ひ ツ ホ 出 意 解 る 能 画 覧 ニ ょ
海 れ ニ ひ ハ ン バ ー ガ ー 解 る れ チ 所 ざ
無 ク 多 分 貢 献 ひ ん 向 ク る れ チ 覧 結
```

キャップ
要求
鉱山
バー
パン
天使
多分
デスク
適切な
タマネギは、
投げ縄
理科の
貢献
しよう
月曜日
石は
クリスマスの
ハンバーガー
圧力
激怒

Puzzle 56

引っ張っ
セクションの
を介して
、リンゴ
の階段が
確かに
無視
休日の
泳ぐ
ムカデ
関連
人の
ワゴン
カエル
複雑な
、ポテト
そのもの
システム
火傷を
色の

```
社 妊 圧 芸 サ 室 故 話 火 阪 れ 権 ヱ 能 無 報 応
レ 育 シ だ も も 加 写 傷 ク 摘 報 れ 加 無 ヌ テ
ラ 権 能 ス モ 選 無 複 を 囚 海 報 れ ク ン 向 合
引 む も 再 テ だ 視 雑 泳 出 出 ス ク 権 覧 進 百
っ べ 無 れ だ ム 能 読 ぐ な 選 ワ 乏 応 側 ん お
張 安 ヌ 暫 デ カ 海 選 ふ コ 故 百 き 読 権 投 せ
っ 結 合 話 ょ ム ふ お れ ス 、 ス 本 を 進 弱 ぼ
確 か 話 人 辞 エ ふ れ 、 ゅ リ で そ 介 重 意 妊
か に 辞 の の ル ス ポ 登 退 ン そ の し 社 ト ホ
も 画 ぎ 辞 日 、 ポ テ ざ 通 ゴ の も て 京 ょ 無
故 歩 だ 応 休 画 精 セ 論 百 が も の ク 色 京 の
本 乏 嶋 登 ニ 海 精 解 嶋 権 登 通 リ 向 ぼ 色 だ
登 ぽ む ゃ ひ 加 所 ショ 段 の モ 暫 摘 ん ス
芸 レ ょ や 解 れ セ 関 乏 進 ラ 応 ヒ ニ エ
ツ ヌ 重 歩 加 れ ク 連 ン リ ク ふ カ
読 ス 開 重 化 ス 場 応 モ ニ ク 応
```

Puzzle 57

ょ	退	登	会	会	登	側	辞	薬	物	会	エ	ゃ	だ	ど	読	応
ッ	摘	通	所	意	社	二	方	ぎ	ょ	登	ス	年	金	歩	ひ	テ
ト	京	じ	セ	投	出	ア	安	無	サ	画	暫	減	少	セ	き	ろ
だ	閉	ホ	込	支	エ	ピ	モ	本	化	故	チ	阪	サ	場	合	選
社	画	囚	め	る	ン	ン	ル	進	エ	能	リ	ノ	ビ	結	セ	傾
囚	歩	意	愛	育	ド	パ	ホ	化	退	再	せ	も	ス	育	傾	向
再	能	強	所	行	ウ	フ	ふ	エ	所	コ	タ	や	テ	ホ	向	が
ま	トゥ	結	ふ	向	砂	ォ	む	退	材	ど	マ	出	百	圧	が	然
所	阪	お	っ	能	狙	ー	セ	所	料	ふ	ネ	側	ぼ	故	然	モ
能	に	意	能	開	ホ	マ	ク	材	力	レ	ギ	百	ヌ	写	圧	精
ノ	十	続	狙	だ	権	ン	シ	暴	開	塗	進	合	百	ト	写	ク
し	分	読	ホ	百	室	ス	ョ	材	室	ャ	海	狙	ト	然	然	ク
コ	な	会	百	定	側	を	ン	料	ぎ	化	論	囚	故	セ	写	精
投	論	圧	定	義	能	ド	む	力	ッ	論	合	場	解	然	セ	
進	お	ひ	重	セ	て	て	ぎ	室	ツ	方	狙	解	話	セ		
二	お	論	金	方	社	私	能	ひ	向	画	権	ス	ホ			

サービス
に十分な
エンドウ
塗料
ピン
タマネギ
閉じ込める
セクション
傾向が
少年
歩行続
存出義
支定薬物
パフォーマンスを
減少
強い
暴力
材料

Puzzle 58

何	選	フ	ぼ	場	解	ル	向	砂	っ	ろ	摘	ク	ど	ま	モ	で
重	再	ェ	っ	金	ヌ	む	基	適	格	ま	レ	ラ	ぼ	市	れ	立
ひ	ぎ	ン	ヌ	や	社	エ	会	的	金	崩	の	ウ	柔	場	ラ	派
行	い	ス	進	社	場	も	加	金	多	壊	ビ	せ	軟	精	弱	の
飛	ヌ	ツ	ツ	場	も	安	レ	レ	ゃ	破	ー	退	な	退	ま	精
だ	金	加	金	何	安	ノ	ル	多	写	退	再	ト	砂	ひ	コ	る
無	多	合	故	側	狙	囚	弱	写	き	ー	圧	ソ	海	会	会	き
開	重	管	理	通	し	コ	ヒ	弱	っ	再	トゥ	海	ガ	ヌ	論	合
摩	耗	ぎ	せ	ま	ま	ア	ゅ	ヒ	や	圧	チ	モ	チ	社	話	ひ
応	ト	応	通	す	提	ー	コ	っ	し	所	ェ	ギ	ョ	登	話	ぼ
ク	だ	ハ	ヌ	辞	出	ム	ゃ	狙	ま	権	ア	トゥ	ウ	読	む	む
セ	ざ	ツ	通	応	狙	チ	ー	金	ん	論	辞	コ	サ	報	方	論
だ	学	ニ	だ	投	金	ェ	ム	ろ	ま	多	京	暫	ョ	ト	選	意
愛	ぶ	砂	乏	トゥ	ろ	ア	チ	何	す	私	歩	も	サ	べ	意	合
	ぎ	歩	く	応	何	向	ェ	せ	私	無	お	京	れ	お	っ	囚
愛	ぎ	歩	く	応	クク	向	狙	っ	無	無	れ	サ	っ	ヱ	レ	覧

飛行
管理します
クラウド
ウサギは
社会的
アームチェア
ガチョウ
基金
柔軟な
学ぶ
立派
ビート
フェンス
提出します
崩壊の
摩耗
行い
市場の
適格
破壊

Puzzle 59

何 化 ん 歩 論 弱 発 生 昇 ク だ ク 精 る 百 サ 育 よ こ る ヱ せ 能 ぽ 弱 合 画 だ 本 加 結

ど 、 応 乏 会 モ 給 育 グ ソ ろ 話 合 を さ む 圧 を さ せ 惨 悲 ま サ む

会 山 狙 所 投 ニ る 摘 レ ひ 暫 し 迎 や 社 狙 ゅ

だ 囚 嶋 応 ニ モ だ 辞 暫 写 ひ ツ 訪 写 何 リ 囚

能 ぼ れ カ べ ヱ 妊 ん 話 ゅ 意 訪 京 ょ 選 安

モ ー テ ル き 向 ひ ニ 結 結 能 暫 画 報 ょ 囚 安 室 を

退 ゅ 画 通 囚 ぼ 無 じ だ 野 退 画 ノ ド ス タ ッ フ

も ヱ 長 成 出 選 だ 心 画 ス タ ッ フ お 告 白 を

ト 達 し て ブ れ リ ソ 応 だ 私 意 だ 再 べ ひ チ 権 ぎ

話 与 え る レ 辞 精 お ざ 重 百 退 む べ し ま 応

ろ リ ク ラ テ ノ っ 登 エ ろ 精 し ま

ひ ス ま ぎ ノ っ 登 エ ろ 精

語リスト:
野心
クロック
与える
訪問
、山
長い
バニー
昇給の
悲惨さを
フォーク
歓迎を
モーテル
話して
ブレンド
発生
達成
グレー
スタッフ
カバーが
告白を

Puzzle 60

語リスト:
リアライズ
下降
ソーダ
小麦粉
簡単
民俗
ベルで
理由
ポニー
タスクの
の影が
モック
叫びは、
弱い
ランプ
エンド
キャンペーン
終了し
血液
細かい

タ 海 や ふ 会 ス 写 小 ぎ 嶋 ツ 合 ヌ 場 終 ポ ラ
ヒ ス 再 ゅ べ の 影 麦 が 論 だ き せ っ 了 ニ ン
下 降 ク べ れ 弱 場 粉 弱 叫 び は し 、 し ー プ ス
ん 開 登 の 辞 出 べ い ス び か 血 も 話 っ 囚 歩 摘 だ 応
論 理 ベ ル で チ ス ぎ 能 ソ 細 液 民 登 育 重 愛 辞 芸 だ 側 カ 報 砂
じ 囚 摘 ホ 通 ソ ノ ベ 方 出 て 安 俗 多 ツ ょ ド ょ リ ア ラ イ ズ キ ハ
海 つ る コ ぐ 場 暫 ダ ひ 化 カ 場 ぎ 場 化 ド ー ペ ン ャ キ ハ
も 安 京 ょ 囚 ま モ 狙 ラ 安 ょ 意 工 ー リ ア ラ イ ズ
選 解 妊 だ モ ひ ぽ 狙 モ 場 ぎ 安 場 何 ペ ン ャ キ ハ
ト 妊 故 簡 ヱ ホ ク っ む 精 安 故 能 ャ キ ハ ズ
じ ヌ 乏 本 単 ま テ ら っ 芸 む 意 ホ
芸 覧 ノ て 妊 狙 話 投 登 画 ク 阪 写
ぐ 読 愛 ぽ む 会 や 故 芸 写 ハ
能 ド 開 ソ 登 ふ ト く 阪
応 応 で べ 能 ヱ 加 摘 ク て

Puzzle 61

然ヌホ摘やクリ経ク側延ほう草精
リおどんコ砂雪済だだ期論圧モて場論
、だぼっだんの嶋をだし社ヌれ議論話
マ摘む進歩乏ココ能成ノっ今まモ応リ
ウだコ圧登嶋クク機適ヌや乏愛ラ応お
ス海ト解写乏ノ京ざ用しヌ暫ラぎ甘
のクハ登私だレ囚をざ辞報チタぎい
読覧セ私だラ気病気ニノイチデース
安決ス室ぎ会ヌマウの場ライタの辞
ハ定登きる方ヌ安スマ話ニュ場ー権
社完璧嶋ゃ応ヒ方場ウ画気ふ場歩スま
開璧覧愛だ然画向画ス場結っ化向無能
弱囚ま阪応百っょリだふニてニ何もサ
カルだ選レしょリリ退いつでも退いつ愛
金ひ選ふてて退いつもつ側

右側語リスト

、マウスの
機能を
データの
コートを
プロセス
甘い
病気の
議論
雪の
いつでも
ライター
ほうれん草
決定
マウス
完璧
今や
経済を
延期
適用
作成し

Puzzle 62

左側語リスト

自体
ヘア
高価な
惑星
看護師
デザイン
境界
を通じて
知っていた
いった
穏やかに
全体に
ピッグ
パーティーは、
栄養素
反対
パイナップル
カテゴリ
ラッシュを
腐っ

グリッド

パ全体にデ合愛らっ覧ひ重圧自まへ社
ーヌ話話ザ能ルプナイパサ体看アょゅ
ティれれイカテゴリッシュサ場ヱ護ゆ師
ィまれ能ンてニ所リ結ス向ざク化摘ヱ
ー出何サトサ何ぐ惑選社高ぼ多摘結嶋
は何トをチぐ何星社狙意ヒょク嶋セよ
、っもをルト囚星意投ぼクリ本リュラ
無ぽ通じ通知暫栄狙っヒ退本にドふ辞
たドいて腐結再暫海いたやに摘しトよ
故いべおっ結再くソ反養対画嶋金故登ラ
きべ登サせ合弱ざ開側故むや摘読ふ
まクピ安弱テ弱弱歩故テ故ぎ金退ハ
じッピ百合だコ弱レエ解ぐまで無ひ芸
まグ境界選重むト無ろハ登
場グ境界選弱ニ重むトぐまでろ無ハ芸

Puzzle 63

、ひリひ摘だ故室私ぽノ解報ハコひヲ
つ比ェょニ故本カっ描くドニ進場ココだヌ
ぎ精較方別の論ヒ故合安スド論グだワヱ芸
目が社京熱本妊阪ヒ投能ドニ論ハドーシ社
覚め写報合サグニ弱能歩側ジ社レョ足っ写
たク写ク合リス弱劇ぎ劇読ョどクョ車のひ
妊ぎっリェ金退役的読的むッぼェ自ハ室む
ぎぼコニ出出れ員読むるシ乏歩ニア歩歩再妊
ぼ多故プコバター雪だ向ぎェ安転い結じ計
京ヌモ狙ど写能圧写妊乏レホ画だの合方ぐ
むヲ覧合能トっ能大論チく加再モ登っ通ぐベ

クリップ
ドラグワーズ
熱帯
別の
自転車の
描く
バター
足が
劇的
痛い
グレード
合計
ショック
、比較
役員の
目が覚めた
ココア
大学の
シェア
雪だるま

Puzzle 64

幸運
ホイール
悲しい
避難
捧げる
ドラム
吸血鬼
種類の
ネイティブ
発音を
干しぶどう
鉛筆の
流体
ボローを
最高の
に沿って
大きな
でもない
横に振りました
冒険的

能歩クボロー会だ嶋ひ所にぽひ歩どま阪吸血鬼にレまトぶ囚退画側っソドランムカニ狙セ加写ぎ退摘的チサモ私側でてん芸妊最高百干たしぶ向ど読まモヒ解登ょト登覧の類重摘り嶋ヱ阪京ょもむ阪画ノ京ルに振権所妊応圧海場選精然っきコ社京狙ネイティブ横側乏ぽく論芸投捧ヒヒドソじま乏退読本室私方向ハ鉛筆のろ話圧京リ能ろ百ぐ百ぐド避難せヒ育阪む妊愛故読弱大きな京登幸運話権嶋出っき解報読る弱

Puzzle 65

解ツお読や能改だまド芸チふひっくし
意ゅハょり弱善ふじ進ラタニべ解愛サ
おモ投む加くドス通論ヌイクイ囚べス
結サ摘摘登安まスじ報結バレ能セ私通
チ場摘覧む退スヌ再論におホス権れ解
結無精育電レクリエーションタルめ進
意ヌホむ気場ニセジ圧論辞エルき暫
話結合トぎ権モス退多必抱加し圧乏
精安ん京阪モストッポィテ見囚ニ向つ
まむ取故ふ一ケ覧安修加育化ト
ニコ引摘ホ方コッは結合ノ理ドチヌ報べ
ド投応ニス方めコツ結安修本チっ金覧標準
場スクラブクま弱は合加社をク京っ通合セ
ク写ゅぐま場私、加妊化故覧室ツや
読愛サハ金だ然妊ク化故覧室

抱きしめ
ため
必見
あまりにも
テイク
レクリエーション
標準
修理を
ホタル
結合
取引
改善
ティーポット
スポーツは、
イタチ
電気
スクラブ
ドライバー
クレス
ケージ

Puzzle 66

読み取り
考えます
見つけます
葉を
作られた
みなさん
に従って
、適切な
いっぱい
干ばつ
政府
方向
政治
リスト
ロック
何も
カール
電話
思っ
食べる

芸重エ芸ルて見チろモセむヒ金に加、適切な加カベ
砂愛覧ラ投ルっ干応無て無サ従まツ写ノ読方向覧育囚然
ひざ囚モ加ばけ投スヒ何モれっ加府スゅん取クカ圧り故
出本場れ覧ますぼセもトらニ妊圧通さみ辞歩ひ向せ
ク場会解じ投退意ト覧故結読乏結
然ぐ政治重電読論合然作れ妊方登囚私
解ぼひ結社話ぎ写エた故結妊で
重思進弱百考ままっ然室画ひ登ヌ故ラ
本室重ろリ話えぽ阪作すチセ方ふ向
嶋重っ意トいだ投進ルヒぐ私
ぎ室いリだませ通無ム
覧意会本狙然ロ圧ハ通圧
コノ育葉をンフ阪ヒ
食べるで向歩ベ室
解狙加京権べヌエ阪ヌチぐ私故ラ

Puzzle 67

ざ本っ室ソ選応っホ然登ぽ写意っ芸開
所話やソヒで論ゃだ会ひ加辞やモ遠高
む権金融て覧妊クつ芸ニんや京安近暫
構築所然弱退加狙誰か結愛然選応砂金
ひ所チ室芸参照ク私場の乏ニるン社化
も然圧話セべ歩開応ろ合ひ退ぼ私開投
能リ嶋ぎ所経験芸庫蔵会乏リク多化権
ゃ経ッチヌスェグ乏冷リク多退ぼゅ再
るトヒラプ乏会リク冷化社権再弱意弱
育プ乏ェレグ会リク冷ヱ化権再弱意ネギ
ありがたいことに弱意ネギなおんろの

最近
クモ
タフな
ネギ
プログラムの
金融
経験の
致命的な
プラスチック
構築
高さを
ありがたいことに
ヘロン
参照
ビーチの
誰かの
遠く
汚れを
冷蔵庫の
スグリ

Puzzle 68

は、
妻の
ディプロマ
キス
インターセプトを
エンジンが
ギャロップ
サッカー
ウールの
メカニック
、標準的な
開始
タウント
より多くの
改革の
蜂の
川の
輸入
彼の
リーダーの

多ツリ妊本っ通ろ暫ん写サぼ乏開サ砂
くメも故でラト登ぎヒ京ニ始ル権投
ヌ京カクゅツ圧応れ権ぽ所ド阪ぎ圧狙ノ
重出モニ狙重、標準的なラ権進囚ヒソ会
ソチひエッ妊はより多くのホ改リ然ざ本
弱再読再カデ読ラ然だルル投重応何
ド話ソレ意ふィ加権登がリ重摘彼嶋
トろ結読をトプセータンイ選の川通
ンひ精場ヒセロマて狙ジだ蜂砂論
ウクぼソ育所ヱ妻の妊エ応砂歩
ターひキス圧ぐだ進化セ芸
圧ゃルれサエヌ合だヌ金ギ
ょトっの輸っヌ結登スぎざ
弱レろ入囚ょハ暫安ひせ加き芸リ

Puzzle 69

出 開 ょ ま 論 精 ヌ 応 方 向 ディレクター ミ
投 て 投 れ 化 モ 海 で コンパクト 側 囚 ッ
社 き 何 ロ 妊 も せ ん パ 会 エ 私 シ
習 ニ っ 解 能 レ 何 く ん ョ 開 出 ス ひ れ ョ
慣 能 故 写 ぎ 方 選 結 化 シ 圧 ル カ 論 ン
む 解 工 本 数 る 安 返 っ カ 室 具 室 会
モ セ 解 お す 結 登 開 信 モ 体 権 画 モ
出 ア ん 嶋 応 ト ハ 私 も ィ デ 的 ヌ 論 阪
応 ル く ろ テ つ 歩 加 夏 な 準 の 下 に
セ ん テ ふ 応 精 ツ し お 備 有 京 解
不 注 意 な ィ ひ 化 権 ツ ょ し お ぐ 罪 無 合
嶋 論 話 が 竜 っ ブ 砂 ヒ 乏 ょ 結 精 嶋 権 故 ド せ
ふ ラ ト れ ホ 写 故 解 き 進 読 側 レ 囚 辞 狙 て 砂 スポーツ だ テ
開 然 芸 れ て 然 社 乏 ス ん 無 ふ る チ ボ

語リスト

方向ディレクター
もの
竜が
パパ
ロバ
具体的な
アクティブな
の下に
ボード
スポーツの
準備
返信
不注意な
数える
習慣
ミッション
ディスカッション
夏の
有罪
コンパクト

Puzzle 70

語リスト

、キツネ
鍬を
人間
知識を
候補
空気
コンピュータ
自主的な
エージェント
の中で
プラム
多くの
フィクション
近い
教室
生息地
昨年
ワーム
パターン
親切

間 や を 妊 ヱ 狙 鍬 を ど 多 ン む 狙 チ 歩
人 識 ル 場 然 ゃ る 百 ひ タ ー ニ む パ タ ー ぽ ピ ン チ コ
知 能 本 辞 応 所 ぐ だ ニ む パ ネ ぽ 報 狙 ひ
嶋 室 ク ざ ぽ 出 多 化 何 だ パ ネ 地 ニ
空 気 通 再 囚 読 ク 開 応 、 意 私 話 っ 京 地
再 室 狙 再 進 カ 会 加 カ ー ラ レ 合 ぎ 京 生 息
ツ ス ひ ニ 出 話 れ 親 切 多 く の 精 京 な ょ 百
スし ニ ぽ い 通 進 話 向 多 く の 精 主 的 摘 な
ス き 投 フ ニ 近 ま 何 だ ざ れ ろ 自 権 ぎ 摘 安 候 補 ぽ
ス ぽ ソ 精 読 摘 写 ゃ ン 覧 モ 自 権 安 候 補 ぽ
き エ 精 読 む 摘 ト 写 シ ョ ン 覧 多 れ 自 主 権 ぎ 安 候
ぽ セ 側 ろ ゃ 開 応 ャ ラ ム
の 中 で ぽ ス ツ ス ひ ニ 空 嶋 知
阪 通 ヱ 再 ソ きエ し ニ ぽ 気 室 能
辞 合 出 歩 側 精 投 近 い 通 狙 っ 本
っ カ 登 サ 報 読 フ ホ 出 進 再 コ 辞
辞 社 ふ て 狙 む 登 何 話 囚 ざ 応
エ 無 て ど 通 摘 側 ま ざ れ 読 ぽ 多
囚 妊 私 テ 報 ワ シ だ 親 く 教 化
ざ 室 精 狙 妊 通 ョ 向 切 室 何
解 年 つ 摘 っ ー ン 多 カ 開 だ
昨 だ 嶋 能 何 ム 覧 く ャ 意 私
能 れ つ ひ ょ ラ モ の レ ニ 話
本 ゃ 嶋 ひ う ベ 多 精 ぎ キ っ
重 権 リ リ ル プ れ 主 合 ツ 生
サ 覧 リ ベ ぽ 自 的 京 ネ 息
ら ぽ 権 摘 な 生 地
安 候 ょ 百 ニ
補 ぽ ま
ひ

Puzzle 71

<table>
<tr><td>も</td><td>ぎ</td><td>ざ</td><td>選</td><td>狙</td><td>選</td><td>ぼ</td><td>開</td><td>お</td><td>の</td><td>維</td><td>持</td><td>す</td><td>る</td><td>す</td><td>述</td><td>記</td></tr>
<tr><td>芸</td><td>ょ</td><td>き</td><td>応</td><td>ツ</td><td>せ</td><td>ま</td><td>お</td><td>ク</td><td>近</td><td>写</td><td>れ</td><td>ょ</td><td>紹</td><td>囚</td><td>ぽ</td><td>ひ</td></tr>
<tr><td>ぎ</td><td>つ</td><td>写</td><td>所</td><td>ぼ</td><td>っ</td><td>背</td><td>所</td><td>ろ</td><td>ざ</td><td>い</td><td>話</td><td>に</td><td>介</td><td>嶋</td><td>く</td><td>会</td></tr>
<tr><td>ひ</td><td>育</td><td>重</td><td>京</td><td>乏</td><td>歩</td><td>ハ</td><td>ざ</td><td>い</td><td>ウ</td><td>本</td><td>に</td><td>証</td><td>事</td><td>ハ</td><td>ぐ</td><td>無</td></tr>
<tr><td>育</td><td>ヒ</td><td>砂</td><td>乏</td><td>ま</td><td>ハ</td><td>む</td><td>て</td><td>ト</td><td>ド</td><td>画</td><td>証</td><td>拠</td><td>は</td><td>件</td><td>然</td><td>側</td></tr>
<tr><td>お</td><td>ニ</td><td>京</td><td>会</td><td>囚</td><td>ハ</td><td>ざ</td><td>芸</td><td>ヌ</td><td>ン</td><td>ゥ</td><td>高</td><td>な</td><td>重</td><td>ス</td><td>お</td><td>だ</td></tr>
<tr><td>覆</td><td>べ</td><td>会</td><td>意</td><td>ひ</td><td>圧</td><td>む</td><td>然</td><td>合</td><td>ィ</td><td>高</td><td>育</td><td>慎</td><td>ぼ</td><td>ラ</td><td>テ</td><td>ル</td></tr>
<tr><td>能</td><td>っ</td><td>意</td><td>金</td><td>ひ</td><td>チ</td><td>て</td><td>狙</td><td>報</td><td>ュ</td><td>ょ</td><td>海</td><td>加</td><td>現</td><td>合</td><td>セ</td><td>、</td></tr>
<tr><td>チ</td><td>ま</td><td>つ</td><td>ゃ</td><td>狙</td><td>ニ</td><td>弱</td><td>話</td><td>む</td><td>驚</td><td>然</td><td>京</td><td>代</td><td>開</td><td>結</td><td>モ</td><td>公</td></tr>
<tr><td>ト</td><td>だ</td><td>で</td><td>チ</td><td>ひ</td><td>ソ</td><td>狙</td><td>応</td><td>然</td><td>ホ</td><td>百</td><td>登</td><td>、</td><td>、</td><td>ド</td><td>の</td><td>安</td></tr>
<tr><td>摘</td><td>て</td><td>だ</td><td>ニ</td><td>ソ</td><td>ヒ</td><td>弱</td><td>室</td><td>ろ</td><td>ろ</td><td>カ</td><td>つ</td><td>写</td><td>投</td><td>ひ</td><td>モ</td><td>多</td></tr>
<tr><td>通</td><td>常</td><td>の</td><td>ド</td><td>精</td><td>ヒ</td><td>海</td><td>覧</td><td>っ</td><td>ひ</td><td>ぐ</td><td>社</td><td>資</td><td>愛</td><td>む</td><td>安</td><td>セ</td></tr>
<tr><td>然</td><td>ツ</td><td>向</td><td>芸</td><td>暫</td><td>レ</td><td>無</td><td>覧</td><td>ょ</td><td>レ</td><td>ぼ</td><td>き</td><td>社</td><td>ヌ</td><td>ふ</td><td>ソ</td><td></td></tr>
<tr><td>損</td><td>ツ</td><td>向</td><td>芸</td><td>加</td><td>レ</td><td>無</td><td>室</td><td>っ</td><td>ろ</td><td>レ</td><td>ぐ</td><td>ぼ</td><td>ヌ</td><td>ど</td><td>ソ</td><td></td></tr>
<tr><td>失</td><td>ニ</td><td>執</td><td>行</td><td>ぽ</td><td>圧</td><td>リ</td><td>応</td><td>嶋</td><td>本</td><td>ヌ</td><td>ヌ</td><td>ラ</td><td>嶋</td><td>ど</td><td>セ</td><td></td></tr>
</table>

証拠は
慎重な
ウィンドウの
執行
記述する
賢く
現代
、公共
損失
紹介
維持する
通常の
の近くに
、投資
背の高い
事件
覆っ
ので、
驚き
高速な

Puzzle 72

<table>
<tr><td>っ</td><td>ス</td><td>ゃ</td><td>愛</td><td>ざ</td><td>芸</td><td>摘</td><td>安</td><td>ま</td><td>き</td><td>結</td><td>阪</td><td>ひ</td><td>ス</td><td>個</td><td>ヌ</td><td>ホ</td></tr>
<tr><td>安</td><td>場</td><td>摘</td><td>方</td><td>画</td><td>ゅ</td><td>ハ</td><td>側</td><td>応</td><td>婚</td><td>芸</td><td>化</td><td>社</td><td>別</td><td>ょ</td><td>ど</td></tr>
<tr><td>し</td><td>ぎ</td><td>何</td><td>ざ</td><td>重</td><td>ス</td><td>ヌ</td><td>と</td><td>化</td><td>は</td><td>読</td><td>砂</td><td>応</td><td>の</td><td>辞</td><td>投</td></tr>
<tr><td>れ</td><td>や</td><td>だ</td><td>叔</td><td>出</td><td>ク</td><td>出</td><td>化</td><td>な</td><td>故</td><td>ホ</td><td>ク</td><td>ニ</td><td>再</td><td>ゃ</td><td>ド</td></tr>
<tr><td>場</td><td>行</td><td>動</td><td>父</td><td>じ</td><td>女</td><td>の</td><td>ス</td><td>結</td><td>ホ</td><td>ル</td><td>ヒ</td><td>ん</td><td>覧</td><td>服</td><td>コ</td></tr>
<tr><td>囚</td><td>ヌ</td><td>隠</td><td>ま</td><td>す</td><td>性</td><td>読</td><td>っ</td><td>ル</td><td>タ</td><td>レ</td><td>暫</td><td>選</td><td>は</td></tr>
<tr><td>愛</td><td>テ</td><td>弱</td><td>モ</td><td>ニ</td><td>剛</td><td>プ</td><td>ス</td><td>イ</td><td>ボ</td><td>投</td><td>モ</td><td>モ</td><td>権</td></tr>
<tr><td>や</td><td>解</td><td>応</td><td>お</td><td>ハ</td><td>囚</td><td>ハ</td><td>プ</td><td>ー</td><td>ま</td><td>合</td><td>摘</td><td>ソ</td><td>リ</td></tr>
<tr><td>狙</td><td>選</td><td>ド</td><td>ど</td><td>ヱ</td><td>ぎ</td><td>権</td><td>レ</td><td>コ</td><td>せ</td><td>権</td><td>ソ</td><td>し</td><td>ノ</td></tr>
<tr><td>ょ</td><td>べ</td><td>ぐ</td><td>レ</td><td>社</td><td>壊</td><td>阪</td><td>イ</td><td>ン</td><td>ニ</td><td>化</td><td>ん</td><td>よ</td><td>安</td></tr>
<tr><td>ケ</td><td>フ</td><td>ィ</td><td>ア</td><td>深</td><td>れ</td><td>せ</td><td>ヤ</td><td>パ</td><td>ぎ</td><td>阪</td><td>暫</td><td>う</td><td>ひ</td></tr>
<tr><td>嶋</td><td>ぽ</td><td>通</td><td>ま</td><td>ふ</td><td>刻</td><td>た</td><td>コ</td><td>ニ</td><td>パ</td><td>方</td><td>退</td><td>と</td><td>単</td></tr>
<tr><td>コ</td><td>写</td><td>乏</td><td>ク</td><td>ぎ</td><td>育</td><td>っ</td><td>退</td><td>オ</td><td>セ</td><td>読</td><td>く</td><td>ま</td><td>位</td></tr>
<tr><td>ス</td><td>レ</td><td>ニ</td><td>カ</td><td>結</td><td>と</td><td>が</td><td>覧</td><td>ン</td><td>リ</td><td>京</td><td>社</td><td>じ</td><td>を</td></tr>
<tr><td>安</td><td>チ</td><td>じ</td><td>せ</td><td>弱</td><td>辞</td><td>ぎ</td><td>先</td><td>の</td><td>チ</td><td>ぼ</td><td>ゅ</td><td>セ</td><td></td><td></td><td></td></tr>
</table>

コンパニオン
女性
パセリ
壊れた
プレイヤー
先のとがった
しようと
ボール
結婚は
叔父
個別の
深刻
単位を
服は
隠します
レター
ケフィア
となっ
行動
剛性の

Puzzle 73

側忙幸せ妊退ペュ望へ映画契ぽ解百ぎ進私
登し笑阪守るイ圧遠リラ室約て暫読カ囚妊
本い愛いき進ン遠鏡ラジ却化どカ本囚投安
覧スろヱ芸多ト入んだ場下きハろ京投ひ加
何阪ひ登話会カ囚せ場向ヒあル選スひ本せ
フ通まイ退ざノは妊じ重だなニ結報本京会
カォしニく妊選加故っ覧セたカ合池京報カ
ス嶋多ュス選だ重選報重ャエし二の報私む
怒多買ー暫せ百化側れ向重ヌれ京権私のぎ
くぽカカモろ故私報ス通百結囚ぎ側の論ツ
ょっヌスきオ化向テ選ぐ論愛ツ写暫側ハ愛
せ重ツょもろ権ぐ写暫側ハ
モ読ドまろヤ私登進ノ
モ場加るマソ開応ヤ
だぽゃ歩ラ読ょむぐ嶋り意何ま囚ノハ

笑い
望遠鏡
あなた
買っ
守る
契約
池の
却下
カウボーイ
フォロー
ペイント
呼吸
幸せ
ヘラジカ
オオヤマネコ
入力は
映画
ニュース
忙しい
怒っている

Puzzle 74

ズボン
引き出し
、パートナーの
タオル
が可能な
兵士
外部
ピアノ
チャレンジ
アセンブリ
マイル
ラダー
結婚式
怖がっ
ローブ
運動
コミュニティは
誕生日
種を
シンク

ラダーニ本海ト安ゅソシチャレンジャ二精所会マ選ヒぼしぐで
だべ開囚ろじセハ側ハまれ兵クヌモチャオルイちょ加開側向進ぼ
、パートナーの化圧種をントだ士愛タヒイぼ
報引ココ進ヱぼトモ私選ノ通金砂側ル話チ
む育きハつドエ登阪ゅ結ゅ側スが結婚式ク
何乏社方妊然しやお圧写百外部無何ヒ意精
二ど方トロ重るお阪摘ひコぐ解れだ話方動
海でエ重弱選私モ何ぽ写多ぽど摘場ヌ運動
意じまおテ怖がっ通カぐむ摘方場側ホニヌざ
ノ読んテふがボ応っカノ
アセンブリ応ボズ然っ
ピスソ百てズ然然
応出登誕生日コミュニティは側ホニヌざ
社登誕生日コミュニティは

Puzzle 75

ト 海 海 機 室 乏 エ る ク ふ お せ く 妊 登 プ モ
私 話 論 ま 能 レ 圧 妊 チ や ば べ 応 ソ リ シ ュ 弱
ど 然 故 ヱ 歩 は 再 ま 信 何 べ 辞 き ち ュ ー ル ー
ひ 能 ヱ お ッ セ 嶋 ク チ の 退 場 し ゃ 歩 ル で
辞 権 結 応 圧 解 で 加 ヒ 海 実 用 化 私 ん で ソ
べ 精 レ じ チ や 歌 だ ャ ぼ 金 故 の サ ノ 写
ぼ 結 話 安 や く 面 応 ノ 覧 合 社 く 囚 ク ま リ ウ
出 べ 京 ソ 何 摘 投 い 違 芸 で ソ 然 会 報 た じ カ の
ル 写 何 れ 方 ひ 室 く っ て 囚 発 エ 狙 辞 ク だ サ
サ 能 何 砂 能 魅 力 る 囚 精 場 揮 選 私 阪 何 退 ウ
能 れ 暫 れ て 金 ぎ 阪 ハ 意 せ 論 ス 報 雪 玉 圧 ノ
れ 百 通 エ 故 も っ 海 販 売 せ 出 ス 作 り を だ 本
反 映 無 弱 故 海 化 乏
応 ホ ー ル ド 乏 化 サ ク 出 ス 作 り を だ 多 本

まだ
魅力
間違っ
歌う
ホールド
実用的な
おばあちゃん
販売
ノウハウの
アメリカの
反映
たまま
プッシュ
雪玉
発揮
信頼性の
ルール
面白い
作りを
機能は、

Puzzle 76

冬の
ピザ
リス
自身が
誤差
天気
第三
、まだ
宗教的な
バット
黒い
海を
の耳が
シャウト
砂の
に静かで
本体
縫製
話しました
重力

妊 じ ニ ひ 意 ど 合 話 ま 育 第 お れ 愛 モ 登
だ 囚 ュ 退 砂 加 暫 場 然 無 し だ 三 し 私 き 化 開
だ 狙 退 側 エ て 会 ヌ 会 ま 阪 ト 室 ふ 解 し
圧 ひ 側 多 妊 テ ふ 砂 投 に し 読 ひ 誤 化 べ
権 カ 芸 話 ぽ ツ 安 じ る 、 読 バ コ 差 故 チ ニ
む む 話 登 黒 ェ 精 ラ 登 阪 バ む 何 く リ
せ に 登 縫 い れ 応 開 ッ 重 阪 っ ハ ぎ
化 静 縫 て 体 何 む る ス 開 ト 力 会 ぐ 権 ゅ
だ か 宗 セ ふ 解 冬 歩 じ 百 で る
の で 教 的 所 ハ ニ 気 ウ ハ っ 百 き 精 コ
耳 や 本 な ニ 妊 側 報 だ 故 権 の
が 重 砂 応 選 自 会 ザ 弱 金 ハ 然 百 砂 の や
お ぎ 重 安 能 論 身 ヒ ぎ 覧 応 嶋 じ だ 本 画
出 ひ 登 本 ニ む が 通 無 狙 無 だ 報 も 辞
海 を 育 安 ト 応 覧 ャ せ 意 本 ま モ 場 無

Puzzle 77

合 ニ ぐ 阪 ぐ せ や 本 、 故 本 化 何 ぎ 摘
サ 結 社 故 加 ま 最 郷 ス 場 通 ひ ぎ 精 退
ひ 冷 蔵 庫 ど 嶋 の 応 嶋 覧 ひ ま に ぐ ま
だ ノ 白 て 摘 ぐ 精 前 以 画 だ ひ 場 狙 退
能 摘 い 砂 妊 サ 退 登 愛 私 本 風 精 阪 ぐ
き 登 ハ 安 と ほ 側 再 本 本 化 船 話 砂 て
ざ 結 歩 ニ ソ だ 登 ば マ 意 退 風 っ 選 プ
ヌ ト お 百 だ 呼 然 ょ 権 辞 ナ ク ー レ 報
宣 所 ぼ 無 意 愛 話 む 囚 因 ニ ト ホ 側 選
ハ 言 ッ 合 砂 精 無 じ 然 向 ん ル ラ ろ 砂
バ 退 男 百 ぎ べ 何 だ 結 覧 ふ 結 レ 砂 ろ
ッ 男 参 だ 意 出 エ 京 論 出 ぼ ひ ソ 選 能
ジ 参 の 圧 権 ぽ ヒ 結 出 芸 き ソ レ 覧 覧
ヌ 加 圧 精 合 妊 結 じ 輝 加 せ 結 話 ニ 室
ク す 責 任 レ 開 投 コ 側 セ ル 側 向 き 登

参加する
冷蔵庫
プレート
以前の
バッジ
責任
男の
輝き
ホーク
すぐに
白い
ほとんど
宣言
、最後の
故郷
ディナー
マップの
ニンジン
と呼ばれる
風船

Puzzle 78

平野
サンドキャッスル
おそらく
部門
削り
ドッグ
いつか
様々な
歴史
壊した
蚊を
アプローチを
マーカー
週の
スケートを
人気の
怒ら
ギフト
時間
シネマ

海 故 応 チ ニ テ 化 レ ゃ せ 精 百 も だ ア ト 暫
覧 ク 室 い ラ 育 化 れ カ ス ニ ソ チ プ 私 だ
ニ ル 登 能 私 ル ス ャ キ ド ン ロ を ん
芸 乏 覧 モ 進 芸 ひ 読 ケ 安 二 京 サ っ 話
話 だ 再 つ か ゅ 読 ヌ ッ ー 室 を レ ヒ
ト ふ 加 百 所 カ 論 ト 安 蚊 ハ っ サ
べ お 能 権 ー 然 ん グ 所 ト を 時 て 覧
会 ぎ ル 壊 覧 ヒ 合 シ む 方 フ 安 間 再 歩
じ 削 り し ク 論 ネ 方 応 ギ ヌ ろ 歴 能
ま く た 話 会 愛 ぐ 場 人 ュ ノ 化
も リ 安 私 辞 ゃ 怒 摘 門 側 気 リ リ ぎ
れ 百 故 百 ト 出 く ら カ 退 選 の ひ 様 弱
能 ん 応 セ 意 重 権 育 そ お 歩 育 囚 々
カ ル 方 結 テ ぼ ノ し 海 圧 平 野 ど ざ 育
お エ 結 テ ホ ス ど 論 つ ひ 歩 多 チ 退

Puzzle 79

せ 解 、 は 係 関 の 者 有 所 無 べ チ く る 進 摘
ぐ 狙 室 圧 リ 問 会 サ 狙 ゅ 何 阪 つ ヱ 多 敷 く
ゅ 集 化 ま 躊 踏 応 に ら せ 登 ス も る 然 ぎ 通
退 砂 計 ト ッ ヒ と き む ス 覧 だ 向 選 ょ 歩
ニ 結 加 や ル ビ チ 交 ド 安 登 海 弱 選 育 ひ ス
故 ぼ 狙 大 カ ジ 解 っ 渉 狙 弱 京 ぎ 向 金 ク ひ
ヱ 大 狙 本 ョ 社 狙 弱 進 投 安 嶋 ゃ 写 唯 サ 故
報 声 本 の ン ド 何 合 進 投 安 故 無 故 一 ヌ ぐ
だ 京 読 本 何 合 進 ょ て 百 応 妊 側 し の セ 砂
参 加 し て く 狙 べ 砂 進 ょ の 精 だ で グ ヌ ヌ
ひ オ 登 じ 室 ヌ ド 氷 に ど ル だ フ レ ひ ニ ま
リ フ セ く 故 ク ト 急 ろ っ 本 ブ ラ ン グ ル
報 ハ ろ 愛 ヱ 化 ん ろ っ 出 狙 れ 何 本 ダ ン グ ル
ょ 暫 故 押 ス お ゃ レ 乏 読 リ 所 権 合 狙 方 向
モ 権 れ 下 や 報 室 乏 読 リ 所 権 合 狙 方 向

イルカの
オフ
参加して
ダブル
大声
押下
の関係は、
氷の
唯一の
フラグ
敷く
の問題に
ビジョン
所有者の
集計
躊躇
ガラス
急に
交渉
ダングル

Puzzle 80

テロ
ソフトを
フィギュア
偉業の
写真
王子
定住
起動
高貴な
熱心な
曇らせる
靴下
生きて
ウサギ
尊重
クジラ
要因が
睡眠
アヒルの子
稼ぐ

尊 重 出 で フ だ 室 ま 画 睡 る ざ ゅ ス ト ま 精 ぽ
弱 解 セ 報 ま ィ 投 ハ ス 眠 ラ ノ じ べ ト ク 合 解 応
投 れ て 圧 ソ ギ ヌ 多 阪 れ ク 乏 室 ラ ヌ ひ 狙 開
無 ス む 京 ひ サ ュ ホ 歩 ラ 重 ソ ホ ベ 報 カ
暫 応 多 京 ょ ウ 狙 ア ろ ど テ く っ 読 カ 百 く べ
く 社 だ 能 偉 ハ っ 加 む 嶋 ロ 辞 要 ひ 精 多 ま
ル ト く サ ぎ 業 ハ の 曇 ら る で 論 因 ぐ ぽ 会
ク ジ 選 ざ 海 て る 投 な チ が ヌ 重 ヒ
ひ で ラ 読 だ ょ ゅ な 心 海 だ で 何 出 ア 写 ド
多 ニ む エ 海 高 嶋 投 熱 エ 結 場 私 ノ
ょ ト ヌ 起 動 貴 なだ ク ル 稼 ぐ ぽ 住 進
や ハ サ コ 暫 写 ろ 王 方 の ひ 再 重
ヒ ス ヌ ラ も 場 乏 王 子 ド ヌ コ 定 写
靴 出 ハ ニ れ 生 じ ん ド ふ ヒ を 住
ぐ 下 阪 芸 化 生 き て き ソ フ ト を 定 ノ

Puzzle 81

ラ芸トヌ囚くルふクをう緊急ニきょ投
ノ登ラブ登ぎしょ語奪な阪故登所阪開
だーブ多砂じ権囚距ヌ辞減海カだ開
て般ルの確な側再解エコ加らす私テレ
しニ的の羊ぽぐ絶対話スっセ然能会ラソ
本ラ愛再ッぼスっ本側ブッ能会やまっホ
おで伝統的な室本側再ブッ能会辞くクジー
の伝乏ふ室本側ミッズやゅ砂計ろれや
解乏ふ精ミルズ場ーチヱ金むしてソ
アンティークミックスラ場無暫故算登本
私多無妊きラ写ぐカスラ囚側計登やだ
るぎせ精だまむどっむレてソ機投本だ

言語を
一般的な
チーズ
アンティーク
ミックス
うまく
を奪う
減らす
ライラック
ブルー
トラブルの
うなり声の
計算機
絶対
緊急
羊の
クレイジー
距離
の伝統的な
正確な

Puzzle 82

与えられた
先の
ます
月面
椅子
ペットの
を失う
トランク
貿易
ファーマー
グレープ
フクロウ
カスタム
参照してください
怒っ
量る
クライ
に失敗
待機
シート

無グレープ画テ権暫登画何応読おむサ
ハ椅子京合狙投与えられフょ安出ぐ量場るて
ょぐトテ月れコ辞まく然ファ場スだ読ひ読多場故ゆセ
結然リヌ砂面会弱出方ヌ重ファラマ嶋辞ま通社圧っ覧
カ安囚ルニぎニフ方ぐロウ失ぐクト先ゅ方怒んッ私
スぎ嶋辞やフ開ホ金ぽ砂妊ざまッペ然京ソ待
タセだ登室に失加砂投じペク側画ひ向っ阪ぼ機
ム嶋ょ登カエニ故まぽんふ写じスト側ヒ覧ヒぎ
嶋ぽ辞狙でトふひれト海場化百し能退出貿易エサぼ

Puzzle 83

阪	開	投	の	こ	。	多	場	も	ラ	ン	チ	ト	登	効	跳	登
社	ト	や	家	レ	ド	ロ	ッ	プ	ハ	し	ざ	化	重	果	ん	室
ひ	育	金	ラ	コ	明	確	化	ス	若	ゅ	向	重	の	く	重	ヌ
向	む	解	本	解	で	ー	ひ	ど	い	ゅ	場	社	出	て	ス	ク
ひ	ふ	ぎ	意	ふ	ヒ	ベ	ド	が	ニ	れ	が	レ	安	コ	リ	し
だ	応	合	も	合	ん	に	ぼ	囚	ゅ	重	報	ヌ	ク	れ	っ	き
ん	重	だ	無	権	く	転	サ	ド	レ	ん	せ	ト	故	ひ	洗	読
チ	き	囚	だ	フ	ロ	送	ン	イ	ッ	チ	結	ス	お	ぽ	浄	本
馬	の	京	妊	ロ	加	、	パ	ス	の	教	授	ド	ド	つ	百	意
社	ひ	退	る	ー	ク	組	れ	み	ニ	合	だ	画	所	妊	阪	確
京	登	外	モ	ふ	出	読	み	ゃ	べ	ャ	る	お	ニ	お	れ	立
ぼ	ょ	国	育	囚	ヌ	べ	ャ	合	だ	る	摘	衝	リ	ニ	ょ	無
多	ス	化	出	無	投	側	出	ヱ	室	重	意	愛	百	確	辞	室
結	覧	応	投	ゃ	ぎ	暫	ヱ	室	重	意	せ	故	突	写	む	
れ	モ	ニ	画	る	読	登	ひ	リ	ひ	ラ	故	っ	退	き	む	

若い
明確化
確立
外国
。この
効果の
家の
フロート
のレコードが
、パスの
洗浄
教授
サンドイッチ
組み合わせ
ランチ
馬の
転送
ドロップ
跳んだ
衝突

Puzzle 84

十年を
不適切な
コーヒー
を明るく
進める
賢明な
綿を
ボウル
ポーズ
チューリップ
もちろんの
陸上競技を
聞く
エルフ
ブレーク
ブラウン
ハンマー
恐れ
噴火
悲惨な

多	ひ	テ	方	だ	何	ヒ	ク	所	ろ	ニ	暫	金	進	投	百	じ			
れ	故	コ	ハ	ゅ	本	ク	ざ	ょ	解	不	ろ	弱	め	綿	金	べ			
だ	ク	ト	ス	ヱ	や	噴	ク	通	室	適	ざ	を	る	を	向	む			
登	お	阪	ス	ス	む	ニ	火	ぎ	や	切	じ	狙	開	技	や	室			
摘	エ	カ	ま	登	ク	っ	コ	火	む	な	ゃ	う	登	競	む	応			
砂	リ	ル	ソ	能	ニ	登	会	多	精	ひ	む	多	聞	上	ニ	向			
ヱ	ド	ボ	私	登	セ	本	阪	悲	も	ち	ひ	ょ	の	陸	ろ	何			
退	愛	ッ	フ	本	サ	乏	多	惨	重	ょ	ち	ろ	出	し	ひ	圧			
嶋	ど	妊	れ	ク	弱	て	ょ	な	賢	ぐ	ろ	ん	レ	乏	リ	嶋			
ト	登	再	百	れ	む	論	ヒ	明	合	プ	ぐ	カ	摘	読	狙	妊			
海	開	解	ん	愛	然	再	ス	弱	ニ	ッ	お	じ	り	せ	育	だ			
む	退	サ	ざ	む	ぽ	十	エ	ヒ	チ	ラ	う	歩	ブ	ク	ヌ				
百	も	コ	向	ぽ	年	精	ス	弱	ン	解	ウ	っ	レ	マ	ス				
ょ	本	き	暫	ズ	ポ	一	を	本	ス	加	く	ブ	ー	ン	チ				
退	能	室	投	し	芸	安	だ	ヒ	だ	再	ト	話	ニ	エ	や				

Puzzle 85

```
ト っ ラ き ニ エ 無 応 意 ク し 方 ぐ 乏 キ セ ト
化 重 チ 何 在 庫 ぼ 方 芸 ヌ サ 精 ュ 内 部 ド る
れ ト 側 な 好 ま ラ 愛 ト ぎ だ 精 ん し 嶋 し 愛
ま 金 な き ぐ の カ 囚 セ お せ 実 ょ く 話 水 写
解 ハ 囚 だ や 雨 ル エ 囚 れ 気 陽 行 応 む や ろ
ニ 阪 だ っ 権 ド 方 囚 弱 私 乏 解 エ 噴 せ 無 ろ
所 通 ク 次 応 ツ 能 方 圧 ゅ 化 ヒ 出 ニ ど く 結
ま 、 レ 年 で 料 場 を 温 ソ 出 ソ 狙 む し ハ 海
ふ 開 ア 齢 モ 理 理 温 度 ぽ 写 ド 用 ソ や 忠 で
本 る ニ ぎ ニ ホ 料 度 も 食 ど 海 ど 何 乏 実 囚
狙 金 コ ・ ホ ど 育 も ん き て 狙 く ス 芸 弱 な ノ
サ 嶋 ス 二 空 ニ ニ 育 ろ て ス 画 本 化 ゼ ヌ ハ
ま 会 ト ぽ 洞 ホ ろ ニ ハ も れ ュ 海 ャ 解 ょ の
写 モ の ま 社 ー フ ク も き ば れ 本 ラ 画 ヱ 感
し 芸 だ だ 京 応 や ふ マ ヌ ツ 化 ま ラ 本 の ハ
```

キュウリ
忠実な
コストの
空洞
、年齢・
ハーフ
内部
雨の
マーク
実行
料理を
陽気
温度
アネモネ
年次
の好きな
噴水
在庫
感の
食用

Puzzle 86

```
応 ス ヌ る ぼ お 合 お て ト 弱 ツ 応 意 楽 重 愛
画 報 能 せ 意 辞 で ド ょ ニ 投 多 ひ セ し 謝 感
遠 い カ 意 の て 生 芝 レ ぽ ク ぽ 論 再 ま ス ド
退 再 カ ー ド 登 生 芝 海 せ 然 多 通 加 狙 ス ヒ
分 割 ド 写 て 登 べ て 安 ニ 室 会 ド 権 い 故 ど
会 ノ 読 し 育 ざ す 会 安 ぽ 場 室 故 側 場 応 会
お 場 狙 ノ 故 ま の 会 会 ハ 画 場 ボ 歩 安 い ら
結 摘 歩 狙 合 芸 弱 話 弱 も 場 の カ ニ お る ざ
温 度 計 辞 な チ 登 ゃ 結 バ 暫 だ 狙 能 ニ 進 多
工 投 ヌ ん 性 登 数 弱 数 イ 緑 い る 応 能 所 場
恩 赦 故 ぎ 重 何 々 登 々 ク 南 ヒ 私 ニ ょ ま ゅ
砂 故 無 阪 辞 質 が 重 、 て 部 願 ッ 化 退 故 精
く 解 話 ク ひ を リ 辞 会 緑 願 む 故 ト 論 じ 海
コ や 退 で 権 リ リ ひ い 場 多 ヌ 結 退 多 論 ル
辞 ひ レ 百 権 ト 社 百 向 意 側 レ ゃ き
```

楽しま
バイクの
会話
な性質を
恩赦
のヒット
分割
、緑
のすべての
ボトル
温度計
カードの
感謝し
南部
遠い
芝生の
ている
数々が
いらいら
願いを

Puzzle 87

き レ ぎ 弱 会 ハ も 京 覧 論 れ ひ 安 再 ツ ぼ 結
ソ だ 狙 辞 写 ゅ ら っ 場 結 だ ふ ニ ス ト ス ぎ
覧 ホ ラ べ 化 ま ラ ぼ ニ 話 圧 ひ ぼ っ ソ 読 通
お ぼ ト 能 本 歩 ク ニ 愛 ホ っ 精 ク 話 画 選 だ
サ 囚 も 弱 退 ニ 権 セ っ 場 会 憎 人 場 退 級 ひ
っ ま だ 投 ノ の 限 を み し な 隣 歩 ベ シ ソ ま
リ ヱ 従 業 員 は ロ ヌ 妊 可 能 で 芸 覧 ニ ふ ヌ
従 業 員 サ 方 カ ラ て 芸 き ー 博 物 館 の 上 む
本 芸 術 に デ ヒ セ だ や 樹 皮 ン タ プ 見 応 コ
通 当 嶋 応 覧 ィ テ 選 む ひ エ む 向 ャ ト っ 意 て ぐ
ょ 辞 投 ぼ ー 登 テ 報 金 何 ト ぎ む 読 故 金 重 ふ で
む ク 辞 べ ぼ 無 側 ぽ ま 話 然 ぐ ろ つ ま へ
無 ダ ー ク ル 無 側 ぽ ま 話 然 ぐ ろ つ ま へ て

本当に
ダーク
意見の
パースニップ
憎しみを
ノット
ディテール
樹皮
口の
芸術
従業員は
隣人
の可能な
表す
の上級
博物館の
カメラ
権限を
シーン
ヘリコプター

Puzzle 88

検出
と思います
売り手
コーチの
カワウソ
範囲を
ストリーム
独立性を
の足
愛情の
同一
病院の
メイク
最大の
教師
シリーズ
スノーフレーク
軽自動車
カップケーキ
ささげる

メ ろ 教 独 同 一 範 と ソ 開 で ひ 阪 精 て 然 ヌ
イ 海 師 立 く 写 囲 む 思 暫 ろ カ お レ 進 ソ
ク じ エ 性 ヒ 意 を ニ 側 い 金 通 ッ ド 室 っ
ぎ さ て を だ ト も 進 ま 解 ド ゅ ヌ 検 れ
も さ 選 て 阪 ん ホ 囚 て シ 売 プ ケ 故 開
む げ ヒ 愛 意 ホ 多 阪 ク り ケ コ じ 歩
っ る 弱 覧 く 開 何 方 ど リ 百 手 の じ サ
砂 場 摘 ト ま っ 結 多 病 一 お 大 ソ れ 京 話
話 つ 退 無 選 退 本 ど 育 っ 院 ズ 最 ひ 覧 カ
ム 室 だ し 妊 育 ひ く の カ ワ 弱 ウ 安 暫
ー 論 じ 然 ぼ 方 圧 て ん ぽ 情 覧 進 登 出 の 無 能
リ 読 だ ハ ょ 所 安 ぽ 化 応 ク 場 弱 自 足 ヒ
ト 社 重 れ ふ 方 方 応 化 ス 阪 動 軽 京
ス ス ノ ー フ レ ー ク 社 二 せ ょ 本 ぎ テ 車 覧
開 ょ 投 報 ヌ べ 場 ノ ゅ 応 妊 て 暫 能 ヒ

Puzzle 89

危 る っ 風 重 っ ト 登 王 れ セ ス 晴 ょ 二 再 何
く 険 向 画 応 金 室 簡 ケ れ ド 嶋 だ り じ ど 海
妊 ホ 性 貴 ど 撤 じ 故 素 ル た 辞 釣 阪 嶋 カ は
ヒ ふ を 族 ホ 回 ま も 化 ト ぐ 狙 社 ヌ 場 り ぐ
登 つ 金 論 の 重 る 結 無 ン レ だ て ど 私 じ 辞
ゅ 芸 嶋 を 囚 二 京 場 ひ ー タ 権 乏 妊 ぐ 私 選
ふ 覧 囚 重 京 加 ヌ ら ぎ リ ス ぽ だ じ ぐ 会 だ
提 供 阪 ホ 二 選 ェ 加 狙 ス ハ て る 本 れ れ ハ
所 ぽ チ で 加 本 ら 重 進 進 本 二 圧 ひ 論 だ ど
ト 暫 選 ス 向 通 加 育 モ 七 ド ラ だ ク
愛 情 ょ な 何 愛 だ 砂 応 ラ の へ 写 モ ひ 意 テ
親 愛 な る 表 結 む 応 レ 話 着 用 し 、 実 論
ソ 何 表 現 精 場 権 ま ベ れ れ 、 実 際 に
テ で ソ 精 加 ニ ま だ ヒ 、 実 出 だ 意 テ 論
ぎ も れ 加 ニ ま だ ヒ 、 実 際 に だ 意 テ ク

単語リスト（Puzzle 89）

着用し
への
愛情
王室
提供
簡素化
撤回
七の
晴れた
釣りは
貴族の
、実際に
レタス
危険性を
風呂
何でも
スケルトン
親愛なる
表現
スター

Puzzle 90

単語リスト（Puzzle 90）

カメ
前に
関連付ける
バッグ
アドバイスを
ビュー
フィル
緩い
ハリネズミ
ホット
のサイクルの
気に入った
送っ
最も
他人に
実験
エッジ
中間の
コンテンツ
デイジー

ホ 合 実 験 ラ 能 化 妊 ニ 出 ト 送 阪 コ ク ノ ハ
ッ 写 を 覧 何 京 ぽ 京 暫 妊 ぐ っ 入 に ド 気 リ
ト ぎ ス ま 化 ま ソ 意 む た ジ ー む 私 ネ
の サ イ ク ル の 進 ス 関 方 デ ッ 百 て ト ズ
京 サ バ ド ま 場 権 連 付 け イ ド 登 無 開 ミ
ニ 応 ア 育 中 歩 緩 ス ぼ サ ッ ぎ 百 だ れ
ニ お 論 歩 間 ニ 登 い っ む エ ラ 本 く ッ
や ト 京 無 の ス 歩 論 ヒ し 安 コ ゅ 他 チ ニ
辞 何 京 だ 重 ヒ 社 辞 ベ 向 加 サ う 人 ト カ
モ ノ だ ざ 投 フ 出 せ べ っ コ 私 狙 に し メ
コ バ 何 投 意 ム 囚 せ 多 報 サ ヒ 嶋 多 本 前
ン 社 エ 歩 だ ィ 狙 ヌ 方 安 ぎ 妊 芸 囚 ヌ
テ 最 歩 ゅ 意 ル 解 出 出 セ 方 登 愛 ゃ
ン も 育 ヌ て っ 場 ラ テ ラ 妊 狙 つ
ツ 何 登 応 ニ 画 ま ノ 化 ぽ エ セ ル セ だ ぎ 育

Puzzle 91

読 囚 も ス ゃ お に ひ ク 圧 故 選 れ 画 だ 解 ス
阪 驚 時 プ 論 後 可 能 投 登 罰 辞 読 意 る 能 ワ
お 異 ぽ ト リ の モ 愛 ハ 写 社 ノ お 進 も ホ ン
然 的 遊 ト ム ン グ ハ 北 れ れ 芸 権 レ 多 ホ 精
ト な び 然 海 パ サ レ 極 だ 乏 進 ト チ せ ぽ
画 暫 心 砂 合 私 で っ ぎ 精 会 む ネ 意 だ ま
応 る チ 無 権 無 能 リ 退 ヌ る レ 安 ン ち ッ
で れ 所 精 能 選 テ 乏 ル チ 育 レ ハ ど チ ュ 退
再 選 向 ラ 私 選 レ ろ ニ 場 本 ハ 幅 狙 化 ん 本
や む 妊 私 妊 ニ テ ン ト 場 チ ぐ ホ ぐ 社 海 向
し ソ ク レ ル 社 ろ ニ ス チ 無 広 ど て テ ソ
チェーン 思 い 出 さ 権 ツ ど テ ソ ツ れ
相 互 作 用 ソ ニ 乏 カ 退 ノ ぐ 側 報

Word list:

スワン
驚異的な
テント
思い出さ
トラム
ネック
チェーン
パンの
購入
罰する
北極
キッチン
の後に
時々
スプリングは
ハングが
可能
相互作用
幅広
遊び心

Puzzle 92

リ 意 何 報 セ 決 方 覧 チ テ 読 所 圧 京 無 ル
側 ざ テ っ ス め 室 報 れ 歩 私 じ 権 安 意 砂 で ろ ド ぽ
ふ ぽ ト 金 町 ま 結 カ れ ホ 重 ヒ ス ニ ス ど こ で ゅ
ぽ ぽ ど 妊 の す 文 字 本 何 ニ 京 エ ニ 無 で も ル
写 コ 妊 ニ チ チ 意 私 登 弱 重 ぐ 室 コ 報 論 故 ど
ス テ ー ト メ ン ト 壁 を 論 会 嶋 故 っ ー 世 紀 に は
ヌ 読 ス 金 ひ イ ワ 合 草 開 れ 男 ぼ 辞 会 ぽ 応
ミ ル ク 何 ぎ キ れ 再 原 原 本 性 無 海 育 ど つ
靴 を ゃ ド き ワ れ 開 圧 方 被 妊 ざ ぽ い ゃ
く き テ 海 京 ス 画 ソ レ ャ ク 害 室 応 つ 応
安 社 重 退 ヒ 画 ろ ろ 乏 場 キ 者 ク て は
ん 全 ぎ 故 ん 歩 重 応 故 所 進 ろ ッ
チ レ が 結 辞 ろ ハ 社 秩 私 金 ベ ド
愛 画 チ カ ざ ノ リ 秩 序 チ 何 い
辞 応 合 覧 報 れ 金 本 ヌ 何 権 応

Word list:

世紀には
秩序
キャットキン
草原
重量
についての
町の
ピース
ステートメント
靴を
ミルク
決めます
被害者
文字
安全が
ワイン
男性は
どこでも
コール
壁を

Puzzle 93

せ 向 ょ オ ヲ 多 ラ む ニ 狙 退 室 レ エ ょ む 場
ろ 登 む ー タ ー ク ス れ 京 農 通 ス サ む く 療
お 弱 ゅ ト ヌ 加 ス 私 出 も 権 コ コ む さ は 通
ガ 本 レ バ 摘 ノ だ れ 方 金 も 金 む で み 愛 し
っ ひ イ ダ 多 約 ふ っ ざ 通 再 無 ぼ さ だ 応
ま モ ダ ノ 圧 私 ル 多 嶋 ス 出 金 所 加 ね せ 百
ホ レ ノ ー 約 だ イ 社 の 海 会 乏 尋 ぐ 妊
愛 辞 ょ ト 束 権 ヌ 長 ろ だ 会 方 ょ 見 育 鉛
何 ス れ ハ 精 ス タ 嶋 側 テ 無 っ 進 状 弱 辞
ク ぎ 辞 ど ホ タ レ だ ひ 読 結 況 阪 ぎ 鉛
ぽ だ 権 つ ニ レ ハ く じ ピ 権 読 ク 向 イ 筆
く ド 妊 無 も ぐ ス ど ー 金 コ 会 て ン じ
場 ヱ 自 ゃ 画 る ハ ピ 権 応 ま ベ ヌ
せ や 身 応 ぎ っ ル セ マ ニ 金 ろ ン ト
ぎ 育 の ふ ぎ 解 再 コ ン だ 暫 だ ぐ 所

Word list (Puzzle 93):

- ステップ
- スタンプ
- 自身の
- 鉛筆
- ピーマン
- ドレス
- スクーター
- 状況
- 尋ね
- 社長の
- 医療
- 約束
- オートバイ
- 農家
- レモン
- ガンダー
- イベント
- 見て
- はさみ
- スタイル

Puzzle 94

Word list (Puzzle 94):

- きれいを
- 連邦
- なっ
- 検査
- トップ
- 平和的な
- の鼻
- 少数
- 絶滅
- 聞きます
- エンドウ豆は
- スティックは、
- 、これまで
- アクション
- リスク
- 再度、
- ブルーム
- 受け入れ
- 遠征
- 代替

ま 出 砂 チ ト 百 リ ク ト 権 エ ひ 向 合 ブ だ く
論 れ チ ャ 話 む ス て の 鼻 ン 検 査 せ ル 囚 写 報 退
ル 加 ハ 金 百 金 ク 愛 コ つ ド 加 芸 ル 精 読 側
受 意 辞 側 側 く 再 セ 狙 ウ 応 場 ぼ ノ ぐ っ エ
お け ア ク シ ョ ン 度 海 会 豆 代 ぎ で 応 や 砂
カ 会 入 ハ 絶 滅 れ 京 狙 は 替 聞 き す ざ 重 ぐ
場 を い れ き ス ヌ な し 通 重 ス れ ホ 安 ト や
し ぼ 私 重 ク 本 く っ 的 私 多 写 ク こ れ っ 加
摘 安 論 論 妊 摘 ん 選 室 ヒ テ 登 れ 無 重
だ む せ 応 ク 再 画 ょ セ 和 平 ィ 通 暫 妊 連
モ し 権 ニ 歩 や ま 愛 嶋 ソ ッ ソ コ 安 邦
ひ 権 何 べ 多 百 ホ ざ 応 プ ん ぼ 連
話 ト サ ホ 遠 ど ッ 応 金 海 ト ュ 邦
覧 ホ 出 少 数 征 場 ひ っ 開 ん 読 歩 、 ル 囚 加

Puzzle 95

意結ドド方進ゅ芸く社再ょ狙トヒの安
だじパ社百だん暫ん読安覧海ん本生お
然むイ百能ろだ画カざ安向ぽ本当加産投る登
ま育まドを投権ぎ育進ニ向テヌレふしニ友ふて妊摘てﾃ芸
戻りトッへれぎドニエﾖ向テヌレひ圧だ友人のﾖ弱て妊無考モ読ラ画
社意弱画育進向スエホだキュ論ぐニじ登べ弱ゅ砂
クル所っチ摘結ニ選テヌホひて妊圧案読モっ室でﾄ
重安画学結術的何本ゅキウニチニじベト投せ
くょ予想摘能など方ソ摘何本ゅ砂論ぐ海阪ベト投意愛
利用可能方ソ摘出本ゅスキウニチニホ室弱ゅ砂
登安会ニぽ摘解選リベ圧キウニぐ登場海阪ベ投せ
にせひ安き報乏リ圧場海阪ベト
自信スっ加報乏選圧場海阪

の友人の
本当の
学術的
戻り
ベイ
利用可能な
苦しみ
の生産
ヘッド
つららの
人は
パイロット
批判を
に自信
キウイ
手続きの
満たさ
追求
予想
考案

Puzzle 96

増加
記事は
使用
ワニ
チーム
御馳走
品揃え
管理
権限
、したがって
愚かな
災害が
目の
スウェーデン人の
洪水
不安
条件
バスケット
ケトル
乾燥

写海む育ぐ本無ろチ条件暫品揃えレサぼ退
だもじ写ヒニク合無一多辞話ステべ出しぼ乾燥
えスじ写開話結ドド加会むムセ解再ステ阪場モ砂向し重海スひま
ウェー不安セ目のトソ登所嶋合サっセノス阪お室ぽ投私多安ろ本セ結進べ
デンル能御馳走側ドセれバだや囚合ヱスヒホ室通権限チツやお私報妊圧画リニっ洪水増加
人の京方摘だお室かな災害がセ報使用ニ妊ホ暫場ざ
結弱乏加愚トやや室かはワニハょ報使用ニ妊ホ暫場ざ

Puzzle 97

ぎ 読 ゅ 囚 開 能 じ く 論 や 阪 セ 解 嶋 ス ヱ 応
愛 海 登 ヱ ぐ れ ま ひ っ き 本 圧 登 嶋 ホ 愛 ス ク
私 ル ニ ク ざ チ ど 登 会 乏 て ク 報 場 権 ト 出 百 ト
ト ど 金 砂 ハ ど 応 社 サ ヌ ぽ 海 輸 投 出 覧 弱 だ 不 然 喜 ん で
コ 読 選 監 重 ょ し ア ー 化 投 お ゅ 覧 を 最 の 社 初 エ ひ に
ひ 方 て 視 応 テ ィ ー 歩 弁 護 士 ス バ 化 占 め 思 う 何
イ ン デ ッ ク ス や テ ど 読 ス ッ リ ト ッ ー タ ぎ も 向 ら ス 投 能 だ
レ テ ゅ 通 阪 ニ ス ト ィ ク ッ リ ト ッ 無 ウ ラ ブ の 多 京 う 再 る
ス だ 故 芸 京 精 や ス ト 選 出 登 無 ー タ ブ だ っ や ま 影 れ せ 能 論
ト ル 成 京 ト 意 ぎ ト 投 私 乏 進 だ っ だ ゃ ま 読 響 る
ラ 芸 功 ト 意 金 レ 登 開 ス 進 ひ 画 ゃ 選 読 セ 開 る
ン カ チ 場 金 暖 炉 の っ ん ゃ 無 登 選 読 暫 開
リ 合 だ 暖 炉 砂 き く ト 妊 無 登 本 暫 選 セ 論
ぎ 多 も 圧 場 育 ど 解 じ ふ ヒ 本 暫 選 セ

占める
まま
弁護士を
影響
もらう
ストーブ
成功
不思議に思う
レストラン
トリック
喜んで
アーティスト
バッタの
輸出
インデックス
最初の
ブラウス
サッカーに
暖炉の
監視

Puzzle 98

陪審員を
中程度の
バス
臆病
ノイズ
前方
ワームは
凍結
資本
コンパクトな
混乱
感じた
空腹の
ライン
相手
何か
、経済
時計
持っているが、
ステイ

圧 ノ し 故 ん ぽ 再 く 結 歩 狙 前 方 時 ヌ 社 し
嶋 ト イ 場 れ 登 加 ル 能 海 凍 結 計 ド コ ひ
相 登 テ 解 サ ぎ エ レ 愛 サ 通 室 出 解 チ 芸
手 お ス 権 ハ ラ 登 狙 ょ 妊 解 き 暫 出 所 社
ぼ 社 き 場 進 弱 ょ 摘 辞 臆 き ゅ れ 場 暫 会
然 登 ソ ソ 加 ひ 多 話 病 ス 陪 ス 何 ょ た ら
れ 進 ど バ 加 持 つ ひ ス 審 感 か ま ぼ 度 ぼ
混 乱 合 愛 ス っ ひ ュ ン 方 員 じ 中 や の だ
海 多 れ コ 所 暫 論 ラ が を 何 程 ニ 空 多
登 ス ろ ん ひ セ ス 、 イ モ 再 本 度 サ ハ の
精 暫 っ パ 故 意 側 加 投 退 ひ 百 砂 っ ざ 腹
セ チ 投 ク 金 ク 所 ざ 退 む 無 ワ ー さ 空
ぎ 場 く ト 合 砂 加 解 ふ 因 社 ム 私 報 っ
加 ぎ ヱ な 方 資 む む 然 故 チ 圧 コ は 投 ト
退 解 通 っ ヱ 出 む 然 ょ チ 加 ょ ま ニ サ

Puzzle 99

テ し く っ 育 金 つ 狙 側 ど ふ だ っ エ ソ レ っ
写 百 ぎ 選 犬 ク 阪 リ 嶋 べ 向 ニ 出 無 弱 モ ゃ
故 て 写 二 の エ 真 お エ 能 社 テ 覧 弱 っ つ 能
然 通 ん 論 ま ス 似 ー ヒ 通 向 ニ 本 再 ょ リ 応
然 べ 安 狙 ざ 弱 ル ヒ 女 の ス 登 自 ぎ ぼ ヱ し
コ ス テ モ セ 意 ヒ 嶋 嶋 愛 権 索 動 く れ リ 応
ん ぎ 暫 ト 芸 解 女 だ の 場 検 メ 阪 メ モ ガ し
セ 歩 論 ヒ ッ じ ゅ コ テ ス 加 ス 複 ル リ ト ヌ
脂 肪 合 ツ だ テ ュ キ ス ス ド ス 雑 エ 権 小 ょ
ト ニ ろ 乏 覧 ェ じ ス ト ブ ラ ー ウ ツ く 麦 砂
選 圧 れ 何 調 ク ょ ド ラ も イ ブ ェ ざ る ろ
っ ニ 育 故 選 重 む 然 登 エ ン 妊 や ん
ひ ま 覧 故 理 も 然 囚 て エ 加 意 る だ
し て く だ さ い は 、 写 話 れ 複 力 側
選 ひ 百 っ 圧 セ 所 ト テ 本 弱 瞳 の 雑 カ

単語リスト:

- スツール
- 自動
- 犬の
- ウエスト
- 脂肪
- 複雑
- テニス
- 公園
- 検索
- 調理
- 女の子の
- トガリネズミ
- メモリ
- 瞳の
- テキスト
- 真似
- してくださいは、
- 小麦
- ドライブ
- 誇り

Puzzle 100

ひ 阪 選 故 重 海 重 投 、 選 能 向 ヌ 中 央 狙 摘
ま 論 化 ニ ズ 岸 ド す 砂 登 サ や 所 ょ お き
セ ン チ ピ シ マ ウ 育 で 取 ら イ ん 選 キ ヌ せ
新 聞 意 ぎ ー ド ポ ん 私 嶋 結 リ る 多 ャ 添 コ
愛 リ 想 仮 ポ 所 達 登 に く ふ ン 視 妊 ン 付 て
む 海 選 選 の 場 然 チ ウ 弱 ノ グ 力 圧 ド 妊 選
し れ ヌ 室 ヌ 精 だ 合 マ 無 コ モ 京 ざ ル 選 ょ
加 覧 乏 ク エ ヒ 歩 ん ん 嶋 能 阪 進 ひ 読 側
ゅ ハ 愛 む ホ ド ひ セ ラ き ド ク 阪 ク き 二 せ
歩 狙 モ だ 愛 ひ き ラ う 場 ヒ っ 加 ひ 私 ッ
ス ペ ー ス 加 ぎ ラ モ ホ 論 社 ぎ 囚 ク 多 ト
ミ 登 ひ れ 社 ニ 出 能 ろ エ だ 本 多 卵
ソ ス ヌ ぎ つ リ 側 本 む カ 投 然 狙 の
能 画 安 タ 社 リ 二 ヒ 妊 ソ や ス 阪 く
ツ 覧 だ 食 ヌ 私 ぼ ル 安 二 ヒ ざ

単語リスト:

- ミス
- サイリング
- キャンドル
- のポーズ
- 卵の
- 取ら
- 夕食
- センチピード
- スペース
- シマウマ
- 海岸
- 添付
- 私達の
- の仮想
- 新聞
- 中央
- 、すでに
- 選挙
- ひょう
- 視力

Puzzle 101

適	嶋	百	れ	て	成	っ	カ	ヌ	ま	む	ム	合	ま	覧	応	つ
テ	用	ろ	化	ん	暫	熟	登	キ	ャ	リ	ー	ザ	ラ	ブ	ト	む
セ	サ	す	ス	だ	結	愛	通	コ	チ	向	コ	リ	ト	ス	会	れ
ヒ	ル	話	る	ぎ	ひ	奇	精	も	ひ	ス	ま	論	れ	囚	っ	秘
か	芸	や	歩	ょ	報	妙	方	愛	所	会	ツ	じ	ル	ツ	育	書
ら	る	て	ソ	カ	ホ	な	権	ひ	ス	向	再	画	画	画	ヌ	お
の	進	選	だ	再	ゃ	ぐ	安	再	化	ニ	だ	的	地	理	ぎ	ひ
法	育	ま	べ	完	っ	き	ホ	ホ	狙	ル	応	所	カ	乏	む	ス
輝	む	嶋	能	エ	全	む	所	嶋	ル	る	ラ	ホ	ひ	ょ	会	歩
き	レ	可	能	な	再	に	ひ	砂	ま	育	ま	森	林	は	危	チ
は	ニ	で	囚	所	再	モ	ど	モ	ハ	っ	だ	ひ	ぼ	百	険	ク
、	持	っ	て	更	新	る	ょ	通	ソ	き	再	て	進	ょ	な	エ
京	何	ニ	写	ま	ノ	で	故	ゅ	囚	無	チ	芸	側	っ	レ	だ
読	社	つ	再	れ	出	エ	合	ゅ	精	料	っ	投	選	ツ	つ	ゃ
再	仕	事	を	摘	ツ	ソ	権	社	愛	の	下	ぎ	れ	化	応	然

キャリー
秘書
無料の
奇妙な
適用する
成熟
からの
法の
森林は
仕事を
下の
危険な
持って
完全に
更新
輝きは、
ブラザー
可能な
的地理
コーム

Puzzle 102

キャビン
たい
保持
の信頼
記念
声を出し
暖かい
陸上競技
日曜日
恐怖の
ブラシ
離れ
子羊
愛する
エキスパート
嬉しい
演奏
せっけん
本棚
一目

暫	何	会	ホ	で	れ	る	ぐ	ぐ	離	ょ	ざ	ま	嶋	っ	声	芸
む	ニ	阪	無	だ	む	本	保	て	れ	ラ	し	ゃ	会	ラ	を	然
チ	エ	キ	ス	パ	ー	ト	棚	持	退	く	じ	一	覧	演	出	リ
意	嶋	レ	ぐ	っ	場	し	お	キ	ャ	ビ	ン	目	ぎ	奏	し	弱
投	陸	上	競	技	愛	す	る	応	る	側	通	ト	無	意	ノ	エ
子	羊	ん	開	の	信	頼	写	私	登	レ	投	ニ	囚	論	ベ	ル
ブ	ぎ	ニ	ニ	怖	室	暖	能	ま	芸	ホ	歩	む	テ	嶋	せ	コ
ぐ	ラ	ラ	ぎ	恐	ノ	か	辞	ヒ	乏	向	無	れ	ん	チ	化	ゅ
て	摘	シ	百	開	だ	い	テ	京	画	ラ	ニ	再	登	き	京	能
む	向	ぽ	日	曜	日	し	意	育	退	き	所	応	合	海	ふ	通
化	嶋	場	せ	だ	テ	嬉	や	応	話	安	海	っ	会	写	応	お
応	百	摘	っ	ま	阪	っ	投	囚	チ	安	ラ	き	加	妊	べ	ん
ひ	た	い	け	合	妊	く	記	念	弱	応	育	乏	辞	無	ノ	百
話	エ	ま	ん	テ	写	ん	ル	サ	ス	砂	し	能	社	ぼ	弱	開
リ	ひ	ゅ	る	読	歩	摘	ど	弱	私	乏	側	論	通	芸	登	ぎ

Puzzle 103

再グマざハいゃだカヌニ多方暫側合ょ安
何ントミヒるだ歩トだ能退向二向報ぎ私
てニジセ一弱よお菓室囚乏ぼだこだ報
ページの場般化だだサ博館をキし京こレ要
ーレリミなうう謝歩罪覧応ノ意二応歩が
ジト私自ぎる暫故ぎソ開スカぽ再ニすり
側の分トなな狙円海サひや故ふ阪れま
く夢写ルフ通摘砂戻結再投ふ本べあ
然の愛れニ金無でぎ合囚退弱重くり
せつゃ弱ひぎひしょ報弱ろ金京ソま
セシ重ぎ方れハ時の社金話す
、場カ通バひょド登れ
ヒぎニナれぼ話芸
サるヌナ化だべ
本コぎヌ超時ド
カ育会選えぽ京
チ妊化化だサ

マグ
いるようだ
巻き戻し
円形
、シカ
バナナ
謝罪
博物館キノコ
を超えて
ミトン
時の
ファミリー
お菓子を
必要があります
一般な
の夢の
自分の
のトレーニング
異なる
ページの

Puzzle 104

キャリア
火災
唐辛子を
結果は
保証
スティール
ホスト
深い
一人で
軍事
歯ブラシ
来る
夜明けの
治世を
正式に
中心
ケアの
ひよこ
鋭い
最良

っ化む軍画き中一人で来る正結果はエ何良応ょ意安所ド解側権百所ひ
治火ひ事ヌ合心ひゃ無んク圧式圧何最社権圧多何ひにょ芸ょト
世災ヌテ報話二向し海ク育解にむ摘ぐ場テこひよこ妊辞
をだ摘退リで百出化ょ報京暫ひニよ京ひ方
ドセ社チくれ権嶋私歯ブラシシニ報育覧ぐこ妊
ト場力くル乏方退重ハ百ラ室暫アテこ方
し結ぐ精無暫方トホテ唐辛子をモ出力
ニ囚通側ヌ方の保ふ退せ囚せ金で
ク京れケだハト証ろ阪鋭いカル化社カ
会本本だ選ふ出ニぐリア能ヌヌで
安化つっぎニぐキャリアじ然コヌカ力
夜明けのヌぐ深い深いじ力
れヒぐ砂ヌヲよぐ
ニ所ひニ通いじ然コ
セホカ通深い

Puzzle 105

レ エ チ 狙 ろ 生 ニ 地 妊 ろ 場 ヌ る れ 狙 選 多
し 故 所 ヒ 囚 ま 何 域 辞 論 故 動 物 暫 ニ 合 じ
ぐ 写 く 権 ニ ト ソ れ 多 写 阪 摘 登 ひ ニ 能 ク
ニ れ サ 場 方 エ 開 論 写 画 乏 登 重 精 無 ト ツ
ぽ だ む 権 安 糖 は し 子 多 歩 画 っ ー キ ソ ラ
く チ レ 室 歩 病 し ぎ の 牛 室 エ ク セ リ ル 解
れ ろ ぼ 然 安 皿 ヌ ぼ 辞 エ ク セ リ ッ ト ル エ
ク ベ 驚 か せ ま し た 狙 水 ぽ っ 育 ソ 砂 、 ス
驚 か せ ま し た 狙 サ ふ 選 多 ラ ぎ ニ 開 む ケ
ツ 京 ス ゅ 逮 捕 ろ 安 ひ 写 も る 芸 ラ 出 常 ー
故 ヱ 選 リ ろ ひ 所 ふ の 多 精 ぎ ひ 年 乏 に プ
ニ 所 私 ル き 政 府 出 会 っ 京 ニ ペ ア ブ ロ は
ぐ き ホ き 金 出 多 本 精 ぽ 京 ニ ペ 百 再 ひ 投
ひ お ヒ チ ぽ 本 ぽ ト 故 弱 ぎ っ 年 ア 愛 く 育
化 し 開 チ ぽ 本 ぽ ト 故 弱 ぎ っ 京 ニ ペ ア ひ

驚かせました
ペア
エクセリットル
水牛の
子の
糖は
出現
レベルを
年の
エスケープは
政府の
生まれ
病皿
、常に
ブロック
逮捕
地域
ポリシー
スキー
動物、

Puzzle 106

キジ
発見しました
可能性の高い
傾斜
勇敢な
シナモン
バーストを
オフィス
マニュアル
撮影
動詞
シャワー
センドを
今夜は
コミットメント
理由を
食べて
ダンスの
リリース
予約

予 約 で 囚 お ノ も 報 ノ 何 阪 発 ニ テ ヒ 阪 ど
結 安 芸 側 し 所 安 場 ス 見 室 ラ 芸 カ ぎ ホ
場 化 乏 や 応 育 ふ 画 然 写 る し を ホ 論 シ 京 も
ヱ 報 ト 向 側 ル 所 セ 写 室 ま 論 理 ャ 画 だ
百 だ ハ 乏 覧 マ や ン 登 応 ょ し 本 由 ワ モ 無
合 っ 報 ぎ レ ニ 今 ド ざ 場 た 画 を ー 摘 ス
写 摘 ぎ 摘 食 ュ ニ 登 夜 能 囚 ド 出 リ や 合
砂 合 多 退 べ ア む 可 は 化 ラ 権 ー 安
権 動 詞 通 て ル ト 能 芸 ぎ 論 バ 進 キ
コ ミ ッ ト メ ン ト や 性 シ ぽ 画 ー 歩 ジ
ニ ぼ ル や 画 で む ナ ホ 本 ス 傾 ニ
無 登 加 影 撮 意 高 モ オ ニ 通 ト 斜 ょ
嶋 安 ラ 化 辞 せ 退 い ン フ 進 じ を ダ し
写 ノ 芸 ん 乏 っ 室 愛 阪 ィ 阪 ま 開 エ 応
チ 百 辞 ス 報 場 っ 画 ト 海 ニ ス 進 っ 覧

Puzzle 107

も 乏 進 嶋 ま セ 画 囚 ぽ 囚 化 テ コ ど ひ ホ 方 狙
れ ぼ ル 出 ぎ カ 社 つ ま ヌ 弱 ラ ヒ お ヱ 多 な 麗
ハ 覧 百 か 方 テ ガ ン カ 百 て 解 室 京 ょ 丁 会 華
ス 意 登 故 ー ド リ ひ く ぎ れ や ひ だ 側 応 ざ だ
海 出 嶋 嶋 ル 登 ホ 方 つ 結 京 ト 会 精 ひ だ 圧 べ
リ 故 嶋 ス フ オ 私 本 ル 登 む ド 通 何 精 ゅ 権 ん
能 能 で ヌ の ・ ド 場 場 む 会 再 ツ ぼ 再 ぐ 弱
加 意 圧 心 応 ド 安 何 ク 再 通 ド タ ッ 金 弱 重
権 退 ひ 再 サ 京 ッ だ 百 故 椿 ス ク シ 再 む む
ニ も 安 か ヌ サ ベ 話 ぽ 、 円 ざ ー 然 ま ど
ノ 化 く ら れ 出 コ 答 え 形 の 買 海 い カ ホ
っ 送 開 ぎ れ や ゲ む ぎ は 選 ど ぼ 退 金 だ
ひ ゅ 社 登 ヱ 私 辞 ー 月 満 古 ん 会 安
チ 論 ぎ ひ し 消 防 士 の ム ぎ い だ ぼ

のオファー
かむ
丁寧な
サウンド・
消防士の
カンガルー
買い
かなり
古い
選んだ
タクシー
楕円形の
ベッドの
送ら
華麗な
心の
満月は、
ボックス
ゲーム
答えは

Puzzle 108

ふ 通 くド 画 何 妊 バレンタイン 復 っ む 海
ど ヒ ッ ヱ 本 リ 重 チ 無 クッサ ぐ 会 帰 コ ひ ざ
れ 妊 休 辞 芸 べ 愛 だ 応 カ ス 無 画 祖 覧 ぐ 覧 弱
ゅ シ 憩 多 多 じ 精 報 る カ だ の 論 先 だ 加
せ 場 ン ぼ 場 じ て 出 だ れ ー セ 生 登 愛
場 ハ ソ グ 室 写 精 精 れ 然 室 だ 安 ノ モ 重
弱 ぐ 解 狙 ル ブ 私 お テ ぼ 百 圧 コ 私
然 摘 ろ 報 テ 有 、 写 ぐ レ れ 圧 チ 個人
多 ニ 論 き 名 過 加 登 ア プ お 金 精
ソ ハ 応 だ 社 つ 去 で ル 弱 砂 贈 ロ ト ぐ
ふ ル 向 能 ぼ ん 暫 コ 出 り チ や 場
重 ぽ ド つ 嶋 だ 画 誰 場 砂 私 お 育 化
意 海 やっ 狙 ょ 辞 ソ かに 登 報 ど 所 ル
キ ツ ネ 話 育 報 だ 、 ヌ 再 無 だ ソ
能 ぐ ぽ ゴブリンニ 所 進 星 が 脚 チ 評決 阪 つ

個人
、過去
祖先
ゴブリン
バレンタイン
ポータブル
評決
、脚
クッカー
先生の
画像
星が
アプローチ
誰かに
贈り物
シングル
有名
キツネ
復帰
休憩

Puzzle 109

方会まぎ包何多無れ能登育無ニ百登
多同じクレ何側ゅ通常安だテエ覧も
方自べヱ多登故ベク開て画ひ弱選テ
ひ身選渡歩退無イだだ金論だ登まふ
ニは選しは何ア論も開側覧多愛場結
ょ解ハま合むデモだ向ぐこ登京然る
会読室すむリアリス嶋阪まぐ結辞海
ひモナイ配生イス生囚をまヌ歩能加
んラス何布リリ姜愛を電結本話ドぼ
ゅモしコ配能ス結愛ぎだ愛ク故ルひ
精結っフるで読権権海京緑読分ひ所
モタ百百百応二話だ京囚、芸子粒ぞ
ゃー百応ませルクだ化ス化ス百芸だ
無キ覧然ク存彼はアラートどっ然側モ
ヌー安接続論在安クどっく然側ヌ能も

どこ
分子の
自身は
アラート
ナイフ
アイリス
包む
同じ
存在
渡します
緑、
粒子
彼女は
電を
配布する
ターキー
接続
生姜を
アイデアは、
通常

Puzzle 110

オープン
地理
花の
大規模な
の代わりに
機会
大根
突然
ネイル
ネギを
フィット
男が
フィードの
プレス
ホール
歯科医は
行わ
黄色
ヒマワリ
知恵

然向ひも再ぎト海再まっ所百ひノク会ま
社本スま所きネチ然多き解や覧だ開んニょ
砂フィット画ネヱ芸多精会だ意ろ応場
解砂どスてだイ本せ進ヱ話だ出室ホ
オチ地サくノルだ再のき代サ室歯ヱ
選一理突然ニやホ暫重嶋くホ向科だ
スレプ京セホ海会然何狙に医通
まひぽンセ砂論私ひな重向り大は私ひ
意何妊愛しひ能故化写狙わ解私て
芸ニフィ解ドんの私ニ重所ひ恵結
結べレ話べ黄読応ホ規ゃ論も
通乏解行わ色ひヌ狙チおっ
応何セてレ精場じぽ加も
ょぼ私お精花通本ゅチ退
ネギをコ私セ室んス解化二

Puzzle 111

選 チ 戦 争 きゃ ニ 危 場 、 ル 摘 ま 大 私 社 囚
に 対 して 化 く コ 開 調 機 エ 最 砂 京 ひ 学 乏 報
書 き 込 何 芸 ニ 金 調 整 ス 応 加 囚 応 院 能 話
おき べ 進 エ ホ 百 エ 摘 愛 妊 精 解 ひ ヒ 多
ノ 側 業 ふ ロ 命 向 き 進 む 解 雄 ひ 選 ま 無 ニ 然
、業 界 ひ ロ き 阪 向 エ 嶋 登 む 鶏 選 ひ 場 意 っ 応
暫 合 イ ふ ロ 登 テ だ 写 カ レ 金 貴 芸 の ろ 社
ベ ル レ ン 登 ス 悲 コ リ ジ む 応 ハ ト 重 砂 応 だ
話 は 意 画 解 悲 鳴 だ ヒ ん ど く 選 ニ 故 ベ に
せ ぐ 解 ひ 精 場 ツ ヒ 写 妊 会 画 摘 ぽ や リ お 私
ぐ 摘 暫 ツ ヒ 画 会 ト 摘 い な で れ だ ぎ 化 嶋

Word list (Puzzle 111):

- 業界を
- 戦争
- 調整
- 雄鶏の
- 、最近
- 書き込み
- 大学院
- 悲鳴
- 独立
- 命を
- キュウリを
- プレイ
- 危機
- ではない
- 貴重
- エプロン
- 、急速に
- に対して
- 、インテリジェントな
- 話は

Puzzle 112

Word list (Puzzle 112):

- 医師が
- 燃やしました
- サル
- スチール
- ヤギは、
- タイガー
- ネット
- のいずれか
- さようなら
- 原因
- 納屋
- ペース
- スリップ
- 維持
- 防止
- 失礼な
- 世代
- ディスターブを
- 条件が
- サーブ

条 圧 サ れ セ ひ 重 ど ス リ ッ プ 退 っ ス ト 安
ヌ 件 ル ー チ ス ん ト お ス ト 燃 所 化 モ 能 権 圧
だ 加 が 金 歩 狙 ド 進 れ ま き や ぎ し だ 論 圧 医
覧 多 カ れ タ ニ 会 権 失 コ 精 れ し 登 ま 止 師
エ 読 能 所 イ む ツ ょ 礼 加 ノ だ を ブ 防 私 し が
ネ ッ テ ガ く 論 ぽ な さ サ ー ブ る タ 育 然 た
原 っ 何 愛 一 然 退 ニ む 砂 よ っ 二 ス 社 ぼ ハ
因 ぐ 登 論 場 く セ だ ヌ モ う 育 く ィ ヒ で 育
百 然 ト 芸 だ で リ れ 因 進 な 場 弱 デ ゅ く
く 話 ょ コ の い ず か っ ら ク い 選 テ ニ
ト ヤ 精 意 世 本 妊 お 然 で ぽ 方 砂 ス
話 報 退 精 ぐ 代 写 摘 社 百 つ 画 ペ 二
故 維 場 写 世 本 方 側 暫 無 加 ヌ ー 無
ゃ 持 つ 投 辞 ゃ 退 阪 ク ノ っ レ だ 納
解 ぼ ク つ 進 れ 登 退 ひ 屋

Puzzle 113

むルセで側ヌ応ぐ合むト削
キャンディ
側故でせんだ彼故圧ク品海何本い除を
論ル狙京トマらぎざツ育種ぼテ野薄て私
摘ュートィの魚む通因育てテ人ホ生むど
デジケ無るひボ本開カ歩リ海ソニろ京結
弱乏スもクセニトラ権べ弱論くく故妊海
ラエ会ハひ辞エ論海ウ海論ニ故ざ俳優
セ圧化合育だ辞重会室話エスタニ結海
つ社楽育で芸モ利点摘方コ室囚きれ
写芸しゅだ芸ざ然ヱ座京ぽッっ私嶋話権
会場無む愛クなれ海ニ側登然通まど社ひ
て選京覧急惰むむ座ニ化モ登ど話セどれ
るふツむ応所ホドノ
ソ本ルエ

魚の
楽しむ
野生
キャンディ
トマト
友人が
側辺
削除を
薄い
ウエスタン
利点
除い
彼らの
ボート
デューティ
座っ
品種
怠惰な
スケート
俳優

Puzzle 114

研究
空は
いる
郵便配達
バンズ
回避する
結論の
世紀は
関心
理解
プッシュを
フォーカス
バスケットボールの
当事者は
レポート
フェンシング
ギュッ
基本的な
迅速
株式

ど精暫私再ひ二圧ぎ読コも結育研カ覧レ達ト
弱バスケットボールの囚ゅプっ意ソ究ヌむまホ
んバ回避するいンのまや圧ッぽ郵便空配基本的なホべ能
画じ出ツ然スろしシ側ぎぽシひバ空をモスまひ方ニろ室
ひ辞能退投ンカレングつドヌ多ンズ画もまぼ進ろ当解京ヌ
ひ画っべまレポートぎ能くだくじ化リソ解室っ方事ぼ解
百応で加囚論サレォフ能進結ソ理解世紀は者狙ハ
迅速室せ圧弱ぽヒぎ私安く話通世論者百話ラ
化だ本レ故方でステらょ摘心ふ加報ざス暫ぐヌ
サ退覧コノヒだき芸関サ多暫論無百話
登側ヌおる所二暫摘ス
狙能株式何ギュッ育ぎ論
話育ぎ

Puzzle 115

子供ス場応くざペ曇乏イせ妊社囚阪じ
せれ主重嶋合ッり嶋登然場弱育ぽハて
然故要画合必育サ然辞登ニサむだふ能
覧選な育選ずむ能狙写サ一何くきゃ投
だヒコ選画まスホぐヱカレスきゃ話き
ややチん出出ざカっ解ノス進社ぎエ話
コま合権海化方じ意カだ振成通サ故
ヱ方権ゃヌ砂狙む報ス読長金をニ弱ゥロだ
結芸、うのぼ障ふ阪百加圧舞うニモ狙
くサ特ま沢ギ害ぎ投ゅ囚画い弱ョチゅテ
イだ定テ光故サイトグ注意深い場ゅ京チゅ登ま
つーのひトカゲウ注意話ソ阪ト弱京エガテ登
むむグ合メガネ話カ重加登コリ弱エま
退所社ルぽぽヒ登る狙だど選退場登
報故ぐ何能ヒ登る狙だど選退場ま

単語リスト:
- ウサギの
- 全体
- トカゲ
- イーグル
- 注意深い
- 、特定の
- 子供
- 成長を
- 振る舞う
- ペット
- 主要な
- イレーサー
- メガネ
- 障害
- 曇り
- ちゃう
- 光沢のある
- 必ず
- ガチョウを
- サイト

Puzzle 116

単語リスト:
- 想定
- ヘビ
- 慎重に
- 延期を
- 簡単な
- 週末は、
- 狩猟
- ピンク
- 乗り心地を
- 感情の
- 紳士
- 採用
- 専門家の
- 名詞
- 経験
- 教育
- 王冠の
- 検索が
- サイズ
- ドレイク

カ化む妊登側ひ私ヌ化安阪覧るだ週
ゃべじ再歩選社も方ひコッエきひ末
覧ぐて感開門専海イ故投ふは
簡単だ感情の家画ニ芸合投無想加、ク
ょサな乏検索が砂育つ場き定クれ
ピま権乏ホ化読応テ砂何ラ狩海
ン採だ読結海報海ム教ふ猟っ
ク用場重話ツ故退開応狙嶋
でむ慎に解登報京私意べろ嶋百ク
む重ヒ延囚通加ひ私ひホ百論だ
重れ延期をどやぎ退べ多ヌだ論狩
まヒ本所名やっ退ひ乗チろ登ヘ猟向
んだ精登詞選り乗進ホヱビ然
だ囚然会登弱クカッ士応経チ
ド歩会ょ詞方乗愛紳ド験んん
京ル報サ弱報れぐだ暫論ょ歩ホ然
せル報サイズ報れぐだ暫論ょ歩ホ

Puzzle 117

```
利用可能金振クなどカと私本ク金社フ
屋外で同向る開利うヌ同愛ゅスカ私育ラ
話辞読意京さ社便むニ様報よモカひッ
つひいし貧退れス能の方のしレロむト
妊し方ま無然ト化方歩やも加応ソ解だ
く話ソて場弱育ニ二育ゅ安辞レ読乏砂
ヌ通能どこ化ヒ歩通べ応操ルを応エ段
再意嶋場室やツハだモ応作プ球地落
乏覧会結何かれろむサヒ安ニ狙ソ開無多
社百ヒつぐ出退ソ報社砂コぎソ重芸覧
会ろ再通囚お愛報ル権ルト重芸画ふ
解再加ヌ愛愛ナ報スハぼレ読セ然加権
れ合ゅ芸ラッモニゅ登ひせ通登場っ
モ妊む所ぽトふニエひせ阪何芸チ場っ権
レイヴン結ん重京ヌリ阪何芸チ場っ権
```

貧しい
のような
クロッカス
振る
ナット
フラット
屋外で
同意し
プール
便利な
操作
地球を
と同様の
段落
利用可能
スレッジ
ターンを
どこか
レイヴン
社会

Puzzle 118

より
応答
地域を
植物
公式
努力の
スライド
の入り口
ノートブック
は決して
実行に
プロパティが
申し訳ありません
優しく
紫色の
行動を
急いで
の有害が
石炭
スニフ

```
だ嶋画ヌ申く実辞ヌトぎ進努むるだぎ
投コ通歩画し弱行テ出応場力いでテだ
権や場ひゅ画訳にロ入のぼ京場モ
ぽセホ登優登モ本行ルサ阪何モ
ドカぼ場所阪多あリ動色室クモ圧
レ公本ょ権るハよをスだじ育
ノ式話ク重海セまセ紫まスニ
弱報社再決はむ辞害だセフぎ
ストくふ通し百側愛妊然も
ニだ投ブ京石てぼカ画くも
だ写百リ炭よコ有ふ覧私
ぐ退スレ開クぬょノ辞選方
京報っテ百私っ金育摘開無応画
京地域を弱選応答摘ホ海応画権私
```

Puzzle 119

```
つ カ 妊 お テ ゼ 囚 退 愛 写 さ 開 ゅ 京 暫 じ 通
覧 社 ふ 結 投 サ 権 囚 っ ド さ ホ ざ 所 社 れ 百
計 ゅ カ ノ 会 ラ 囚 乏 つ 方 さ 芸 ス 覧 チ 精 開
投 算 ラ 化 登 囚 方 ヌ か 妊 ヌ ヤ で リ 解 や 精
ヒ 嶋 ス ス カ だ ド ド な 定 ホ 需 愛 化 百 狙 ア
ニ 方 の 太 字 で ゃ ス 向 安 プ 要 ホ 側 進 ソ 二
ト ノ プ 字 加 レ ま ン 場 不 ロ を プ 能 歩 ん 安
れ 砂 ン っ 愛 カ 報 ざ 金 弱 ジ 感 ロ ん ろ っ ぐ
ひ 乏 ラ ッ 自 リ マ ん 退 精 ェ 不 ジ 選 安 も も
ゅ て 所 海 由 ブ イ ざ 社 写 ク 弱 ェ 進 応 所 所
民 だ 帽 子 セ ホ ラ れ 登 金 サ 精 ク 精 写 場 写
報 間 応 ゅ 摘 エ ん 登 金 写 ト 海 サ 応 る 通
ざ 期 場 始 ぎ 本 ざ 場 所 結 ヌ ど る ト ヌ 通
食 器 棚 ろ せ 化 れ 登 場 サ コ 話 ぼ は コ 重
海 ホ 化 ま ト 登 ニ リ 妊 開 向 ニ ふ ど 複 多 ょ
```

ゼブラ
期間
始める
ささやかな
増殖
太字
カラスの
プロジェクトは
自由
重複
計算
カリブー
ランプの
プライマリ
民間
需要を
食器棚
帽子
不安定な
感を

Puzzle 120

ゴール
セキュリティ
ワイヤー
エネルギー
カブ
動作
メールを
一度
通学
表示される
アクティブ
パン
考えます
ので、
宣言
内部
瞳の
いるようだ
レベルを
バーストを

```
せ 無 い 内 育 ひ 所 の ク 通 表 ヌ 歩 投 本
だ 本 る 部 考 ざ す 会 学 示 瞳 ニ 通 囚 多
エ ス よ セ え ま で 、 乏 ル さ の ノ 覧 ク
ニ で う レ 故 結 多 出 お れ む 通 ト 側 ょ
や き だ ベ キ 結 画 や 芸 読 ゅ じ 宣 言 摘 む
ド 化 多 ル ュ ス ざ 読 ト る る 精 言 ル サ
何 れ ト を 摘 リ ヒ ま 動 も 通 然 摘 ろ セ
だ バ ゴ ル 海 投 テ べ ざ 作 く ネ エ ひ 重
む ー ー ー 通 囚 リ 話 ス 登 セ 出 ク 暫 れ
読 ス ル 所 一 嶋 ワ ィ 登 ル 歩 し 安 解
摘 ト ゃ メ だ 狙 イ 合 報 だ ん 再 会 然 れ
場 を ヱ ひ ぎ 場 ヤ 阪 結 ひ せ 会 パ 京 砂
投 て 論 摘 お せ 安 っ 弱 ド ト ン て 乏
ア 圧 画 化 妊 多 通 ぼ 無 つ 通 ど ひ レ
く 圧 画 セ カ 狙 育 読 む ま ヌ 嶋 ひ ん て
```

Puzzle 121

ぎ が 最 サ 連 想 さ せ ま す 本 出 っ ょ ニ 精 だ
悲 可 悪 ウ 報 ク ぎ ス 私 や ニ 出 登 ぎ 卵 生 投
惨 能 歩 ノ 報 ざ ふ ト サ チ ス イ ク 先 に 噴 開
な な ろ 貿 ロ ふ 合 ロ ェ ッ 登 積 話 噴 化 意 の
権 難 ぼ 易 ヘ 論 ・ ベ 解 結 場 ホ 意 極 生 暫 水
限 困 ラ 写 ソ 然 論 リ っ 金 京 ニ 合 的 な カ
る ろ セ も 重 所 ー ど 出 私 や む 金 嶋 ソ ヱ
ぼ だ 論 ハ 京 で ひ エ 本 ひ ま き ん ラ 然 ッ
ひ 通 お ニ 写 モ 臆 重 安 き っ 愛 ソ 海 茶
む 育 ス 再 砂 向 病 ク 金 ま 側 百 選 芸 色
然 無 ス じ 結 方 者 意 能 ひ っ 弱 ど 登 ド の
の 商 用 き く ハ ド 無 能 百 選 結 エ ス
側 多 解 む 所 ド れ 登 意 ま ぐ ど だ ざ ン
ゅ 応 暫 乏 場 ゅ る 所 ひ ま 安 で 報 辞 ダ
む っ 唯 一 の ひ 退 だ 妊 通 場 エ や

卵に
連想させます
ストロベリー
チェイス
臆病者
積極的な
の商用
茶色の
最悪
困難な
ヘロン
が可能な
唯一の
貿易
悲惨な
噴水
権限
ダンスの
サウンド・
先生の

Puzzle 122

バルコニー
子猫
達し
ヒョウ
来た
無意味な
人形
必要
アヒル
イベントを
第四
ビート
の中で
単位を
感の
七の
実験
ブラザー
ネット
いる

何 歩 海 重 通 チ 芸 妊 人 百 狙 ニ 囚 っ チ や 画
画 ニ 本 ニ 第 四 の 中 で 形 バ コ ー チ だ 無
ヱ む 私 セ 論 私 感 む り 育 私 画 会 セ だ ヌ 意
っ だ ニ ろ レ せ せ 安 故 れ 権 結 っ じ セ 味
つ る 百 せ ひ カ カ 無 阪 必 能 論 場 百 ー な
ヒ サ 私 読 社 登 選 精 要 れ ク ろ ぎ ク
ョ 摘 暫 芸 じ ノ 愛 達 所 い ヌ ま 位 ハ
サ 登 応 応 ニ 投 会 登 し 応 る ニ 単 ス だ
ニ 実 ハ 向 解 読 ま 開 弱 ヌ ろ ス じ ぎ
ょ 験 ベ 海 ニ 七 狙 で 弱 ラ ぐ カ ル を
合 応 ハ 本 愛 の 再 ネ ト ー ビ 意 ソ っ ト
子 登 ニ せ 京 何 ブ 狙 暫 来 ト 能 所 砂 ン
く 猫 海 じ ラ ザ の 百 た ル っ 解 も べ
べ 側 出 愛 ー ニ 応 セ ハ ラ ぽ つ ひ イ
無 多 乏 京 ブ 応 で ソ 砂 側 ド ゅ や 囚
だ 重 ル ろ じ ザ 本 き 故 重 選 多 ェ

Puzzle 123

ひ 話 サ ぐ キ ヌ フ 摘 ス っ 読 妊 巻 き 戻 し の
ト ど ポ 御 ャ ツ ォ 読 沸 一 百 最 後 登 来 通 二 私 問 題 に
サ 摘 ー 馳 リ カ ー 何 騰 プ 歩 砂 育 現 サ 故 室 何
話 ヒ ト 走 ア ス 摘 解 士 ド 加 ろ 再 圧 ト ヌ ホ 二
出 ぽ を 場 ろ カ 多 通 兵 ノ 空 ど 摘 覧 だ ヌ 砂 ま
に 対 し て コ 出 無 だ ホ 洞 応 れ 乏 故 愛 弱 能 辞 ル
無 論 育 囚 お だ 化 加 き っ 意 結 し き 嶋 ガ エ ル
論 先 論 所 ス エ 投 私 百 っ 出 ノ ヒ ラ チ ベ テ ー
信 て の 安 通 ホ 故 モ が 多 コ サ 開 側 き ド 解 進 覧 方
号 妊 話 ろ ラ 画 故 私 て 百 能 ヒ ょ 権 暫
妊 痛 い セ 権 応 歩 ハ 化 金 融 ぼ 話 読 てん 権 き 側 進 覧 方 結
痛 ス れ テ リ 化

信号
サポートを
沸騰
スープ.
ヒキガエル
将来の
現在
モーテル
痛い
金融
先のとがった
兵士
、最後の
の問題に
空洞
御馳走
巻き戻し
キャリア
に対して
フォーカス

Puzzle 124

その
捕捉
オーディション
少なくとも
文化
巨大な
プルを
退屈
得て
との間で
、最近の
必要と
の厚さの
戦略
基金
惑星
クレイジー
調整
ボート
トマト

ん ト ホ そ 開 本 意 じ ヒ ク 惑 方 ラ 社 ツ 場 エ
っ 化 権 れ の 近 最 、 場 レ 調 星 圧 囚 室 っ ひ
重 社 ホ 然 退 報 百 安 レ イ 整 話 妊 ト 二 嶋 ヱ 出
テ だ 進 摘 オ で し テ 二 出 イ ジ 側 能 ソ 巨 故 合 金
ろ る く ニ ー デ 話 ホ ト ー 間 会 ひ 大 摘 を 金 合 ト
歩 だ む し ィ テ 芸 マ 屈 の 所 さ な ソ ッ 場
カ 進 だ 重 シ 話 っ 会 ト 厚 の 戦 プ ル ニ テ ど
ぐ 百 べ 乏 テ 出 退 ひ 得 退 略 ル 退 砂 こ
然 権 画 登 狙 二 場 弱 方 て 文 多 場 れ る と
加 育 れ だ ン 画 捕 辞 ひ 然 化 ひ ざ ぼ 向
ク コ 話 海 ひ 再 ヱ 捉 ぽ 方 せ 室 出 む 必
登 カ ヌ 歩 ぼ ど 芸 リ 登 ろ ヌ 再 私 リ 要
テ 多 場 登 テ 私 所 ゅ 阪 ま ノ 得 ざ ハ ひ
チ ざ 京 応 応 や も 応 少 な く と も 精 能 モ
ハ コ 所 辞 ス

Puzzle 125

ノがクゥェチだ関やチしヒいの気病応
ひ多すニれセん連みな暫さつ民下でに
満たすックひ再ク安暫辞く国場解むろ
リれひニッスひ加安まニ社だ百再しラ
無応辞ぐだ会覧レアメリカ故ど百ヌ安グ
失礼な加暫ソ権ニル向環然論歩再場意レ
修正応ょクロス圧ト境モモ海ぎ場ちー
報ヒ育解室何退報スタ暫のンチせ覧京おド
ぎれ育囚セ何レ退どハ暫辞合モチ狙やトッ
るお通読ニくレ社辞ッフ応チ海多レ多ツ
ヌ通精計会っ無辞退圧選辞ぎ加だ退合意能
お集計ドル無辞退圧選辞ど出っ重圧阪海れヱ

Puzzle 126

ぐど飛行怒ら含ふツカベ登ぼぐ弁退よむ
論育ぽエホカスまだ応だおツ私護じ圧二歩ひ
まひ軍ニラ全に囚嶋ろまッ囚士て権リつ開れ
社せ重イタ写無リろまソ弱をモ嶋コ意れだ
モク事ニタ向ろエ精百覧れクチ意ド多きく
植無むも何ーまれく画ふ砂会画妊ン社んくど
物安て多キだくサ百砂ぎ歩ぐ暖社的ざチ
ふヒ待方化スリ崩だヱっ歩ひ暖炉脅ホ社ク論囚
招待方安スせッふ壊百ヘむ皮威を的向ヌだ
も投愛通星ど結ま論在ののヘッ弱出エ京登くど
にホ空歩百テス本論庫通暫ドむ報ソくくだ
ヌょし応ムドまチ暫室応ひひ弱ッ応京二
覧進意まス場社私庫ヌ室まヌ化クヌ囚

Puzzle 127

旅 組 の ひ し 心 故 会 ノ こ 再 応 ぼ 化 本 本 ヌ
行 み カ ツ む ド の ょ ハ ぎ と ク リ ス マ ス の 通
カ ッ 故 室 無 性 だ ノ 階 べ が 百 管 ふ コ 応 囚 安 誇
砂 わ プ だ 歩 応 合 剛 休 日 進 ゃ 今 理 い 妊 囚 む 権 り 阪
無 話 し 結 む ょ 化 狙 私 弱 モ 応 選 の 砂 芸 囚 読 ま ク 出
も ゅ れ ゃ 阪 登 芸 私 セ 再 お チ 会 能 室 安 っ 通 き テ ぐ
ト 社 、 優 れ た 意 限 歩 マ も テ 室 テ だ 然 論 ま ン ト
ベ 室 歌 う 演 奏 応 乏 サ ワ 能 ツ ぎ ッ 安 れ 育 セ ぎ て
ル 暫 歌 う 演 奏 く だ ソ リ 側 サ だ ニ 暫 む 論 ク ん セ て ぐ
ト ゅ 二 芸 ゅ セ 妊 ひ ニ 側 ホ ト ぽ ゃ ぎ む 所 ン だ
暫 チ 応 ゅ エ 向 ラ 摘 ひ お 画 ワ リ サ ぎ 安 所 イ レ ー サ ー
ゅ ぎ ベ エ 向 ラ ク ひ お 摘 社

ことが多い
のカップル
旅行
ベルト
階下
、優れた
今日の
クリスマスの
休日の
剛性の
歌う
組み合わせ
権限を
テント
管理
誇り
演奏
心の
ヒマワリ
イレーサー

Puzzle 128

ショットが
変位
を過ごした
マイナーの
かわいい
ドール
クレードル
認識
拡張する
物語
キス
深刻
アンティーク
噴火
の足
売り手
苦しみ
粒子
歯科医は
オープン

ょ 解 深 投 ざ ク 弱 キ や テ し 選 社 ニ ス れ チ
応 リ 刻 報 方 レ ス 側 ヌ 囚 歩 ぼ 権 結 退 ヌ ス 社 た
海 論 だ か わ ー れ 選 投 物 論 ぽ だ ヌ し 私 報 た
応 写 ま い い ク ド 金 京 語 を 過 ご チ レ 摘 狙 ひ
て 側 ア い テ ソ 方 圧 ル も ろ チ 室 レ む 多 ぎ 権
っ の ン ティ ー ソ 海 出 ー ざ 然 進 精 摘 嶋 方 多 で
売 プ フ テ ィ オ 応 ゎ ド ス む べ ぎ 意 砂 囚
り ソ じ ナ ろ ク ぼ ざ ぼ ホ ス 権 砂 多 私
手 ま れ イ で 加 ド 歯 能 し 砂 ド 登 話 百 レ
場 育 だ マ 社 む 火 科 ぼ み べ 二 ソ 多 通
ヌ ト 妊 せ エ 噴 合 医 向 本 っ ニ ハ 砂 れ
会 ショ ット が れ レ は 意 二 カ レ 変 ヒ 砂 場
弱 ヮ 精 加 拡 張 す 登 登 読 ゃ ホ 位
然 ぼ 意 能 進 妊 ょ る 粒 認 ぐ 囚 海
進 ヒ 応 ま 妊 愛 私 狙 開 子 識 ょ 位
む 登 側 れ 妊 投 辞 粒 子 開

Puzzle 129

```
で 化 弱 ニ ふ 暫 む コ ッ ヌ コ じ 男 所 最 大 の
開 砂 暫 ソ コ ニ 百 妊 っ 話 ぐ 応 性 報 ま こ 、
重 ぎ じ 圧 ビ 何 だ つ ろ 無 み 覧 な う 生 出 コ
ぼ っ 投 二 ク 故 社 芸 ニ 取 り に 歩 学 空 ス ハ
育 故 本 二 囚 ま 加 読 だ 海 写 る ぎ 精 本 気 社
せ 何 せ む ふ 適 カ だ コ ふ 化 ょ っ 無 登 ト 囚
登 る す 用 ク セ エ コ ぐ 場 ホ 芸 無 ル 百
妊 妊 る よ 強 打 ろ ル ニ 乏 場 ボ カ 室 安 カ 進 て
登 登 非 り き 本 解 投 バ ス ケ ッ ト ボ ー ル 本
ト ト 難 多 き 育 合 ひ ク ノ 安 語 砂 ニ ひ て
故 ふ ょ く ろ ぎ レ ビ ュ ー チ しっ 室 私 安 だ
だ 芸 ソ の ぐ 何 ま 会 海 愛 ト た リ 何 合
っ 話 ょ ン ト ク ま ゃ て 辞 多 事 件 ラ 出
何 む ホ ウ 然 ス 育 すっ 本 安 エ ベ ニ き
向 方 れ ダ 多 本 コ 論 然 側 権 出 ニ き 応 海 応
```

する非難
強打
トーク
ロビン
、このような
バスケットボール
読み取りに
男性の
学生の
レビュー
ダウンの
語っ
カエル
より多くの
空気
事件
壊した
コストの
最大の
適用する

Puzzle 130

消え
昨日
ストア
後に
実際に
となって
ほうれん草
まだ
量る
洗浄
忠実な
会話
本棚
自分の
、脚
アイデアは、
ナイフ
雄鶏の
利用可能
地域を

```
安 洗 ゃ だ 場 地 ア ト ス 再 実 利 金 つ チ 室 化
ぎ 浄 ぎ き む 域 イ サ 意 際 用 ぽ 能 社 解 ニ
然 能 選 ソ を デ 圧 何 本 っ だ っ 可 話 だ ト 出 で
圧 妊 多 ド 弱 報 ア ノ ヌ 棚 暫 後 辞 ぽ 進 だ 砂 ス
っ 育 ス 嶋 ん 権 は サ だ 合 選 モ カ ぎ コ ぼ 場
弱 二 選 む と 多 、 弱 じ ク 開 ハ 覧 で ま 乏 会
再 能 テ 所 な 会 話 ヌ リ 開 安 出 だ テ レ
金 芸 ゃ ん っ 忠 実 な 摘 解 歩 阪 写 、 し 加 カ
っ 場 室 テ て 多 多 ぐ ラ や 場 弱 脚 ベ 海
阪 ド し ソ 嶋 重 画 せ 場 登 重 リ ス く 阪 写
む 場 ろ 愛 ほ ぐ 二 向 ニ 育 ナ 話 ぼ ま ツ
て ぽ 自 ほ う れ ん 草 化 ス イ 安 フ 論 チ お
ん 分 だ 報 消 所 無 故 量 ク ノ 昨 ッ 意 投
応 出 の 鶏 雄 え 二 精 ぐ 覧 る 然 応 ル 読 進
投 カ ぎ 読 ニ 精 ぐ 覧 応 然 応 ル 読
```

Puzzle 131

論 無 ト 場 京 モ き テ テ ト 意 通 京 育 ぼ 育 化
期 待 本 ぎ 場 で 芸 解 ス 精 ぼ 罰 す る ニ 報 ネ
つ フ ィ ル ム ド カ 重 ニ エ っ 再 ヱ れ ソ イ ル
る っ 柔 軟 な き 砂 ま 権 能 狙 京 方 阪 ペ っ や
べ コ む で カ 砂 多 ぐ ヌ モ 京 カ 愛 ぼ ッ 意 投
取 引 む 安 き れ 圧 っ ニ ノ ぎ ニ ノ 応 セ ひ の
コ サ ヌ 方 弱 ひ ラ 圧 ま ひ 意 解 く ス 向 る て い
サ ヌ 方 弱 を 開 再 く 本 方 論 ひ ぼ 育 ま る っ
重 て ひ ラ 登 多 だ 辞 解 ト ひ ひ 砂 報 ざ ヌ に
登 リ て 跳 私 テ ー ブ ル 愛 圧 方 小 麦 粉 の お
能 ざ 場 だ 剣 パ ー ス ニ ッ プ む 歩 重 圧 ょ 靴
ト ラ 歩 ひ 加 む ビ ス 再 ス 登 む 百 開 圧 辞 お
ス エ ハ ひ ヌ ー れ 画 歩 ろ 退 モ 然 故 ル
ニ 忘 れ っ ヌ ー れ 画 ヱ 権 ニ で ヱ 論 ホ 場 ス
精 ひ 摘 報 向 も サ ヱ 権 ニ で ヱ 論 ホ 場 ス ル

つつく
靴の
小麦粉の
カニ
フィルム
期待
剣テーブル
忘れ
暴力
サービス
柔軟な
取引
稼ぐ
ペットの
跳んだ
パースニップ
罰する
についての
きれいを
ネイル

Puzzle 132

クリーン
喜ん
出版
運ば
高い
、正確な
シャワーが
クック
制限
チェック
禁止する
カーテン
古代
見つけます
覆っ
アセンブリ
輝き
な性質を
ダーク
注意深い

ア ド 育 ひ 注 場 妊 合 シ 化 ク 圧 精 応 ハ ニ ル
写 セ ヌ 弱 意 リ ク ャ れ 囚 暫 カ 無 ぎ レ 場 レ 社 側
開 れ ン ー リ ク 深 っ ワ 見 ク ク だ ぎ 再 ス ソ
ゃ ろ 選 ブ く 場 覧 い ー つ 登 ホ 愛 ヒ ス ひ
芸 ま 投 ス リ 育 読 社 が け モ 本 嶋 覆 っ 然 る
ヌ 画 会 き モ ぽ 権 無 ぎ ま カ テ 育 登 ラ 輝 だ
狙 嶋 だ ニ 方 ル し る で す 止 ン 会 場 ク き ぐ
運 ば ノ 百 む 登 レ だ 登 べ 育 禁 室 読 妊 む ぎ
然 ぐ ん 意 し ス も テ 摘 加 側 セ じ 圧
加 選 ハ ク 権 退 な ひ ふ 写 れ 妊 ヌ ヱ モ 弱
ノ ク 愛 無 お 性 サ 場 嶋 喜 ダ ま
ひ お 、 正 確 な 質 制 チ ェ ッ ク レ 向 工 出 ん ー 投
古 代 進 多 百 を 限 だ 合 報 通 版 化 ク 安
セ 代 進 解 嶋 つ べ む 囚 妊 い だ 辞 報 ぽ ょ 加
応 報 解 嶋 つ べ む 囚 妊 い だ 辞 多 ょ 加 ク

Puzzle 133

育出所ア論場サ圧お向所お解応だ精っ
ニテるナト能ひツ経力ま選コーナー安暫安
るクラニマュトニラブルの歩のこなカドレイ多ょ
摘ぎ応のヌ京トヒー高価なストプレイざじクべ登いつか
っニヌ開きスト解精解論論ク辞いつん解も
通所ぎ結解海京囲囲解重読論ハ化存ど統伝安のむ
ラド摘開効果阪圧出狙再砂解所続進退ベイルカのむ
登き話解雨のトニコ何ぼし登室嶋多ベイルカのむ

テクノロジー
コーナー
アナグマ
オプション
クラスの
存続
経済を
高価な
ボール
ニュース
いつか
イルカの
の伝統的な
トラブルの
効果の
。この
雨の
喜んで
誰かに
プレイ

Puzzle 134

沈黙を
時間の
カップ
ミュージカル
明確な
スプーン
通信
ポストの
ヒイラギ
クラッシュ
に沿って
リーダーの
曇らせる
の可能な
コール
スウェーデン人の
持って
仕事を
楽しむ
スライド

ハ京加嶋るスプーン愛読会ゃ阪選トホも
だっぎ出無くて楽読所選コール故精べぎ多何
百にぎ沿って故し仕事をき通会能多ソ
所スギレイ辞ヌド仕事を明確なまソ応コ
読嶋安ライ辞ベ仕通信明沈ノノテゅ写
む意ヒポイてまカ合クラざスどノ通スエミュー
報曇らせるヒポストカップクラッソスどだ通だジ
曇む合開百本金シュ開ベきゃカ加持嶋カ
登画合開進百ヌシュろざなきゅ嶋ル
ゃ画進ひだし加登能サ能投圧ってュ二
論京応多ヱぼ摘クしデン人の一ダニおりぐ
ヌヱ能しクーデリ人間時もラリ重進
画れ写スウェデン退ハニ時も京重進再
登読写愛応再ハニ間もラリ京重進再
歩ソ阪二登ざゃ論ろ能時もぎ京何て再
カラ報れくむ何退室ヌ多退何て

Puzzle 135

```
出 ハ 能 ハ ぼ 覧 ひ ス と カ 写 ゃ 選 写 写 論 リ
側 社 年 っ ぼ 振 つ 向 同 し 圧 ノ 再 レ ツ ぎ 京
芸 ひ の 私 囚 る ま 意 様 ま チ 側 ラ ヌ が 辞 暫
圧 ド く 進 本 舞 セ の サ ど ジ 嶋 ン が 暫 何 結
ん 辞 多 加 聞 う っ 報 泳 チ ャ 出 プ 辞 ひ 通 サ
カ 場 保 せ き 百 狙 は ロ ぐ 阪 結 サ 所 ぎ 芸 向
ん 個 人 証 ま 送 何 愛 ー 意 圧 再 ソ 向 ま ス 進
て ノ 砂 く ら む も 狙 百 カ 再 ル お 進 愛 ス 金
弱 せ ぎ 室 世 っ 読 ク セ 論 投 ふ 金 パ ぎ 進 登
社 ぎ 京 ひ 代 ミ ル モ 社 出 論 金 ロ 報 登 ま 乏
囚 向 投 ぎ 目 む む ざ 金 摘 ル ひ 金 ド ウ 社 れ
ボ ー ダ ー が ま 女 応 ヒ 多 京 っ 加 ト 社 ま 合
写 ぼ 覧 だ 覚 再 写 向 ま 室 側 化 金 解 登 れ る
ツ で ぎ 解 め の 写 ま ゴ チ イ 解 愛 応 登 乏
故 ス ぽ ぽ た ド ム ニ ト 場 通 愛 応 登 報 る
```

ウッド
ボーダー
ジャンプが
女王の
は何も
イチゴの
ローカル
泳ぐ
目が覚めた
多くの
ミルク
聞きます
パイロット
保証
年の
送ら
個人
世代
振る舞う
と同様の

Puzzle 136

状況を
オプションの
スカート
ポット
示唆して
ものを
認める
なし
ホッケー
座って
モンスター
回復が
破壊
ソーダ
冷蔵庫の
ビジョン
文字
ノイズ
センドを
曇り

```
画 ま ツ 状 示 唆 し て ニ 投 だ ス ふ 嶋 認 お テ 室
ス 登 乏 嶋 況 ス な っ セ も く カ 解 れ め 画 ヌ や し だ 冷 会
モ ン ス タ ー を 画 座 ン ポ ダ ー ソ じ る ホ 暫 百 ざ 冷
ン て ス 暫 ま ノ 場 故 ひ ド 画 ー ノ イ ズ 蔵 報 ヌ 摘 会
て る ノ 覧 登 ゅ れ ホ を ろ イ 意 ラ 庫 ハ 報 ざ
だ ノ 報 ラ む ま チ 側 京 せ 弱 ト の ン を 回 加 摘
報 報 囚 場 ク ケ ノ ッ 百 も 曇 ラ 合 ョ 復 モ 報
破 囚 然 ホ 権 ヌ 会 ー ツ 弱 り シ 育 が ヌ ハ
壊 然 再 嶋 で 妊 権 歩 ク ぼ テ プ 論 多 芸 回
て 再 ル ぽ 選 暫 ヌ ド ょ 覧 愛 だ ひ オ っ ひ 復
リ む ぽ ラ 百 摘 て 向 退 然 ト ひ テ き ン 多 が
む っ ラ 京 室 囚 ド 安 ス ニ 育 場 話 百 登
重 狙 ぽ 嶋 加 っ 京 お 海 海 ド 所 合 ビ ゅ 芸
き コ 愛 選 意 私 再 再 社 ス 海 本 合 ジ 写 応
百 ふ ト 場 進 乏 出 ぐ ス 文 字 覧 ひ 側 合 ゅ 多
や ま 場 進 私 出 ぐ ス
```

Puzzle 137

芸ノ不海ぼ決能ふ圧包むエむでゼセ加
れせ適ビぼ定画ょ摘だどホ退りトーセ通
守るな切ニチ妊暫論精エ本故然ん読じ常
ノ方い定クス百意論会ほまひ育社投向むれべ
れ考不故きゅ育阪退室ニおヒ投芝私ほだクだ分
場と応重故摘出寝室でグレかだせ摘析ふ
べサ応せ私故寝応ニグ解い重私ほクだ側スヒ
れる室き話砂選出社ト受けいれせおやき報多ぐん
本きて故砂選受力阪連むき会解通ょチ結
むまル論応解写報故安ょモ邦ょ会解通ょチ読ト

重い
隠す
寝室の
感動を
ゼリー
のほか
と考えている
分析
ビット
グレー
決定
守る
タオル
不適切な
芝生の
受け入れ
連邦
通常
包む
不安定な

Puzzle 138

顧客
、大人を
シンプルな
スチーム
定規は
ブロー
トラック
フライ
山猫
甘い
、比較
悲しい
干ばつ
のレコードが
フロート
検出
スケルトン
暖炉の
一人で
どこ

フテどトぽ室ろ化エ暖むざ合写ぐ妊通
むラこラ話私多応炉もん弱京レ圧ひ
をイッ選画出ホの開スニむッ妊お悲
人甘話クベツお開画れ本読お歩進しい
大ょ私側テだぐドゃふ室スょひ画解ス
、比較くだ室覧写私合ぬ結る化会ゅも意エ
ヒー人でシン精合な進テひ登ツ権ロカス
報結退摘重ト進方コぼノ解育ロー
ょ顧ふ無向精安検トは覧んムコゅ
圧ノ客ふ故安登海定干方側むしレ写進
クハっヌレサ出規ばむ選ソひ
だだむサ海論場ト猫摘報のソ
安無しクニ登辞チむっ社
覧無圧べき出スーム場無
金何退何多きむ話多山ツ

Puzzle 139

サ す も ょ ト 進 ラ ょ 多 育 ニ 妊 れ 狙 砂 ど し 私 場 向
だ じ る 無 然 権 読 権 っ ニ 報 投 テ ム ょ じ 経 済 結 覧 て
本 当 に も ド ィ の 語 単 育 プ を 除 精 ル リ ソ チ ト ひ
画 乏 ふ 開 社 と セ 画 ト ひ 応 削 ニ ャ レ 出 裁 百 官 さ
ル コ 嶋 登 お 故 ん 京 シ ー ロ ン ラ カ 室 多 や ょ 落
ぎ 開 解 人 の ス っ 意 話 ブ ー ニ 重 出 ラ 室 判 百 加 れ
ツ セ 応 ひ テ ヱ 私 社 再 芸 グ ち っ ぐ 愛 論 ヌ 所 た
セ 読 ヒ む 意 ド ぎ も で 結 京 だ 覧 ク 読 暫 選 た
囲 場 囲 ハ る 意 ド 嶋 弱 再 エ た と き に 入 植 者 が
ぼ レ ょ ニ お 、 入 植 者 が カ モ 選 ヌ ち 所 た ド レ イ ク 合 方

入植者が
会社の
経済
裁判官
説得
情報
たときに
落ちた
グローブ
単語の
育て
するものと
人の
インターセプトを
プラム
シーン
本当に
再度、
削除を
ドレイク

Puzzle 140

変更
父の
レース
スイカ
溝が
ものの
のガイドラインは、
協力します
レスポンスの
櫛の
失われた
そのもの
躊躇
計算機
ます
数々が
時々
記事は
クッカー
電を

ソ 失 ぐ 加 暫 ま 読 ひ 再 数 時 々 退 ヒ 再 精 多
写 わ 出 て 然 ひ ト 写 ツ リ 々 ヱ ク ぎ て 画 本
阪 れ 圧 じ ニ も 金 ひ ス 歩 無 が も ツ 場
向 た 出 ま ク 狙 加 乏 ス 暫 ハ 溝 っ カ 合 イ ス
芸 ぼ カ 無 選 歩 開 し 圧 育 ニ 選 の も ぽ っ
の ガ イ ド ラ イ ン は 、 記 は 向 育 室 の ぎ モ
論 摘 場 れ ぼ 私 安 砂 話 嶋 能 室 そ 安 然
多 で 社 も リ 結 出 だ 読 合 る 故 む 私 だ
安 ヌ ま 妊 だ 圧 育 京 室 す っ 協 ひ 無 ラ ひ
で ト 摘 を き 狙 く チ 愛 辞 応 ふ 力 囲 出 ノ 報 ツ
ヌ 芸 摘 き ゃ 退 歩 コ 躊 躇 変 ヌ レ 合 っ ク 覧
芸 電 を き ハ 精 エ 応 蹖 躇 計 算 機 レ ス カ 百 だ
重 ニ 本 じ 本 も 出 故 摘 無 囲 ス 登 の 父 故 セ

Puzzle 141

```
無 応 投 む ブ ざ く 京 ぐ だ て 歩 お く 芸 カ 辞
嶋 だ れ 場 ラ 、 ぎ 方 何 応 砂 会 ん 摘 ホ ニ ヌ
意 摘 ひ 嶋 ッ セ 快 室 狙 本 し 辞 つ 投 ぎ や
チ ろ ド サ ク 故 彼 リ リ 結 読 写 結 ヱ ソ サ
ヱ 多 リ ト ゃ な だ ら ソ て 妊 だ 圧 ノ ま 百
選 択 す る れ 敵 砂 再 育 進 お 能 砂 ド 安 す
ヒ ふ 精 ゅ ざ 素 解 ト れ ハ エ 場 会 て す ノ
ぎ ス 精 精 通 ブ ラ シ 臆 ど 燃 提 し を を
じ 投 む だ 化 も 乏 精 病 ト 砂 辞 出 今 介 エ
出 ん 何 京 ぎ れ ょ 本 ニ や 場 や 囚 後 化 ャ
能 ハ 進 嶋 ゃ 望 遠 結 し テ 提 言 を し や 猟
投 狙 再 ふ ク 側 鏡 ヌ 解 言 出 語 結 今 ゅ ヱ
カ テ ひ じ ト 向 解 ヌ ま 結 退 を 出 や 画 狩
ゅ 育 百 合 場 化 れ ニ ズ む た 無 巨 ぽ 話 精
重 ト 狙 ベ ル 通 応 ぐ ゲ ー ム 明 日 は 精 ヱ
```

選択する
ウズラ
カリフラワー
快適
ブラック
彼ら
素敵な
今後
明日は
巨大
を介して
提出します
、適切な
望遠鏡
言語を
臆病
ブラシ
ゲーム
燃やしました
狩猟

Puzzle 142

大型トラック
クロウ
ガソリン
なくなっ
フィート
濃縮
雇用
ちょっと
バッチ
野心
看護師
もの
自身が
要因が
被害者
ステップ
真似
保持
レイヴン
地球を

```
砂 私 ト 通 重 ぎ 重 私 看 能 社 ド 方 ゅ 退 ク 向
暫 海 権 カ 百 ッ 加 ッ 護 自 故 ひ ふ 結 ベ ロ ょ
だ 辞 安 コ 会 方 砂 師 身 室 ひ で 話 場 ウ 結
ょ 真 も ま ふ 本 開 が ヌ で フ ト 結 レ 論
ハ 阪 似 ガ の て 阪 ク ノ ぐ ィ 芸 チ だ 結
ニ ハ 妊 場 ソ れ バ ッ ニ ぎ ド だ ソ も 結
カ 妊 開 重 リ 阪 ッ チ っ 会 圧 育 ク ざ 応
歩 開 金 ふ ン 嶋 チ ラ 所 お 乏 濃 レ レ だ
解 金 せ 摘 ヴ イ ラ 開 阪 リ 縮 だ む 意
だ せ 育 応 ィ ざ 所 型 愛 ト 意 ス 意 登
本 重 ス 被 っ 大 開 二 何 方 登 ょ エ
保 持 テ 害 ヒ 話 圧 ひ 海 側 ゃ お 通
ま ゅ 要 ッ ふ 者 再 二 つ を な 画 サ
じ エ 圧 プ 乏 カ だ モ 投 選 雇 結 っ
ゅ 砂 因 が ん 室 意 ち ち と 用 っ 野
ぽ ん 進 だ 狙 摘 本 ヒ 向 狙 所 な 登 る 多 投
```

Puzzle 143

砂 能 通 だ む 然 も 結 ょ れ 安 や モ ス ざ
ハ 応 室 ヌ れ ゅ 乏 多 ス 進 も ス ぽ ト 監視
通 覧 解 画 権 合 ラ 嶋 ニ 所 ス ゃ っ で 視
だ 愛 ぐ ボ ル 側 だ し 会 狙 京 急 い ソ ド テ サ
加 社 投 精 金 二 応 何 だ 囚 ラ ヌ 場 責 任 結
化 で だ ゃ ど ラ ボ 日 チ 応 通 愛 金 責 任 結
る モ だ 話 ラ ボ の 側 だ し 会 狙
阪 金 だ し 社 話 座 四 投 半 砂 し た
進 運 社 暫 座 投 し 四 重 応 圧 通
育 動 園 二 期 の 重 金 エ モ オ コ ジョ タ チ
べ 来 む セ ッ 結 愛 モ ド 化 囚 応 育 社
登 安 だ 来 む 場 結 っ 愛 ど ぎ 画 重 無 出 砂 登 方
調 解 コ む だ 辞 や ろ 画 二 報 金 ハ 権 ざ
じ れ 安 ニ だ 辞 や
て 話 予 約 い む む リ ざ 加 ス 何 解 故 ト く
き 砂 レ ラ 狭 コ ニ ぎ カ ー ペ ッ ト し 退 ハ 阪 コ 写

Word list (Puzzle 143):
- バック
- ドクター
- 動物園の
- オコジョ
- コミュニティは、
- カーペット
- 狭い
- 四半期の
- 調べる
- 日の
- イタチ
- 運動
- 話しました
- 責任
- ボウル
- 監視
- 来る
- 予約
- 座っ
- 急いで

Puzzle 144

合 感 じ た れ 晴 む 論 す っ 読 お ニ ふ 権
ヌ ざ 摘 暫 嶋 ル だ 開 ま し ソ ぼ 育 何 だ レ
報 能 論 レ セ 社 圧 芸 本 読 多 行 人 ま 薄 い
ホ 妊 安 室 サ ニ 砂 ト レ 実 の 揮 ょ 薄 い
ざ 二 安 育 画 っ 精 投 海 ラ ト レ 開 前 発 育 私 ヒ る 囚 妊
囚 ゃ 輝 き ひ は 会 、 写 投 意 合 ま に ソ エ 摘 て 選 部 門 ツ ラ
カ サ 私 進 ホ ト ド 権 ひ ど ノ 芸 合 に れ せ 選 て
役 割 化 じ ぼ じ チ セ ひ 向 ぎ モ 然 写
然 ホ じ ぼ レ チ ド せ サ ひ 向 砂
トヌ 故 叔 父 だ 辞 ル れ ク ニ 論 オン ク ル む 配 布 ー ニ を 弱
むぼ 進 タ バ パン コ ト 鼻 ぐ 所 合 ロ ま ト ニ を
場 砂 ス ハ で ぎ ク 方 の 金 暫 ボ 芸 だ リ

Word list (Puzzle 144):
- ライオン
- 実行します
- 万人の
- 役割
- バター
- ボローを
- コンパクト
- 叔父
- 発揮
- ディナー
- 以前の
- 部門
- 晴れた
- 代替
- の鼻
- ストーブ
- 感じた
- 輝きは、
- 配布する
- 薄い

Puzzle 145

```
故 セ ぼ 覧 ツ 砂 品 の 子 分 能 ク て ブ コ ぐ 応
せ 写 ニ れ ソ 能 開 給 歩 覧 エ コ ざ ル 意 ク れ 場
ひ 場 海 ぎ エ ハ 不 化 チ ニ 圧 リ 覧 狙 ニ っ れ 然 ヌ ひ
方 ル 愛 ク ヌ ハ 注 意 育 学 だ 論 て ベ ル つ 芸 海 画 だ
通 ざ 写 ぐ も 場 な 場 テ 校 ひ じ っ の れ ク ト だ ぎ も 私 出
無 チ レ 百 ゅ 囚 測 弱 高 開 級 帽 子 ざ ク う れ 符 失 能 号 ソ を 解 私 ラ 方 乏
ベ ー 所 重 ズ 多 定 通 阪 金 モ 紹 ひ 合 話 だ ト ざ 嶋 金 所 れ
百 だ 辞 開 合 ひ べ 重 シ 画 会 介 許 方 写 し 許 場 せ 写 し 通 開 ぎ 圧 加 で エ
衝 突 ヒ 報 せ 然 ぼ ー ズ ン 進 ょ ッ 向 場 方 ク ひ
応 教 会 の 私 愛 ル ょ ン 化 開 芸 登 暫 所 加 で
行 い ま 会 も 無 開 海 出 れ む ト ヒ 場 方 ひ エ
き 出 無 せ 加 海 出 れ 芸 ひ む ト
```

教会の
測定
高級
テストを
符号
ブルーベル
シーズン
学校の
許し
品の
行い
昇給の
不注意な
紹介
チーズ
を失う
衝突
分子の
ナット
帽子

Puzzle 146

データが
インタビュー
コントラストは、
布の
トピック
少ない
ヤギ
市場の
方向
タフな
ボード
個別の
シネマ
睡眠
ウサギ
ディテール
チェーン
トリック
、経済
コーム

```
ト コ だ カ れ 会 べ ゃ イ ン タ ビ ュ ー シ ネ マ
リ ン 室 ヌ モ 通 退 結 ラ ル ー テ ィ デ む 妊 ト
ッ ト コ ヌ 個 別 の 布 社 エ 睡 眠 カ ェ ろ カ カ 何
ク ラ 故 ソ 権 セ ひ ぽ 登 の だ ク ひ 権 ろ 砂 然 ス
写 ス 阪 ひ 合 コ 摘 方 所 お ど 乏 ノ 化 再 ど サ て ハ
ボ ト 故 ぼ 嶋 セ 話 向 し ウ サ 論 選 権 百 精 結 も れ
ー は 砂 画 場 開 ま し ギ て 本 や れ ま 故 化 ろ 読
ド 、 退 テ き ょ 市 場 の も コ っ 登 タ 写 つ 砂 れ 本 重
デ 退 ー タ が 市 話 ぎ 話 意 っ タ ピ ッ 無 で 故
コ 向 ー ム ょ 覧 多 ニ 選 ヒ ス ニ ゅ 選 ギ ャ い ソ 覧
チ ぼ ト や れ 応 や 会 サ 応 重 金 ャ 選 ト 、 本 少 金
ぼ 圧 れ ニ ヌ 精 ス ト ふ 会 サ ル 私 私 多 海 妊 精 応 芸
弱 モ 精 ス ト ふ 会 サ っ ル 私 私 多 海 妊 精 応 芸
```

Puzzle 147

ぎ ク 原 画 乗 話 ぎ る や 辞 妊 ま 辞 表 面 選 満
合 ウ 因 像 算 ド 出 む あ 報 む 乏 投 の エ ん は
ド 弱 エ が 育 海 登 私 む れ あ 光 沢 の 色 る 、
ヌ ひ 所 ス ぎ 私 サ 登 ャ 進 暫 ド 砂 芸 ふ も ざ
化 ス ど ぎ 意 安 だ 話 じ 意 く ャ 再 道 な も サ
報 だ る デ 合 会 コ コ む 合 じ ざ 応 徳 ラ ょ ふ
サ つ 出 ザ 結 ふ ハ 愛 故 本 む 合 通 的 ク ッ ま
ウ 私 お イ 出 教 応 師 ふ ひ 読 サ の 金 サ だ 出
ニ サ ギ ン コ 妊 ふ 妊 さ サ 安 ル 重 応 ニ ク ニ
れ 阪 退 場 ハ ょ も ひ も ひ 含 重 方 ふ 歩 し つ
側 モ 歩 は サ 選 さ 選 レ 安 め 含 も な て ざ ざ
嶋 権 結 択 選 レ 退 択 タ 含 リ 京 め 化 報 方 所
登 ヌ 読 辞 だ タ 合 辞 ド ま 崩 ッ レ だ 解 方 場
何 解 覧 読 ひ ー 重 ひ レ ぎ 壊 ョ 京 ニ て 方
合 乗 っ ハ ふ 本 弱 私 登 合 ツ 然 方 ニ

単語リスト

崩壊
乗算
ハタネズミ
画像が
含め
道徳的な
表面
乗っ
選択は
色の
ウサギは
デザイン
レター
教師
ウエスト
下の
結果は
満月は、
原因
光沢のある

Puzzle 148

単語リスト

精度
機能
ポンドが
動物は
サングラス
他の
オブジェクトを
起こります
承認
、山
理由
ドライバー
クモ
服は
グレープ
ブラウン
軽自動車
インデックス
時計
脂肪

起 登 合 嶋 ぎ 多 理 由 し 狙 サ て エ 写 コ だ
承 こ ひ 辞 サ 登 室 ハ ツ 安 ン む ツ 画 っ イ
選 認 り ク モ 進 金 だ ラ ら ろ グ 辞 側 ン
社 話 セ ま ソ 脂 肪 弱 愛 ひ だ き 能 デ
百 重 ヱ 合 時 計 結 無 ス 化 合 ヒ ス ッ
ク ヌ ヒ ヒ 計 合 ヒ サ 話 向 辞 し ク
お 登 ひ 嶋 ょ 結 テ 覧 チ ノ 出 ヌ ス
ぽ る ド ド バ ブ ラ ン 機 車 ポ ラ
化 通 百 ラ ー 服 ラ 本 て 能 ろ ン ゃ
ど グ お イ は 解 阪 っ 場 ッ ド 育
何 レ 論 カ も 社 ヒ 自 他 ク が 囚
て ー 結 セ 乏 精 向 動 の ん サ 多
ニ プ 登 室 歩 度 暫 や 通 然 山 れ
ソ 安 嶋 側 能 て ひ 砂 選 社 ッ エ
ぐ ヌ 登 通 ぼ て モ 暫 報 権 ツ 安 で

Puzzle 149

論重ク弱側狙トオ廊向育むモ覧カ
ひアドニ出然テ所ュオ下可能場の高い
私ホンバニ然ぽしぺヤコ多室性選ノし
っむタ開イいテぎリマ精れ出も芸ニ楽
ぽ両スチノやクじ海ネやも通れょラ
圧方チ方やきを由ぼコ報圧れっろス
歩の画方き私ん歯トコ阪通海別応阪
ろ会暫重き意ら登ブ阪報ルな写愛ツ
論芸ニ通り二れらトなシトラ信ル
向ひ結暫開サふれ写選ラ濯の成ビービ
ク見圧画ふ育写選画再ラトの作百写ど
コ再ぎで選ト再画ど洗成金室ニ送金ニ
側登結まつエ画何がリ百の金囚通ひゃ
摘権まょゃだ決合魔決定むが百写ど嶋
ドヌヒぼゃん囚女クトラむ百作ど応
嶋ヒ

決定を
送信
ビール
両方の
洗濯
楽しい
見つけ
廊下
魔女
スタンド
が成長の
の素敵な
作成し
別の
オオヤマネコ
アドバイスを
歯ブラシ
ペア
理由を
可能性の高い

Puzzle 150

かもしれない
チューブ
例外
陽気な
カテゴリ
政府
誰かの
、標準的な
生息地
雪玉
海を
冷蔵庫
ささげる
つららの
ステイ
キジ
存在
命を
子供
感情の

結、存ヒク登れっス応ト方ニ能場ク写地
ぎ標在ぼじ結ざ囚何んさ写場合だ私息ホ囚
ツ準政金妊む狙化さ海進雪生方方子ひ
ホ的府向リトだ感のせキざ誰玉の場子供
い、安まもかチ投投さ海多海かをだやれ
所な政れしまュ狙ん百選るせ会ひをスれ
リ気つ阪ちュ歩ー投る暫妊るチ命テ圧
つ陽愛然サら画私京無ニるをるイで登
る然登ふっブ冷コ会摘ハどで圧
私ハラス出ブ例蔵ソ多進何ゅ海
ぐだラ乏育ツ外ヒコレ故ぎ
無話話ょ所意ソハリ京ざムト
解せ本しっ百ハざ報ゴょる退退
チェてっ能ざ狙囚ぐリすゃ
写くゅ結ニサ乏ててモレる

Puzzle 151

```
サ 私 無 て セ き 弱 だ ハ ディ プ ロ マ し サ る
海 進 レ 料 ゅ キ 改 革 の ら れ こ 方 合 ド イ だ
砂 暫 ノ セ の や ュ ツ だ い 然 通 で 会 リ ズ 私
ポ リ シ ー 者 芸 リ リ ニ ら 安 で ベ 権 ン ル 百
側 場 芸 進 加 合 ニ 社 テ い 暫 投 ル 結 ク ょ せ
安 ろ ソ 結 参 ゃ 歩 愛 ス 海 室 仕 ノ 応 リ 重 所
妊 ス ひ て 百 や 画 砂 く ひ 上 ニ モ む カ 側
京 圧 セ ひ ぎ 精 ぼ ひ 故 ト げ だ 操 ゅ レ 投
論 歴 史 背 の 高 い ゅ れ カ る 重 テ 京 や 投
ホ 復 妊 し ム ろ お ひ 選 無 ー ト 重 金 弱 っ
本 退 帰 芸 ゴ し 圧 社 場 ツ 再 テ 応 場 何 む
ひ 側 で カ 社 ぼ 進 ツ 海 百 側 故 金 始 解 リ
ひ ひ 画 だ 消 戦 略 ゃ 側 れ モ だ 金 め る 読 お
ぎ 会 故 所 育 は で だ 無 明 確 化 故 合 る お
お む 本 ヌ ス は で 解 解 て む 故 合 る
```

参加者の
ドリンク
セキュリティを
仕上げ
消しゴムの
これらの
戦略は
コート
改革の
ディプロマ
背の高い
歴史
明確化
いらいら
無料の
ポリシー
復帰
サイズ
操作
始める

Puzzle 152

説明
安い
スタイルの
一部の
満足
ドア
火曜日の
を見て
絵筆
解決
事実
彼の
怒っている
ダブル
森林は
の信頼
ページの
の夢の
消防士の
魚の

```
進 百 る 報 ク や 乏 ゃ ヌ 側 結 暫 愛 の 信 頼 じ 写 ペ ノ
応 ス 多 ニ 方 る お ド し 嶋 ヌ 摘 金 夢 て ノ ジ ー 狙 ホ ラ
海 方 画 再 開 説 本 ア 社 多 何 ト セ の ジ 彼 ー む カ 進 レ
ぎ 妊 海 権 ぎ 砂 明 権 読 リ 海 私 退 海 チ ヒ だ 然 無 ろ
だ 登 所 場 れ 化 ま 重 ひ 然 砂 ぽ 権 ハ れ 方 ノ 通 チ 側 テ
ト ニ 事 実 ト だ 結 育 故 精 故 ス 社 だ ぎ 囚 れ ノ ゅ 絵
加 狙 ゅ 圧 芸 べ む 多 ぎ 側 ス タ ひ 海 怒 応 筆
ベ 応 応 森 リ リ 話 ふ レ 論 イ れ 火 っ ニ て
嶋 ひ ラ 林 ラ 私 じ 開 阪 む モ ル く お て ゃ 満
故 ツ ク は し ホ だ 部 モ の ア 日 妊 を い 足
選 解 決 多 何 ー ト の 話 テ じ や 見 る く
能 る ニ 京 ひ 魚 場 向 向 士 歩 囚 ゅ れ
化 ダ ぼ 覧 っ の 海 応 し ぼ 選 防 ぎ 消 画 て
モ ブ 安 安 投 チ 投 で 金 セ 金 ぎ 画 ゅ
乏 ル い 出 乏 れ で エ ヌ セ 消 てゅ くれ
```

Puzzle 153

ゃ	乏	ノ	の	ソ	ロ	・	る	通	何	し	読	ざ	リ	然	リ	弱
ゅ	社	ま	で	リ	狙	も	ヌ	摘	覧	故	場	ゃ	百	ょ	人	む
再	だ	知	ハ	所	ろ	無	読	読	圧	登	ざ	応	通	だ	間	乏
写	私	っ	ピ	解	む	合	出	囚	京	容	カ	ク	多	っ	ス	せ
進	歩	て	ア	引	砂	ハ	妊	登	許	私	ド	ふ	何	読	意	も
探	何	い	ノ	れ	安	の	真	登	コ	努	ふ	摘	砂	愛	加	投
ス	索	た	能	多	す	質	投	肖	エ	像	論	芸	ぼ	方	本	安
辞	次	ま	向	所	て	物	ぎ	像	カ	退	意	登	ま	場	画	二
ヱ	の	き	所	重	く	れ	ホ	っ	室	れ	コ	カ	解	登	写	し
ょ	き	写	側	妊	ぽ	ホ	の	肖	応	室	何	登	ふ	論	海	ぐ
辞	権	囚	し	女	性	の	方	京	解	圧	も	も	論	ひ	乏	百
サ	相	手	写	海	習	セ	京	圧	ふ	室	セ	何	金	ざ	く	ぎ
ぐ	百	ん	読	練	は	ス	百	合	歩	ヌ	意	ま	歩	ひ	カ	ざ
ツ	話	れ	想	定	ラ	応	話	ノ	き	歩	通	ク	モ	っ	意	愛
コ	ン	パ	ク	ト	な	何	然	ぎ								

物質の
真の
女性の
まで
のソロ・トライ
肖像
許容
探索
練習は
次の
引っ張っ
知っていた
人間
ピアノ
砂の
相手
コンパクトな
想定
努力の

Puzzle 154

最も幸せな
ナレーター
意図する
ランダム
、市民
冗談
できるよう
激怒
天使
簡単
議論
干しぶどう
昨年
、キツネ
急に
の関係は、
凍結
丁寧な
段落
同意し

っ	む	セ	本	重	砂	ド	ニ	カ	重	合	ラ	室	丁	写	じ	せ	ナ
激	怒	ま	昨	年	論	モ	論	論	登	方	や	寧	百	ひ	レ	レ	
ト	ぽ	会	モ	サ	応	投	コ	コ	論	せ	ゅ	な	凍	結	ー	ざ	ー
ょ	ぎ	ヌ	き	せ	写	ひ	ヌ	ヌ	ゅ	加	セ	嶋	ッ	ぼ	タ	合	タ
、	芸	話	ラ	登	ヌ	だ	ニ	で	弱	開	ソ	本	ざ	重	ー	じ	ー
ラ	キ	圧	阪	解	コ	コ	チ	チ	話	育	ッ	能	ぼ	芸	る		
ン	チ	ツ	ニ	だ	冗	意	ソ	ひ	嶋	ま	同	選	私	芸	重	何	
ダ	も	干	ネ	レ	談	ハ	ろ	だ	議	ソ	意	多	ハ	重	海		
ム	つ	し	妊	き	結	っ	意	登	論	ッ	し	方	投	だ	解		
意	リ	ぶ	妊	ヒ	っ	せ	進	砂	応	ト	コ	退	読	私	ス		
天	使	ど	で	き	ヒ	よ	、	ざ	く	意	ひ	レ	む	ハ	ま		
京	ド	合	う	歩	る	よ	市	無	ふ	図	ぼ	向	る	乏			
ド	然	コ	阪	の	関	係	は	、	段	ソ	妊	急	に				
精	進	リ	選	愛	簡	単	退	落	読	エ	ニ	ラ	読	ま	乏		

Puzzle 155

ウド育乏フ育結読読ろト開サま会能室
ムールブっ故ソじょ開京ろ育ニル私応もソざ
投リル狙ーひ意じ側サ方ニクツノ使摘コ写スノ加
合論ひのア登囚コンテンツろう捨加マウだ辞ベ
エトひ議再摘サド育だろう捨精クスリ
たかっ百方む向進所チだ囚室ヱ社
芸だひ画っルゅてク本ふ開覧室京だレ投
しま学生合開テ能で海安育圧論フザひ選退場
ひぽク場だ愛故画百ピザひふ京グ応ひ会
化王ひ化レ精ニ精阪ひふ京芸きニひ化
圧ふ室場化モるゅ金向ル芸話ひにく応
ぐバイソン場ネ石炭ド話ひ二く応話化
ひ会側加加再っー結所ヒひ育ぐ反ぎ選
再権ざむツヱコチド、ポテト通映弱選

たかっ
バイソン
学生
だろう
使い捨て
フリージア
会議
ブリード
レモネード
、ポテト
マウス
ウールの
反映
ピザ
フラグ
王室
コンテンツ
ブルーム
リスク
石炭

Puzzle 156

雨量
ウェイク
ショート
、再利用可能なを
緊張
孤独な
シナリオ
ホップ
スペルチェック
フェレット
セクション
閉じ込める
メカニック
ルール
人気の
若い
聞く
チューリップ
ヘリコプター
フィット

ノドコ社ョョシクセス芸だっヘ論、加メ
ぼ加応愛登ルナヱ緊開ツヒくリも再利カニ
ド芸孤ゃーリ乏張だ人気のコヌ用ッ写
読ソ意覧独ルオ側っスウ歩論プふ可クる
意読百どぼなぎいまペ出タ権能無
ざサ海ぎ意雨量チュリペェルイなをチ論
やるヒ投ショートニ能だソ阪をホひ
レむし芸ヱッ妊化再ェッ再ク権
能進おエ阪てリ意権ん読テクフだる
コ故意社京ぎぽモホ社圧だ弱
ひセ育社然所弱ひ報側イだろ場ふ解じ
ま育チざ出登れくリス登意モノ込
砂ょ意リベ開カ応聞くモっ海クレめ
ひトしん化どど登ヒニノ多閉じ込める

Puzzle 157

```
狙 場 画 結 ゃ サ ト 狙 ラ ぎ 弱 ざ 数 の 開 何 ス
ス テ ー シ ョ ン 弱 報 少 数 退 ぎ へ 退 ぼ 進 ク 京
だ ろ 登 っ ラ 本 愛 ド コ 無 芸 へ の 育 ひ 覧 通 読 登 ま
能 ェ ッ サ モ レ 権 登 無 レ 読 ぼ 終 や 結 通 ま よ
ぼ ッ 画 っ 室 出 通 で だ 阪 ひ 話 じ ろ テ 向
場 百 報 化 歩 私 何 結 合 だ 安 ぎ エ 意 べ れ じ
リ ニ 応 ニ 方 っ 結 与 摘 彼 ル 金 育 論 チ カ で
ス 無 向 ぼ 腐 関 摘 精 女 は ル 写 ぎ 歩 ト ャ で
室 多 砂 ま 陸 上 結 競 技 を 解 理 ヌ 百 で ょ ょ
ぐ し 結 写 摘 再 ひ リ 結 金 べ カ エ ー ニ 後 ろ っ
ど 結 能 ツ 読 や ざ べ 能 フ ァ ミ リ ー 解 せ ヌ っ
百 ハ 話 会 本 所 ツ 出 写 ぽ ぼ 通 ヌ る だ 出 だ い ら く ま も じ
```

Word List
ステーション
の後ろに
通知
くらい
関与
理解して
数の
失望
終了し
腐っ
でもない
結合
うまく
陸上競技を
への
レモン
少数
成熟
ファミリー
彼女は

Puzzle 158

Word List
ブック
子供の
行為の
懸念
追加し
ヘルプ
セロリ
しばしば
熱帯
ホタル
販売
様々な
ファーマー
ハンマー
従業員は
決めます
重量
スツール
プッシュを
フラット

```
従 業 員 は 海 読 金 話 し 加 追 ぽ ヘ セ ソ 砂 無
圧 ん べ ノ 然 ぽ 本 然 ば 出 ゅ 読 ル タ ホ ま 場
ニ ざ 妊 れ ニ 室 し 様 な プ ク ゅ ク 歩
画 方 ル 写 安 ざ べ ぽ 退 結 ル 重 方 応 登 ス
ど じ セ モ 懸 る 無 室 ぎ 結 じ 量 る ぽ ヌ っ
ょ 登 ロ レ 念 向 百 ゅ 結 ひ ス 然 ノ 方 合
ん ぐ リ 権 愛 だ 進 べ 精 ま 然 ク ク 解 ど
通 所 摘 弱 然 乏 画 ト 社 ひ チ ヌ ー ん 熱
ソ 海 販 売 フ も ふ 社 ト 嶋 登 マ ル 帯
ニ 読 狙 だ ラ 然 じ 応 ぼ 暫 読 会 ー ひ 選
ニ ブ 開 応 ッ れ ャ 覧 む ヌ く 愛 ど フ だ 狙
阪 ッ ト ぽ ぽ ハ 退 子 供 っ ァ サ 合
プ シ を 向 む じ ン 行 安 の ソ 登 サ 会
覧 私 嶋 や 金 登 ぽ マ 室 為 決 つ す 画 ク
本 歩 ゃ 画 セ 海 然 エ コ 無 ゃ 室 場 会 画 セ ベ
```

Puzzle 159

```
ま囚防止れ報サスろ子然ド辞スせニ妊
チ細阪ぎ南だお供カエ室登合通辞ヌト
サベかい結チッざ意ひまたプコ社嶋暫ろ論応加サ
ヌルだト応投ぎくひ写化クだ暫ぎのカュ愛がっ砂
ぐ場京ツ投、化ラジ圧もひ投実旅用インスタントソ海
べざ再ラ多ウオひヌ的愛加サ京弱ソ砂論
テニ乏だ権意無スょュぼな定規のッ真七ク
京圧芸どるのノヲホヌカ時でカ実面もも金
じ狙く重京っオサレ着ストレ話チおま鳥の辞ひ
阪退ぎ意ろぽ応歩ン故多ホ再育だノ
退ひ話ひ応べだヲまテジ金愛重読辞応
ト本無べだヲまテジ金愛重読
```

子供たちは
到着
七面鳥の
ラジオ
インスタントが
チップ
真実
定規の
旅行の
オレンジ
細かい
、マウスの
サッカー
プッシュ
実用的な
南部
芸術
時の
ホスト
防止

Puzzle 160

証明する
ゴム
皮膚
ツールの
ことができます
受信
反応は
継続
のテーマ
好む
ペン
カナリア
ソーセージが
境界
大きな
驚き
損失
ホーク
平和的な
のトレーニング

```
れ辞阪む証明する反私百合クっ育ニ論
ょ精ト辞ぎ故れ本応精トふ意ょノ話ド
百ひド摘セレト方は結写ソクむヌむろ
皮膚室妊重ヌニ精権まーセ百せぽ囚
だ囚登せハ退驚然能がサチ選まも歩む
ツールのすまきで多とヌ重ハ意るッ
ヌ圧ぎ重だス海京サ嶋摘ッ応和応ノ
ホろ合だ受好京継大ジ読的コ登っ
マーテの信辞む続摘がヌ安ひ平ソ
阪だクニ再だクリ弱ッ社ヲ再芸
ス会安まひアヌク重ニや境やん
投囚重ノ意ク阪の側ククレペトニぎ
乏べ暫進然側て登選報結おむ
囚ニぎ側んモ出ラ何セ能本ツ何お
```

Puzzle 161

騎能開無ど辞ひろまスヒヱ安標ニ日解
私士っ権やぐろまざド解歩準て差重結
ぎせはネの投囲範っみ痛覧ニ定ぎ摘コ
カードの投モ場っ妊ニ能故ハ選論査の
圧土結地解再カ会室つ応もぐ退調ニき
多結コ意暫育ト場だぐおせヌ化話せ重
愛チろ解多加て嶋写ホせ歩チ石ヌ読ヱ
む覧故摘暫阪京じ覧辞歩カっは圧ど合
本向社砂ひフん場無トラ退ラアシテざト
やれ辞登スソ故嶋多ル民間ンイきひく安
レ嶋室出ァ故む会開コ圧海向グしくひ
歩応ハ歩無暫安多選投てルぎヱ芸安
が、じ妊選れじ私室ざょ進催選投まれヱ
れ登妊海解故リ通報投てト芸安
し然加海解故リ通報投てト芸安

カモを
土地の
痛み
騎士は
が、
開催
日差し
調査の
ソファ
石は
定義
標準
テイク
カール
カードの
範囲を
シングル
アラート
ネギを
民間

Puzzle 162

カ能カ解私スど所トチ妊モだ登登っ会
だっふリひンレ側ヒっ芸む社ニ側リ画
町のクモブケ故愛チ多れ社ドノ応ヌお
ぎてて投むクーシ何愛ドるキ解ぽ弱要な
ホベぼサクッホもん育通ニゃぽ話あテ
ま のすしょ読二論登ざ加ぽや本しりエ
圧登てん芸ソ権正投暫重妊式室ガ故乏
登どクしソカ膝を合摘故ヌ雑誌方重進
渡テ化意やマょ結話リじ故くのブ小写
ぽスぎカーミ写し嶋く辞合故砂故
テ能海権ーカだ乏材料能っ社辞ハ麦ぎ
ヒ海権ーカだ乏材料能っ社トひ合ヱス
バスケットボールの加社トひハヱス

一緒に
シーケンス
正を
膝を
必要な
雑誌の
材料
クラウド
小麦粉
ありがたいことに
ミッション
マーカー
ブレーク
のすべての
町の
キャンドル
正式に
渡します
バスケットボールの
カリブー

Puzzle 163

乏嶋ろ選投通くル精妊私読方弱側退ヌ覧写だ愛多意ぎセレしゃ妊
せ故多投ぽッ乏多金の妊報出金再精赦摘恩深意ニ登海登じうなり妊
場ど登室摘サ能囚京プ育安摘ルグ赦芸ニ登海クど応故の室声解も
っ退力摘必い略囚通トン私妊どスーケの投多精週重ボし妊重精所工も
本二乏芸はっ略語通ト通円私通結テ円どゅ画だぐ芸カットのエも
覧場学覧会や民俗側じ結ス出金形場だるニクッし室重精所工も
二れ術ざノ写化椿スど再円ど画場バ妊カット室重精の解も
応ぽ的会写化ラ再百芸ブラウスリ狙妊重精所工も
買い無開ぎラ百芸応場ハレ話狙だ百ル狙百ぎむ
ふカメラリダ弱応芸故狙暫話狙だ百ル狙百ぎむ
ホゅエ弱ーせ芸故カ狙暫だ百ル狙百ぎむ
乏ゃサも本暫加カ狙暫狙だ百ル狙百ぎむ

Word list (Puzzle 163):

グループ
カット
略語
ケース
はいを
のプロセスの
民俗
必見
ラダー
週の
うなり声の
恩赦
カメラ
学術的
ブラウス
バス
深い
ボックス
楕円形の
買い

Puzzle 164

Word list (Puzzle 164):

スプレッド
回避
あたりの
明らかに
現実
キリンの
リソース
クマは、
確かに
傾向が
ポニー
誤差
進める
表す
本当の
影響
鋭い
エプロン
ヤギは、
理解

あ傾進画影だぽじ通安や解所本進だラ表す乏ヱ狙ク開ヱ投ヌ阪ロン
た向めせ響理解報ニスニヤどソ摘ヌ論再京場向も開スニ阪ン
り向がるテざっん芸ト海妊京どク向論ヒまふ京場も場向開スニロン
のポニニせ一っ妊ひ応故合多加は、ヒまセふクニ読むハ差合通エプロン
当何辞読のスヌきだ登重加ひ、開ニ所むむ故誤じせ合通通ロン
本キリンのドハむだ金登論故所だざ故私故誤じせ室まく通ロン
歩百ろヌルドス私側トれヒ室ざチっ金結本故ざ私故む多回避エプロン
ヱ金モ話い覧ゃ海進私故ココスリ意多場ホ回避ロン
権ぽ現鋭で意無ク京安故阪おー室リ多場ホチル差ロン
明実らおっか化にドップレプスっチル避エプロン
やら退つ弱写化ドッレレプスっチル
歩登弱何写化ドッレ

Puzzle 165

ノ ホ ヒ ふ 登 再 ド や ぺ ょ ぎ で 話 お 本 狙 社
に 辞 妊 ぽ 選 開 ス 登 ッ ひ ス ホ 読 進 写 向 ろ
カ 十 進 ふ 応 セ ラ 報 ト 読 権 ラ 方 ま 歩 応 ヱ
ウ テ 分 貢 登 レ ク 結 何 オ オ ズ 乏 写 ショ 嶋 っ
ボ 辞 ヌ 献 開 古 ラ 何 ょ フ フ ベ 読 読 ン 力 完
ー チ 囚 故 画 い ズ ょ 靴 ィ ャ リ べ ド 囚 社 璧
イ 能 芸 囚 方 テ ベ 選 を カ 狙 ヌ 何 ヌ 権 ソ ま
読 ニ で し 無 サ リ ひ ま や 砂 表 だ 会 安 辞 圧
る や 退 退 愛 ク ー ス の ミ 精 現 師 を 選 投 サ
論 だ や 愛 進 む は ベ 海 の 化 摘 教 再 リ 然 辞
然 ク ホ ノ を て 京 リ 本 海 本 能 室 二 ス だ 投
覧 ク ノ を 開 、 結 ー 表 表 摘 ス 看 辞 く き 然
弱 ロ 妊 開 海 ヌ ヌ は 現 加 ス 権 護 し ゃ り だ
妊 セ ス ス レ ラ 結 だ 能 ス 摘 精 看 登 嶋 ゃ き
つ ン ッ ホ 加 ト ラ だ 権 歩 精 れ 私 所 囚 ぼ 育

資格を
クロス
つらら
きちんと
看護師を
ラズベリー
オオカミの
レッスン
貢献
に十分な
完璧
スポーツは、
教室
フィクション
カウボーイ
表現
靴を
古い
ペット
感を

Puzzle 166

壁画を
ボリューム
破壊する
チェア
熱くする
サポート
停止
叔父は、
謙虚な
軍隊
ブレンド
の影が
危険性を
最も
幅広
ワームは
シャワー
オフィス
専門家の
採用

意 テ 停 レ チ 砂 投 べ 京 辞 方 ヒ つ 圧 ツ く ニ ぽ
っ ハ 止 退 ェ ぽ ひ 謙 虚 な 安 論 ぽ ぽ ヒ 登 ヌ ニ
シ ワ ア ラ ぽ ん 摘 き 圧 む 登 テ ひ 何 の 報 コ ヌ
ボ ー ム セ ラ 嶋 会 レ エ 登 テ ろ ニ き ス き ょ コ
リ 解 本 無 会 お 精 ま じ ニ ス き ひ ゅ 応 せ べ ょ
ュ ド ラ し 報 二 狙 精 ノ 進 サ 軍 サ ひ 側 解 じ べ
ー 側 論 室 つ ま せ せ ひ 危 ポ 隊 ポ サ ぼ じ 辞 じ
テ 狙 報 会 リ し も っ で 険 ー 危 ー じ 芸 く 何 辞
故 開 じ 退 ま モ お で 合 性 海 険 ノ 嶋 本 何 本 ニ
熱 す 無 ひ ん 愛 コ じ コ を ノ 破 性 の 影 ょ 影 ぼ
ブ る 幅 カ 囚 無 ノ ゃ サ 専 故 壊 を だ が く が
レ 無 広 ー ト 弱 愛 お レ 進 エ す 画 だ ヒ ラ ヒ
ン 愛 場 ム 最 登 無 コ 専 る 叔 会 壁 す ェ ス 乏
ド 覧 は は 写 然 弱 ノ 門 や 父 は は る チ ど だ
百 採 れ ス 育 通 登 愛 家 コ は 、 や ェ
向 用 ソ で 京 ひ 百 ス
乏 オ 写 の 私 コ ス
や フ ィ ス ス 育 ど

Puzzle 167

百 向 を る ツ 論 歩 金 る 英 で ト 暫 妊 芸 京 ひ 会
芸 お ム 結 お 論 応 摘 語 で セ ノ 愛 加 ど 社 だ 退 側
ス ノ ー フ レ ー ク 応 安 話 ド し 能 方 で じ ク し 阪
セ し ア ニ ノ ク だ 海 二 辞 画 囚 再 じ ろ レ り む 何
化 ら の ょ 化 リ 進 愛 室 辞 ク 多 ろ や ヌ 安 き で
所 ゃ 近 応 ざ プ 重 阪 権 ジ 登 多 す ツ モ き ざ
覧 読 く に テ 応 再 辞 解 ス 歩 ン 話 故 ショ 意 結 報 テ
ル ソ 前 ひ グ ラ 嶋 応 じ ス 投 無 砂 ル 私 解 ろ ど 摘
ピ ー ロ グ ラ 、 ニ ン ジ ン ょ ぎ 投 結 フ 本 投 社 ろ
ソ ィ ン む テ ラ ス ぽ ふ ク っ る 本 化 や テ 再 社 精
で ン ロ ヌ だ モ ぐ ト 開 サ ハ 出 無 食 べ る ト 応 で
囚 セ フ だ 摘 無 場 然 向 論 ど ん 投 寛 大 セ コ ル ど
驚 か せ ま し た く カ 向 リ ろ べ て ル 精

Word list

英語
グロー
アームを
寛大
フロント
ショー
ソート
ピル
話す
フルーツ
選択し
、ニンジン
クリップ
食べる
の近くに
ニンジン
スノーフレーク
前に
スティール
驚かせました

Puzzle 168

Word list

上記
含まれて
一定の
ヤード
リード
余裕が
注が
輸入
数える
記述する
コミュニティは
アヒルの子
綿を
北極
秩序
陸上競技
画像
大規模な
危機
主要な

Grid

育 秩 れ 主 要 な コ 側 能 再 囚 摘 進 ル 含 ゅ 嶋
る 無 序 向 読 む ミ 場 ド で セ 余 権 ま ど ソ
れ ニ ま 読 ま 投 ュ ヌ ス ツ サ 裕 場 れ 進 通 る
っ 出 ろ ま 北 ぎ ニ ス 阪 れ が も て る セ
再 私 ま 大 極 解 ト 再 二 本 陸 上 競 技 安 せ
ト テ 何 規 愛 ア ヒ の が ィ 暫 写 故 ざ 読
再 覧 模 ツ 安 ひ 化 ぎ だ 辞 だ 精 は 圧 じ カ
応 金 読 阪 意 ラ だ ル 注 加 ト 再 む 応 一 登 砂
ふ ヲ 社 つ ぼ 登 リ だ 画 ぐ べ 摘 定 然 ょ
サ ニ ヤ お 妊 摘 故 テ セ 数 だ 再 社 の ス
化 ス ー 多 芸 愛 じ セ ク え 画 輸 愛 応 百
し 記 ド 覧 綿 を 乏 権 る る 写 覧 入 ニ
解 述 金 リ ー 場 ス ヒ 育 話 狙 読 ノ 弱
っ す る む 暫 側 お モ む ざ 然 ト

```
高 何 話 芸 て フ に っ く テ 金 ス 退 べ 精 ひ 解
出 貴 家 ゃ ォ 向 能 乏 コ エ ぎ 愛 妊 化 コ ハ
側 百 な 育 は ー け 乏 再 コ き せ じ 狙 暫 だ せ
意 作 ら れ た ク 入 エ だ 圧 論 乏 れ 解 会 て だ
覧 ま 場 お 登 方 力 狙 金 出 故 だ 側 進 本 お 画
囚 場 芸 意 だ 嶋 は ド セ リ 権 芸 向 辞 室 ニ コ
ど 芸 ぐ だ 覧 暫 会 お カ 私 応 だ 方 私 謎 の モ
方 サ せ あ 能 能 で 結 百 芸 弱 だ ろ お の ツ 画
れ つ 合 多 い た に 投 っ 安 体 自 妊 本 解 ー ゅ
ホ ナ ひ 権 ん た っ 分 を 菜 動 化 妻 嶋 室 ポ ル
テ ビ 有 選 覧 ニ 安 っ ハ 菜 出 車 の 解 ス ル コ
だ ゲ ー 料 れ っ 登 ハ っ 野 摘 ス キ 故 ひ ニ 進
ょ ー 然 通 ニ 登 が ヌ ざ の つ 室 ル 通 や ア イ
ニ プ ロ パ ティ が ヌ ざ の つ 室 通 や ア イ ド
```

家は
有料
スキル
ナビゲート
自分を
自動車の
アイ
謎の
野菜を
に向けて
フォーク
自体
作られた
妻の
スポーツの
入力は
あなた
高貴な
たい
プロパティが

水泳
典型的な
嵐の
、ここで
警告
規制を
スロー
正方形の
新しい
心配
笑った
安全に
減少
フォロー
マイル
ライラック
状況
遠征
女の子の
彼らの

```
所 笑 愛 阪 れ 海 合 ノ 規 サ 狙 精 ラ 辞 も 再 登
ル っ 砂 サ で 嶋 権 辞 制 ホ 向 室 ヌ 弱 サ だ 場
ツ た 囚 水 権 く 会 囚 ホ 心 く 阪 芸 方 ラ
エ 応 話 泳 再 ぐ 論 ノ だ 妊 砂 能 二 進 ざ や
画 投 化 妊 乏 れ き 報 ソ 社 妊 安 二 重 向 精
何 百 つ 愛 読 、 ニ こ 場 社 安 権 解 ク 暫 報
ト マ 向 べ ま こ ゃ ホ 正 報 ぐ 京 む ぐ セ
本 イ ニ モ 狙 き こ ヌ 方 ソ ま 乏 阪 投 る
精 ル 歩 室 進 い ヌ で 形 コ ま 芸 む 典
砂 ヌ ぎ 金 新 し 私 解 の ツ で 報 二 型
テ 話 多 ん 会 て 狙 乏 警 コ ツ 無 的
進 お ノ 嵐 多 私 愛 む 告 砂 ラ 彼 登 な
し ヌ 安 の 無 育 遠 ラ て ク ろ ら 育 エ
フ ォ ロ ー ロ ス 本 征 イ 安 ク ヌ の 室 況
コ ぼ く せ ク 場 化 ヒ サ 覧 退 ノ ホ 狙 本 む ク
```

Puzzle 171

熾烈なの
競争
、必ず
曲線
キャッチ
の電話
大丈夫
ドングリ
考える
、すべての
発見
モーメント
、リンゴ
蜂の
パセリ
写真
エルフ
動詞
維持
基本的な

Puzzle 172

の価値を
イカ
状態
悪い
の簡素化
姉妹
正しい
データの
パーティーは、
却下
アプローチを
おそらく
減らす
教授
相互作用
男性は
約束
アーティスト
スチール
食器棚

Puzzle 173

れょひ側多ハ画合社れくつ精ぎれ加覧ヌ
リアイズをニ進精ソだ開ふヱ意ヌじひヌ
出乏つ重摘ラ圧だ故ふ報ノレ精おんひヌ歩ウ
セ前能摘のドレ応辞き出愛会て精退ヌ囚ヌ画
ラ再方偉業の摘レス百維乏て再塗芸だ百加能
合方二狙ざク嶋社方支任命応阪加能だ朝ツ京ーク能ヌ
私私私ノヒ嶋社ゅる支結機応通金通圧場日曜水ッヌ摘
ょ能コンパ傷ついた歩権能結調精妊投ヌ出故
ひエ傷歩権社ゅるリだ重む応論ハ力画怖れふ
摘金ニ行能側調援安命結機能をトカゲ室ざ水摘ヌ
退もオンっ覧理精だ重妊能多力画っどま妊話ク
化話欲ンっ覧理妊投ヌ出故トカゲま妊話ク

Puzzle 174

もてム妊どハメチ所話れひヌ用ぼ加のよう
マネージャロッチ有だ室ぐ無権くな故コ結
投利リ進のーセト者圧応むニの乏形式覧ドざゅ海
ヌ点クき生羊ーウのぎモお海腹進論る京向話ど
ぎカス読産画ジョき砂リだ暫空出チ投読どカ育
重場ニプ応有ッ摘つ選所写む嶋ニ方き金つ
く重テ嶋リ名てショ海登モ写ホ画モょ方だカ加
会砂エだシン完報ク向ホ乏ステ覧くぼ暫結むだ
多画安ソリ弱グろ摘ク妊ス解くるき化摘る
ゃ何もトーやよコにだ妊砂室暫っ向方摘む
ん何しヌズスまひ結摘ん砂ぎ結てぼる化
私ひ側じらソひコ然会サ場結れ摘加
ノ海つぽカ応乏一れヌょサ結れ金
れ選むむ投画リスレヌょ場結れ摘む
ま応ふクヱ登妊レヌょサ場結れ摘む

Puzzle 175

バロテ金アカウントを葉、クだゃ話何狙意
、イれ然ィむ弱嶋第方を最安ロ覧無ヒニ私
ブォ論向フクょ興愛ひ意ホッカ通合ヒリ合
ロで報ラケ能奮気だかル阪写プリ通ヒ読サ
ッい報つひッく辞ト気に何私行砂ロリ読育
コ買つ上級ト入金っし動ワムラ社読コ所論
リの上だだ百場たベぎ通ヌグべ優ニくレ読
ー辞級囚海ッドざ結ムの論選場ふサ
じっだ海二側ぎ通意ヌ写選ふ育
も無もテ社登し精ソヒ結場育読
ょ登本れ権合覧んヌ加意やレ
本重乏サふ登延ス加側優サ
場解れま投画ひモ側やだ論
まツルど合む海ソだてだ囚ク読

ワードリスト（Puzzle 175）

- 、ブロッコリー
- の買い
- かかし
- アカウントを
- ベッド
- 、最終的な
- 興奮
- バイオレット
- 延期
- 葉を
- プログラムの
- ワーム
- 行動
- ケフィア
- 第三
- の上級
- 気に入った
- 男が
- クロッカス
- 優しく

Puzzle 176

ワードリスト（Puzzle 176）

- アクティビティの
- 寿命光
- 観察
- シール
- 置く
- 多くのことを
- の重要な
- 管理を
- 庭の
- 進捗状況を
- 外観リンゴ
- バー
- 下降
- 思っ
- タウント
- エンジンが
- 嬉しい
- キャビン
- 謝罪
- 品種

ク進退妊多投方ゃ覧れ乏キヌ海開投社ドンタ砂だ歩無ヌ話ま
進ょっニ京っ選進海ッエビホ場むっ選ウヌ私金カ思っ側妊場ク
捗報進話ま通意登ランィ謝アクィ選ヌ私カ思っ側妊海しい
状辞レ権ま嶋再報しジ罪ト降ィ降ルテ金思っ側権海加ツクい
況進ヌ命ゅ理百ソ観ジ合ンィ歩ルビ応側妊写重側妊ツ加クし
をぎ寿光をのぐ観再観暫側下ふ庭テ重ふ権重側妊加
ルぽま二トぎ通察砂だ論話品のィ写だ妊側場
加妊育し結ドっ観要とまを種重ヌ場ツ
サヒ会室通多要なこ登まだヌひ
バー室意育シくのと方登まむ妊
外観リンゴシールで出方登まむ妊
二ょ開妊ぼおれぎ囚覧ぐ解む妊重
クク方進選弱ニ出リ覧ひク重側場ツ
化方ろカ写きひき再辞側側場ツ加クい
レヱれカ写きひ再辞側側場ツ加クし

Puzzle 177

場 多 ヌ ド 応 能 多 権 愛 セ ぎ 所 ふ 病 皿 ヱ
ド 然 私 再 故 向 だ だ 化 歩 ふ 覧 だ だ ソ じ
ノ 画 だ コ 然 ノ 権 応 ヒ や 砂 ど ヱ 写 ひ テ
ベ 私 お ス ノ テ 画 位 が 記 ソ 百 写 出 狙 私
二 私 て 乏 愛 カ 金 置 嶋 念 ク も 登 写 暫 会
分 割 圧 場 退 バ 摘 で 不 お ヌ ひ を 混 摘 向
お 辞 百 能 通 タ っ 弟 思 ヌ ど ク 育 乱 退 読
デ イ ジ ー ひ フ ぎ を 議 ど セ 百 育 安 愛 暫
本 モ ま か 金 ラ 故 解 に 思 権 妊 ト 意 嶋 読
ヱ 狙 か タ 海 イ 安 ふ 思 う 残 し プ リ ス ハ
場 会 ら 退 結 ソ 員 ひ れ 残 辞 ー プ は む 故
見 通 の 場 所 ラ 陪 審 員 を つ 出 ナ ト ろ エ
て 常 ざ 無 乏 ソ て ル つ ぐ 一 ー パ 、 く ま
狙 の 画 乏 写 レ の 一 覧 合 何 ソ 弱 然 む ク
せ つ 再 化 ド 精 レ 覧 合 ソ 弱 く 然 む ニ 進

Word list (Puzzle 177):

弟を
マップは、
位置が
ストリップ
残し
バタフライ
通常の
、パートナーの
分割
デイジー
見て
不思議に思う
混乱
陪審員を
からの
記念
お菓子を
病皿
エスケープは
タクシー

Puzzle 178

Word list (Puzzle 178):

ガス
塗料は
笑える
コヨーテ
分母の
循環
トウモロコシの
ポテト
ジュース
バニー
今や
高さを
作りを
フィギュア
恐れ
のヒット
レタス
壁を
輸出
ペース

加 輸 で ホ 進 向 セ 作 ク 芸 ろ ポ 百 セ 社 能 暫
歩 出 砂 暫 お 本 ガ り 権 出 ひ 京 テ ヨ コ ラ
ょ ま ニ 選 画 ク ス を 壁 ん ク 報 ー レ タ ス
圧 芸 化 ひ 阪 モ 合 さ 解 ぐ ゅ 退 て 阪 お お
ペ 報 ス テ 砂 嶋 ぎ 高 ク 通 ト ぽ セ ヒ 投 も
精 室 ラ ラ 故 海 芸 多 っ 笑 ょ チ ッ の ん カ
場 ど ヒ 投 二 選 辞 合 モ え サ 登 加 ぎ 囚 育
ゃ ざ ま 歩 コ 応 応 く っ る ト ハ れ 精 ゅ 多
会 じ で で 塗 は 愛 今 ヌ ウ 恐 フ 投 う だ
ぐ 読 ッ 読 料 会 て や 退 モ フ ィ ギ ん の
多 読 む 側 ざ テ ト レ ヌ 通 ロ つ ュ 選 ま 所
再 画 ひ 然 エ ソ ャ 多 京 コ ハ ア ぎ 乏 摘
も 安 乏 妊 バ 向 合 ひ シ 登 テ ホ 重 ベ
登 覧 化 向 循 二 れ ー 意 ぎ の 能 方 海 囚 ス
ょ 覧 歩 ざ 環 む っ れ 一 ぎ の 応 権 通 解 故

Puzzle 179

```
ア 登 チ 医 能 ラ 合 ぎ 歩 ヱ 登 ぐ し 海 場 歩 合
圧 イ ヌ 師 ニ 笑 方 ト ふ だ 写 愛 せ 結 テ ぐ 向 権
百 室 デ が 育 つ い 再 重 所 会 摘 ぎ 安 向 ヌ
、 退 妊 通 カ テ 出 愛 ギ フ ト じ 解 ラ ン ド 側 物 オ
ぎ よ り ホ カ ソ 選 ィ テ 妊 る て し 砂 写 ウ
ニ 狙 れ 狙 良 い 解 狙 テ ニ 報 ク し サ 愛 向 ム
狙 多 ぐ 京 故 属 応 再 方 き 百 だ 安 ヌ 然 暫 る
チ 適 じ 用 応 ま 暫 方 歩 出 ぎ 登 画 本 京 ミ ル 方 ア
ざ も ぎゅ 話 阪 エ 出 ド 話 何 応 で だ 摘 視 力 所 圧 お ぼ
退 ト 辞 し 報 ド 話 何 応 で だ 摘 視 力
```

、グランド
属し
、より良い
ミル
右の
アイデンティティ
フラグメント
オウム
アドレス
の特定
デスク
適用
ロバ
笑い
ギフト
オフ
の友人の
視力
贈り物
医師が

Puzzle 180

土曜日に
読ん
ことができる
ネットワーク
希望
カブトムシ
ピッグ
ドラグワーズ
ダングル
テロ
シート
もちろんの
持っているが、
センチピード
異なる
一般な
リリース
休憩
世紀は
期間

```
百 合 ト ネ 化 再 写 歩 む こ テ ハ 囚 ひ モ 故 育
異 ヱ 、 ッ ぽ 芸 加 世 安 と ロ 開 場 ド 弱 お 辞 弱 コ ど
だ な が ト ー シ く 紀 じ で 社 何 ヌ ー グ ル グ ン ダ 室 退
多 般 る ワ ハ 乏 は ヱ 向 出 通 ピ ッ 方 摘 せ ひ 読
ノ ー い ー 希 能 弱 狙 登 き 開 ま チ ン セ ド ぎ ん
ぽ ヱ て ク 結 望 会 も 曜 る 日 チ ん ス ラ ひ む
ょ テ る サ 報 ト 会 土 力 に 開 ぼ 私 読 グ 圧 ス
テ る 持 出 ひ 乏 れ 多 ブ 場 合 し 結 摘 ワ 京 き
乏 場 囚 能 金 故 む リ ト 応 チ 暫 海 お ー 側 ハ
ベ ノ 海 嶋 暫 ぎ む 権 チ 妊 歩 重 ハ ズ 応 ク
ト で 嶋 ハ 通 意 ろ エ シ 辞 ヌ 私 京 休 圧 チ
ヱ ク ふ 砂 リ リ ー ス ベ 期 ャ 辞 開 ニ ゃ 側 憩 き
弱 や 砂 ホ ャ サ 投 モ む ク ャ ク ニ も 応 ハ
ソ テ ロ 進 登 話 海 も ち ろ ん の て 圧 暫 ク チ
```

Puzzle 181

自圧化拒にまヒバノ話ょ向話本百歩ニ何
権身嶋否も識グンリムツカハカき ざ加弱き
だの私かか別界業選ニ何くど再私るき え
っ重開わおモ権をすでん ょ出登自覚さえ
ェ応ニらソ憎しみ妊モ投変て京然サ意登芸
コじ機やク無しやド登変ひれ海嶋ニぎ芸室
お論行ず、応阪スン砂数し百しお重写ネ私
合ぼ飛で能ドニソんせ数ひしぽじ囚芸京
ゅぼ写りラニエソじま意して ぼだ愛ガむ
紳士トラムだひざ何報れテゃやぽできネ
海スだ海ひエスカぎまひゅだヌ百れだ進
トコレ囚読ざソむせ何報てだ話や せ開
ス室アむセ室弱報弱ゅヌだコヒく囚
室ぐま然ニ読て弱だ話ぽひ

Puzzle 182

安ト 覧む何登ニ退無ぼひ投写意ろ画ろ私
読ド会方ん参で能報ゃぽエ論暫ひ意育報話
レせヌ金語加京す歩ニょ可能ハク育ゅ投
覧然鼓ぐ彙ぐふる社も登力囚ぽ再モハモ
安ハ舞コ重だタ権故ざエ百嶋写ヒ阪摘ハ
やっエせイ芸ンクブ方エソ私通ろト芸ニ
チ画退カひ場をドドエ精登重ろ影京だ
歩ネ加ひ芸ろス報摘ソ停ぎ響響通で
故ギニコ場れ本じ報摘ポ止本最す側
モ金無のニ同ソだア十府近るせ
合安愚本リじ囚だリて方の通側
ノゃひだ場金お応ひて年動側選
、摘場化ヌ登狙だひをきく進

Puzzle 183

```
安 能 開 だ 金 場 辞 く ヌ じ 精 収 ス 囚 も 愛 て
む 重 所 意 本 本 出 ヌ ヒ 嶋 集 ワ ろ ス グ リ 無
ス 方 セ ホ 私 合 ぎ ヒ 写 写 ン エ 進 ド 写 ろ 方
ニ 論 ー や て 忘 写 し 写 天 チ モ 出 辞 や 出 ん
ひ き タ 所 リ だ ケ 加 キ 圧 国 下 登 の 母 叔 応
れ ろ ー あ る こ ッ ト 精 何 砂 囚 て っ 叔 大 べ
精 っ パ イ ナ ッ プ ル 弱 も ド じ ひ 学 加 合 通
ラ ゃ 摘 き む 選 ぎ セ ベ 精 再 ひ 院 合 友 る 辞
能 む 側 故 ろ ハ 写 合 所 然 場 覧 狙 開 ょ 場 解
ツ 会 っ ラ っ 写 何 妊 然 場 ひ ニ 生 を 通 じ 人
引 用 然 だ 育 ゃ ソ 妊 所 ハ だ 再 狙 開 通 応 意
結 リ ひ きゃ 重 辞 京 ひ ニ ソ 覧 生 姜 応 修 写 ニ
妊 も 多 狙 ん 圧 おぼ 多 せ 能 映 ん を 理 ぼ ど ス
つ ス も っ 覧 再 金 く 登 映 画 安 開 修 能 写
側 ぎ 阪 再 化 育 れ く 開 場 画 安 開 能 ひ 場
```

引用
ポケット
セーター
叔母の
友人
天国の
忘れてしまった
あること
収集
エンド
パイナップル
を通じて
修理を
スグリ
映画
押下
スワン
キウイ
生姜を
大学院

Puzzle 184

ベビー
不安定
外を
月の
教え
成分
だと思う
示しています
群れ
値の
労働を
ピン
ため
候補
、公共
チーム
私達の
添付
さようなら
のいずれか

```
チ べ だ 退 ま 囚 示 つ 向 ま 安 応 再 候 場 圧 芸 通 じ 投 権
や ー ビ と ヒ 化 し 私 通 れ 登 ま ラ 補 ぼ 囚 教 じ リ 話 ょ
コ 画 ム コ ー 思 て 意 ノ 弱 も だ 添 論 じ 何 ソ え だ 応 ひ
て 嶋 開 リ 嶋 ぎ い 加 愛 不 だ 加 付 私 海 ソ 応 ゅ れ 圧 私
ど る 話 お い ま ぽ ひ 安 育 テ 再 ゅ レ で れ む 方 通
ヌ 登 ょ 投 所 す ぎ 嶋 登 定 育 成 ぐ コ 重 む 室 さ
応 れ 応 ス べ 阪 登 妊 弱 労 を 分 重 私 開 本 よ
ひ ぎ ぎ 京 ぎ ニ 妊 阪 ふ ま 月 達 私 然 ピ 暫 う
意 室 ラ ぼ 登 阪 む ホ 群 の ず の 外 ン 論
阪 お 百 で ひ テ 歩 れ ゅ 値 を 進 、
ひ チ 開 弱 ひ テ 論 向 論 砂 狙 ひ 読 ピ 化 金 せ 公
登 報 た め 阪 開 意 論 向 金 ク ト 出 テ 共
合 ス る 砂 報 ふ 読 乏 解 嶋 開
っ 京 重 ぎ 出 ぎ 百 私 妊 読 ト 本 読 読 お 共 ヒ
```

Puzzle 185

温 優 砂 ん 囚 や や ス カ ラ ス の 芸 出 砂 ル 話
度 論 報 芸 辞 ヒ ド 合 ク 験 ひ 京 場 だ ソ
論 い ど 開 契 ひ 歩 リ 育 ス 経 故 ト ラ だ ひ
権 っ 圧 れ 契 約 結 ゅ 意 リ ト 重 覧 や じ む で
だ 側 金 辞 約 投 婚 セ 圧 ト も 血 応 ち ょ 安 私
所 ふ ぼ ク 論 嶋 式 圧 ひ ツ 液 博 社 っ 圧 弱
ヒ ミ れ 砂 ラ ダ 大 根 て 画 も 向 物 合 理 ろ チ
ぎ む ラ 投 ニ イ 然 画 ひ じ 館 の ル エ 暫 ベ
ふ せ だ リ 圧 だ ょ ン ろ 外 国 画 化 安 生 弱
ぽ 向 京 の 管 理 します ら グ ベ 摘 検 暫 だ 産 ソ
芸 ろ 管 理 し ま す ょ ン ロ 登 覧 テ 重 方 ま
無 カ 何 む ぎ 嶋 私 方 会 べ 加 乏 ぐ 暫 摘 し
刑 務 所 ヌ セ 方 ヌ ょ 京 覧 お っ 加 重 暫 摘 カ
る セ お 嶋 権 砂 ニ 京 おっ 加 乏 ぐ 暫 摘

ミラー
やすさ
生産
ダイビング
刑務所
優しい
管理します
血液
経験の
契約
結婚式
ランチ
外国
温度
博物館の
のポーズ
的地理
大根
検索が
カラスの

Puzzle 186

両親
シャツ
の植物
一致する
武器の
平均
警官
常駐を
警察
マネー
ています
車両
の家族に
最高の
宗教的な
すぐに
先の
アネモネ
中間の
関心

通 警 お レ も ク て 応 ア ソ だ っ 安 摘 ま ヱ の 植 物 通 ク 砂
ま 官 く 育 で 場 出 投 ー ネ マ 再 ハ ぐ せ ス ど 開 ス ど ト 狙
場 海 ソ 乏 だ モ 登 ぼ 話 選 モ 所 カ チ ツ ど ひ ぼ こ っ 社 テ
囚 何 む 芸 で ラ だ 写 砂 阪 歩 京 ど ひ っ 精 る 多
退 芸 二 妊 し ド ク だ 報 登 関 車 す ぽ 囚 暫 芸 登
宗 教 的 な 読 ラ ノ の ぐ ヱ 故 両 ふ れ ヱ だ っ 権
場 ク 精 警 ラ ぼ の 先 家 間 側 ひ 然 読 砂 報 社 ラ
シ 画 エ 察 べ の 一 乏 族 方 中 話 常 砂 辞 ふ ど や
ャ 最 高 の 進 致 平 い っ 駐 ろ 覧 辞 ゅ ソ 摘 読
ツ 海 ス で 会 す 均 家 れ じ 無 駐 覧 エ る ゃ や
ホ 読 選 故 る ょ 両 側 金 す 芸 権 画 ュ 社 摘
暫 選 ぼ 応 き 加 せ じ ぼ チ 武 の 投 エ ソ ゃ 読
や ル ぼ 出 せ じ ぼ 海 本 モ チ モ ス 所 ゃ や
ト ド 然 き ひ 再 せ じ ぼ 海 本 モ チ モ ス ゃ 摘

Puzzle 187

能強い私ろ何・親ニ権場ニろドひ単
私画芸金ひ出ろ切ビ応開狙解妊場な
重砂私をむ京精レジネ報金論辺ツる
ガチョウ話ぽリェッ覧社出側京エ多
構ふソ辞期まニ然ウ話故狙京愛エ乏
造テ再覧延育まひ同結金応論ニ進乏
会祖っ囚場がふ様嶋私出ろフ京退乏
然妊祖条件ふの金結加阪多精場場
合む母むトの金読出ヱ報む歩きス
エクセリット読側私ニ呂意権ょきつぎ
べ画ひま今リ覧ど結妊摘能ヱろ海ス摘お
愛安何ドサ海弱解ょ側読てトにおじ結
も故おるサ論暇百リ報むょっ通やだ
頻繁にリスト芸故論休社所加れ室

頻繁に
同様の
リーク
のウェット
・ビジネス
構造
祖母
単なる
休暇は
強い
リスト
親切
風呂
エクセリットル
今夜は
フィードの
条件が
側辺
ガチョウを
延期を

Puzzle 188

だけで
レジストを
クリップが
防衛
投げ縄
薬物
長い
プロセス
あまりにも
ホールド
スター
新聞
ミス
秘書
華麗な
バンズ
障害
、特定の
慎重に
スニフ

まー弱つ海バ嶋防側で退プスク新
カタ精んモン出衛チま場リミ聞ぐノ然多
論ス秘ひズぐ登ひ乏育狙ッモっリ囚精
海ニ書ズの登歩クセト無方まぷ報投げ
ル狙特ソ話投ぼむ合トッ故縄投
合会定るぼ砂選重故嶋芸どど
っ解る辞障投京弱ヌ選出登話
投乏ろ摘進百慎ぎ画だけ報や
精レで害薬重にぎて安ホール
ぽジすだ物通ニ通だけ安リド
華ス結登解ぐコ加進ャや
麗トラせまレコ開精向ヒソ
なをノ室ラどニ加囚出長い
カ化嶋サニッ向退リ
ド登ノゅ出登

Puzzle 189

せ開ろクぐ論阪弱で多場む災写だ選リ
と思いますひスレ会合れな害にひトト
だ会ぎ家サンドキャッスルじ場エ故エ
再ガコ小麦ローブん砂クモラカでしヌ然
ガンダーエッジ再場金成ょ然ヌまア画進妊
むょ年次然結る長話ニ故まビ金進覧
重だ進京ひ読権を狙まびに私もくだ
ニ芸し京力権ク最ハだトべ故モ育ヒ
愛故投精選弱ょ京良会ニ囚阪阪権多カ
も話だ故会れトく化本芸再れ権歩カ
金金んニ会ひまやエ方ヱっ登ゃま芸

のカラフルな
家具
すべての
敵の
ビーチの
ロープ
おばあちゃん
に静かで
サンドキャッスル
生きて
年次
と思います
エッジ
ガンダー
災害が
サッカーに
小麦
最良
ケアの
成長を

Puzzle 190

のボイド
息子の
した
チョコレートの
特別な
拡張
目的の
二回
発生
雪だるま
幸運
改善
リス
複雑
、すでに
ポータブル
アイリス
話は
ウサギの
ターンを

ひテ発ふル私ラ側摘ソお辞選カょ向ク
話然生ひ場京ハ育多せハ社ぽれ歩愛百
安ょ退レ幸運覧ひ改複雑阪乏ヌしだウ
選ゅ覧故モれひ退リ意だラ意ぽて意サ
ふ安れ雪ドまト方意進ルギ写育クギ
でょ会サもる加会辞狙多ぎれぎの
ス本結イュ愛リ砂歩ぽ再弱摘二
おれ応然ボれノ狙む私室るま阪
権化息子のヒ選ぎ狙話スだ
れ能能開阪意ニた狙ポクス海
話結をンター別論ひポータブル
レはだヒ方特にんひ場せ
登京リレ拡すで辞リ二ょ
れてひ応張だ圧向側回ヌ
弱愛化ドチト芸ゅどセスリイア嶋阪

Puzzle 191

ゃ 所 で ぐ 然 能 て ソ 辞 ぽ 能 で る 検 然 コ ぎ
会 ど 急 論 な 囚 ベ シ ぽ ひ 登 討 し じ し る
乏 し 妊 権 応 能 食 ぎ 狙 だ く 愛 投 上 応 ど さ
ょ 方 っ 囚 ま テ 結 事 ぎ 圧 ラ が テ あ ぽ 側 故
製 造 囚 応 ん 暫 加 ぎ ド ま り 方 合 ニ 金 京 権
造 む テ 愛 退 ュ ヌ じ 圧 百 ざ 側 開 ラ 退 エ 芸
方 チ む 愛 ぽ ドゥ ル 画 じ 方 側 き 出 現 は 報 れ
ノ ス ゃ 化 つ 声 せ ラ 覧 方 摘 ホ ざ ら 側 出 現
阪 ゃ ぽ 化 声 つ ル を 無 最 終 的 に は 思 い 出
ル ぽ ラ せ リ ニ 投 ざ 百 妊 隠 し ます き さ だ
ミ イ ラ 海 ス 項 ニ 乏 目 投 弱 れ ぽ 再 ト き 登
海 登 妊 阪 歩 弱

手の
食事
項目
最終的には
ミイラ
があり
検討し
明日
製造
上昇
電車
ドラム
避難
隠します
思い出さ
シマウマ
声を出し
出現
食べて
怠惰な

Puzzle 192

達成します
困ら
シット
に迅速
非常に
ボディ
骨折
デスクを
理論
ストリート
有利な
要求
シェア
参照
エージェント
女性
ワニ
接続
研究
スレッジ

を ツ 解 骨 研 究 乏 カ 論 シ だ き ぎ 弱 暫 登 ホ
ク 弱 選 ひ 折 京 応 論 ヱ ッ 女 報 速 ク 非 要 ニ
ス ト リ ー ト ク 故 進 方 ト 性 も ぐ ノ 常 求 ヱ
デ れ 育 所 接 弱 重 く く 歩 意 進 ぎ 砂 に レ ぐ
き 愛 権 嶋 続 サ ろ ス 金 重 重 社 ょ む ベ 育
ノ 圧 ア 覧 セ 登 向 テ サ 進 所 ぼ ボ 育 ぽ 摘
エ ー ジ ェ ン ト 理 論 開 ニ ハ ば 困 デ ス 化 ト
ス 有 し て シ 場 阪 だ ぼ 歩 ぐ ら ィ 照 結 権
レ 利 化 京 退 権 じ 歩 歩 育 く ぎ 応 参 画 ま レ
ッ な 加 コ ド 愛 ス 芸 ト る 応 や 金 ニ 結 ル 向
ジ き 画 然 も 登 ま 権 だ 育 結 意 リ 愛 ヌ テ る
海 ま ん 狙 安 ヒ つ 摘 ヌ 応 室 登 ベ リ 合 ベ ラ
ま 読 ど 社 ニ 何 だ 弱 も 結 精 ま す 側 進 何
場 然 っ で ス テ 弱 チ ゃ 妊 し く す 本 通 せ
ヌ ヌ ド ど ス 金 退 弱 だ 摘 妊 囚 ゃ ぐ れ

Puzzle 193

```
化権ゃ然月囚選せ嶋トソ安かなり開ぎま
囚だ抱加曜リ結っ結ひ愛精報加室どん所
海満き話日な定ちょ的な的向発つる妊故解
囚たさマークょ加精精写テ見しヌ狙いヌ
合会め男のホ金重覧読解サ論ぎ聞し会て
精チ応出ドテひ妊読覧安ヲ向だまぼリっ
圧ロ出ざラ化重辞妊セヱサ向てた何狙が
ドッぎ開投応辞百解育海おし何登乏ずた
ラプょ応ト側嶋多ひカ二も方博物必写し
暫出開ヒ結トだてャタ画ニ金登館乏加だ
評ウざ応ヌ精ヌホ育ヌ食ッコ物館キ覧よ
きコ決ヒテ精ホ多やホ通精登場狙ノモ
ツ応囚ド化選ヒだヌヒっじ覧ノ京カ
セ結ノ共テ読選スモ明確にコっ
プラスチックでモだ明確に
```

明確に
ラウンド
共通
な否定的な
聞いて
月曜日
抱きしめ
プラスチック
たまま
男の
ドロップ
マーク
満たさ
、したがって
夕食
博物館キノコ
発見しました
かなり
評決
必ず

Puzzle 194

必死
、キャベツ
ロケット
サイクリング
キューピッド
民主的な
パワーの
出席
マシン
リアライズ
合計
ギャロップ
知識を
料理を
バッグ
目の
占める
自動
マグ
実行に

```
ホれもテパき登セサ場ふだ応会お通ひ
おホだラ報ワ覧ュエ狙知識を、ヲ登ヌや狙
退エキラで合ーホヒ場にひキれンシ室やソ
辞開ュ嶋論計応の然目カくぐャれおマグろ
も百ろ登でコ加れニ場自シ選ベおグ主なな
重通ピ登報トっ方阪動きっちぽ登主的ど
ニ意ッじ覧っテ芸画選ャリ狙阪クだ結
ニ登ドラ精登む会選狙出阪重ょ
くセドラ加登ト暫室カテ砂芸席意進
ひ登本芸料トくバぐ砂サ故投
ふ権砂化理を応ま室バッグだ報イクダ必死
セ乏ヒっで安側百ノチ権ぎテ妊私摘
```

Puzzle 195

だ ニ 囚 ハ ニ フ く 無 ト ク 読 ヌ 場 ソ 有 夏 合
阪 登 ぎ だ ん ェ コ 多 嶋 再 も 芸 の ヌ す の ヌ
の オ ふ 無 ひ コ モ 不 シ 嶋 能 テ だ ゃ る 解 ホ
れ セ 百 チ ょ セ モ 安 っ し く 開 芸 ぽ 室 ニ ヱ
進 ぐ 権 合 圧 何 ニ 安 ゅ グ る 登 っ チ 内 愛 ヱ
ニ り 京 海 金 狙 砂 モ 投 ぐ じ 芸 だ 本 質 的 れ
そ 社 バ サ 通 れ ふ 何 じ 芸 登 妊 応 ソ ひ ど な
暫 阪 開 ル レ ン ク ェ 達 成 ヌ ニ 合 ホ し か し ス
解 金 退 む ン ア タ レ プ エ 向 健 ヌ 辞 ひ 鉛 が
ひ じ 化 育 ッ ス イ ン レ 故 故 康 登 き 化 筆 花
つ 化 精 ぎ ょ れ ゅ 何 論 展 展 示 傷 退 ん 囚 京
ヒ 精 ヌ ざ き も 故 エ 向 プ を 覧 火 砂 安 覧 ル
ク ヌ き 妊 嶋 論 何 登 歩 だ 場 無 所 っ ニ 無 登
多 っ ひ 妊 嶋 論 何 登 歩 だ 場 無 所 っ ニ 無 登

Word list:

そり
花が
有する
アタック
しかしが
健康
本質的な
範囲内
注意
展示を
火傷を
達成
夏の
口の
鉛筆
スタンプ
不安
のオファー
バレンタイン
フェンシング

Puzzle 196

Word list:

推定
バン
裁判所
早い
問題
悲劇的な
疲れ
ベル
誕生の
パフォーマンスを
カバーが
待機
を明るく
ハングが
安全が
かむ
、過去
ターキー
ではない
タイガー

私 セ っ ざ ぎ が 全 安 場 ひ ハ を 解 本 誕 ヱ 開
ラ 嶋 だ む 圧 ベ 狙 海 側 バ 明 や 場 生 っ ハ セ
場 ク パ フ ォ ー マ ン ス を ン る 摘 の ひ ー ぎ お
何 れ サ タ イ ガ ー 早 ニ キ ハ カ 辞 バ が 写 弱 く
で は な い 的 百 ク も ャ 場 一 き っ 退 ょ ょ お ゃ
サ コ 乏 劇 育 ソ じ や 場 私 弱 ヒ 無 ニ ぎ 弱 ノ 海
裁 乏 悲 ソ ゃ サ ク 乏 報 ル 推 会 れ レ ゅ 弱 ま せ
ク 判 悲 所 育 ひ サ ク ノ 定 通 ど 弱 ゅ 弱 写 ぎ 写
再 ニ 所 ヌ 何 ト リ 問 題 ト 投 ニ カ 開 ひ 側 選 ょ
嶋 ぎ か 選 側 ソ 金 開 論 権 歩 ツ 過 嶋 ツ 砂 出 ひ
ょ か 選 乏 ソ モ 待 機 能 合 れ ょ 去 れ 写 ヌ 育 き
ル 選 乏 コ 待 機 加 疲 モ だ 合 ニ 化 き 合 合 退 ク
エ 乏 ク コ レ 疲 ニ ゃ 写 ぎ 京 リ る ぽ 登 退 ク
愛 も む 権 合 覧 れ だ ぼ 歩 京 も 辞 何 登

Puzzle 197

セ 歩 報 場 ビ だ ケ ち た ヌ 加 何 写 ニ 関 応 だ
所 ッ 覧 つ ー 暫 ー く だ さ だ 合 無 を 連 覧 ふ
ソ 結 ト ニ ル キ う さ ん 感 謝 を ざ 選 付 だ サ
ク お ゅ の 店 の 方 ん 化 ろ ぎ 写 覧 も け 写 狙
る 話 ゃ 進 子 ふ ト 化 辞 無 然 報 だ ノ 室 や ニ
阪 登 ク 帽 つ 辞 無 囚 退 覧 報 社 ラ 価 論 ぽ も
妊 囚 向 ゅ 選 故 イ 退 覧 ざ 登 投 ょ 何 っ ま 登
き 食 用 リ 社 ホ ン ぼ チ ざ 報 し ん 芸 テ ぐ だ
て 何 な ヂ 解 対 チ ル ぼ ニ 凝 合 画 カ セ 通 ホ
熱 心 リ チ 退 対 進 が ス 視 ホ 処 能 進 バ 覧 ウ
ひ 社 所 セ ト ニ ホ 凝 視 妊 理 ッ ハ ジ ト パ 多
せ 読 ク 妊 ホ ろ 処 視 妊 選 私 通 話 歩 ベ ウ フ
れ つ 妊 ホ も ろ 理 だ 選 合 京 ひ 私 何 ク ダ ィ
本 ど ス ス 向 っ 私 会 っ せ 合 本 能 暫 応 暫 ー ル
場 ぼ ス リ ぎ 加 会 テ ク 能 っ 本 暫 応 暫 合 れ

店の
ケーキの
インチが
たくさんの
感謝を
価格
セットを
てしまった
パウダー
対象
凝視
処理
ビールの
帽子の
バッジ
熱心な
食用
フィル
関連付ける
ちゃう

Puzzle 198

シリーズは
組織
責任ある
与えました
状態の
盗ん
部分の
関係の
ガチョウ
ココア
忙しい
信頼性の
キッチン
オートバイ
社長の
スクーター
資本
恐怖の
、インテリジェントな
、最近

暫 だ ス 登 結 多 乏 ま オ コ 場 せ 狙 近 最 、 海
む や 解 故 る ト 安 ラ コ 信 向 京 、 イ 本
つ ん む ト ひ 登 室 写 ト ア ょ 頼 重 ル ン 通
チ 辞 ニ 出 や チ 本 ル バ 能 性 然 ぎ テ ソ
愛 覧 社 れ ヌ 精 ガ 出 イ 盗 エ 場 嶋 リ ル
せ 然 ぎ 向 向 ン チ ッ キ 忙 の の 私 ジ ド
百 ヌ 室 ヌ ヲ モ ョ ヒ ツ し 報 分 覧 ェ 金
ヌ つ 愛 話 ま ョ ウ 歩 然 い 解 責 ヌ ン 京
故 ド 加 ひ お ウ 状 態 の 係 任 り ト 画
せ ニ ふ 権 ふ ぽ シ む の 方 あ ん な 話
弱 き 方 投 ク 無 ム リ 話 重 る ス チ ぎ
安 囚 ノ 話 重 通 ヲ ぼ り 重 ざ 退 ひ っ
与 え ま し た ぽ 読 ざ ー 通 写 室
重 ぼ ひ 暫 応 側 開 ぎ タ だ じ も
だ 選 摘 エ ニ 辞 圧 金 ツ 場 ツ 投 く 画 や 通

Puzzle 199

縫製ト合本ょ海るエむニどど可ジヱヱ角本チぼ
暫てヌ京ん体場嶋クぽシレ能なャ三ケ海むき重
報私社育画社私安ド辞ムウシ狙砂磨乏歯重もス
方京質問も結囚社辞側じ本エ画きの私重もスト
加囚能ざハンドバ重報登ひ本豆暫きら私場京リ
じ精育室やドバ解弱じ話解ス育選故む場でひー
再育暫本ンドサ読京でじ話本摘退孤乏方向ムム
ぼ暫本能ーガく論をのむざ然選立ソ退ひも
しく能通ガく一議論ひウひニまふ然ざにでも笑
ホ能摘応だ何重読百ォ何話ヌでひ顔
ぎ摘応ゃ重読選海能ッ話ヌひ安顔だツロ乏
れょ蚊応や投百っ選海ぐチーロプアおゅろ
蚊を歩画っやソぐチーロプアおゅろ乏乏

笑顔
孤立
議論の
テントウムシ
質問を
歯磨き粉の
三角
ウォッチ
ジャケット
泥だらけの
ハンバーガー
縫製
本体
蚊を
を奪う
ストリーム
何でも
エンドウ豆は
可能な
アプローチ

Puzzle 200

良い
冷たい
、小数点
ボクシング
波の
ベース
カー
利益
電話
政治
読み取り
外部
ソフトを
参照してください
陽気
愛情の
エキスパート
シナモン
スリップ
株式

まス波安重ょエシコ画阪育ス何だ覧まま場むヱ
ススの報も圧キナト再写スニ何やる圧然グ然、
ヱリ金通ドスモヒ室ス側ト解圧能ららソ、小
重応ッスサパン読側取り室室読意意むフト数
ぼしむプレカだ多ひ弱ボ室シホソ点
読ひ然弱電トレふ狙れクぼ写ンめ京たい
無カエ結話化重れんボ百愛冷ト良ベ
写暫陽っだ場んん覧然愛情しク妊ー
意レヌ気方結嶋だ社写社のク応ろ写写
レモ育ざコ然場れ写側海ヌテ開たスろ
ぼリ安ぎ合ひじ無京開冷し摘妊
株政治多照じ解海ろ然再し益ゅ応
摘式参照応読ょ百化何利益ゅ
百二外応本能ゅ辞重会きせ
二歩部本能ゅ辞重会きせ

Puzzle 201

て歩ア円コーチの軌道覧ス乏むラ所画
でだー故形京社ん私何ヒテノ遅つ多ホ
お弱ムぽ海ぼソれむド側一応いラ海エ
見え画ア登ヒ意サ解狙トメ重叫びハく
き意アヒ社百ソ興ま室ニン叫は解ヌ劇的
通ヒ報ト百応育味能ヌを方選ヌ開ティ冒険
権通側取定然故愛ふ歩狙ひ報会重むィ緩
摘ぎだ私らぐ進精京れ歩び育加所ぐいる
応った退定住ぐ進ニテ能読無ひ歩ーるも
精ひ退私安通無ぽラハ嶋も覧進温度計ポ砂
ひぐくるソヌょヌひ嶋る歯磨き粉るぐ狙ット
ぐクリヌしょヌひ嶋合ゅ覧進温磨きひぐ狙ハ
クっ権所故ゅひ合ゅ歯磨き粉るぐ狙トハ

Words:
ステートメントを
軌道
興味深い
見え
また
解説
遅い
歯磨き粉
アームチェア
叫びは、
劇的
冒険的
ティーポット
定住
温度計
コーチの
緩い
スタイル
取ら
円形

Puzzle 202

Words:
いくつかの
ウィグルの
コンドルの
ツリー
紛争
飛行機を
想像
ゼロ
砂糖
人口
多分
いっぱい
致命的な
準備
正確な
ビュー
犬の
危険な
キツネ
の代わりに

のニ致て歩開投無辞方きる読場辞っや人
ル代方命砂ホキ準備ヌ覧退せまヌョ室ょ口
グ話わ的多ッ弱ビューいぽ芸コン方犬ゃ
ィ結いり論なネノく精だっ選ョン犬ょの
ウょく精に囚確エ狙画ぱ想像ドルの通ニ能
ドひつ本ふテ正加意い歩暫分向チ再摘
紛争かだ砂糖社ろっ化ぎ私然方ょ写ゅ口
方解のま場再セ金妊ゅ開クコニぐ何因ま
で開ま場摘論登覧写私写ャ権室ゼ何ロ
飛だ場トし私金画ょ砂応ク読サゼ何で
行れ加ぽ論場嶋弱砂百写重登室ゃ圧応ホ
機芸覧ド開私危進写然然結ソ応ド何ド
をツ側読投合険ラ百だ登やぽ歩セ
画読ざ再べ能なぐ然結ひ歩ぎド
カヒツ摘ゅど精スれひ

Puzzle 203

```
通 応 応 論 室 出 せ 乾 所 ノ 開 方 レ じ 登 だ 狙
ヌ ヱ ま や 砂 精 弱 燥 く 音 楽 向 比 開 む 応 や
ト 側 金 摘 歩 ツ 重 精 ふ ス デ 室 較 感 所 側 答
何 ス ぎ ふ 開 海 キ ャ ロ エ 選 ド ィ 意 重 化 流
テ 合 話 れ 選 ひ 摘 私 話 能 セ セ レ 重 室 意 体
結 室 ひ 再 コ ざ 話 合 つ っ 他 ク ひ 出 む て じ
ヌ 壊 金 意 ひ ノ サ 安 多 っ 人 加 安 二 ぽ き 画
室 れ 囚 で 便 阪 利 砂 然 解 現 に 投 ホ ハ ク 退 モ
登 た で モ つ し 砂 権 論 登 代 能 画 ド ル テ ス ヌ
然 報 摘 ボ 権 出 論 金 ぼ 出 る 投 出 ス ア イ ガ 乏 ト
ミ 出 摘 ル く 金 む 意 し 権 雑 能 出 ル ラ ト ヌ で
百 ト 歩 ン ト ヱ 権 能 ぼ 意 し 用 る 精 や せ 話 報 サ ぼ 投
べ 本 不 足 写 カ れ ひ レ リ 名 詞 テ コ 育 サ ぼ 社
ん ぽ ニ レ 側 化 ひ レ リ 名 詞 テ コ 育
```

感触
雑用
不足
トライアル
音楽
ハンドル
ボルト
比較
キャロット
流体
方向ディレクター
現代
壊れた
ガラス
他人に
乾燥
ミトン
名詞
便利な
応答

Puzzle 204

新鮮
ビタミン
膨大
子犬
ムーン
クレヨン
論文の
製品の
割り当て
ビルドを
テディ
別れの
実行している
ムカデ
キャンペーン
遊び心
トガリネズミ
ゴブリン
どこか
ランプの

```
膨 大 カ 応 何 子 犬 狙 ま 芸 意 場 モ 実 遊 精 精
ど こ か 投 ソ ム 辞 む 通 精 応 ま ひ 行 び 辞 話
精 会 か ク セ カ ぼ エ ニ 京 選 セ 砂 し む む 育
セ 場 応 再 ィ デ テ 覧 れ ハ 本 ン て チ 加 ぐ 方
ニ ど 育 囚 通 つ 圧 二 囚 ク レ 登 ト い ふ 登 妊
ゴ ブ リ 摘 ー ペ ャ 新 ク ヨ 場 ガ る 加 然 娠 ス
ろ ど 場 ン れ 側 ー 鮮 レ ン 登 く リ コ チ 弱 画
砂 論 無 投 ル 弱 ム ま 別 論 解 ネ ノ 愛 囚 結
ヌ 精 セ ド 話 ド ス 通 画 れ 覧 ズ っ 圧 や テ
だ ふ 室 だ ぽ て を 出 所 ぎ ル ミ ヌ サ ぐ 乏
ニ 応 っ ス 再 圧 チ 愛 ビ っ お ヒ む ヒ 開 エ
ど テ ラ ド ク ヌ 割 弱 タ ま レ ま 芸 サ 化 ト
何 て ふ だ ょ ろ 私 ひ ミ お ょ す 化 報 ろ
ひ し 弱 京 ょ 暫 退 割 り 辞 退 場
狙 ラ ン プ の む 退 側 私 退 ヌ て
```

Puzzle 205

権ろ会意ク話お応じヌ重ケエむ使用成
論だ阪ょろスお海まセ百トニ安本読果
タマネギふトさ開呼吸ヱルカ眠いレ
故せ弱会る無んブんでノ退ヱ解然白入
進し無開妊進クロッ阪ノ応弱ざ登場レ
ろ精室ヌ社話モき出モ妊辞暫ん社読レ
むニ精圧所出何エま砂読暫医セ摘ざ
れだっ辞覧エソきひ金だお論論療然応セ
具ツ選銀行、っ進ニ論るっ論然権方
体選れホだ非るもクチつ砂ヌ然ひぎ弱
的ク会論私常れゃょ砂権外っんす然要
なニ歩覧モに方進権然話選然辞権ぽひソ
ぐヌ場加モ向っエ圧つほぼ辞権ぽひソ
ょツモ中央っエ圧つほぼ辞権ぽひソ

Word list:

ほぼ
成果
入場
、非常に
もつれ
眠い
お母さん
銀行
タマネギ
具体的な
呼吸
白い
怒っ
医療
ケトル
使用
中央
ブロック
屋外で

Puzzle 206

Word list:

開発
獲得
サイ
メインが
取っ
その後、
方法
の物理的な
臭い
お勧めします
大学の
遠く
高速な
賢く
の耳が
敷く
王子
緊急
カメ
悲鳴

獲得ざコ金カ開る能む高ぎろ登ト何所
弱写精カ無も発ニソニ速結せ弱ッでゃお
エ応嶋所芸進っ加ひ安な的物のチ再弱
ヌ無ヌヒょクルエモぎメ賢ドヌ能海ヒ
加解重そ私クレでぎメイれ進結っヌ
ざど京然投れ論後通芸カイ耳ぽ然す無
私重合大学の、王子応暫結ゅもトヌ囚
京サイ多悲鳴エ方乏法ヌ応勧すカヌく
もほ合ハリ因解論き法まセ安めモカ
場然大阪開べっサ室で話ひしリカひ
お結重登出能クだ狙セ精ャト敷私結
故阪れツ報応加多登論故ノカひ
方阪ッニ出おっ方多狙登論故ノカ
取っニょ応加ぽサ狙登論故ノ私結

Puzzle 207

```
多 摘 ス ホ 画 キ 故 し 進 む ヌ ろ 京 社 私 簡 狙
故 し サ ク ャ だ 化 金 能 無 ろ 開 阪 論 素 て 本
や だ ン ピ リ ヌ 阪 報 合 然 や 写 側 石 化 ぼ よ
金 報 何 ド ー ハ 京 本 や 側 本 鹸 二 意 ぐ
ツ 引 出 し イ 向 弱 写 リ 登 本 通 京 モ 側 し
だ れ 解 阪 砂 嶋 京 合 ポ 私 化 私 ョ リ ア ツ
ま 本 金 圧 安 ニ チ 解 独 レ 応 辞 ぽ ム ヌ 無
場 出 ヌ 曜 囚 特 ン イ 支 立 応 側 社 ぽ ス ヌ ヱ
ヱ 金 ス 精 日 通 に ヱ 配 性 セ 覧 だ く テ む
投 多 故 ひ 海 の 冬 ト な を ベ も 結
狙 ぎ 重 所 側 川 ぽ ノ つ 私 セ チ か ひ 緑
場 て っ 精 愛 本 ソ 辞 登 ヌ 阪 っ 解 、 だ
レ 摘 ま 狙 ひ む 合 ヌ ハ カ だ 弱 い
選 入 力 し て テ 海 ん だ む じ ょ 重 む ゅ
```

金曜日の
特に
入力して
焼く
石鹸
インチ
支配的な
弱い
川の
引き出し
冬の
サンドイッチ
独立性を
簡素化
メモリ
キャリー
緑、
ホール
レポート
ピンク

Puzzle 208

特定
船を
趣味
のり
立っていました
誰の
バージョン
ペニー
検査の
ホテル
している
ワゴン
訪問
ハーフ
ワイン
ピーマン
プレス
サーブ
当事者は
行動を

```
安 エ 弱 ス ハ 京 嶋 ょ 故 読 ぎ 行 ま 辞 ノ 海 カ
多 っ 訪 ー フ 百 ニ ニ 摘 重 ホ 動 写 ワ ン モ
ぐ 多 問 フ 社 だ レ ス 然 投 を 論 イ ゴ レ
ょ 開 ド 写 意 ゅ 出 エ ニ ハ ぽ 結 り ン サ ワ 故
カ ヒ っ ヒ も 通 妊 ぎ ヒ ぐ 話 の ワ ヌ
結 ざ ヒ リ 出 だ テ 歩 出 つ 誰 覧 通 り だ
嶋 む 特 エ 権 ル 船 ざ モ ど 京 し 化
カ 読 進 妊 安 場 ぽ を ょ 報 ひ 権 能 ろ
場 カ ど た し ま い 報 立 愛 れ ホ 安 圧 安 向
妊 プ 意 ゃ て ニ 加 て 妊 権 然 テ っ 室 場
バ ブ レ 室 い 側 ひ ハ 開 ル お ル エ 私 社 ざ
画 ー 方 ス る 事 ぎ 検 ニ モ 海 ノ で 摘 ひ 論
ょ サ ジ 当 者 は 査 ぽ ぼ ク 何 お 摘 ク
ノ 摘 レ レ 育 乏 ろ の 通 退 お 育 側 お れ
ぐ 弱 ぽ だ ン マ ー ピ 暫 百 ょ 砂 サ チ 趣 弱 味
```

Puzzle 209

登ル検索るだ狙育きツ無ゅチむ砂通ぎ
ぽリ化ホれむ私再ん覧阪ぎ多ヒむク現
社権ス室ス向解べ投投ぐきおル条在
れ写嶋てっ加参ヌ戦争ひハ私本の
ぽ応摘従歩登投っひセ編集方ト釣ヱり
ノニ一横に工ぎるし通どろ側進は
ふ転送トチ重出まヌたサっむ精ぽ
転っ方意ブ権砂どざニ芸ニ再開トトき
クざ会主ッ故辞トひ圧ょく論覧コヌ然
ゅニっ張アククテ囚テ多ニ退やヌだ出
トはぎア母ひテリ狙ぽも圧多摘ゅ所
さみ者ラ芸ト投り話育開機側圧出
ライブッて圧合妊ニぎ解公開式故関力カ

現在の
ライブ
主張
編集
アトミック
叔母者
機関
圧力
横に振りました
に従って
参加して
転送
釣りは
はさみ
条件
検索
の仮想
戦争
ノートブック
公式

Puzzle 210

スペルの
バンワード
観点
面積は
条約
単に
音声
脅威
立派
ウィンドウの
月面
キュウリ
スプリングは
マニュアル
自身は
キュウリを
紫色の
の入り口
プライマリ
ささやかな

ラスきウくラ加リク立退だお面場選出
ヌ育ヒスィハんやひ派囚ヌざ積芸は画コス京エ阪応
ド覧んざサ約単入にヒ嶋社本リプス方安ひソ加
海トヒ側ヱのウルにロニ故精ンド安無ルル
辞紫っバンホウれニ観っ室テス方ひトひ芸ト然退
や社色ワムワ応のルっ点出私阪ド然向モ退
きコ進ののニドれ室愛育自さ精ドト
脅威テク無しやれチ室身やリュ然通
覧っク育結本出むペはをかな向退
コ安嶋摘きツコ愛面ライなキ退
囚報ュ方っ愛何論ライてュホ
マニアル金ぐどモベしュ社
キュウリ方っ金所ぎ芸方ス重ホ
狙モニ応何場どモし芸重ホ
出覧金何所場

Puzzle 211

自画フノ少登ゅも貧困をアリーナ方社ぽ
主国クカ年メカ再画通私ハで京加キ社ーぐ
的家ロウ精デデ化私方海や本ソ権弱で心
なゃ画ぎ解進ッエニ場るアムむ京ホ化くノモ
っ権事ふの異なる出ぐリサ合写愛てべだ育
論芸百側重声トっ報画芸ニ圧ノょ歩安レ化
芸ニ大ドル読合ぼ精写暫ぐ応登ホヱく写
社ハ何ぼぎ芸応社画芸精写暫ぐ応登ホヱ

Puzzle 212

戦ふ狙再せざカる投論じスてレ多安ヱ
いの草原書トン側室側ヌ歩じ読ド読結
のルル海き囚圧傾斜百報開芸結婚は

Puzzle 213

進やカ、ノ結社ふょ無愛ぎ室応リップ
れまふカ圧ばじほる摘だ愛社高し度能
ク楽ょリ出然ん砂砂ヌトソ読度金ぶ阪加
社しだフカべ精もニ再で私加阪解ハト歩リ
暖まざラ化ル暫砂歩おニ場登せお砂歩画無
会かいワ育論安話トッ単場ンクな通応場暫会
テむ黒ーっ与えらギ有ろクゃむ向じ妊ょ議
ょだ種ざえのトぎラろ害重応レ弱然ぐは
砂通画太られ簡私が進読何便れ郵気ふ砂れ
方子許字れぎ害私応阪歩読写選便無選れ
や百の方愛可まだ社解金ぎ重ざしヒ退所金投ざ結摘ツ室カっ写解チ達無

会議は
結ば
許可
リップ
投票
高度
、カリフラワー
学ぶ
電気
種を
黒い
トランク
与えられた
楽しま
暖かい
子の
郵便配達
簡単な
の有害が
太字

Puzzle 214

アクセス
ました
豊富な
彼女の
透明
ナツメグ
正確に
評価
スイング
、個々の
絹のような
鉱山
話して
描く
池の
魅力
、年齢・
愛情
ひょう
地理

百安でア写方で選まっ登ぼ精っエ阪無し
れ投ドク育所囚ししし加開愛多登私画暫加
本百レセ話れ化開側登ホスイ向場サ妊
き写ひスヌ豊テ加阪阪権京エ画ザ何
愛私評ヌド育クノ報側退重京進ツナ
エ情価出論べ歩化モ写話くふメ能
透ニ鉱価ゃ報ホ社無ひぼサむガ投
明鉱く出本論スだきぬト絹所のグさヌ
圧く出トざ魅どき無側摘正のチチれ
摘京エ然魅・ルホ齢年砂個確彼テ芸
カも百会んひ応チ写地百まの意会チだ
も嶋本だく海ざヒく描まの意会チ多百室く

Puzzle 215

セル 利用 可 能 な 海 チっ 百 解 サ 化 京 じん 視 ホ 所 を ょ エ テ る モ だ 出
のス 報 囚 妊 る 室 ャ機 つ 先 や コ の 無 ヌ 読 ツ ょ だ 再 加 複 ひ ぼ
階 場 無 も コ 重 ヱ 会 ぼ 投 鳥 の ざ し 選 し 登 お 写 芸 重 加 論 っ
段 弱 も チ 重 多 ツ だ 育 ぼ 阪 ノ の 選 む 画 乏 応 だ ひ 妊 ぼ
が 加 捧 げ 多 暫 ヱ 本 囚 お 狙 セ ム だ 写 加 重 ひ ぼ
ホ 再 だ て 開 だ 嶋 解 チ 狙 ル 応 ド 再 ふ 再 る
選 む て 開 つ 本 囚 し 話 れ 報 公 ッ 加 ク ぼ モ
ん 再 チ 開 市 重 ク ベ 話 を 適 園 ト 重 ひ 複 だ
だ 故 応 選 市 話 ス 結 社 を 報 乏 写 ぼ ぐ 出
妊 セ チ 摘 民 、 出 エ 都 市 を 適 二 加 妊 結 ラ
ま 批 判 を の さ ふ 応 市 も 格 妊 ホ
何 無 貸 化 摘 ら カ 登 じ 育 だ ラ 登
っ 本 し ま に ニ 場 む 圧 つ ヒ ド ヌ
ぽ 解 す 応 再 ひ ホ 然 ヒ ド ヌ ざ 登 応

鳥の
妹を
市民の
夕焼けの
都市を
のない
、さらに
貸します
つま先
セル
無視
の階段が
適格
捧げる
批判を
利用可能な
公園
選んだ
機会
重複

Puzzle 216

教 育 ソ 安 ょ ゆ 権 ゅ 側 リ 教 会 執 ス ゃ 場 サ
重 ゃ は ヒ 然 意 で 弱 く 二 海 行 カ 結 進 大 選 愛
整 理 ト ひ 摘 登 選 じ カ 安 ハ 最 フ 百 モ 育 意
へ ん ク 精 解 投 リ 社 私 圧 辞 精 ァ ド 向 ム れ
所 ラ ェ ク じ 論 ス 阪 ゃ 側 応 安 ー も 私 能 出
応 ヒ ジ ツ 通 ぐ ヒ だ ル 愛 結 論 フ 支 っ 意 せ
辞 カ ロ だ 芸 ラ レ 写 く 結 テ 安 ァ 画 ぎ れ 再
ス カ カ ラ レ 育 ノ ろ 登 ひ 安 ー 妊 二 出 カ
ク レ プ ス ク エ ヌ 室 だ す 写 ゅ ソ ム セ 圧 ャ
隣 が ス 歩 意 海 ま 側 る 会 だ ホ 本 砂 妊 コ
本 人 く 写 画 登 じ む チ ぼ 写 エ 解 で ヱ 阪
嶋 友 写 側 能 キ ま ぐ や っ 百 ソ 再 砂 京
ル 敢 側 合 私 ひ ぐ 愛 画 ク 選 ヱ 室
な 、 勇 全 な べ ろ 辞 全 ょ ん 再 砂 ヱ
ぎ ホ く や 予 ツ 百 応 体 く だ 京 砂
摘 ょ 覧 ク ぐ 測 社 れ 百 再 砂 ヱ 阪

、完全な
教会
スカーフ
キャベツ
予測
クールな
整理
ファーム
全体の
エクスプレス
最大
支出
執行
ヘラジカ
隣人
、これまで
勇敢な
友人が
教育
プロジェクトは

Puzzle 217

妊 通 嶋 ざ ニ ラ ギ で ぎ 暫 ヱ セ 合 ぼ 多 暫 精
精 化 れ ま 迅 結 ッ シ せ ん 等 ク 解 ざ 少 暫 し
登 百 ト 壮 速 狙 金 本 阪 画 し 私 ひ 退 モ き 社
ひ ん 会 側 大 方 エ ま 応 を 然 し ぐ 場 間 ド 海
ど 然 れ 摘 更 進 ヱ 応 リ 登 歓 迎 京 百 故 退 方
能 応 ホ 選 百 カ ラ ニ ぎ 然 精 家 ハ 進 ど ざ
ぎ ホ じ 摘 然 妊 だ 二 登 精 報 ぼ リ ぎ ク
化 ヱ 覧 ヒ 妊 出 ラ ー だ ヱ 愛 ネ ひ 結
芸 じ き 摘 解 歩 し 意 目 ク 写 ズ テ か 画
応 方 応 弱 ス ん ク 向 レ ラ 精 ミ ヌ ル 加
加 多 写 ド ひ ラ 然 二 報 編 結 で 祖
向 選 暫 ノ 覧 イ 加 場 砂 リ を ヌ つ 先
ふ ゃ っ ッ ト 砂 突 然 で ニ ラ ホ 登 論 芸 ゃ
ひ っ ト ハ モ カ ラ ス っ 何 だ 精 狙 登 狙 ふ
進 ハ ヒ カ ラ ス っ 何 だ 精 狙 登 狙 歩 海 ス 然

カラス
壮大
編を
等しい
少し
セクションの
歓迎を
ラッシュを
ホイール
時間
クライ
家の
ノット
ハリネズミ
更新
一目
祖先
突然
迅速
ギュッ

Puzzle 218

家賃の
日時計
食品
気候
侵略
クロコダイル
スポンジ
長さが
平和
鉛筆の
レクリエーション
パパ
近い
慎重な
買っ
交渉
椅子
、パスの
ネック
イーグル

の カ る 多 家 っ 買 加 出 レ 方 カ ひ ヌ 精 ひ
ス ポ ン ジ 重 賃 っ コ ク ッ ネ ふ 乏 重 妊 砂
パ ひ 場 摘 能 だ の 筆 鉛 リ ハ だ 摘 加 多 無 ぎ
、 ゅ 侵 歩 食 応 登 投 せ エ ひ ひ 砂 選 進 何 だ ゅ
ヒ 投 ハ 向 品 イ ニ て お ー チ む 解 狙 長 ヌ せ
進 レ 阪 平 意 一 百 シ ン シ コ 砂 報 さ 愛 側
摘 ス ス 和 故 サ 話 結 京 ョ 気 ぎ 然 が 精 日
報 ぽ 多 ま パ パ 画 ハ イ ン 候 く お 京 育 時
ぎ 圧 歩 意 っ 金 エ 結 ダ モ 応 京 カ 近 計
ま ざ 加 本 ん モ っ コ き 選 む だ 所 い 話
摘 ソ テ 側 多 ニ ベ 歩 精 口 多 ド 会 妊 出 ぐ
百 話 阪 所 ま ぎ ヌ ヌ 何 会 重 慎 椅 ゅ
交 渉 登 海 芸 本 モ 京 権 育 重 子 ま
百 つ 意 多 所 権 阪 話 結 ト 安 投 覧 摘 ひ 覧 ラ
阪 摘 多 ス 権 乏 話 結 ス ト 安 投 覧 摘 ス 百 投

Puzzle 219

故 だ 能 し ふ 方 カ ル ひ お ラ ク だ 解 ニ 砂 チ
ゃ し ょ 通 乏 ト ぼ ル ト ボ ン ト だ 圧 だ 然 ベ
再 む 多 愛 選 ド て 嶋 暫 ボ 然 合 ひ 向 ヱ リ
お 明 き ぐ ハ 芸 話 ま ぼ サ 報 リ 安 登 ヱ く ト
合 う ら も 画 る ぼ っ 投 モ ド だ し 合 じ っ ゅ
多 場 退 か の リ 量 ド 故 ホ ど 合 さ 精 い 十 育
摘 写 ノ 意 写 社 な 夜 所 愛 本 お 応 写 分 選
狙 育 京 お 投 る 能 辞 き レ む 竜 通 が は 貴 何
向 花 ひ 側 圧 多 ツ き む せ 化 本 応 ゃ 百 重 じ
ゃ お 故 ツ 多 所 ぽ 乏 っ ホ ソ 開 ひ 弱 室 進
ラ 育 然 ん ト 彼 れ む せ っ ヌ 結 貴 、 囚 百
コ 然 ア レ 乏 彼 き ぽ 応 ス ス 芸 重 で 本
ア ク ション レ 乏 女 ぼ 応 ス 室 囚 じ ト
ぼ 摩 、 私 百 ビ 女 ぽ 応 ス ス 芸 室 じ ざ 開
ひ 耗 緑 べ 嶋 ソ 論 辞 投 覧 室 囚 ヱ く

トンボ
量の
明らかにする
夜の
彼女
テレビ
、十分な
しよう
摩耗
竜が
ボトル
、緑
親愛なる
アクション
もらう
してくださいは、
卵の
花の
貴重
サイト

Puzzle 220

について
保存
目に見える
野球
制御を
精神
ソリューションを
メンバーの
埃っぽい
ハリケーンが
した後
証拠は
チャレンジ
ドッグ
靴下
農家
人は
バスケット
サイリング
夜明けの

ト 所 く ト 所 ハ る 保 レ レ ハ ゃ ふ ニ っ ル
ひ っ 出 人 は 砂 リ 存 ヌ 画 靴 下 サ 砂 狙 っ 暫
レ ょ ど 重 安 選 ケ ヌ 写 べ 読 イ 砂 ノ 退 レ ク
チ ャ レ ン ジ 方 写 ー 精 せ ろ リ 場 場 場 応 ノ コ
投 ヱ れ の ス ツ を ざ ン ざ だ ン 安 ヌ 精 場
ソ リ ュ ー ション バ ン を 御 制 選 グ 証 き 乏 ス だ
夜 ト 応 ス だ 報 登 べ 妊 ニ ふ 拠 投 登 ド
ハ 明 愛 バ や ひ ぼ 囚 妊 ホ ふ バ バ は ッ
チ ヱ け メ だ ど 社 ド 再 ス 乏 ド ぎ
ド 覧 百 の ぎ 画 お 読 京 ケ ケ 精 る
で じ 通 農 ろ ひ ヒ 囚 し ッ ッ 神 何
進 ツ ろ に つ ひ ク 加 え ト ト 百
ま も 二 れ て 目 に 見 え る 合 ぐ
コ 加 室 し 場 加 愛 圧 暫 育 む
阪 ヱ 野 球 応 方 重 ん 能 ゅ 狙 弱 妊 ソ 化 ひ ヒ ス ト 所 ヱ モ

Puzzle 221

```
キャップ金コ登ゅ画側つ出モひラエつ
画歩所妊投ーんだ砂ふもチスよ場だ嶋
論ひ乏ひぽま愛ノドひ故海く私ひ無金
乏れ重結ホをは子弱写再増ヌ私ふ登応
ゃ狙も開囚暫、急写ラ故クだじ芸だヌ
ニチェ戻り無急速写ざ故芸どゃ進狙ク
ラツリ安意つ応失ラリ暫じプヌだ摘ノ
ツ辞ー方結嶋報む登解阪加会私投室会
加ひモツろス画ソ能むモ安レ弱嶋ひ
スケートをもむャヒむモ意ー弱ト
ホハせヒ音行わコせモ読幸逮捕だ
エー年エ発ぎ合愛嶋読せなカスタムヒ
社ドだ間スル辞で応エ多ぐ権
会砂選故場で向ろつラぼ画場育暫
```

チェリー
女の子は、
幸せな
年間
ハード
キャップ
ランプ
コートを
発音を
プレート
スケートを
に失敗
カスタム
戻り
増加
ひよこ
逮捕
行わ
、急速に
社会

Puzzle 222

全員の
フィールドの
午後
マイグレーション・
使用は
家族
おじいちゃんの
余りが
シェル
ワーキング
適切な
悲惨さを
タスクの
足が
アクティブな
誕生日
絶対
実行
、シカ
経験

```
マょクぎエヌヌ、シカ絶テ阪ゅむつト
選イアクティブな読論対ツむ多覧覧で
ぼ場グンキーワ京投芸室多ゃ安京暫ひ
ゃ合くレス室使意通全トスて砂室投結
足つひゃー重用妊員て妊多囚じひク
まがー愛シはし方のきゅカソひまで
投き実行だショ出おゅ選ヌホ金意
午ま通多っやルンぼっ加ス狙む
写後読テ家誕日・ぎ側加本覧ひ出
会京っ故族覧ヌ画いク辞ホひ弱
ベ海開弱退リ無コじ解覧を狙ス
ツ弱多社だ報シ会乏おぽ悲を京摘
結論結芸乏ェつおハっ向切フ覧結
モお経験トルれひ金適切なヌ余りがお報
金タスクのドルーィフヌ余りが
```

Puzzle 223

サ社場覧っ囚セ勧誘をざどクぼ弱し場や報
ぎょ意き権ぎ写挿生選まニ患ょ複雑な報百
ニ画せ方登辞レ入選ど進ニをゅ方な技百乏
開きっサ弱辞ニ開ろぎ加超歩ナてナ摘論論
ニス化通向阪ひ登送弱結ばハコレーキ芸精
社だょ場ニ金方結っだ果論ャトじ囚ソ社リで
ぎ画ぼト登ぎだニ結ニ無ラルスせ芸ろ故郷
開ブ海クハニ登室投論室ーじトラ社郷
む覧故ライオンの囚妊意ャ育ス出ス歩育
応れ狙所妊話だ金通朝ラヒ阪論社
圧週所ヒ妊開お結朝食出社じ
ょ末ステ然敬ひ果百俳優歩ル故
社は作成弱遠セ方無出阪ぼ社会所
解、愛嶋む再ゃ然精退チふれ会所育

Puzzle 224

ょ出応コもたらしたるの論ヌ無願愛ゆど
精何応キレ解室暫重赤れ故育いをニ重権解多
通登エャク子羊囚ちスニ本だきべる育で
解ヲ何ン側ットル嶋画ゃ能意モでぎる育権多
よょまプゃロ社退ん側ヒ場るセ定ハ権多
ゃツ読ラっべ金妊べウハチノハ権開ク
向私囚結退金妊論育ソトチエ側法定出
エ論っ示社滅び室の再トに投権退出
だ読論開た阪びサ圧ラ論会投シ権クー登
画多愛開オベイがぽ豊会だ育ルンサ乏画出
側ょ妊だ進、百か読所にで開ク
ニ精も社囚社ヒ結ぎ百行乏育ク
ま精加故意覧ぼ進ツ画ひ所ぎ開出登
多重再加れ故側囚開ぎ画意育ク出登

Puzzle 225

投ペノ愛ひしきセモ登解向ぼ妊詳リ育
意イひ消摘然妊意どこでもホだ暫細リっ
ニン投登ぎ百圧選読だヒ無重チ、ベ金私
応トふ安レ圧摘報暫じ金むヨぼ論テ所ぐ
てツおグスドヘ選金む要な狙っカぼ弱辞
ま登ふランホ確無立基本むひまヱひりモクニゅ
レストランノキ基本だまヒ種のクニ結辞
チャンスノキ反然芸トひ無摘くゅ私ホゅ嶋
っ合能選然ぎ読しスセ世暫登解結
京論ニラれ結セ精妊紀ひ摘せヱ向ク
京砂ぐカツれ芸ヒる辞所精妊紀に妊退るサ無ひ
砂ぐ黄色圧場京むく応芸ホリぎ投ざれホ愛ひ
黄ハ芸ト場せ芸ト芸何通リぎ投ざれホ

防ぐ
詳細は、
ヘン
基本
重要な
溶融
消防士
サミットは、
ストッキング
チャンス
反対
種類の
ペイント
確立
どこでも
世紀には
レストラン
カンガルー
黄色
より

Puzzle 226

スノードロップ
ドライバ
荒野
病気
百頭の
水分を
カブトムシが
過半数の
含まれ
と言う
砂漠の
構築
ミックス
ている
の後に
奇妙な
愛する
地域
スケート
野生

精重解進ドスホ砂が百故阪まぼ狙百
解ク室ひラクケ妊水をモ再金野ヒ
だ嶋合むイッ応分再ト向応結読所
ラ進含サバミ圧ーモ摘れ妊安結私ト
ス写まも開荒やチブ開ょ過て究社
病気れ圧ど登野狙ク登の半ざ築何愛
摘レ圧会重摘て室重会数まや社ど乏する
社方ひ加安レだ解私妙にのホ本カいて
スノードロップ地奇化意っサ芸
ん開無選るょ精嶋域本砂結ヌぐ
百室頭コ多出本結ぽ漠リぎホ向レ
室読ぐの解ハ芸ニ報のセセ意ひ
読べ暫ょ室京ひれ精何応百ぎカサ辞まく

Puzzle 227

ろ レ セ 幸 育 、 実 際 に 能 コ 囚 ぽ ノ や っ ヱ
む 私 ツ 解 べ 多 ク ク ひ 育 向 ニ 通 フ 化 何 弱
圧 火 ヌ 何 向 選 ト く ん 向 画 場 ト ェ サ 起 退
ク 安 災 だ ひ お ン で ど 合 ト ス ホ ン だ ぼ で
じ リ 芸 て 無 い セ ど 画 と 重 芸 化 ス を 好 動
調 不 ニ ノ 専 し ト 登 場 ト 選 資 サ だ ク 奇 暫
査 規 則 な の ぎ 重 選 ス 再 資 能 好 奇 ニ 心 砂
海 っ 論 ト せ 再 出 芸 自 有 源 自 ム 開 旺 会
で 画 ょ ス 権 エ 狙 選 ラ 罪 由 ラ に 話 盛 意
テ 写 て ティ 再 イ ホ 場 合 と 狙 合 なっ 方 室 く 金
ド ク ブ ッ エ ネ ク っ ハ っ 写 じゃ ス お
そ ら す カ 論 京 サ ス ぎ 私 て 化 登 で ニ
解 ヌ 摘 つ は ぽ ニ ぐ 合 ヌ 芸 やれ 無 じ 登
覧 ル ひ 方 、 ニ
ト ひ 方 、

ワードリスト (Puzzle 227)

- そらす
- おいしい
- 専門の
- 調査
- フェンスを
- 不規則な
- 好奇心旺盛
- 資源
- ネイティブ
- 有罪
- となっ
- しようと
- 幸せ
- 起動
- 、実際に
- スティックは、
- なっ
- ベイ
- 火災
- 自由

Puzzle 228

論 ネ オ や 意 論 ぎ 通 登 エ 科 ぎ ぐ 加 愛 側 ひ
平 ク ー ぎ で や ふ つ 環 学 進 私 話 ぎ 合 精
野 タ プ 妊 ド ひ ヌ る 境 者 暫 リ ラ む 社 せ
リ イ ナ 報 っ ひ 報 弱 ク ヌ 応 ソ 狙 ざ ヌ 写
っ ラ ー ざ じ 報 ヌ 芸 覧 化 登 結 知 ぎ や
ぽ ー ざ ッ 辞 画 暫 側 ぎ お ソ ノ ド ら ぽ 何
ぎ ざ 側 る 報 王 会 ニ ノ 京 ー ト 投 ゅ ま 需
エ ら 嶋 ス 重 冠 同 ー 人 は 計 算 テ ッ だ 要
阪 ぎ ニ ク の ぎ 辞 個 場 テ 然 ス ソ 第 を
登 応 会 ニ ホ ぽ レ 場 ふ ホ ッ 投 十 能 チ
だ 囚 会 側 出 ょ 重 阪 ま ッ ト ソ 乏 写
ヌ ょ 開 私 ヒ 報 チ ヌ 無 ト 登 然 べ 論
結 ラ 写 ド 回 避 し ン ヌ ヒ く 暫 京 し 方 お
所 合 ラ ラ キ ャ ン 本 デ 社 応 室 攻 で
も ま 金 ブ ら ぐ 犯 罪 だ ィ 然 ぽ 歩 会 撃 ょ 芸

ワードリスト (Puzzle 228)

- ノート
- 犯罪
- 知ら
- リラックス
- ネクタイ
- 第十
- 個人は
- 攻撃
- オープナー
- 科学者
- 環境
- 平野
- 同一
- ホット
- ドライブ
- キャンディ
- 回避する
- 王冠の
- 需要を
- 計算

Puzzle 229

```
伴 ま ノ ニ 愚 ヘ ジ 通 穏 何 然 る 室 ト 選 ゃ 私
モ う 出 然 や 覧 注 や か む 方 ヌ 室 ッ 進 く 暫
ぎ ぼ 選 コ や 進 つ な 辞 か 京 進 ベ 歩 れ 応 覧
赤 選 セ や ま 社 話 だ 能 に 安 私 画 結 て 私 個
ち セ ー 精 場 応 ま 無 阪 品 登 妊 多 応 む 読 人
ゃ ひ ゴ タ ー ス マ 品 質 報 ド ニ 応 で 投 話 本
ん 能 ス ト 選 レ 摘 ト 愛 化 方 選 通 ぎ の ハ 的
の セ エ ピ ン 何 側 おめでとう 化 ン 投 通 場 ト 経 ッ に
愛 進 ニ コ 通 方 ふ 化 然 報 六 路 チ 応
芸 れ モ ヌ 開 重 論 再 画 通 報 砂 摘 ひ 阪 れ へ
京 私 ソ 多 選 然 阪 権 芸 登 ひ 阪 ぽ っ ニ カ ぎ
退 応 サ 選 初 意 最 ソ ぶ 結 ア セ ド
ソ 多 選 愛 無 リ ニ
選 レ 阪 画 通 権 芸 登 ひ 阪 ぽ っ ニ カ ド セ 結
```

マスター
品質
ゴースト
選ぶ
伴う
ヘッジ
第六
タレント
赤ちゃんの
個人的に
注ぐ
おめでとう
の経路
穏やかに
ヘア
コンピュータ
撤回
トップ
愚かな
最初の

Puzzle 230

後で
動機の
バルーン
劇場は
実証
メジャー
連絡先
心臓
告白を
役員の
習慣
ほとんど
一般的な
カワウソ
貴族の
購入
スペース
ウエスタン
全体
は決して

```
トレ出トメ妊加ニヌぽだざ芸能だ多バ
ー般的なジるコ話話重後結妊何ル
むだ狙退ャ辞然愛出故カでハ百ろ私ー
せぼハ場ー育コ向故トヱ再百だむタ
ニ加歩カじて場能登ニ嶋百権貴ス
嶋購入トで場ニ読モ嶋だ側族エ
連絡先愛くざ覧京弱写のウ
チハょソ所せ社方劇画安ヰ
ルハ登動ど心臓ホ会場告役精ぎ
せ海精機阪全体社し習摘員圧無
ぎワ摘の化ほ投ま慣室のや再
スウ応ト通とひ辞報結所
ペソ化実でんど安辞コ育場て
ー無実証っぼ何場百辞安報お
ス応芸証摘ふ百辞安通場退や
```

Puzzle 231

```
重 ヌ ニ 世 所 場 開 精 つ デ コ れ ろ 読 囚 百 化 然 よ 恵 だ
べ 再 応 界 結 む お モ た ミ む ま 無 応 知 投 結 論 の プ ッ
道 室 海 ズ の 連 察 巧 カ 画 阪 砂 会 芸 だ 出 の ヮ マ 解 海
室 を 百 社 ま だ 観 妙 シ ン ッ メ 暫 砂 圧 ノ て 向 重 ヤ 狙
阪 る ろ 加 権 故 出 化 進 ョ セ ン 能 海 栄 や り 問 だ 安 ま
多 社 嶋 モ 必 ト 何 し あ ョ ン ヒ 能 栄 素 暫 重 ソ 再 セ
ル 芸 む 故 要 パ ト ヌ り ま ソ モ 金 ひ 重 だ ぐ 安 狙
タ イ ル ト ヌ 百 精 妊 セ 能 チ ヒ 京 ル だ る 再 通 ま
せ 化 話 つ ク ヌ 報 妊 ソ モ ニ 砂 氷 ざ 何 側 投 セ
ヒ 所 写 化 リ 場 所 海 二 進 ツ 方 京 の 多 工 側 投
無 保 登 安 場 圧 多 無 進 砂 ヒ 金 氷 方 多 エ
権 ち ク 弱 む ツ 暫 ル 進 ツ ク 京 ざ 何 通
増 ま ラ 阪 合 開 ど 歩 ぐ ク 京 の 多 エ
殖 す ん ぎ
```

世界
巧妙な
観察し
道を
タイトル
問う
の連続した
保ちます
栄養素
ディスカッション
パターン
ズボン
マップの
氷の
海岸
必要があります
コミットメント
知恵
結論の
増殖

Puzzle 232

医学
ハイライト
、風の
砂の城は、
国際
生物学
スケジュール
それぞれ
デリケートな
システム
モック
、投資
面白い
遠い
検査
中程度の
離れ
動物、
水牛の
サル

```
阪 向 ス で ツ 阪 て も や 圧 ヌ ハ イ ラ イ ト 歩 無 解
応 っ ひ 解 化 れ 登 所 ょ 応 再 砂 海 チ 程 せ 妊 ょ
シ る 応 ゅ 動 ゅ 京 写 退 覧 ノ の 度 サ 中 だ コ チ
ス き 圧 学 物 生 何 方 つ 、 ろ ク 側 城 ど テ ス ょ エ テ
テ 進 ク 医 、 重 て ク モ 投 資 は ル 歩 ヌ 権 だ
ム デ ル 読 れ ハ ス 弱 っ ク 二 、 解 意 摘 ニ 覧
デ 出 京 リ な ト 論 風 ク ホ 安 読 ょ ヌ ぎ 社 む
リ ん 進 ュ 合 暫 の ッ っ っ じ や 嶋 進 育 二
退 安 覧 面 ジ 化 故 通 退 ソ 写 ハ ぐ 離 検 む
暫 ぞ 応 白 ケ ょ ス 多 京 だ ぐ し れ 査 論
ク れ ぞ い 遠 加 レ 砂 向 本 水 私 論 っ
そ ヒ れ 狙 ざ 妊 場 ス ノ 暫 牛 意 覧 安
れ モ ト っ 開 国 ひ ッ ぽ エ の す る
だ 狙 チ 阪 ス 摘 際 ノ ツ 意 化
て む チ 解 つ ッ ス る
ぎ
```

Puzzle 233

```
ド し に 危 険 な モ ホ む リ 賢 る ニ 何 論 合 進
画 も 方 投 テ ひ モ ニ て 方 ホ 応 明 会 開 本 歩 狙
ス 砂 弱 ど 応 化 辞 ま 嶋 く 撮 摘 ま な ざ へ ド い ひ
ひ 登 芸 結 ト 圧 再 摘 ホ 因 影 つ 会 も ヘ エ ハ と ぽ
ニ 能 べ 、 ッ 海 育 報 洪 水 だ 進 暫 海 チ 合 金 考 ク 砂
論 っ ひ っ 向 ド し て の 動 辛 子 圧 進 嶋 え ひ で 応
ク だ ひ 話 歩 フ の き 摘 で 故 ヱ を 開 海 き て 応 妊 ド
ル 育 乏 重 ス ェ フ 圧 然 故 サ ク 乗 の じ い 無 し 地 を
場 ょ 重 キ ヌ チ お 開 乏 覧 画 お 写 論 ラ ジ 覧 画 合 を
応 ひ 力 本 ヌ ち ゃ ぽ ホ も ホ 安 写 論 せ 画 能 再 貧
室 ょ ハ ソ 画 報 海 っ 登 金 エ ン ド ウ ト せ 思 嶋 コ 育 だ 再
```

Puzzle 234

```
予 想 狙 ゃ 持 摘 ソ ゃ ぎ レ や ろ 多 ノ し お ぼ
摘 方 ツ ん け っ せ 砂 場 ポ ひ 室 論 っ 応 デ 歩 加
バ ッ タ の ド 化 て だ ペ ク 手 続 の ュ 応 ィ ょ テ 砂 ぎ
グ る 退 ク ッ ノ 写 い テ ホ 辞 べ 私 登 ー む ぎ
乏 ラ 海 イ 覧 ヌ 会 側 は も ぎ 進 京 応 結 コ 再 だ
結 摘 フ バ ヒ ひ 圧 乏 っ ろ じ 会 社 ひ 海 本
加 京 る 加 乏 覧 海 権 出 ぎ ク を 所 通 何 合 育 故
ょ と 乏 場 読 驚 異 ニ だ ル 越 圧 か 輸 能 精
ゅ 呼 場 選 機 百 ゅ テ 精 読 鍬 を 育 写 送 や 京 ッ
権 ば ゃ ド 通 能 歩 ニ 辞 読 合 方 権 ヌ だ ょ ひ
意 れ 開 精 く は サ テ 精 歩 ス や き 海 ぐ や 合
故 る ス ふ れ 話 ジ 、 登 ぽ 加 金 海 再 だ 本
二 弱 向 っ 再 む ケ ロ 狙 ル ル 加 海 読 再 合 育 精
通 会 権 選 も ホ ー ジ ロ カ ニ ク 読 再 合 だ ょ ッ
ぐ っ ク ょ 通 も 芸 阪 ロ カ ニ ク 読 合 だ ひ
```

Puzzle 235

ブ む 出 嶋 精 結 き む ひ レ 通 セ ル 尊 重 吸 品
む ル る 論 ニ ス テ ー ト メ ン ト じ 汚 百 血 揃
ド ひ ー 安 京 し ノ ヒ 能 だ 阪 せ れ ル 鬼 お え
本 弱 ぼ 暫 じ 辞 だ 百 権 妊 せ れ を れ 権 や 再
二 摘 辞 化 向 育 む 私 芸 愛 ソ 雪 育 の ホ 登 意
論 報 ヌ 辞 向 社 方 芸 愛 故 距 育 べ ニ 投 ク 見
ぐ 海 ま ひ 結 く ま エ 故 不 離 速 い ト レ 本 の
側 読 ト 結 ま 独 立 不 進 可 育 解 ひ 百 ヌ コ お
タ マ ネ ギ は 、 独 立 進 可 視 ひ 百 ヌ 囚 場 ニ 日
ツ 退 無 報 ま ツ 突 進 視 解 ひ 百 ヌ 向 場 進 曜 お
ぎ 暫 ひ ぼ チ ト 突 風 解 の っ 選 覧 ベ 向 ノ 通
れ ノ チ 圧 試 行 ぽ 百 化 選 用 覧 投 場 ゅ で
ソ 砂 阪 れ じ 嶋 投 化 ひ て 語 読 嶋 育 ひ
辞 化 ラ ニ 能 ぼ 天 ひ て 気 集 芸 投 圧
っ 加 テ だ ざ ま ま 気 つ

Word list:

突風
パフィン
速い
用語集
試行
不可視の
タマネギは、
雪の
吸血鬼
クレス
汚れを
天気
尊重
距離
ブルー
意見の
ステートメント
品揃え
日曜日
独立

Puzzle 236

サ 能 ヌ 写 む 歩 プ ク レ る ツ 奪 場 む ソ 歩 ル
カ 削 フ リ ッ パ ー 再 解 安 っ 画 く も 発 言
バ 除 辞 私 ク ぎ テ ふ 歩 や 暫 阪 エ 通 ノ ツ ん 多
向 モ ト 故 登 何 権 や セ 話 自 会 二 世 を 京 応 結 ク
お な じ み べ 通 ソ せ ま 読 能 転 ホ モ 通 ス ペ 婚 ル
暫 画 読 で ぼ む っ 精 ま 所 百 車 き の ス ペ を 京 論
弱 読 ラ ど む ニ れ ス ヌ 叫 社 読 選 き 金 ブ 能 ん
ク 室 登 安 ス れ っ ぐ あ ん 海 や ま 乏 を ル ー 然 結
重 エ 論 ホ く 重 意 私 り ラ だ 退 き 嶋 タ ヌ 婚
写 答 態 度 投 る 室 ま ク モ 応 、 グ ス 海 京
場 せ じ コ だ 砂 愛 ヌ せ ダ ぎ 所 ノ レ 登 ィ 通
辞 選 カ は ヱ 弱 乏 会 ん 阪 で 解 ソ ヌ 結 デ
育 カ 側 辞 ベ 話 退 合 弱 法 の 除 だ 嶋 海 セ
ハ 会 ま 報 ヱ レ 合 報 て だ い カ 結 通
場 室 ぎ

Word list:

削除
結婚
スペル
おなじみ
、グレー
カバ
フリッパー
テープ
ラクダ
発言
奪う
叫んだ
態度
自転車の
法の
治世を
答えは
ディスターブを
除い
申し訳ありません

ヌカ重リょだモ精投私おれサ弱ニひ無歩セ
ニッスリっ能れ意む阪っ加通金ヒ再狙多チ
乏プ安ラバ手配読私ノテ海圧ラろレろひて
私ケライ廃ッ向本話ヌ狙通論ざカヱ進アド
愛ーキブ液トキ話ヌどキ再ざ然通金囚進べ
妊出話ラ証キ砂などっンスヌやニニしま再
無乏ゲ歩拠辞小さヒ空レだソふホ選ハ会権
進ラ場ー通はな好ヌはふヒホわわニ員方で
れ芸側トまのサ阪空だソツの委ょ暫る
ヒラぽ絶滅糖、のサイクルのチぼしハ
ふ多まだ進ま論出阪ヒ京ッれ員暫で
ラリ芸出通ひ向摘病だ化お解ぼじだ
トレ側しゅ論向囚モひひ開登再る
レ削りスント開暫ツれ再ニょぎだ

ひカコ百ょ退法精退金ぎカべむ辞精ひ
うち何進レレ的欺く開ぽニ開金ひ写読
エちぎコ私社にはしぎ故計画狙登れる
クチコ進側ど感セで暫権ひリ存安ツ重
シャンプー意能加着通モ依れ何重会
何無何意やヌぎ用覧暫再モ精歩阪狙
ざも合ツどいワぼ愛画写本読社まだ
だ再じひ乏加エ病退結こょまん圧進
ス覧おっ側百一室返れニ退ひ圧進む
美だ摘私登割室圧だ化にょ応ぎモ
無論社社コひ割だ砂まク故登エソ
ス弱っ投ヌ海込開京退妊進む
通退金ま弱何み科馬や吸登
ルで所私方だ無ラ狙歩育収もモエ

Puzzle 239

```
暫 ふ ド 圧 重 報 ヒ ど 場 エ ぐ レ 多 嶋 愛 ぼ 囚 開 ヌ 解 で ト
じ 無 ノ ラ だ ゃ 私 合 側 む 暫 ル ざ ゃ 本 だ ぎ 無 け 故 ル ど
芸 ぐ し ん 読 精 ト 場 話 リ 方 子 供 た は 進 個 別 親 愛 京 百
ク ノ ツ 精 加 モ ラ ブ レ 愛 ふ ス ニ ド 金 テ 登 育 進 ひ モ 乏
ゃ 暴 力 ぽ デ チ ソ チ ベ ニ 会 ろ や 別 愛 な シェル 弱
化 力 っ き デ 鳥 ィ 金 本 解 出 テ ル ぎ 育 登 ひ モ 進 応 ま ト
方 っ ま 画 暫 せ 社 の ス ヌ 加 相 互 作 用 進 何 だ ひ ま ト 歩
結 ま く 妊 埃 ひ 覧 社 ヌ 持 加 二 タ ッ ペ ー カ ス 妊 余 り が
せ く 退 側 結 てっ 重 ぽ 二 何 い な び 無 辞 叫 ブ ツ 故 を れ 化
私 退 側 結 意 京 重 ト 本 モ ゅ ふ 嶋 辞 叫 モ る 論 辞 ス 話 圧
歯 側 埃 覧 ヌ 持 相 互 カ ス 論 妊 れ 論 余 り 百 圧 出 愛
磨 結 意 重 何 い は ぎ ブ ツ 故 を 化 れ サ ょ 所
き 論 京 ト 本 モ ゅ び 無 写 海 論 辞 ス 話 圧
粉 の ん だ ボ ふ 嶋 辞 叫 モ る 論 辞 ス 話 圧
```

ボート
暴力
持って
カーペット
個別の
海を
スツール
子供たちは
ブレンド
相互作用
だけで
ではない
歯磨き粉の
叫びは、
鳥の
親愛なる
埃っぽい
シェル
余りが
ディスターブを

Puzzle 240

演奏
オープン
売り手
雄鶏の
まだ
期待
ビジョン
ウェイク
雑誌の
お菓子を
フラグメント
ワイン
エクスプレス
発音を
全員の
複雑な
専門の
カワウソ
道を
バイクの

```
フ ラ グ メ ン ト ぐ る 意 能 精 道 全 故 ま 囚 リ
ト ニ 狙 ヌ だ ヌ ゅ 通 れ ょ ひ を 員 投 私 狙 ぐ
開 く ひ テ ん カ モ れ ヱ セ を 子 の 鶏 雄 れ ん 暫 ん
会 多 ス だ 砂 化 ル 故 圧 ふ 菓 門 所 ぎ れ ま 辞 で
進 退 ざ ト 育 結 も ソ ツ 囚 お 専 覧 チ 所 レ く ひ
れ っ ノ ク 側 ニ オ ー 場 ス 加 ま 阪 ど 覧 で ク
ハ し 発 だ ス ゅ ツ レ ス ク ワ だ ス 圧 阪 ひ ク
妊 ド 覧 発 選 ス プ ン ワ エ イ ン る ソ 辞 会 ク 乏
バ イ の 音 む ス ト ど 精 向 ウ 画 ラ 圧 室 故
雑 ク を 精 ツ 結 愛 ニ ゅ ソ む 無 応 百
誌 の ビ ヌ さ れ 複 お ぐ む だ 圧 じ 結 覧
や 育 向 応 ど て 雑 論 権 ょ お 通 ツ ス
チ ひ 重 ジ ぎ ん な れ も お ノ 論 乏 期 ド
弱 ょ 演 狙 開 ン り 手 重 側 阪 側 方 待 育
登 囚 カ 京 奏 売 ノ じ 阪 報 覧 ぎ 進 出 阪
登 方 場 ヌ ト じ 報 覧 ぎ も 育
ウ ェ イ ク 多 ヌ ト ノ
```

だ 話 報 重 ピ ト ょ き 囚 砂 ヌ き ま カ ー っ 京
ハ 化 ス ヌ ー バ 結 ぼ ひ 愛 ツ 画 画 般 野 生 じ
私 ヱ き ひ マ ス 室 の ゃ ハ ク リ ー ン 的 ホ 家
金 百 主 的 な ッ ト の ャ ヱ チ マ 無 ル 阪 ド 具
ざ 民 狙 ろ も ト す る て っ も 人 間 一 ワ 中 へ
ス 暫 能 社 方 向 何 の エ セ ツ 弱 側 合 だ 央 の
ん ふ リ ひ 京 再 化 の で ひ 百 安 京 ぽ 精 室 話
せ ツ 合 ッ 論 嶋 ひ 結 ん く 安 乏 ノ 妊 歩 だ べ
る ざ 意 囚 プ ヌ 化 結 ク 京 だ っ 所 然 狙 ふ す
み な エ ト っ 画 レ ト 化 京 社 無 ト 方 進 ょ 辞
べ な 選 べ ス 囚 ト 話 社 く 会 弱 チ セ 合 ホ ゅ
本 暫 さ 海 っ 開 悲 し い リ 場 本 だ 重 百 ニ 読
ハ ぎ ょ ん ょ 本 リ ク 場 く 本 だ ふ ク 登 ん ハ
ス 論 海 投 つ ス 再 弱 ト ふ ク 登 観 点 レ タ ー

みなさん
クリーン
悲しい
レター
人間
への
ハンマー
のプロセスの
、すべての
ストリップ
家具
民主的な
中央
ピーマン
観点
バスケット
野生
そらす
一般的な
ワールド

きれいを
調べる
ルール
スポーツは、
アイ
ネットワーク
、公共
のウェット
忙しい
部分の
緩い
論文の
屋外で
呼吸
緑、
支配的な
カスタム
豊かな
奇妙な
遠い

ぽ 狙 し 側 屋 歩 社 豊 京 辞 何 ル れ 方 乏 、
ょ い ス 暫 外 安 っ か む 、 は ツ ー ポ ス 公
遠 ぼ カ ュ ニ で 話 な コ 本 ー ル ひ で 共
報 阪 ス 緩 登 だ 然 ぐ リ 退 本 海 ゅ だ 育
本 覧 ラ を き 無 ア コ ネ 進 ニ 京 忙 多 ヌ
摘 育 タ ス ひ 安 イ ッ ぎ 本 ル 百 し 場 所
し カ ム 愛 登 ぽ テ 出 じ 嶋 む 嶋 い 登 多
所 解 る 進 報 応 ヌ お 芸 レ リ ー 選 ト 百
覧 進 だ 再 ス ス 加 報 ぎ ワ 弱 方 呼 吸
室 カ 解 れ ろ 奇 む 砂 配 ぼ ホ 写 ハ ホ
通 応 百 リ 芸 妙 摘 阪 支 退 重 海 べ る
論 社 方 だ く ゃ れ 的 通 ク 愛 ヱ 権 嶋
文 阪 何 本 登 社 な ま き ふ ヱ 合 投 き
の 分 部 ひ の ウェット 阪 す ぼ カ 側 る ハ
れ チ 応 ホ れ ト ぼ 開 場 じ 能 解 ひ 力 側

Puzzle 243

```
テ 狙 囚 安 キ 横 歯 磨 き 粉 多 カ カ 嶋 無 ル マ
ニ ク モ ヱ ュ 覧 に 所 退 乏 応 ニ 化 投 愛 ス カ
コ 圧 や 通 ー 誰 っ 振 だ 応 ク 出 会 京 選 む ー
ポ 辞 多 場 ピ か 応 ど り 投 出 テ 金 会 ざ 場 ぎ
ー ク 化 ッ ド ル ム ー ン セ ト ソ ク ニ 乏 ぎ ソ
タ 結 ふ 摘 ハ グ マ も 育 選 ま 歩 覧 モ 血 液 応
ブ 砂 結 海 ィ ツ 室 べ 選 た 摘 し 解 阪 方 れ 故
ル セ 辞 ゃ 画 乏 重 通 社 読 意 が レ 金 多 ス 二
多 故 つ つ 砂 海 ま モ っ 育 能 会 の 退 ス 歩 向
ん ヒ だ 砂 報 ま 識 チ 場 砂 ピ 先 ア 画 何 じ や
む 進 冷 ノ や 狙 力 別 場 登 す ス ャ レ ル じ り
る 報 歩 地 域 モ る カ き ま 結 論 写 読 お ざ 開
退 シ ー ズ ン モ ホ ツ る カ ん 画 弱 ん 画 弱 育
シ ー ズ ン ま ト る 海 話 弱 ん 画 弱 育 ト 論 つ
ま ト る 海 話 弱 ん 画 弱 育 ト 論 つ ぐ 開 や っ
```

先のとがった
スタッフ
女王の
シーズン
誰かの
マーカー
ピル
識別する
アリ
血液
ポータブル
マグ
キューピッド
冷たい
歯磨き粉
ウィグルの
ムーン
横に振りました
地域
モック

Puzzle 244

ゴール
信号
今日の
明確な
ガソリン
調査の
誤差
シャワー
のような
アクティビティの
トウモロコシの
休憩
ダイビング
てしまった
ミトン
ファーム
した後
技術
ほとんど
カバ

```
じ も フ ァ リ じ 解 無 通 ヌ 権 読 所 っ 解 結 退
話 だ ァ ク 応 ノ 暫 ぽ て 京 れ だ 嶋 だ 写 ル ラ
故 論 ー テ ノ ざ 休 ノ ク っ 摘 だ だ 結 セ 乏
権 ク ム ィ ス 明 憩 海 ぽ ひ 解 重 む ひ ゅ 無
ニ 狙 故 ビ ろ 確 所 だ だ ぽ 重 化 阪 べ 海
テ 場 テ テ ま な 意 辞 し っ だ 解 ト 投 報 モ サ
話 投 ホ ィ 意 論 の ガ ソ リ 投 テ 投 ク ど 京 の
じ て れ し の 査 調 カ バ 方 ぽ ウ ま べ 本 よ
て ス し 通 出 日 の 摘 論 砂 モ ん ふ 芸 う
誤 差 れ ま 妊 選 狙 で 囚 暫 グ ロ る お ラ な
報 安 歩 っ シ ぐ 出 ミ ン コ お 意 百 精
弱 サ ょ 後 た シ ゃ っ サ ビ シ 私 出 れ
選 だ 技 も ヌ し つ 砂 ワ ル ド の 登 退 ゃ
摘 海 術 海 だ ま 精 狙 場 ー ダ ゴ 登 所 や
ほ と ん ど 信 号 結 ろ ク ぽ ん 進 側 報 開 所
```

Puzzle 245

ょ ヒ 読 じ 写 エ 無 分 じ 論 開 ヌ レ 何 だ 彼 精
百 芸 み ド 卜 し ル 子 ホ 卜 れ ポ イ ょ 狙 女 危
卜 取 囚 も ハ 場 の じ 故 ニ ホ ー 暫 ボ 登 カ 機
妊 記 り ぎ ス ぐ 狙 本 安 通 退 側 せ ウ 論 海 海
ま 念 応 っ む 何 に く ポ 芸 ニ ー 歩 登 投 場 京
ル 圧 場 明 ら 室 る ど せ 話 契 卜 ぼ 場 ニ 場 合
阪 退 応 チ 安 相 ぐ 写 ベ は 嶋 約 せ 歩 嶋 歩 カ
写 ぎ ざ ル 化 報 ニ オ ク ヌ 医 ニ ヒ ど 囚
百 ふ ス ニ 精 二 オ ホ 百 私 科 ろ 友 阪
愛 ノ ッ ド 場 本 モ プ 囚 歯 実 ょ 人 海
ノ ゅ の い れ 阪 だ ソ ショ 行 ざ 同 が じ
ニ ま 通 サ 卜 読 方 ヌ 向 歩 に じ ょ
ぼ サ 弱 辞 も 安 報 卜 暫 ふ ぽ だ
所 登 ド ツ 化 妊 会 エ 覧 側 登 ノ
や セ ホ 歩 き チ 私 エ ぐ っ だ 覧 側 登

歯科医は
オプション
分子の
相手
明らかに
カウボーイ
危機
歩行
記念
同じ
のいずれか
ベビー
契約
実行に
読み取り
レポート
友人が
サイト
彼女
レポートは、

Puzzle 246

る 安 卜 だ 暫 摘 精 ま 故 だ で ヒ 海 民 俗 ラ 権
計 覧 報 つ リ ぼ 開 写 ボ 育 ミ ひ 社 覧 ぎ
画 ゃ 育 エ 能 百 ヌ も ー で ラ 進 ド く 辞
ク リ ス マ ス の 送 ぽ ボ ひ 解 二 サ 解
カ カ せ 話 何 暫 信 ふ 結 安 加 ざ ソ く 精
ピ ン ま 妊 二 進 結 む 故 き 育 っ ょ 多
何 か ふ ん 弱 べ ふ 話 登 育 芸 や 本 合
何 故 カ 読 覧 っ て ク ポ お 芸 ゆ 圧 乏
れ ざ 重 ん リ 方 読 解 通 ぽ ゅ 百 通 ヌ
出 登 ス れ 登 権 読 ス ひ 多 愛 故 報 っ
卜 金 弱 合 乏 画 登 阪 室 情 の 側 ス 阪
育 ツ ひ 鋭 し る 支 バ ヌ 圧 砂 再 リ 摘
ノ 方 投 ニ い 囚 障 援 ャ カ 私 選 答 論
所 本 ん テ 場 害 正 ン 視 だ 答 え く
安 ふ 弱 盗 ん レ 投 に 目 が 覚 め た は じ

クリスマスの
目が覚めた
ボード
送信
正式に
民俗
鋭い
支援
視力
バンを
ポケット
ピン
ミラー
障害
盗ん
愛情の
量の
何か
答えは
計画

Puzzle 247

再砂京て百嶋だ、場選安レ場話トつ私せ囚
向ホるっ何だパ意のほ化意能解ひ　　　山や登
与ニ芸育だスほ登つ選べトっ検ざソ弱ニ
意え進加ぎフノ金迅選ぎ方重権場れきヌノ本然
も室れつ登ラ結弱賢ングっサングラスコ論画ひ合
室故トニ任るイ金ろ明トカヌ、百退
嶋ひっ責海だ何近進ひ金賢ラスコッと圧百私
じ再だツ愛コ狙のひ狙進明全なと選応
合エ出愛コセ狙ニでょ化知会れ
写ニの社患スきたきムの通知れ
両方写ャ進者ヌトラ無きき歩場
本ノ百進化だっ場辞ラ解の歩んん場れ

単語リスト

コストの
のほか
フライ
ものの
、山
サングラス
両方の
通知
カット
きちんと
検索が
責任ある
与えられた
、完全な
迅速
、パスの
近い
患者
種類の
賢明な

Puzzle 248

単語リスト

重い
許し
ブルーベル
腐っ
完璧
発見
朝の
語彙
引用
、特定の
薬物
に静かで
二回
月曜日
ビタミン
趣味
批判を
勇敢な
劇場は
雪の

京むんド重て乏ノチ解何っ金もヒぎ出
化ぎ芸場ぎい加方摘ニ暫権で登金だ然
まタ狙退トざ投選能ん故だッ側だっ嶋璧
ビ歩タミ月何敢セ投ヒに静だふレ出私完話ホ
じ投百解曜日応権静なろふ化ド重完能ぎ
し投ブルーベル応引ソ私故か化ヌ朝摘覧二璧
ブ解阪室社方ノ劇ろ方写のヌ選ニ選海
弱解判を摘もス引ょ嶋場ヌコ雪ぎ海向
批判ふチ摘しど百すぎ趣歩サ応薬ッとざ向よ写
ふチク進ヱすル趣味重ホ安だ物ょ金所ヌ
れエヱ発発見二投重サ方ラ開百論の
ヱ語ひ腐腐見応二ェ狙海ひだ本報ょ特定
語場彙っスやびひ辞権向選ヲてる化重、の

Puzzle 249

辞 だ 重 ク ゅ 安 コ 金 ト 本 べ 貧 カ 砂 加 犬 多
意 暫 ひ 覧 ト 結 私 乏 ヌ 場 ー 読 し 細 か 向 尊 量 応
ト 社 ろ ト ホ 化 や 嶋 ざ 方 む ラ 出 然 解 応 会 重
ー ィ ざ 満 モ 月 は 、 販 売 だ れ 論 ひ 平 方 加 ふ
フ ェ ン 無 ざ て ラ 側 だ 本 ヌ 室 登 正 を 通 ッ ト
ン ス を ヌ ド 囚 投 ゃ 乏 愛 本 カ ー ル 合 育 退 ぎ
選 合 育 登 退 ぎ

フィート
満月は、
クモ
重量
販売
細かい
平和的な
カール
正を
マネー
同様の
ベル
ベース
犬の
自主的な
投票
フェンスを
貧しい
と呼ばれる
尊重

Puzzle 250

飛行
小麦粉の
道徳的な
フィクション
フロント
北極
偉業の
延期
笑い
最良
思い出さ
アタック
何でも
ボクシング
ビュー
キリン
結果
コレクト
連絡先
欺く

ゅ ソ 所 画 サ 読 偉 フ ま っ 場 辞 つ べ れ 金 コ
延 ボ ク シ ン グ 業 ニ や 欺 ノ 道 徳 的 な レ ク
期 無 摘 進 場 合 の ィ ぎ ビ ク ト ょ 多 ニ ク ト ょ
ニ 登 本 ぽ フ ゅ 登 弱 お ッ シ 狙 思 百 む ラ 囚
登 合 選 場 ロ 方 京 ヌ 囚 育 愛 ュ い 笑 く 極 ニ
嶋 連 絡 先 ン ろ せ 嶋 画 タ 場 ー 出 開 報 リ 何
ソ 嶋 歩 ニ ト ざ 私 せ ま ア 進 ン さ 歩 エ 乏 せ
ゅ カ ヌ 最 社 ょ ニ ク ひ や 方 キ ぐ 多 ク 狙 暫
何 で も 良 結 果 育 つ 意 や 加 ょ り ぎ 覧 ラ 安
京 エ っ ヱ て 芸 弱 報 ひ 圧 り 権 北 ベ ど
側 ッ ん ス む 進 故 せ て 加 ル れ 百 カ 辞
摘 せ 退 無 ど 私 し 小 麦 粉 ヌ ニ 応 本
摘 解 金 芸 飛 や 結 嶋 本 き 出 芸 ふ
場 妊 ヌ 写 行 化 狙 ラ 加 ハ 権 カ
ヱ ヱ 画 つ 投 話 選 ヌ 所 報

Puzzle 251

```
愛 カ 故 ぼ ド レ 辞 開 ょ 精 ク 海 ぐ 応 登 退 真 似 モ ひ
応 ハ ノ し 覧 意 ぐ 何 側 だ コ お ろ だ ニ 暫 再 し 登 三
画 ノ 然 辞 合 ス ポ コ 側 登 写 応 百 か ろ 然 し 精 電 阪
ノ 然 辞 故 だ ー ン ー シ 摘 出 睡 眠 阪 ハ り 能 意 ふ 話
側 圧 お れ ッ 圧 リ ス の 暫 食 べ る ド ュ 育 選 じ お 読
っ 圧 コ ぐ 本 圧 ス 料 無 チ ん 場 登 エ 戦 故 加 れ 多 だ
れ お し 自 論 応 ん 然 重 登 ぼ 写 ド ぼ 向 私 歩 ケ っ 摘
お コ 開 動 車 ラ ニ 弱 妊 セ ッ 略 ヒ れ し 応 一 本 シ 解
阪 通 退 化 の 百 ニ ふ 論 合 カ 精 エ サ ッ ラ 応 ク ッ ラ
通 論 化 囚 百 弱 ふ ぼ 論 合 カ 金 に 乏 ク 一 で 交 ラ イ
ぽ ニ 囚 ッ ひ ど い 合 ぐ ヱ セ 結 所 結 ろ 加 通 だ 覧 ふ
っ カ ひ ど 弱 ふ ぐ 芸 ク ヱ ぼ ろ ー に ク 乏 ダ 覧 権 ス
圧 ひ 嶋 い 合 ヱ ぎ ぐ 結 所 結 ろ 加 通 だ 覧 権 金
ク 嶋 モ 合 場 ぼ ヱ
進 ソ しぎ
```

戦略
ダーク
シーン
レスポンスの
真似
睡眠
無料の
プッシュ
カリブー
食べる
自動車の
ライラック
ケフィア
サッカーに
かなり
三角
電話
交渉
ネクタイ
ひどい

Puzzle 252

病気の
軍事
イチゴの
布の
色の
行為のラジオ
損失
定義
コース
常駐を
投げ縄
製品の
もつれ
尋ね
、年齢・
鉛筆の
侵略
故郷
ライオンの

```
育 れ 軍 事 出 ド 侵 略 だ で 狙 ヌ 摘 京 セ 重 ク
鉛 筆 の ふ リ も 読 ま ゃ 方 り っ き 化 つ 本 ざ
ニ ん リ 砂 再 ひ 常 読 モ ト ク ひ ン 百 ラ 化 多
れ 選 歩 画 育 ぼ 駐 を ソ 場 病 芸 オ イ ト ラ 進
狙 チ イ 無 の 弱 を モ ッ 色 応 の ル む ぎ ト も
読 辞 ゅ コ び ス 暫 の せ 為 弱 ジ 結 く ぎ っ
応 画 進 ー ざ 金 再 く ょ 、 愛 行 ラ 嶋 登 く 加
覧 狙 ろ ス る 応 画 海 っ 製 故 ょ 狙 ま 暫
ひ ツ 育 っ 辞 ト 化 年 二 投 場 狙 品 ね ぽ ニ 写
狙 ひ 退 ま 合 ッ 然 齢 ぼ 二 写 の ト れ 投 ホ 通
せ ま 然 く 砂 ド ・ 故 定 報 セ 解 げ 損 読
ニ 囚 や 社 再 摘 応 狙 布 製 義 ゃ 芸 縄 画 失
進 ま る ハ 歩 れ 乏 辞 の 精 精 ハ 化 弱 も 読
登 ゅ 結 狙 れ っ ぎ れ む 通 二 テ ル ょ つ ぽ
```

Puzzle 253

く ふ ふ ケ 精 ゃ 仕 ひ 登 ニ 透 方 画 ま 重 会 意
本 ー ガ バ 熾 ハ 事 だ ホ 明 歩 覧 れ ヒ 室 乏
一 般 な コ 烈 な の を ぽ 含 セ も 私 ン ス ょ 所
カ 無 狙 ラ だ ろ 形 進 ま れ 動 き ト ビ 囚
場 狙 圧 ッ ぐ リ 無 お 正 ん っ か ッ を 退 写
解 セ シ 囚 方 ヒ ラ た し カ 場 圧
応 ソ 百 ュ 所 室 正 モ ス っ れ は 妊 ニ 覧 セ
っ 退 じ を し 囚 リ 入 改 ヌ ス カ
も 向 テ 登 芸 摘 遅 応 せ 力 革 乏 嶋 辞 出 テ ル
狙 読 モ 立 解 い 阪 し れ 意 に 通 リ ハ リ 写
ろ リ ス 派 ま 海 ホ 囚 の 阪 ぼ れ ど ス
退 ス リ 応 い 京 テ 応 改 ざ を 弱 精
故 ハ 地 安 ふ ニ モ 革 れ 登 意 サ
ク 地 応 摘 重 サ カ の 応 室 チ
ど ぎ 理 百 っ ぎ 金 本 妊 読 む 登 ハ 再 れ

サポートを
仕事を
ビット
改革の
たかっ
入力は
正方形の
熾烈なの
一般な
バレンタイン
セットを
ハンバーガー
遅い
立派
地理
透明
ラッシュを
含まれ
動きの
ケージ

Puzzle 254

噴水
痛い
キス
忠実な
ドレイク
ちょっと
の影が
減らす
傷ついた
シャウト
恐れ
生きて
、過去
緩やかな
家族
めったに
基本
ている
ノック
空は

ド 報 カ ス せ カ て ホ ま 登 傷 シ ノ 減 ら す で だ 暫 再 投 む 芸 解 ゃ 登 私
能 安 辞 場 エ ま ひ 砂 読 家 つ ャ ど ッ ニ 結 重 ス れ ス キ ヱ 歩
、 過 去 ざ ヌ 能 恐 れ 囚 族 い ウ 権 緩 ク 通 れ ふ 金 れ ス 論
権 チ 芸 ド ど お ん 私 生 た ト 登 や イ 登 ニ っ 再 私 加
ま ヒ ッ 安 ひ 二 精 重 だ ざ チ か ド 投 金 ス る
だ 精 応 ま く ゅ 所 選 だ ラ な る ス む れ 芸 れ
だ 能 ひ 所 歩 ル も お 妊 実 チ チ 百 っ ぼ ニ
く 意 投 ニ 出 ひ 摘 京 能 ヒ 忠 弱 ぼ 私 る き
能 ノ 方 覧 場 向 会 阪 場 精 ぼ 再 れ
愛 ヌ 育 し 重 論 辞 ノ ヒ 画 論 っ ニ 暫 め
圧 多 で 投 論 無 解 ざ 嶋 権 に 場 る 加
所 選 応 金 せ 弱 安 は ぼ 方 た 論
て い る の ク カ 基 空 嶋 サ 場 と
ぎ 痛 つ 二 影 ル 本 噴 ち ょ っ 暫 め
合 つ 向 狙 ハ 論 意 水 ま ル 百 加 き

Puzzle 255

```
多失チスソソ芸砂ょし辞でエ継重モ何妊
く望チィテトク応辞ん単続にミズネ乏精ド
の然妊加クだも、嶋ド重多覧サカナ社モニ
こクヌき百ヌふさ所私話だリナ解向ニこル
とせニ所然スょ選にそ退報安海っヱぼをス
をむ本おりモ何化何ぼ退読安海エ制こニイ
っ観察安ど写化歩む覧暫読場御ニス狙カ
ホ百話しテ嶋向何る、故だる拒否コこ権無
再愛ハれテまぼ市だりモ暫京画解意開っ辞
ト故私ヌだんきるお故カ読解意っコぎまの
町んべガラき市っしモ阪コ御ニすら乏
登むろ無所ぐる民カリれニスを狙
リ狙論れで写つしモ阪コこ御ニス狙ひ
何話っ芸乏進ヌて出囚再ぎク画権囚
ド話っ芸乏進ヌて出囚再ぎク画権囚ひ
```

巻き戻し
ティーチ
本棚
。この
スイカ
、市民
失望
カナリア
継続
町の
多くのことを
テロ
拒否
そり
ガラス
単に
、さらに
ハリネズミ
制御を
観察し

Puzzle 256

無意味な
しわの
粒子
後に
ペットの
カニ
生息地
ドリンク
旅行の
確かに
あたりの
があり
波の
特定
野球
個人は
リラックス
ゴースト
それぞれ
奪う

```
だだ加む阪安無き覧カ結ド個っく後ホ
ぐゴス芸あ話意画出ざ開リ人に話芸乏
登ースた故味応ニ意何ドかに阪はハ妊
ぎスハのりひなも囚意モ登覧確摘ルト
がヌトッ野のぬ報ざサ退ぐ出囚リリ旅
あ重ペ球歩で愛写ょっ読んる読論ヌエ行
り海嶋ラハで精ホ選テ粒子おラ子ト安の
チレ辞選リ息地スン登権向ラ阪弱わ
る重カ応だ辞通にどん育退権無く会し
だ海ニざ砂ト加安選百ひ向解投砂所
ヌチヌ写特定圧阪ぎエカセ解しっ弱会
場く権もノ何方何ノれひ選進むク
リモ京応波ルのぎ選社ホ社弱
再ニ京方圧妊波のれ金進社
ノ論二本ク波の金ホクク
```

Puzzle 257

犯罪ょ覆乏登合レ精応っ選ハ、後のそ
然ぎませっなラヒむヌ話協再進妊ひぼ
弱独立ヱ性を権加じ嶋進力し意能海ょす
温スろヱを通化だ出ひむ阪方選室ざノ
リ度縫ニょ会開向信ニ囚覧で画エッド
ひ私製も海リ始ろ頼や囚し精チンジモ
ハ合だ摘リふ信ド性チレ精ろもせサ愛
ノニルスタンド性のん妊ろトんぽクむ
ットスタンドもや妊結成ヒドモ再圧ノ
トベだぐーピ妊実成功ハ覧セトヒ金バ
むま本弱実チ結成ハムスター再圧ッタ
で出投コ際ンス功セトヒ再金狙ノッタ
ょ囚テ海に愛ハムスター側写化解っ狙化の
方ト進ひ愛妊ぎ本側写化解化ーひ安百

実際に
覆っ
協力します
スタンド
センチピード
もちろんの
のポーズ
温度
信頼性の
縫製
その後、
独立性を
成功
ハムスター
ノット
チャレンジ
なっ
犯罪
バッタの
開始

Puzzle 258

その
アンティーク
サービス
大型トラック
命を
許容
チューリップ
たい
キャビン
押下
収集
強い
ドラム
製造
乾燥
いった
プロジェクトは
絶対
証拠
着用し

モ大ニれ阪アプせ意しく妊応むクんま
場型故ヱ私ン登ロサ選モ能囚ノ進金ス
きト阪意側テだ進ジ愛キ権ろト金強い
押ラて対ィ故ェ妊辞応着ビ許容乏
下ックぎ絶会ホ再側辞用ハ金所ぐ方
つヌ報やど加クまだ阪故しは退許辞重っ
ひ愛百ト摘所選権画ぽろ写話投ヌ京
ク命サ意製んク出結だ然リ何弱金再覧
命をだートビ妊摘ノっラス能故私育何
をそ意の造精私登読スム囚重っひ本
だトッ乏故ソリ話証砂乾燃まょ砂化
いく投チューリップ囚本室報だ合ぎひ退

Puzzle 259

モツ乏ト投摘重側ん合意お選登ヌざ専
無むれンソ再然だレ本圧神カ出しノ門
育ょむボ化写安方マ精神ーすクょ通家
応ホっ論して百ぐッ話維持進ーるのス
スん私向気海怖っプ逮本話ニ京愛ト論
ドクど囚合テ退セの捕方てる百ど阪レ
ベヌ的ろ阪セ無ニョシ減れゅ写も結歩
学術圧京向ャ所ドシク少写チやれ阪向投
通ト海阪意ニ社セクセ海権圧ニ摘ヌ育ト
愛れだ向方ド社ヱだ登写ニ摘ヌ登トル
く合ま室無むっ何登ストひ通狙本ぎセ
だ会ヌセ合るじ狙開本ひぎセツふ登ル
っニ登も安じる読開狙本ぎセツふ
スノードロップ再場くひ読開狙本ぎセツふ
覧ニひエヱ場くひ読開狙本ぎセツふル

Word list:

エネルギー
寝室の
ドクター
学術的
進める
専門家の
減少
怖がっ
維持する
やすさ
圧力
セクションの
花の
トンボ
精神
逮捕
病気
スノードロップ
マップの
クーペ

Puzzle 260

Word list:

考案
ヘロン
靴の
効果の
躊躇
画像が
理由
魚の
フリージア
サッカー
カメラ
考える
叔母の
不安定
アイリス
参加して
貸します
生まれ
バナナ
バルーン

Grid:

場きサ育ヘク嶋や辞貸化向やセ進やス
ふ意ルるロ囚サ無本しむ応京ベソ圧ろ圧リ
出ソ読意ンひチ二精所ま摘論だルろ画ょ投
故何ニホやチ結社しヌ考考えきバ像んラ海
叔選登合ヒ私乏登歩ヒ本き再きナがアんアジ
母化摘然二画つ選登ど重参バナリジ
の魚カ二効話嶋覧ハ覧加しナまりー
生ま室果本精メラ躇摘てリくカリ
加サ百のアリスヌっ嶋覧ッだカぎフ
ツ側ド投イスもっ不私サーぎ
意れ妊歩バ海開私安ッ覧応方
解ぎハ社靴のまス安定応応
理トヒ育ぎまも場考ぽ覧応重
由会や読再ソぐ応乏妊案多応方
エ意歩砂論ル摘故し金チヱ重方ふ

Puzzle 261

何 化 て 私 重 場 ひ 妊 検 シ む っ 私 場 む れ ヱ 本
ニ 会 む 何 で れ ょ ぐ 索 ョ ニ て ぎ べ ぎ に 安 ト 応
お 能 チ ス じ チ 囚 だ 読 一 育 ぎ 京 で 金 の ろ 然
保 ん ス テ ブ シ 圧 写 ト 故 ぎ 重 だ 金 羊 後 ぎ マ
重 存 ソ 報 ラ 乏 海 方 結 狙 選 加 室 暖 の エ ノ
解 ト ざ 関 エ の 重 ヒ 故 選 ホ 多 ヒ タ 意 ス い
っ 暫 側 意 チ 権 ク ざ 育 て べ ー テ 摘 か ノ 除 写
輝 摘 レ ジ チ 歩 ス も て 情 リ ル じ 嶋 む れ ま
き 室 ン 囚 だ 結 ホ で 報 辞 ニ 応 論 ひ ざ
覧 覧 は 場 教 開 ど 意 歩 ぐ れ ど 百 再 応 き ょ
ひ 方 海 、 看 化 ラ 弱 能 ど ま 社 て 場 無 き
故 む ニ 社 精 側 の 人 の チ モ 何 解 論 話 や 応 進 写
ぼ 海 無 狙 彼 の 友 ラ ス 弱 ぎ 育 応 進 レ
ニ ひ 歩 ふ 女 達 ス ラ ふ ス 育 辞 や 育

モーテル
情報
ブラシ
看護師
輝きは、
ショート
彼女は
の後ろに、ニンジン
羊の
の友人の
私達の
教え
関係の
検索
暖かい
テレビ
保存
マスター
除い

Puzzle 262

貿易
第四
空洞
関連
見つけます
ディナー
トピック
雨量
懸念
実用的な
スプレッド
アーティスト
葉を
読ん
秘書
キツネ
引き出し
ボトル
しよう
ハリケーンが

ト 応 て て 投 ノ ぎ 暫 第 ま 重 デ 無 報 セ じ 精
覧 室 だ む 歩 側 ク エ 四 れ コ ニ 室 報 ル 海 京
化 ノ 進 れ 葉 を ヌ ぎ 場 ぽ ニ 芸 サ 応 囚 応 べ
ヌ 愛 関 ヌ 覧 ツ 論 せ 読 ヌ 重 ツ ー エ 暫
安 多 連 ク ス プ レ ッ ド 室 モ 方 し き 権 ひ き
暫 ヒ じ 無 貿 易 進 も ん ぽ て 無 ア よ ル ニ
し 百 安 ぽ ぎ 進 ひ ぽ 暫 ふ 多 が ボ う 化 多
砂 応 ひ つ 話 ド コ ハ リ ケ ー ン 選 ト 空 能
精 多 む ク 辞 秘 コ 実 権 画 暫 解 お エ ぽ 論
嶋 ル き ニ 書 愛 愛 用 的 ん セ ぽ ッ 重 ト
通 愛 重 登 百 摘 っ 応 な セ ぎ 懸 チ
見 つ け ま す 海 二 雨 量 ホ な 論 ど 念 れ
覧 ん 選 解 ま 辞 狙 妊 つ キ お 阪 モ 力 結
精 ト 妊 ぎ 無 ょ ツ 暫 投 ネ だ モ 場 多

Puzzle 263

```
ア コ 選 応 カ し だ 加 ょ ニ だ 多 ク お 囚 意 再
ラ の 語 一 ハ ソ 解 ふ ニ 社 何 ー 狙 化 レ 嶋 ル
ー り っ 室 エ し て べ ル ど 通 維 ル ヱ レ 覧 カ
ト や ど 砂 ス ケ 観 こ で 維 持 重 読 ヱ 場 金 応
急 い で 海 多 ー 阪 察 サ 妊 ふ 応 登 ニ む ま
ツ 思 必 多 プ ひ ラ ょ せ 狙 動 化 ベ ベ や ニ
る ス よ し べ 右 の ニ モ っ は て 辞 ル ニ ゃ
摘 嶋 弱 開 っ 室 砂 ヱ ま 化 能 社 京 結 っ 火
登 妊 ツ 送 べ カ 漠 登 む 狙 応 京 ろ エ ん 災
ソ ー ダ ヱ 重 愛 の ぎ チ て て 焼 ひ ン ド 愛
動 詞 ゃ 権 画 論 ゅ ど 狙 辞 結 ひ ひ 焼 ざ 能 方
妊 だ ノ 室 ゃ ヒ ハ ニ 精 エ モ ド く れ 論 方
く モ チ ヌ 室 投 ハ ぎ ょ 阪 ド も 海 じ
き く 囚 ニ セ 再 覧 ホ 精 安 安 ラ ド 妊 サ
嶋 レ セ 再 覧 ホ 精 安 安 ラ ド も 妊 サ じ
```

必要
語っ
ソーダ
どこ
急いで
動物は
アラート
キャンドル
維持
動詞
観察
エスケープは
右の
焼く
クールな
コートを
送っ
砂漠の
火災
思いやりの

Puzzle 264

アセンブリ
泳ぐ
の鼻
乗算
歴史
一緒に
規制を
、ブロッコリー
スコア
外国
対象
スクーター
使用
スプリングは
リピート
許可
歓迎を
スケートを
ライン
削り

```
嶋 ス れ 砂 進 む ゅ ゆ ヱ ト リ ピ ー ト ひ 重 場
ク ケ 無 ヱ 選 チ 画 テ れ 対 京 ク 退 お 弱 所 ょ
重 ー 報 ぼ 合 っ 阪 べ 写 象 ク ー ぎ 外 ハ ぎ 報
砂 ト 意 場 化 ど セ 規 場 側 に ぎ 国 ハ ざ ひ
何 を ス ク タ ー 制 ハ ひ 登 故 場 ぎ せ ヱ
だ 迎 ス で 通 く も を だ ス だ 愛 許 論 ク じ で
応 歓 泳 ぐ ト リ 安 選 論 コ 嶋 だ 可 歴 べ 阪 妊
ス 、 ブ ロ ッ コ リ ー ブ 暫 ア 合 だ ふ 史 社 ぐ
む プ 安 べ ひ 会 ト 再 選 意 ゃ 囚 海 場 安 ク 応
し し リ の 鼻 ン 通 応 所 も 砂 応 ゅ テ 投 側 ぼ
ニ 愛 コ ン ゅ れ セ し 狙 安 ふ 応 テ 画 報
登 れ 退 イ 登 ア ろ ょ じ ト ク 開 無 選
方 論 ひ ラ 場 は チ 京 ホ ろ ョ ク 覧 嶋 ベ モ
れ 会 覧 使 用 削 化 本 権 ヱ 圧 ヒ る ぎ サ ト
向 乗 算 私 ソ り カ レ 本 妊 登 向 画 ノ 砂
```

Puzzle 265

タクシー国ャルむ民集計本合惑ど乏ク
レ登ラふ民辞ホる間論進社お星結ぽニ
まるハのヱ退ヱだ所むスぶ芸退権化阪読
っニ覧安開ーカせど自会べ退ノ力ひコ
ょ京加ん ノ電む ど狙身が摘世紀に愛画会能
ひ進場無多ど砂本暫然ラス精ぎ百側覧囚本私何退解金合退阪加
れ育乏じせ安砂符暫然投向所廃映液本開クキ反画く
社所会

ワードリスト:
惑星
集計
国民の
スカート
雹を
自身が
符号
市場の
反映
民間
姉妹
タクシー
マシン
定住
能力は
世紀には
輸送
スペル
キャットキン
廃液

Puzzle 266

俳スろ権化エ辞ニ能覧お室阪むソ合意ノ圧登本場行べれま
優ソ人っおまょヒ会退狙覧室解話愛結乏二摘銀ニゅドシエ弱然ツ
重再ロな否定的どなニ意スタ加画カっ画読圧ホト通退ュドシリポ金くッ
論化報手の登私ル海おソラブイ本しプード室ッ
開くトぎひひぐル覧ざ投意社た弱コぽチス通ーヱ権クク

ワードリスト:
壊した
トラブルの
スプーン
回復が
落ちた
ポリシー
破壊する
フォロー
エンド
ガンダー
手の
な否定的な
関連付ける
スタイル
人口
ボルト
ブロック
銀行
隣人
俳優

Puzzle 267

```
で ぐ コ だ 進 ふ だ つ ツ も 実 メ ク や ひ 再 向
ひ も ベ な 歩 ツ ろ テ 再 再 行 ッ セ む て 再 ニ
だ ヌ 室 い チ 投 ジ レ 応 ク ー だ ー 故 提 エ ド
退 百 ま 旺 圧 ジ ラ ク し 室 じ み 合 供 ド ヒ じ
好 奇 心 盛 チ ク ク レ て ラ だ 出 ひ 報 ジ 京 百
会 ょ サ ヌ ャ ス ス 二 っ 苦 多 応 会 ひ 側 れ
画 ま 加 ん ぐ な 現 代 る 絹 加 囚 画 乏 側 の 生
ク は 、 ひ ま 社 画 進 ボ つ ホ ニ 写 れ 応 社 芝
ゅ ド 進 進 だ 強 キ ウ イ イ ド べ ソ 意 た 百 加
弱 辞 二 所 打 て 開 ス ド べ 側 愛 悲 ひ 場 ヒ 写
べ 退 京 暫 摘 開 二 リ 応 写 ぎ 場 能 む 側 レ
チ ヱ 読 ヌ 開 で 狙 写 応 場 ぽ 惨 京 暫 摘 応
チ 応 私 京 報 リ ニ 話 れ トマト 無 さ だ 京 投 辞 応 海
く 私 乏 ぼ だ ヌ ま ノ 本 だ ぎ だ を 投 辞 応 海
登 加 ぼ ル だ ヌ ま ノ 本 だ だ を 投 辞 応 海
```

トマト
苦しみ
強打
芝生の
バック
でもない
クマは、
メッセージ
キウイ
ターンを
のボイド
たくさんの
現代
実行している
絹のような
悲惨さを
チャンス
好奇心旺盛
提供
クジラ

Puzzle 268

```
、 こ れ ま で カ 室 カ チ 本 話 会 目 テ 能 タ
室 む 所 ぼ 報 ひ 向 タ ョ だ 悪 二 に フ ぎ ス
側 ス モ ソ 室 ゅ 登 ル 百 ツ 化 い 見 ィ 向 ク
芝 ん ぎ 画 摘 ま 解 ク 解 ム 会 え ル サ の
開 権 二 画 通 ソ 重 ヌ 乏 ぽ 乏 ま る 進 覧 圧
カ 加 ヒ あ 示 し た ぎ む ま チ 嶋 ぐ 写 場
解 ク エ ん る た ヌ 室 ぎ ラ 故 読 能 方 ひ
パ た 側 こ ル 弱 会 加 チ 読 だ ん
社 金 コ 弱 と 圧 妊 開 の レ 外 登 ゅ 暫
室 お や じ 辞 ツ 京 阪 士 っ 部 私 て だ
や ス 出 れ 砂 エ 歩 防 コ ヒ な き ひ
ま コ 出 っ 阪 登 歩 ど 重 ぎ 画 陽 ヒ で が 然
歯 ブ ラ シ テ 化 京 ぎ 権 安 気 二 な 備 つ
ひ 怒 っ お 無 社 だ 精 故 保 ひ 能 準 多
ニ コ ひ っゅ ク 芸 方 リ エ 愛 ツ 能 て ヌ 妊
```

パン
フィルム
のレコードが
保持
歯ブラシ
陽気な
消防士の
悪い
カタツムリ
準備ができて
あること
ため
可能な
外部
怒っ
、これまで
目に見える
タスクの
示した
サル

Puzzle 269

```
ゅ 場 ト つ 海 、 し パ ラ ベ ク ッ ニ カ メ 能 は
の 連 続 し た グ フ ふ ン 方 妊 ニ ー 金 被 ぼ 読
せ 無 写 芸 加 フ ォ ッ 然 結 理 ヒ ド の 害 コ 場 者 ひ
登 ラ 芸 ハ グ 圧 ー ハ の ラ 解 愛 ニ 海 ヌ ぽ
海 精 ハ ク ふ ド マ 心 ホ し イ 投 ノ テ 海 読
ん ベ ル で ぼ 圧 ン な ス ぐ て ブ 金 所 ト
ニ ど グ 社 ま 辞 解 を 妊 囚 で だ や ラ ん 圧
ま 出 ン ま ヌ 覧 話 安 弱 で ざ ま ン テ ふ 故
ヌ 場 シ 読 化 ヱ 辞 せ 登 ざ 写 ま ト 然 精 然
読 セ 重 合 ヌ ド ひ 砂 妊 安 む 金 ハ 囚 エ ま
サ セ ひ ド レ イ 話 チ 安 だ ン ウ テ 加 ぎ
室 ヌ ん て つ 本 ど 金 圧 や ぎ の リ ホ チ
フ ィ ギ ュ ア ヴ 再 多 ン 圧 で 七 の リ や ラ ん
ま 辞 京 ク 多 ン 圧
```

七の
は、
レイヴン
被害者
メカニック
理解して
ホスト
時の
シングル
カードの
タウント
フィギュア
、グランド
パフォーマンスを
熱心な
ランプの
ベルで
の連続した
エンドウ
ライブラリ

Puzzle 270

誰かに
ウッド
燃やしました
役割
を失う
学校の
下の
まで
物質の
が、
、パートナーの
コイン
外を
エージェント
早い
ガチョウ
面積は
太字
選んだ
ベイ

```
ト ト 所 芸 コ だ 面 ノ 、 コ 選 ょ も リ ノ れ ぎ
ま 意 室 早 モ 積 ヌ パ ョ イ 読 学 画 狙 覧 下 べ
会 所 応 い リ し は ン ー 辞 写 校 質 狙 の っ ホ
ス せ 進 能 き ノ れ ソ ぎ 能 や の 所 ガ ホ ニ ど
た ト せ 暫 無 安 退 向 ナ ッ ヒ 砂 開 チ ニ チ ゅ
し ま 出 ス イ レ っ ー ヒ 方 弱 社 権 ョ チ ど 、
ま 意 芸 嶋 セ 芸 ぎ の だ 安 ざ 選 ウ ゅ 愛
し っ 安 歩 ひ 摘 ハ エ 場 太 じ 然 ど 応
や 解 嶋 論 ウ れ ド 報 ざ ヌ ゅ 重 が 何
燃 ぼ 育 場 ッ 摘 精 外 サ ど カ 字 、 ど
室 結 む セ ニ ウ を 海 故 カ 誰 画 所 ヌ
役 圧 重 愛 う ッ で ぐ コ 登 か に 暫 愛
割 ヒ ベ 社 ド 再 ま 出 選 ん に く だ
結 能 ク 会 意 エ ク ま 進 投 じ 精 側 ヌ 砂
場 ク ージェント 開 まっ 安 出 安 ぎ 安 側
```

投見ぐきソスティールカチ画コ摘モぽ
ヒつっむカ辞安ひクノバド嶋向て砂能
エけ乏金ラざ無くドルだレだがひ話ゅ
ソきコ読ホむ芸合嶋投で開ンモくる読だ
じク画チ属し有登すじホ多レ圧ヌだぼ
向摘れゃ芸討心臓ニお弱クヒ摘御弱登退摘
ぐく撮影出検能ハヒ摘ヒ御辞本体退てな
場加意ク検ぼ砂退ハモ弱馳走京的摘なス
辞選る応合社狙読読百研究典選退医私会
ゃ応ニ能豊富なポもの比愛ざエ出モ合加
再ニャト豊富囚ヒ写較のカヌ典向医学私退合ット
おトまひだホ登応写加室阪つぎ退合
るぎまぼカ金きウ狙だハ通ょれ進合多
ぎまぎ芸出まカ登応金き狙だハょれ進合多

単語リスト:
御馳走 / ポストの / ものを / ウエスト / 見つけ / レモネード / レモン / スティール / 典型的な / 属し / 検討し / 研究 / 有する / カバーが / 本体 / 比較 / 豊富な / 心臓 / 医学 / 撮影

単語リスト:
に沿って / モンスター / 帽子 / データが / 森林は / 次の / に十分な / 軍隊 / 曲線 / アカウントを / 天国の / 両親 / 口の / 問題 / 要因 / 賢く / 船を / 夜明けの / 農家 / 予想

画帽子ゃ摘クカぎ側写ひ金ざカ場
帽方圧ホク開覧開ホだょホ家故エ応阪ヒ
エホク開覧べひど選るモ農データがし
ソハ方ょどアカウントを通くっ
ソ向でむ場だ安然トタスン権次能賢くっ
エ私加登やむろょせ百画京囚ヌ
ニ問題圧狙ル合開場弱ドせひ覧ソひ
無権金べに十分なドひ応お応ルせクぎだ
場応場沿応スド両解サッ京チぎ投だだ
然むろヱてひ報船ひ然ゃ解サぼ両投だだ
ドむろ無てっ向報のんてっ加要ぎ登カぼ結お
ド論せ無応精応報船応ひ加育ぎ選因ぼ結軍隊
トス論せ辞覧ホ国再カだ歩森林は砂圧論予想
本嶋弱辞天然再カんラ歩森能砂論予想芸
夜明けの口合海ソ室れや向室ゅ線曲想芸権場ん私

Puzzle 273

で 室 多 向 ひ も 向 場 ト 百 だ 育 連 ホ も エ 再
子 猫 百 ヱ 歩 加 権 加 て 登 阪 テ 想 イ 解 リ ト
れ ト ヌ 結 選 暫 読 ふ ハ 読 室 二 さ リ せ ー ク
つ ぎ 画 ぼ 阪 場 コ ヌ て て 論 ヒ せ 高 つ ー ヌ
エ ホ 通 ノ 囲 向 社 辞 加 れ お 阪 ま 価 重 コ 金
コ ト ノ 囚 向 砂 会 化 本 る 社 登 通 な 通 ア ゅ
会 ろ む ヌ ろ 画 本 方 べ ま 安 圧 ト ピ ど ノ ぽ
通 応 通 社 精 男 が む の 乗 安 方 芸 ア き コ く
コ 私 ゃ 囚 だ む 読 じ む り ど 向 ト ど 歩 合 で
ヤ 室 ギ ど 出 コ 第 じ ゃ ノ 心 百 ヒ 愛 側 も 意
室 方 は れ 、 三 再 嵐 べ 地 の 合 出 囚 向 ふ 報
私 で は 員 、 シ 再 で の を ポ 理 ニ 敬 ヌ ス 開
で 応 ト 業 圧 ハ ョ 意 応 院 理 ー 病 遠 る ラ 本
応 ト 従 も ト 妊 一 カ 病 管 ズ む 海 ど っ レ

連想させます
子猫
高価な
方向
いらいら
ピアノ
従業員は
のすべての
ヤギは、
ショー
嵐の
男が
第三
管理を
ポーズ
リーク
敬遠
乗り心地を
イベント
病院の

Puzzle 274

より多くの
チェーン
軽自動車
最も幸せな
南部
痛み
テニス
リアライズ
ソフトを
高速な
編集
スペルの
フクロウ
国家
慎重な
戻り
過半数の
知ら
スペース
も、

ス ノ リ ス も 精 何 ざ 化 側 じ 私 む 再 過 海 ゃ
ペ む ヌ ア 、 ヒ 結 乏 辞 ク 社 社 解 ひ 半 精 登
ル 選 乏 通 ラ ル だ つ 室 ク 軽 自 動 車 数 ト ぐ
の ド 編 集 ラ イ ヌ 側 乏 論 暫 出 多 ャ の 権 ク
愛 ラ 読 ク 能 ズ 重 ク 投 ノ テ 痛 高 ス 歩 も 室
や 育 れ ク 化 ソ 多 ト だ の 痛 み 速 ク 応 海 投
ぽ 選 加 合 ソ リ り 戻 く 選 を む な せ せ 妊 ヒ
ト 砂 ヌ 場 画 ざ 戻 じ ざ 方 弱 ト れ ロ れ 化 ニ
ヌ 画 チ 登 弱 じ じ だ 何 弱 何 ソ フ ひ ウ 進 京
慎 投 っ つ チ し 結 レ し 何 し 選 ソ 応 化 お ぼ
報 重 な ぐ ス エ 国 家 解 方 解 ひ ト 再 所 ヌ 弱
画 南 だ 投 ペ レ 家 エ っ ヌ 方 再 登 ホ 精 ぎ ゃ
百 部 れ カ ー リ ー ツ 応 応 応 ヌ 画 ス エ 金 結
ノ れ 知 ら ス ツ れ ゃ 暫 進 ゃ 選 二 画 ク 弱 や
テ ニ ス ゃ ャ 選

Puzzle 275

ょメ干クし摘サ所投意多ヌま第サ写セ
れガばラ金ニしぎソ何っててリ六ク場ど
覧ネっ暫クウふれゃ思百て画論ホょ
ょお愛芸社私ドリぐ選出安何応阪場エ
くラ暫暫壁画合歩崩ニっラチまむ
覧加応加妊辞ひ写選ゅ摘弱しン本モん
故辞っクざセシット場退じとセ再ふ語集
ろ歩クざ火曜場ホるセしコる用側私
論向リッぼ日社の通社むし場テ退ノ
向精どもリ社弱彼私だ辞囚いるチ応
ゃひっ故ぎヱ能方歩重モひ見覧ッ通
精化圧通っ歩解私意発しるでプニ
出カ百写ヒヱ解決歩ぐ阪絶滅京砂圧
ヱょ話応読チ受け入れニ京ホ所ス加解

受け入れ
干ばつ
たときに
崩壊
彼の
解決
火曜日の
チップ
クラウド
壁画を
思っ
メガネ
ランチ
クリップが
シット
発見しました
している
第六
用語集
絶滅

Puzzle 276

に対して
基金
オーディション
招待
測定
他の
ビール
マウス
スペルチェック
ファミリー
驚かせました
スロー
空腹の
延期を
、したがって
ゴブリン
マニュアル
愛情
有罪
フリッパー

芸れっサ妊おフト測所んテ室嶋選登リ砂
狙スぼ場嶋意むリ定辞ひマ多何読ソ側他ァ
まペ再招ぎ阪カッ暫解解所二読海覧空のフ
もルク待京選キハデ会だオ権海向空腹投ニ
リチ結私結リブシィー進登二向腹のルーま
ェど結社阪登るビルトぎ進ュアのアリ
京ッコツニッ室ィ進出歩金スでロス驚ホ
愛ク画コ阪百ベぎ本ト精ホ本ホで社
情精じでまゴぎっまし化リ重りかぐ本
ヌ愛む報だノ何出すしりせせ驚セおま
ひマだ延ヌ論本たがでかスひ社お
ノウ側弱期ぐ加ざがっ化ひ投ぎ本
ぎ覧弱砂をカ論むてっひ囚にま登
ス画砂登セ側加スだテ金ゃし対室ホ
精方ん投出通加んじっスホ登ス本

Puzzle 277

```
ぽ 結 解 サ 京 範 を 見 て 考 の ゃ ド ボ ク ト 狙
む 安 嶋 向 ン ヱ 囲 噴 火 え 後 れ マ ー ダ の 多
狙 歩 だ ク 結 ド を 火 場 ま に 狙 覧 、 ー 民 ル
乏 囚 会 く ニ キ 化 ラ 化 す 弱 だ ー 再 利 市 通
ト 覧 京 登 も ざ 結 ャ 読 ソ 覧 ド 世 利 ぎ 解 妊
ソ ぎ お ひ 合 歩 ク レ 読 ミ ト ア 界 用 ど 加 娠
加 本 ト 故 ッ 阪 レ 読 ス ト 室 ー 可 加 然 話 リ
ひゃ 含 ま れ て ホ れ カ ロ ー っ も な ゃ 摘 サ
狙 ひ 海 方 安 権 防 私 れ 育 だ 百 を 芸 べ 摘
く 通 解 秩 進 ニ 止 摘 加 チ ま く ホ べ ひ 論 百
出 ラ 解 秩 ょ 退 投 ト べ チ く ロ ま ぼ 摘
ぎ じ 海 序 精 ル セ ニ 投 海 登 芸 き て ひ 論
ひっ 場 側 故 無 辞 セ 海 ヒ 選 百 お ラ 論 ぼ ハ 重
応 圧 本 も ら 能 ソ チ 写 再 コ 会 場 お 嶋 室 論
ヌ 場 怒 ら 能 ソ チ 写 再 コ 会 場 お 嶋 室 百
```

考えます
怒ら
噴火
ボーダー
グローブ
を見て
、再利用可能なを
防止
のテーマ
範囲を
秩序
含まれて
スチール
ホールド
サンドキャッスル
ギャロップ
アトミック
市民の
の後に
世界

Puzzle 278

```
ろ サ れ 結 バ 側 つ ゅ 然 ル エ だ 選 ニ し じ 参
解 だ 化 方 ー エ 阪 ル ニ 阪 キ 壊 れ た も ゅ 加
る ス 映 百 ス じ 阪 つ ぐ し ス れ 摘 級 上 者
コ 投 選 画 ト 精 能 読 化 重 パ ん 弱 ト 化 ト の
し 合 砂 ひ を 阪 応 精 達 っ ー 側 開 ル ま テ ミ
ド ニ 能 ノ 囚 い ホ 向 成 ょ ト 投 サ ふ セ カ
ト じ 加 本 百 っ せ 沈 し 能 ツ 資 ヌ 多 合 オ
乏 ヌ 向 話 論 か ぐ 黙 れ 選 開 サ ス 能 オ
芸 テ 嶋 ト ニ 選 解 を す 故 金 選 べ く エ ハ 摘
サ ー 執 海 無 応 画 っ 精 私 く ぐ ろ き
加 辞 ブ 行 チ 愛 私 れ 意 ハ 化 ヒ カ バ プ ソ
本 退 会 ハ で 阪 セ 囚 場 ク れ ン リ イ ギ 論 レ
物 語 ド ぐ 安 安 い ぎ 歩 ハ 狙 ソ ラ ぎ プ
ん 向 登 結 報 ト 狙 加 ル 狙 イ ム の ろ 無
登 会 お 写 報 百 乏 カ っ 狙 ぎ ト 意 側 ニ だ 多
```

バーストを
物語
いつか
ヒイラギ
沈黙を
参加者の
安い
バイソン
オオカミの
ハロー
の上級
プログラムの
映画
達成します
エキスパート
壊れた
サーブ
結ば
執行
、投資

Puzzle 279

あ 化 ヌ 登 少 べ 重 画 加 ふ 加 で 能 囚 海 投 結
な 百 も し ぎ 意 ざ 登 投 っ ゅ 方 育 ょ ッ 写 ス
た 結 ホ 読 場 見 ひ 方 ぽ ぽ コ 合 れ ノ 結 ぽ テ
写 ガ ス ス コ の 、 囚 サ ハ 海 き く 場 覧 所 イ
せ 社 ふ ま ぎ 男 コ 性 は ギ 休 進 め や 意 室 軌
し 出 ざ だ っ 化 性 開 ろ ネ 暇 め ま す 論 通 道
範 ラ 会 ホ ハ 論 退 応 マ ル ニ ろ 安 退 側 会 重
愛 囲 囚 ル せ ふ 場 ろ タ 安 安 故 な じ ホ ラ ゃ
ル 安 内 覧 ま 話 独 立 ヲ 故 退 お く み ん 権 会
ツ れ 摘 ハ 多 ぐ ラ ハ 重 お じ つ ま 暫 ょ で 話
ツ 百 ん 多 場 ヲ ー 画 ぼ っ ま 歩 多 ト 意 論 再
意 選 合 権 せ 進 説 レ 室 ニ キ 一 写 所 狙 権 ざ
退 ノ 狩 能 く 説 室 グ れ 狙 ソ 私 写 出 キ 多 ぼ
ホ チ 朝 砂 社 通 エ 摘 投 金 加 囚 ハ 私 圧 ぼ ル

運ば
グレー
説得
狩猟
ステイ
決めます
あなた
男性は
ガス
休暇は
範囲内
軌道
ハーフ
キー
少し
朝食
独立
意見の
タマネギは、
おなじみ

Puzzle 280

沸騰
環境の
量る
な性質を
今後
怒っている
簡単
ピザ
のトレーニング
ゴム
壁を
ジュース
デスクを
共通
占める
午後
シンク
より
貴族の
結論の

芸 コ ノ っ 精 だ 辞 狙 リ 解 海 グ 登 占 再 ヒ ス
ニ む 方 ニ 能 ぐ せ ひ シ ヒ ク め 化 応 退
チ ニ ハ も ス 進 能 芸 で 会 エ ニ 妊 私 能 ド
ト ヒ エ ベ 沸 合 ラ ぐ 愛 画 ー ピ ザ ふ ハ ぎ
量 ろ ト ろ 騰 暫 エ ざ ど 化 レ ト 報 応 無 会
じ い 結 論 の ま ラ ラ 化 私 ヌ の き ろ ド ジ
京 て 精 百 も 海 室 砂 私 き ト 今 化 お ん ュ
ひ っ 嶋 安 レ ひ ぎ ざ き 出 後 き ざ ー
圧 怒 ニ 進 ク 会 共 な 通 再 故 む ス
て だ レ ぎ ト 会 側 ゴ 化 金 ょ 加 話
貴 族 の コ 投 重 ぼ ニ ム 性 報 午 ド 化
ソ も じゃ 多 で 登 化 じ 環 の を ス 摘
ヒ ク 会 海 力 簡 つ 境 会 ヒ 壁 で 狙
テ ま 安 応 ヒ 単 な 会 て ツ れ ひ お
く し セ 投 愛 嶋 重 開 む 場 ふ お 側 安 妊 ソ

Puzzle 281

再 砂 画 ヒ ひゃ ニ 圧 乗 て エ し 能 乏 ニ 意 ぐ
ゅ 意 狙 れ ふ ペ 通 っ ト モ 囚 登 ょ っ ひ 多
ぽ 選 チ ヌ ガ ア ノ つ 海 ス も 摘 だ 何 精 圧
側 ひ べ 応 ま エ ニ 登 む 辞 再 解 状 登 態
ホ ブ 登 も セ 出 セ 囚 論 ひ ソ つ 摘 会 解 ク
ソ ッ 芸 レ 摘 囚 論 く 通 側 機 能 ソ 進 無 ヒ
芸 ク ラ 辞 摘 結 速 通 せ 阪 摘 ソ 納 屋 加 る
愛 ま や シ ム ゅ レ ト ン テ 合 摘 黄 色 ど ぐ
レ ク て シ ム ウ ツ 摘 登 魔 ホ せ ひ ハ 結 ヒ
進 ま 通 ク ェ ジ ー 圧 ホ ノ 場 写 選 権 む き
精 ク 場 キ ジ ー 圧 ホ ノ 場 合 女 ひ 社 弱 開
オ フ ィ ス ヌ ル ド フ 側 選 写 ヒ レ 育 化
ひ ニ ヱ い る フ 側 ぐ 選 写 結 ぐ ゃ 歩 話
百 ぽ 場 弱 芸 加 ぐ ひ だ 真 旅 ぎ ん ど 条
化 室 ド ま 妊 ヒ ド 社 ル 写 だ 行 二 ん 芸 約

いる
ヒキガエル
旅行
乗っ
機能
ペア
魔女
キジ
ブック
オフィス
フルーツ
写真
状態
変数
テントウムシ
条約
納屋
黄色
シェード
速い

Puzzle 282

嶋 妊 モ 叫 ソ 妊 出 ゅ チ だ モ テ 白 楽 通 ゅ 投
画 ラ 歩 ん ゃ ち あ ば お 圧 圧 ざ い し て 会 エ ハ 応
金 能 ん だ ド ぎ 子 る ゅ ニ ぎ き 海 む ニ ソ 加 写
ク 場 ざ 砂 開 私 覧 羊 も モ 読 然 覧 無 で 意 ド 無
っ 会 ひ 再 安 応 っ ぼ 登 ぎ ふ ウ ギ ト 能 ラ 能
モ 転 送 む れ 多 覧 合 歩 モ 結 サ し 海 カ 意 イ 方
リ 投 合 京 ク ド ざ 開 だ ぼ ノ 縮 ゲ ブ な
ゼ 合 む こ ヌ 辞 付 ミ ッ シ ョ ン 植 者 基 所 的 ま
話 ロ ま と っ お 随 結 会 ろ 入 く だ 本 登 ん だ
再 ゅ ト 育 が 再 ひ で み を 社 っ ま 室 方 れ く
つ 場 レ 暫 私 で 憎 し く ヌ ク ソ ぼ 愛 ぼ 向
ひ ぽ ド 私 権 む く 出 ま ぼ 京 レ く ひ ト
べ る む 権 ま ハ 写 じ 精 す ニ ラ 選 ぐ だ 出
カ 投 二 権 囚 ぐ 選 て ノ 方 法 し 場 解 ぐ

楽しむ
入植者が
濃縮
ウサギ
ことができます
ミッション
基本的な
トカゲ
憎しみを
追求
おばあちゃん
ゼロ
白い
方法
転送
付随
子羊
ドライブ
クレス
叫んだ

Puzzle 283

場話応合育妊どセゃ百狙ぎヌ権ゅセ辞
狙金金加ぐ囚ぐ能れ重て応私投むまひ
む曜や社き能本何出再歩チラしカ百む機
話日の安多れ安る裁ぎひ狙や安ほじツ所
友だ向チ深ま女結合本読私ど通摘ぼテや
人膝、深女いの砂本芸所むて安れラじキし
百を適べ女ふ子合フ砂む感金場ぼノ室ト本ょ
カ向切意ど覧阪のェ歩トニくや弱登ひ応お
べ画なつ辞愛解歩ン本感触金登場側て愛再
む努ス話圧だ暫取スくや弱引ぎ選会芸
て力くど持いた人芸はズ投触暫社解嶋
弱圧の写まヌ芸源投ニぎ応側選ゅ
じ覧権安ぎっ資源投登登挙投だ
結権安ぎっ資源投登登側挙投解嶋

男性の
取引
、適切な
努力の
膝を
女の子の
機能を
友人
誕生の
裁判所
興味深い
感触
ほぼ
金曜日の
選挙
人は
テキスト
資源
フェンス
持っていた

Puzzle 284

与える
感の
星が
破壊
シンプルな
野心
到着
渡します
うなり声の
靴を
危険性を
スノーフレーク
妻の
謎の
の買い
男の
砂糖
いくつかの
利用可能な
ウエスタン

クスヌ意ウ妊きお化権読覧海乏出方砂
ル私ノっんェゃろふ解ホろま多応ざひ登
エ阪ーろ謎スれ弱で応ホれ再ニドレセる
ムリフトの男タ応本利重辞ぼセ応えド着報
トおレ破壊退ンひ向重用能なッドひ渡解
砂糖一クちざウ投靴をトだ買故ハしホ
能報狙出安ツ弱話ニ登ぽ室険本まルか化
摘開私ラ所ノ解なルョ狙ツセすをセ
私ヒ何ま写テ囚声京ンサ意本ラト画ル室
ッ阪ゃ開芸ト写のンサ野ぎ選化ざ
おゃ写乏論お安砂百ポ応心覧むチ投
安覧ょ暫報きククいくつかのサ向応再
然おゅ写囚クサド私
ニ写報登サド私
暫出登サド私

Puzzle 285

ア 狙 サ 海 投 通 乏 推 精 会 ト 話 重 通 モ く 暫 登
ェ イ 読 芸 写 定 ト 嶋 嶋 二 読 画 ツ だ れ リ ひ 応
シ 選 ふ 暫 無 解 暫 ニ 登 海 し 論 然 ツ ぽ れ 所 スク
て 妊 芸 摘 私 ひ っ ノ 側 故 ま せ 芸 暫 ぐ く む ゅ
リ 愛 ス 開 少 ラ じ サ セ ー タ ー 弱 マ イ ク れ リ
四 応 ス の な ティ 多 ど 明 日 弱 ぐ む グ ま リ リ
半 期 の 狭 ょ イ 何 窟 を お き 評 ふ ど 百 レ だ ー
か も し れ な い 洞 っ 場 明 ひ ふ る ノ ひ シ ラ 芸
権 読 進 災 害 が 再 チ む ム エ 摘 出 ぽ て 圧 リ ひ
取 ら 何 ヌ 論 チ ん で 画 囚 百 ひ つ ー シ 圧 コ 向
結 チ ど 場 所 ェ ー 画 摘 妊 ヌ 登 ヱ チ ョ ン ク
出 投 所 乏 だ ェ ア っ 百 ホ 私 育 モ ン ラ 報 退
き る カ 画 海 開 側 選 で ニ 投 ヱ ふ 通 ・ 応 退 ク
ク 画 ニ 安 開 側 選 で ニ 投 ヱ ふ 通 ・ 応 退 ク

ポット
ゼリー
話しました
四半期の
狭い
少ない
かもしれない
チェア
アームを
アイデンティティ
セーター
災害が
明日
シェア
評決
推定
取ら
マイグレーション・
洞窟
ミックス

Puzzle 286

退屈
文化
インデックス
カテゴリ
消しゴムの
ヘルプ
買い
ニンジン
ロバ
の家族に
武器の
小麦
女性
超高層
評価
ロック
サークル
重要な
スティックは、
起動

リ っ 嶋 化 出 ニ 消 出 超 故 ラ ざ だ ク べ 読 ト
意 ゃ ド 意 カ 通 し 化 高 っ ひ ぼ エ ぽ ニ 買 い
無 囚 ル ゃ 画 多 ゴ 砂 層 リ ホ っ 向 カ ン 無 ク
ク エ 化 砂 無 ゅ ム 安 て 選 じ ス テ ン 二 退
応 の お 登 嶋 文 の 京 論 ひ 私 方 ィ ジ 然 開
ぽ 家 ひ 摘 京 化 カ 弱 ココ ひ 私 百 ロ バ 出 も
摘 族 社 場 ひ ヱ テ だ 投 辞 イ プ ッ ス ニ せ
て に 化 ヒ 応 チ ゴ 私 方 向 ン ル ク ー は 応 妊
ス ク ヌ ホ 京 写 リ 起 方 テ デ へ は 、 登 ひ
暫 ょ 武 応 べ で 安 動 登 ッ 選 退 海 投
セ 本 ノ 器 加 海 結 開 写 ク っ ロ 故 モ
意 ノ 所 場 の 金 で 重 ぎ ス ニ 応 方 囚
チ 小 ヒ リ 妊 能 カ 無 べ 要 レ 室 ヌ 妊
報 麦 サ っ 歩 解 画 暫 女 応 評 な コ ぼ 退 屈
モ じ 進 選 ト 金 精 乏 性 読 価 セ ど 権 出 投 エ 化

Puzzle 287

```
の ソ 解 芸 コ 暫 場 し 無 し 必 ル ひ マ 通 開 エ
通 代 で ん ニ 育 つ ぐ ル 場 要 ム ー リ ト ス う
公 園 わ ツ 決 ろ 圧 て じ 圧 嶋 が ク ひ ょ り セ
通 話 ざ り 定 京 育 囚 産 生 の っ カ 応 う ま 百
暫 ク 合 私 に 解 選 も ト ょ 物 出 側 解 ま り ト
て ト ニ 退 ラ ボ ミ ル 妊 故 ゅ 理 加 歩 る 意 す
っ ぽ だ 化 サ ロ 読 タ 金 加 う 的 コ 写 暫 写 ょ
然 囚 歩 多 論 ー 達 ホ 嶋 所 な な る ツ て り リ
出 だ で ソ 読 を し 乏 合 や 辞 コ 嶋 レ っ ま ヒ
多 現 つ 登 ょ ク 通 行 動 サ 多 会 ベ 金 ぎ 場 場
ソ ー セ ー ジ が テ し 話 し て ふ ニ ル ざ 金
囚 じ っ ク ホ ひ 読 ま ど っ 安 れ 会 ツ 多 登 ホ
ソ ベ ひ 読 ざ ど つ 安 れ 会 圧 多 ろ ま 写 故 セ
て ひ 重 応 テ 出 セ 圧 能 所 室 能 登 写 安 摘 ぎ
ぎ っ ト 所 開 登 ス レ ッ ジ テ ー プ 安 摘 ぎ 向
```

レベルを
達し
決定
ボローを
ホタル
ソーセージが
の生産
行動
ミル
出現
スレッジ
マーク
ストリーム
の代わりに
の物理的な
ひょう
話して
公園
必要があります
テープ

Puzzle 288

```
ふ 阪 っ お 社 当 チ ろ 意 選 ツ 暫 カ の オ 育 写 参 権
故 安 て 向 出 事 ヱ 解 ウ 劇 的 場 ク 阪 オ オ 話 ま 参
再 カ 歩 ひ 乏 者 安 会 劇 ル 選 ス ト 能 ラ ヤ じ す る
ド き 私 れ っ は 私 結 写 シ 然 登 フ マ ま ネ ド ふ
チ 論 モ れ 精 狙 何 嶋 進 応 応 多 ル コ る ヌ 暫 読
ツ 囚 く ソ て ぼ き 応 愛 ぼ 申 応 海 京 選 コ じ も サ
ふ だ モ ま ん 報 ま 申 海 砂 じ イ も ト 応 府
ハ ぐ ヱ ブ ラ ウ ス 選 愛 圧 ひ ド ー が 暫 ソ
話 ン 狙 だ 登 ス エ 訳 海 会 意 ン ト ん 真 ホ
退 だ ド ラ イ ブ 地 海 多 圧 オ サ 大 じ ニ 何
ぐ 再 リ ル 退 ン 域 多 砂 レ 狙 ッ 学 ラ ゅ
き て ク ひ 海 カ を 庭 海 ッ ト ポ の ソ ク
ぽ ツ ひ 育 ド 写 ま の バ サ ニ 歩 暫 ソ
愛 カ ド 育 カ 写 る イ ソ ー 無 砂
安 る 精 む 応 覧 ろ ん ヱ 話 能 ホ 歩 ゃ 無 砂 投
```

ショットが
地域を
ライオン
オオヤマネコ
政府
真の
ブラウス
ポニー
ソート
ウォーク
バイオレット
庭の
参加する
のカラフルな
劇的
ハンドル
大学の
サンドイッチ
当事者は
申し訳ありません

Puzzle 289

育 再 ふ ざ 材 乏 摘 べ ど 予 約 何 食 つ ま 育 選
る ニ 応 チ 料 ん 想 ぉ ゅ 合 テ 安 べ ヌ 論 化 ヌ
ス れ ラ 失 ス ニ 像 だ ょ 精 で 出 て ヱ れ ク ぎ
ド カ エ 礼 ポ ト 室 ま 話 ニ 弱 所 遠 コ ろ 登 暫
化 ブ 金 な ン 必 と や ツ 写 ソ ニ く ひ 故 カ る
ツ ト 制 水 ジ 要 写 お ハ 選 ハ ド 安 ヌ 場 ふ 金
意 ム 限 牛 ま 室 ヌ セ モ 暫 で 能 っ 化 会 狙 ノ
エ シ ぼ の 弱 応 安 コ ホ ク や ぎ 写 囚 能 ラ 阪
プ っ 狙 覧 ト 歩 心 レ ク 選 ぼ 歩 ょ も 暫
覧 ー し 阪 本 摘 配 ヒ む 摘 重 ヌ モ な 応
化 だ ル イ ホ す ヒ ノ だ ク 故 社 ぐ 故 な
場 エ ひ だ 登 読 京 写 ろ ス 所 ゃ 素 ひ ニ
摩 ヒ す 阪 所 ト 写 場 安 カ 阪 ん 敵 ど っ
ぽ 耗 輸 入 し じ 結 チ せ ム デ 所 ひ
む 社 つ れ ま 報 何 だ ソ 辞 コ で 乏

必要と
失礼な
制限
ます
素敵な
予約
ソファ
材料
輸入
心配
カブトムシ
食べて
想像
ムカデ
遠く
ホイール
スポンジ
摩耗
水牛の
プール

Puzzle 290

戦 選 海 昨 彼 ん 無 ぎ 妊 側 加 ま 水 分 を 冬 ラ
覧 略 っ 年 ら ニ つ れ 海 砂 ソ・ロ ソ の ソ 論
コ お は 再 の の 自 転 車 の チ ざ れ れ ら 百
コ ぐ 紀 退 私 読 進 ニ 会 歩 読 コ ニ 論 ら 何
モ テ 世 場 場 ょ エ 暫 ぼ 解 プ 選 む つ 退
ク れ 方 加 誰 っ 言 ン レ て 重 ラ イ っ 所 お
っ 登 誰 と 画 ド 本 お が シ ト 海 カ ま
重 場 砂 の 多 モ 金 ウ 改 ぽ で ム 百 会 頭 の
ソ ラ 私 無 重 う 豆 改 べ 選 二 嶋 嶋
読 ひ ま リ リ き は 善 然 室 進 レ ヌ ひ
応 ょ ニ 話 退 解 加 せ 二 花 ゃ 応 育
開 開 通 ニ 嶋 故 側 育 再 が ぐ 妊 精
乏 ソ 無 じ 退 せ れ 意 コ む 自 ス
る 応 音 愛 ド ソ 圧 ノ し 私 向 ヒ
て 通 声 読 妊 ぐ 登 ひ ハ せ 意 海 つ 方

プラム
つららの
戦略は
のソロ・
昨年
彼らの
世紀は
改善
ミイラ
花が
エンドウ豆は
冬の
誰の
音声
と言う
カブトムシが
水分を
百頭の
自由
自転車の

Puzzle 291

<table>
<tr><td>京</td><td>画</td><td>む</td><td>ぽ</td><td>ニ</td><td>れ</td><td>土</td><td>る</td><td>っ</td><td>乏</td><td>れ</td><td>ノ</td><td>安</td><td>ホ</td><td>暫</td><td>ぎ</td><td>ト</td></tr>
<tr><td>弱</td><td>カ</td><td>会</td><td>化</td><td>囚</td><td>応</td><td>曜</td><td>報</td><td>デ</td><td>故</td><td>せ</td><td>じ</td><td>ぎ</td><td>じ</td><td>ベ</td><td>ざ</td><td>読</td></tr>
<tr><td>愛</td><td>室</td><td>ア</td><td>プ</td><td>ロ</td><td>ー</td><td>チ</td><td>を</td><td>日</td><td>ぎ</td><td>に</td><td>せ</td><td>の</td><td>タ</td><td>ル</td><td>の</td><td>妊</td></tr>
<tr><td>場</td><td>室</td><td>ニ</td><td>ラ</td><td>だ</td><td>報</td><td>私</td><td>コ</td><td>に</td><td>石</td><td>鹸</td><td>イ</td><td>妊</td><td>グ</td><td>ロ</td><td>ま</td><td>だ</td></tr>
<tr><td>側</td><td>権</td><td>ヱ</td><td>登</td><td>読</td><td>無</td><td>私</td><td>や</td><td>テ</td><td>海</td><td>退</td><td>風</td><td>育</td><td>マ</td><td>ト</td><td>や</td><td>芸</td></tr>
<tr><td>開</td><td>モ</td><td>覧</td><td>私</td><td>ヌ</td><td>く</td><td>写</td><td>読</td><td>ひ</td><td>鹸</td><td>話</td><td>退</td><td>む</td><td>ギ</td><td> フ</td><td>む</td><td>の</td></tr>
<tr><td>ひ</td><td>や</td><td>エ</td><td>ノ</td><td>せ</td><td>然</td><td>ニ</td><td>論</td><td>む</td><td>チ</td><td>所</td><td>ひ</td><td>退</td><td>歩</td><td>ホ</td><td>ト</td><td>状</td></tr>
<tr><td>阪</td><td>エ</td><td>イ</td><td>ス</td><td>忘</td><td>れ</td><td>つ</td><td>ニ</td><td>論</td><td>ハ</td><td>ま</td><td>セ</td><td>退</td><td>意</td><td>ヒ</td><td>レ</td><td>態</td></tr>
<tr><td>チェイス</td><td></td><td></td><td></td><td></td><td></td><td></td><td></td><td></td><td></td><td></td><td></td><td></td><td></td><td></td><td></td><td>じ</td></tr>
<tr><td>膨</td><td>大</td><td>社</td><td>っ</td><td>能</td><td>ニ</td><td>論</td><td>所</td><td>セ</td><td>だ</td><td>ヒ</td><td>べ</td><td>愛</td><td>ホ</td><td>ィ</td><td>プ</td><td>レ</td></tr>
<tr><td>コ</td><td>ミ</td><td>ッ</td><td>ト</td><td>メ</td><td>ン</td><td>ト</td><td>ニ</td><td>モ</td><td>れ</td><td>だ</td><td>ヒ</td><td>ベ</td><td>ィ</td><td>エ</td><td>プ</td><td>ロ</td></tr>
<tr><td>側</td><td>だ</td><td>ノ</td><td>ぐ</td><td>ド</td><td>ぼ</td><td>る</td><td>て</td><td>阪</td><td>故</td><td>故</td><td>海</td><td>愛</td><td>レ</td><td>ク</td><td>フ</td><td>ロ</td></tr>
<tr><td>キュウリ</td><td>を</td><td>ぼ</td><td>し</td><td>愛</td><td>ふ</td><td>通</td><td>エ</td><td>砂</td><td>レ</td><td>会</td><td>出</td><td>辞</td><td>て</td><td>ン</td><td>覧</td><td>重</td></tr>
<tr><td>や</td><td>し</td><td>本</td><td>愛</td><td>人</td><td>ク</td><td>然</td><td>写</td><td>保</td><td>カ</td><td>会</td><td>開</td><td>論</td><td>向</td><td></td><td></td><td></td></tr>
<tr><td>会</td><td>む</td><td>多</td><td>合</td><td>形</td><td>略</td><td>語</td><td>室</td><td>証</td><td>阪</td><td>ト</td><td>開</td><td>論</td><td>向</td><td>ン</td><td>覧</td><td>重</td></tr>
</table>

Word list (Puzzle 291):
- チェイス
- 人形
- 忘れ
- 保証
- ディプロマ
- の夢の
- スタイルの
- フィット
- 略語
- エプロン
- グロー
- アプローチを
- ギフト
- 土曜日に
- 状態の
- 膨大
- 石鹸
- キュウリを
- コミットメント
- 突風

Puzzle 292

Word list (Puzzle 292):
- 単位を
- 階下
- 高い
- 雪玉
- チューブ
- ナレーター
- 七面鳥の
- 恩赦
- 数える
- 陪審員を
- 笑える
- 博物館の
- 博物館キノコ
- アームチェア
- ペニー
- 夜の
- フィールドの
- ドライバ
- ヘビ
- 、グレー

<table>
<tr><td>応</td><td>論</td><td>精</td><td>辞</td><td>ヌ</td><td>私</td><td>退</td><td>べ</td><td>せ</td><td>歩</td><td>ヱ</td><td>愛</td><td>ハ</td><td>開</td><td>夜</td><td>の</td><td>乏</td><td>何</td></tr>
<tr><td>選</td><td>重</td><td>で</td><td>開</td><td>ラ</td><td>乏</td><td>だ</td><td>雪</td><td>芸</td><td>応</td><td>も</td><td>ぽ</td><td>嶋</td><td>側</td><td>じ</td><td>ホ</td><td>べ</td><td>室</td></tr>
<tr><td>笑</td><td>え</td><td>テ</td><td>ひ</td><td>登</td><td>ク</td><td>側</td><td>玉</td><td>砂</td><td>ラ</td><td>登</td><td>妊</td><td>セ</td><td>選</td><td>ホ</td><td>ぎ</td><td>ぎ</td><td>ゅ</td></tr>
<tr><td>モ</td><td>る</td><td>ア</td><td>本</td><td>エ</td><td>し</td><td>故</td><td>嶋</td><td>エ</td><td>れ</td><td>ヱ</td><td>読</td><td>投</td><td>投</td><td>ろ</td><td>私</td><td>ろ</td><td>て</td></tr>
<tr><td>ト</td><td>囚</td><td>ェ</td><td>だ</td><td>圧</td><td>ゃ</td><td>だ</td><td>場</td><td>コ</td><td>乏</td><td>権</td><td>ホ</td><td>じ</td><td>ひ</td><td>じ</td><td>や</td><td>ッ</td><td>チ</td></tr>
<tr><td>ナ</td><td>だ</td><td>チ</td><td>階</td><td>下</td><td>へ</td><td>画</td><td>博</td><td>ノ</td><td>開</td><td>場</td><td>解</td><td>七</td><td>ざ</td><td>や</td><td>退</td><td>無</td><td>り</td></tr>
<tr><td>で</td><td>レ</td><td>ム</td><td>ー</td><td>報</td><td>ビ</td><td>向</td><td>進</td><td>ヌ</td><td>権</td><td>ニ</td><td>サ</td><td>方</td><td>面</td><td>ベ</td><td>だ</td><td>ヌ</td><td>し</td></tr>
<tr><td>ド</td><td>ま</td><td>ー</td><td>レ</td><td>グ</td><td>、</td><td>エ</td><td>再</td><td>物</td><td>場</td><td>の</td><td>ゅ</td><td>鳥</td><td>室</td><td>む</td><td>る</td><td>方</td><td>論</td></tr>
<tr><td>コ</td><td>ラ</td><td>ア</td><td>タ</td><td>ひ</td><td>ニ</td><td>お</td><td>加</td><td>館</td><td>ヌ</td><td>ど</td><td>再</td><td>の</td><td>恩</td><td>愛</td><td>社</td><td>狙</td><td>ん</td></tr>
<tr><td>弱</td><td>や</td><td>イ</td><td>本</td><td>投</td><td>単</td><td>ペ</td><td>物</td><td>博</td><td>圧</td><td>陪</td><td>赦</td><td>室</td><td>進</td><td>摘</td><td>歩</td><td>愛</td><td>阪</td></tr>
<tr><td>ひ</td><td>阪</td><td>ゅ</td><td>バ</td><td>れ</td><td>乏</td><td>単</td><td>を</td><td>員</td><td>審</td><td>コ</td><td>室</td><td>進</td><td>ま</td><td>ヌ</td><td>登</td><td>じ</td><td></td></tr>
<tr><td>チューブ</td><td></td><td>れ</td><td>ぐ</td><td>や</td><td>意</td><td>セ</td><td>ド</td><td>く</td><td>能</td><td>社</td><td>セ</td><td>歩</td><td>所</td><td></td><td></td><td></td><td></td></tr>
<tr><td>囚</td><td>多</td><td>れ</td><td>写</td><td>出</td><td>妊</td><td>せ</td><td>圧</td><td>だ</td><td>ゅ</td><td>然</td><td>安</td><td>ふ</td><td>所</td><td></td><td></td><td></td><td></td></tr>
<tr><td>妊</td><td>テ</td><td>出</td><td>妊</td><td>せ</td><td>圧</td><td>だ</td><td>ゅ</td><td>く</td><td>投</td><td>し</td><td></td><td></td><td></td><td></td><td></td><td></td><td></td></tr>
<tr><td>フ</td><td>ィ</td><td>ー</td><td>ル</td><td>ド</td><td>の</td><td>数</td><td>え</td><td>る</td><td>い</td><td>く</td><td>投</td><td>し</td><td></td><td></td><td></td><td></td><td></td></tr>
</table>

Puzzle 293

イ 向 精 き 読 ひ 機 ざ 入 挿 地 正 確 な の 圧 ヌ 探
ン フ ァ ー マ ー 会 退 化 入 球 側 ラ ウ ン ド ウ 退 索
チ ラ ふ ま 解 だ サ ろ し 服 は サ を 重 ブ 天 方 し 何
が グ 愛 ざ 出 ふ 循 囚 読 安 ヒ 登 修 ぎ 室 気 百 眠 い
ヌ 摘 ス ニ カ ヌ 環 ょ 芸 ヌ ぼ カ て 応 加 無 社 乏 解
投 ス ぼ 多 辞 だ っ 芸 会 ヌ ル 歩 応 ん ド 故 権 阪 加
ゃ 覧 然 二 加 ヒ 砂 投 嶋 権 合 海 ま 囚 芸 加 通 登 覧
海 結 警 ヌ 読 話 通 解 故 向 百 芸 所 出 る 金 本 然 ふ
っ 再 セ ろ 読 で ょ ヒ リ 合 故 や ル 進 嶋 も テ ソ リ
ひ 満 た す っ 読 ヒ 合 や ぎ ハ だ 意 弱 コ ー ヒ ー れ
社 応 ま 安 退 進 だ 狙 解 圧 ニ ょ ぎ

満たす
ダウンの
地球を
服は
探索
ファーマー
循環
ブドウ
修理を
警官
ラウンド
インチが
正確な
眠い
入場
コーヒー
機会
挿入し
グラフ
天気

Puzzle 294

表示される
についての
来る
精度
ドア
説明
丁寧な
凍結
ラズベリー
余裕が
本質的な
川の
検査の
ソース
夕焼けの
ドッグ
プレート
年間
勧誘を
割り込み

検 査 の 覧 応 ラ リ 権 ヌ ド ソ 精 合 レ ア ヌ 本 無
暫 多 ル ド ゃ ヒ 読 合 ぼ ッ ッ 度 開 き ト ス ぐ 化
ハ ク 写 ぼ ア タ 焼 方 川 グ き 出 む ヌ ェ 室
無 割 能 ろ だ だ レ け の 故 凍 能 ざ む コ ょ ぽ
ざ り て る 砂 じ ル 芸 て い 結 ぎ 退 無 再 解 弱
余 込 開 写 投 解 嶋 べ じ 登 会 レ 応 ざ 側 ト 写
裕 み 丁 寧 な 精 き ト 妊 き ホ 室 加 カ 乏 登 愛
が 二 ひ ヌ 的 で 海 社 ど ざ も ひ プ レ 登 し ヌ
表 能 結 応 質 多 レ 社 ざ 会 ノ む ろ 選 べ ト
示 ヌ ク し 本 来 ゃ 権 会 論 能 海 何 意 ズ ぼ
さ 応 テ ひ ぼ 圧 る 会 登 ツ 写 会 ェ ゃ ラ 暫
れ 方 ん 報 多 リ 勧 誘 を 報 ド ッ ょ し ゃ 写
る 社 ょ 説 リ レ ソ 話 ク じ 写 圧 ど 応 ヒ 場
砂 歩 じ 明 砂 ー ク じ ん も 報 ょ 年 で 方 二
ク 加 だ 狙 ノ 解 ス つ 写 嶋 圧 間 ひ 再

Puzzle 295

```
ふ の き 続 手 ま ヒ ぎ サ む ル 進 い 報 ス に 読
緊 急 価 リ 投 っ 画 退 多 場 ベ 囚 で も 合 意 る
報 っ 惰 値 を 砂 何 無 覧 ハ ド 金 ト 解 故 ヒ カ
能 ル 話 な 辞 ド ニ モ せ 社 投 ス 退 合 阪 ラ 現
ク 話 サ ン 本 コ 京 然 私 京 ろ コ 圧 進 場 応 在
育 加 ホ 京 登 ビ 結 私 投 暫 ス ッ て 加 ド ヌ
ぎ や ジ 場 私 ト 部 や も と か ノ ソ 私 通 ぎ
ん 写 リ 辞 消 だ 門 出 結 く な セ 会 摘 画 ハ
妊 方 テ デ 登 防 や ひ な 愚 精 少 然 ろ ト て
む 返 ン ス 本 サ 士 応 ぎ る 結 ひ 能 重 ょ
や 信 ス イ 応 本 所 一 ろ 社 貴 重 私
返 ひ ロ ル 弱 所 ニ 無 圧 お 京 加 摘
出 て 、 弱 応 れ 二 無 圧 お 京 加 ろ
開 ひ 応
```

現在
少なくとも
いつでも
となって
巨大
部門
の価値を
にもかかわらず、
スター
怠惰な
、インテリジェントな
ビルドを
医療
緊急
貴重
増加
消防士
愚かな
手続きの
返信

Puzzle 296

宣言
動作
先生の
最悪
との間で
コーナー
ローカル
要因が
チーズ
シネマ
コート
陸上競技
塗料は
月の
声を出し
具体的な
現在の
ひよこ
オベイ
注ぐ

```
で ゅ ひ 無 ハ セ 意 ろ 育 ヒ オ 私 具 話 ツ 塗 ノ
お 故 お 最 解 結 宣 ホ ニ べ ひ 投 体 ひ 海 料 て
ひ お 場 悪 阪 ろ 言 芸 べ イ と し に 的 は ょ
ヌ ロ お 読 ん 弱 画 く ト カ の べ 愛 ス な 側
摘 一 百 重 コ 然 動 コ ト ま だ 通 所 く
む カ 退 ろ ー 動 作 ー で 陸 弱 ド 圧 ま
ニ ル 重 ナ 作 所 ま 要 海 退 声 て っ 私
私 ド 開 せ ー ま 結 因 上 重 を っ ぐ 二
ク ハ ト じ 金 結 チ 所 競 ぎ 出 だ 金 報
話 べ ニ セ レ 解 ひ ー 狙 技 ヌ し む 覧 ソ
ヒ ざ 能 所 お や ズ シ れ 側 辞 レ 側 ヒ 論
育 結 摘 出 弱 先 芸 マ ラ 本 会 報 京
テ 歩 育 ろ レ じ 生 権 無 側 金 サ 二 ひ
応 多 再 暫 ょ 読 の 砂 読 ヌ 本 モ ス っ
ろ テ だ ひ よ こ て 月 方 化 私 ま 囚 芸
```

Puzzle 297

リ ゅ 結 応 出 ス が ト ン タ ス ン イ ク ス 退 ふ
ア ひ ク グ ル ー プ 々 現 実 妊 だ じ 無 私 写 む
ラ 合 カ 意 安 ュ ン 故 数 応 異 な レ る 出 ど 、
イ 海 退 方 応 ニ ャ む 育 通 な も ス 権 写 経
ズ 精 画 方 然 の ジ セ 再 じ ろ で 暫 ノ ざ 済 登
を 圧 っ だ ノ 子 場 ン ー タ パ 解 権 写 ス 弱
能 話 論 圧 ぎ 供 き レ 圧 結 ド 側 妊 お 辞 ハ
狙 海 事 も 選 帽 ひ 何 オ ッ 狙 リ 社 阪 場 何
結 二 業 合 重 画 摘 ま ょ テ 芸 重 出 不 通 進 場
婚 謙 虚 な ヱ ぽ っ サ 権 ど 再 モ き 故 進 応
意 圧 結 だ 重 ぽ つ ょ 故 も 故 薄 再 議 意 む
ょ 進 応 や 能 芸 妹 側 所 だ 圧 い 議 ス だ ヌ
ぎ 再 登 レ ど ひ を つ つ く も や る ニ 側 応
ノ 乏 ぽ 海 然 結 ス ん ク 阪 ヌ 登 二 う ゅ 意 ヌ
ク ぐ 精 だ く 権 再 安 や 京 カ じ 金 る 暫 応 権

つつく
ニュース
ジャンプが
数々が
薄い
、経済
子供
オレンジ
インスタントが
グループ
現実
謙虚な
リアライズを
不思議に思う
異なる
帽子の
事業
妹を
パターン
結婚

Puzzle 298

ゼブラ
崩壊の
バスケットボール
剣テーブル
紹介
コンテンツ
しばしば
作られた
ドングリ
却下
残し
分母の
リス
凝視
機関
彼女の
竜が
穏やかに
選ぶ
ブルー

き 竜 が ふ っ 金 摘 ひ 摘 サ 読 剣 ヌ 二 ぼ 方 機
ひ だ や 愛 場 る 二 会 暫 モ サ テ 写 歩 サ ひ 関
コ や テ ン ツ 穏 出 カ 育 却 一 京 向 退 ょ 写 場
ン テ ン ツ 凝 視 摘 ろ や ル ハ 論 下 ブ ざ 砂 し った 狙
登 ト 凝 視 ょ 海 海 登 ぎ 崩 ル 作 ら れ せ 狙
ヒ 狙 論 ひ ス 安 ト ノ エ ふ 壊 紹 介 応 ん 囚
意 場 ひ 辞 る や も ス ゼ ろ の 阪 通 コ ぽ 解
し れ 話 し 私 き も ー ブ し 圧 ぽ 故 ぽ だ 話
だ ば 権 会 ば カ 然 ル ラ ぽ 暫 ク ト ボ
合 ス 選 ぶ カ レ ェ 応 サ バ 化 側 ー セ 重
く 覧 ぎ も 解 所 ニ れ ぽ 精 弱 会 ト だ 分
覧 弱 残 ク ニ 話 つ 弱 愛 ん リ ス グ 重 ン 母
残 し 彼 女 の 再 ノ 弱 解 ス ど ン 分 の
方 論 ス ぼ 退 化 結 解 二 場 論 ド 故 開 きゃ

Puzzle 299

```
社 特 行 わ 多 バ も だ つ 私 っ 場 話 芸 る ヌ 狙
べ ひ 別 登 な い ス ケ 摘 だ つ ん も 無 出 で カ 側 化
だ む 場 な カ ニ ッ ト 故 然 ん っ 嶋 多 読 メ ー テ ハ リ ス の 精 実 再 化
ホ 休 阪 責 任 ボ 昇 給 の 側 海 ー テ ひ ク 実 化 投
ん 百 合 の テ ー ク 安 ト 摘 権 海 本 れ 写 私 行 ろ
安 何 京 コ ブ ハ 退 弱 ホ 摘 海 り 再 会 ト ひ 化 写
何 ニ 話 ブ ル ひ の ま ソ 何 し 阪 ノ 意 ク も 私 サ
む 登 ヌ 覧 砂 む く ひ 安 弱 ぎ ょ ぽ 海 ヌ っ 私 金 意
心 ま れ 権 と 考 ス 登 ソ つ 方 私 ぽ 進 ル や 百 れ
つ の 権 と 考 え て い チ ホ だ り 何 つ 安 投 砂 ふ
たい 前 方 然 も ト し ス モ だ 育 圧 ぎ ノ 安 投 結 嶋 解 ソ
前 ろ 場 権 金 洪 水 停 止 ふ 私 室 育 圧 ぎ ノ ひ 結 ホ ニ れ
加 重 ひ れ 水 停 ふ 私 話 ニ で ハ 重 圧 ホ ニ で
```

クラブの
心の
休日の
責任
昇給の
リスク
バスケットボールの
蜂の
前方
レタス
停止して
カラスの
長い
特別な
行わ
実行
動物、
洪水
たいと考えてい
ステートメント

Puzzle 300

の下に
を過ごした
稼ぐ
ミュージカル
インタビュー
仕上げ
石炭
陸上競技を
定規の
フォーク
有名
生産
ています
目的の
疲れ
円形
テディ
アクティブな
不規則な
問う

```
画 ひ く る て 阪 ひ 陸 不 ク ツ 仕 応 安 イ 応 ふ
ク 登 ひ っ ヒ テ ざ 上 規 ゃ 室 妊 安 ン 圧 圧 ク
お 嶋 ょ な つ デ 金 競 則 ぽ 写 げ の む タ し 室
や だ ル ブ ど ィ 愛 技 な 加 すっ 下 ふ ビ 側 だ
サ テ カ ィ 論 も 論 を て ま に 話 ュー 出 ぎ
ゃ む ジ テ ん 有 辞 ざ 目 登 ー 妊 る
フ ー テ ク 然 名 阪 れ 暫 的 定 退 チ 狙 育
重 れ ュ ア コ ア 形 開 や 投 規 出 ご し ス
ひ ょ ミ 円 形 嶋 だ ニ 読 の 何 っ た 室
生 産 ヌ 解 読 ヒ 私 り 狙 重 じ 過 社 ぼ
ま ソ ゥ ひ 合 ぽ 石 む 退 ん 開 京
再 稼 ぐ 場 で ハ 圧 て 炭 ょ 退 だ く 問
然 お 論 ひ 加 合 ま 権 側 く ま 金 ッ う
結 ホ 場 ソ 阪 然 ェ 側 化 っ ク ニ 摘 側
加 辞 場 ソ 阪 然 ょ べ 化 ク 二 会 ひ
```

Puzzle 301

```
ド 出 ぽ ぐ 場 デ 写 ス ベ カ ツ 場 意 選 委 れ っ
ヌ 乏 だ テ 故 応 ザ じ 投 お っ し 、 シ カ 員 会 る モ
ソ 狙 通 エ 写 向 金 重 複 登 芸 ど 本 ま 素 妊 能 ッ 弱
愛 狙 社 ろ 再 イ ン 金 ヵ 無 ぎ 芸 海 と 何 化 カ 故 し
能 芸 最 で む 多 看 人 弱 せ 合 せ 金 ラ ざ カ 金 か か
然 、 近 社 投 っ き 看 ヌ 弱 解 ざ 意 せ 金 サ て が 場
は 側 れ ぎ チ 海 所 護 弱 だ せ 登 画 金 ク ポ 論 い 論
プ む 側 っ 弱 く 彼 ら ぎ 本 二 解 せ 砂 向 精 て 一 ト
ッ 何 っ 弱 場 報 そ 師 本 サ 退 リ ツ ル ゅ 辞 カ 登 る
マ ド ひ 場 海 開 所 愛 エ ヌ 暫 お 退 故 暫 セ 頻 能 出
ウ ク ラ 本 く 報 本 二 サ 写 話 コ 何 選 乏 に 当 本 お モ
マ は さ 百 愛 エ 暫 ひ 退 故 暫 セ 繁 ホ ヒ れ モ
シ ふ 百 愛 エ ヌ 暫 お 退 故 何 選 乏 に 当 本 お
ク リ ー ム ツ テ 写 話 コ 何 選 乏 に 当 本 お モ
```

個人
本当に
彼ら
デザイン
古い
看護師を
サポート
おそらく
クリーム
マップは、
頻繁に
シマウマ
しかしが
、最近
簡素化
はさみ
重複
ヘラジカ
、シカ
委員会

Puzzle 302

メールを
カブ
積極的な
トーク
オプションの
一人で
単語の
記事は
表面
復帰
の重要な
接続
要求
を明るく
コーチの
突然
ネック
レクリエーション
スクラブ
平野

```
単 語 の 突 し を 明 る く オ プ シ ョ ン の ど 通
意 話 チ 然 論 ひ 話 も 本 育 ヌ ざ ひ ト だ 場 モ
エ 芸 ー ク も 弱 カ ツ む ニ セ ょ リ ま 覧 ざ
復 帰 コ 室 方 向 ノ メ ー ル サ 然 海 多 れ 方 レ ふ
ヌ 育 ソ 権 だ れ 精 場 接 続 重 側 だ 通 ク 摘
写 で 愛 権 ス ヒ 場 要 然 の 百 圧 し リ 応
室 社 ニ 投 方 表 本 求 選 無 育 芸 狙 暫 エ リ
社 選 ノ や ヒ 面 ホ む エ 乏 っ 一 野 ノ ー 加
開 ソ 弱 ヒ ト 解 し チ 重 ヌ 平 人 故 シ 投
積 極 的 な ぎ ー 会 ク ろ ヒ 登 つ じ 精 で ョ ま
ょ 辞 ノ 本 会 選 登 ろ ス 重 再 芸 登 暫 ン 社
退 精 論 ゃ 解 然 本 再 画 阪 応 進 解
だ 暫 百 じ ニ サ テ 化 て ト ぎ ラ ネ 話 ん
ぎ 囚 ふ サ テ ゅ 記 事 は 論 ス 安 ブ ヌ 芸 側 ブ
だ 応 百 暫 ゅ 記 事 は 論 ス 安 ブ ヌ 芸 側 ソ ツ
```

茶色の
、最後の
変位
振る舞う
クッカー
原因
楽しい
ブリード
人気の
少数
コミュニティは
影響する
を通じて
親切
黒い
アクセス
整理
ワーキング
どこでも
詳細は、

ト	人	気	の	せ	辞	ブ	ツ	ぎ	狙	で	結	ド	を	歩	狙	茶
写	阪	砂	解	再	ス	リ	整	理	ト	開	狙	方	通	京	然	色
摘	ヒ	重	だ	や	ー	ス	ド	ー	、	後	の	テ	じ	進	報	の
然	カ	テ	グ	く	コ	ミ	ェ	コ	最	狙	テ	や	る	方	方	モ
安	ぎ	囚	ど	キ	ス	レ	ニ	変	海	何	ノ	化	百	退	選	ス
ろ	重	っ	ょ	だ	ュ	ニ	ャ	位	会	権	ク	所	詳	む	室	ノ
ク	数	っ	ワ	ょ	ニ	ティ	安	ぼ	芸	や	暫	権	べ	影	す	っ
じ	社	せ	ニ	だ	ィ	安	楽	し	ク	セ	じ	社	嶋	も	る	せ
覧	ヱ	狙	投	は	暫	コ	い	ど	ス	ふ	応	所	応	社	権	る
安	ホ	投	親	切	振	い	黒	こ	セ	こ	意	金	ぐ	じ	リ	権
覧	っ	れ	ぎ	ぎ	る	ど	お	ツ	ヒ	も	だ	ヱ	多	ホ	ぎ	覧
レ	場	場	や	チ	ん	舞	ひ	モ	解	重	投	社	登	く	覧	退
ざ	阪	セ	安	カ	ひ	コ	う	重	能	だ	場	む	合	ト	退	ト
っ	精	安	百	囚	会	る	社	ニ	阪	投	場	投	方			

ワイヤー
兵士
プルを
禁止する
コール
ブラック
光沢のある
ドライバー
オブジェクトを
学生
大根
聞いて
鉛筆
注意
待機
与えました
タマネギ
傾斜
戦いの
ディスカッション

禁	止	す	る	向	コ	百	し	で	ス	レ	大	タ	注	ド	退	モ
テ	通	然	ふ	覧	ニ	兵	ッ	ド	プ	ッ	根	マ	意	ラ	論	ハ
選	重	ょ	退	愛	じ	士	プ	を	ル	ド	ニ	ネ	学	イ	学	ふ
ヌ	リ	故	で	で	ト	嶋	ル	妊	本	ブ	ホ	ギ	っ	バ	生	報
狙	ツ	だ	投	登	セ	開	通	室	セ	ク	会	だ	ー	育	退	
ク	結	摘	合	育	で	化	だ	安	コ	レ	権	加	向	だ	光	場
応	ぽ	ぎ	て	精	き	乏	ひ	待	ー	待	機	ょ	側	聞	沢	っ
レ	解	ニ	ホ	ハ	カ	っ	ャ	傾	ル	通	ぎ	チ	の	せ		
開	嶋	阪	で	場	ッ	き	向	斜	ブ	意	退	り	あ	社		
ラ	デ	ィ	ス	カ	進	エ	ツ	能	ラ	ぽ	暫	ふ	る	で		
鉛	や	ょ	砂	写	べ	ッ	ニ	与	ッ	無	れ	退	て	ひ		
ノ	筆	通	選	ト	を	ン	多	え	ク	ふ	場	ニ	ス	弱		
オ	ブ	ジ	ェ	ク	ト	狙	ま	向	じ	ま	能	安	話	精		
応	ま	通	選	ょ	を	も	写	覧	ニ	し	社	論	百			
る	狙	何	出	れ	ま	も	開	場	エ	た	ワ	イ	ヤ	ー	ツ	育

Puzzle 305

ぐ む 無 投 て ひっ 感 場 権 ヱ き 会 ぼ 嶋 辞 ょ
所 ひ 弱 く ふ 何 然 チ 謝 囚 しっ 出 べ 読 圧 投 だ
コ 囚 進 安 息 写 読 暫 カ 囚 エ ぐ 故 じ 結 下 室 応
ル ソ 子 の ょ 育 ツ 何 だ 室 リ ル 化 も 狙 や 降 ラ 答 か ら の コ ン ド ル の 画
ひ 面 白 い の レ 最 も 狙 だ っ ヌ レ き 出 摘 京 安 ィ テ 退 精 る じ セ ル の
ぼ 登 ヌ 弱 砂 然 の ソ ハ 選 大 声 砂 権 狙 争 ハ ニ タ 側 ネ モ ズ ー セ ょ し 摘 百 私 バ ル 側 ざ ん
、 ゅ 個 々 の ス ク ホ ド ク 含 お 能 ま ん ヱ 加 ホ 嶋 ド 論 歩 進 百
再 ヱ ット ス ト リ ー ト ヱ ヌ 加 ホ 歩 嶋 論 ぎ ラ 歩 コ ー ム バ ル
妊 エ む 再 重 ヌ し 多 歩

Puzzle 306

の ド ッ ベ ヒ 芸 っ ヒ ひ 出 安 ス ト セ 摘 ト 解
仮 ラ 愛 出 投 芸 選 カ も 通 む に 卵 結 ぼ 芸 京
想 グ 登 金 進 ど ソ 結 た 受 優 し 会 投 合 京 コ
通 ワ ひ ひ 妊 芸 ニ コ ら 妊 信 く 近 金 ぎ 狙 ッ
ぼ ー リ 解 ざ ッ 進 し 進 シ の ぎ 感 ろ 応
画 ズ 阪 通 カ ヒ 進 ざ た 無 ナ 応 情 ホ ス ル
ニ 側 ニ 場 暫 ま り だ 画 リ 方 ホ ッ テ 叔
ゅ ざ ス 意 ホ 安 育 ニ ぽ オ 重 や サ ル 父
ソ 結 だ 話 側 だ し ホ エ 安 る む プ れ は
れ お 結 本 ラ ん 化 ニ 所 べ る れ 論 、
ス 開 だ ン ぽ ヌ 化 無 再 し 私 ざ 私
行 い 安 ダ コ ル 報 故 辞 通 砂 退 京
報 ゅ も ム 多 社 退 て ワ や 多 応 写
労 を 加 ま 応 分 囚 登 解 ぎ ニ ワ は る
室 雇 用 っ 摘 妊 選 ヌ ぼ 権 登 ワ ー ム ヌ レ 囚 べ

Puzzle 307

応報重百れ二加グンリクイサモ向論て
れ加場権楽し反ぐむだクセクざ妊会むの私カ
化金チ京ょま応ードだクざドふふ食弱セドひ加ろ本やむ加読育器応ひっクホだ芸

唯一の
イベントを
来た
グレード
に空
のカップル
ナイフ
昨日
廊下
操作
反応は
食器棚
鼓舞
合計
サイクリング
自身は
でき
間違っ
楽しま
学ぶ

Puzzle 308

ビート
する非難
守る
オコジョ
感じた
叔父
ホップ
選択し
ヤード
コヨーテ
目の
ロケット
カー
良い
祖先
食品
、緑
を超えて
同一
環境

Puzzle 309

```
ヌ ま モ ざ 野 京 せ く ト ホ べ だ ろ ノ 能 摘 室
入 ホ 妊 も 菜 進 ブ む ま ド 私 芸 お 王 小 さ な
力 重 論 む を モ ー メ ン ト 暫 お め 読 冠 第 十
し 知 っ て い た 口 精 摘 砂 ひ で と 圧 の 砂
て ハ サ 合 ぎ 社 ぐ 砂 安 む ま ざ 私 ハ く 側
私 ざ で せ 砂 ク 応 覧 だ ひ し ヌ う ギ ッ ド
冗 ま ノ ま だ 囚 ろ 圧 権 覧 論 報 ュ 化 ド 重
談 私 コ セ っ け 読 さ 母 ぐ 開 安 ス ど や
ぐ 辞 ょ 選 暫 ひ っ さ ニ お 通 ク ひ れ を せ
れ ヌ ひ 狙 ニ な し ょ ヒ ぎ 方 チ ゅ 社 も ふ
合 覧 つ 雪 支 出 多 暫 応 ま 本 安 解 多 私
ページ の 支 出 多 で ま と こ ヌ 摘 ラ 無
ふ 所 も チ ん だ 圧 る き で が 砂 レ 狙 ト 登 ヌ
社 解 っ ー セ 写 ス ま コ 砂 レ 狙 ト 登 ヌ
ソ ノ 育 ビ っ 写 ス ま コ 砂 レ 狙 ト 登 ヌ
```

なし
ページの
知っていた
冗談
野菜を
モーメント
ことができる
ロープ
ビーチの
雪だるま
お母さん
入力して
支出
ギュッ
王冠の
第十
おめでとう
せっけん
治世を
小さな

Puzzle 310

```
妊 応 意 化 意 摘 結 ボ ゃ の キ ー ケ の セ 再 能
だ ぼ 能 確 立 室 ぼ か リ 電 方 ふ オ だ 会 ぽ
高 貴 な 明 ょ ル む ぎ 結 話 ヒ ッ っ セ セ ヌ
意 然 無 も ん 覧 も 論 重 ー じ て ク っ だ っ く
エ ン ジ ン が 投 合 再 記 百 ム て 暖 暖 ベ ヌ
き 重 室 登 画 だ 二 多 述 せ 再 炉 炉 チ 嶋
ツ モ 方 京 投 ふ べ ヌ 歩 テ す す 聞 乏 エ
サ し ひ 育 ノ 辞 妊 覧 ェ 暫 る 採 じ 合 海
向 ヌ ひ 解 何 ヒ 覧 無 ツ 用 図 ぽ 愛 然
ぎ ぐ て 合 も 報 カ の ド 京 て む て し り た ょ
ソ 育 ホ 精 論 何 店 所 忘 京 ど て し ま 分 つ
退 登 京 ヌ ま 側 精 ヒ 忘 れ る っ 本 ぽ
く 報 テ ぎ 歩 ヱ 覧 京 写 た 登
画 テ 囚 応 歩 狙 論 登 愛 覧 ひ
だ 出 ベ ッ ド レ の む 金 で 安 覧 然 ど 愛 覧 ニ
```

暖炉
聞きます
明確化
意図する
採用
ボリューム
記述する
高貴な
の電話
エンジンが
忘れてしまった
成分
のオファー
かむ
ケーキの
店の
もらう
確立
ベッドの
何も

Puzzle 311

読 百 ぐ 嶋 ん せ ス ぽ モ ツ セ っ 側 通 選 ゅ 明
れ ゃ だ 所 ト 通 辞 方 応 囚 き 故 ヌ サ 結 に 確
る 精 ょ カ ト ベ 開 狙 リ 進 ニ 愛 ニ ぽ 退 も に 再
ド レ ス 故 何 室 狙 経 ラ 然 進 ニ ッ 結 運 話 べ
覧 と 圧 私 方 ス 室 験 ぼ ま 然 会 ケ 育 辞 ょ チ
教 会 の 京 も の 愛 の ま 妊 ヱ 愛 ジ 水 泳 い
然 嶋 だ ぽ 権 る 精 囚 く 、 警 釣 カ 品 弱 の っ
ぐ ひ ぽ 摘 辞 ひ 精 、 告 リ だ れ か ー わ カ ぱ
摘 辞 ひ シ 魅 カ 会 ニ ッ 再 阪 リ ン ゴ は 暫 無 い
海 モ く セ ル ョ 会 ニ 再 合 選 チョ 何 暫 ま い や ふ 何
ソ 読 育 防 衛 暫 狙 ヌ ハ 場 ツ 何 摘 金 論 ょ せ 安 覧 進 解 場 室 応

（ワードサーチ・グリッド）

単語リスト

ライター
かわいい
、脚
するものと
品の
教会の
警告
水泳
、リンゴ
ドレス
ショック
経験の
防衛
幸運
明確に
いっぱい
釣りは
魅力
チョコレート
スケジュール

Puzzle 312

スリ 摘 む 嶋 ひ 向 結 投 海 チ 能 ま ト
出 話 ま 金 歩 セ 権 ス 育 辞 応 選 ざ ゅ だ ル 解
摘 ス 報 ヌ ひ 合 選 ヱ し 退 権 し 方 ど 権 読 応 ソ 応
成 長 を 進 社 長 ま ざ 化 欲 求 解 ニ リ 進 金 暫 狙 応
金 ふ 買 っ モ の 登 ヌ モ 通 社 権 ど ヒ ハ ざ せ モ 妊
ぼ ん せ ショク シー モ セ 場 ク 学 能 阪 き ざ 特 に
スピ ンク グ ケ ン 大 学 院 論 ア ク テ ィ ブ 投 ヒ コ 阪 に
前 登 ぎ ス 二 バン テ ー 嶋 登 選 摘 愛 乏 応 価 格 応 嶋 暫 写
に 登 再 応 ひ 乏 故 室 登 結 む べ ク ょ 愛 迅 速 れ 通
保 ク サ ち ひ 応 ぼ ワード 故 だ サ て む ク 加 お む 精 添 付 ろ
乏 ち 側 阪 ぼ コ 解 権 応 パ く おお く 精 添 登 意
クト ド ノ す るホ ぼ コ 選 だ 弱 パ く 精 多 登
愛 無 意 論 だ リ ト っ 金 故 パ パ 多 添
応 ふ スき 所 化 サ 京 ト 削 除 を る サ 意

（ワードサーチ・グリッド）

単語リスト

アクティブ
通学
カーテン
削除を
セクション
シーケンス
前に
欲求
ピッグ
大学院
添付
成長を
に迅速
価格
社長の
特に
バンワード
買っ
パパ
保ちます

Puzzle 313

```
同私エト砂トぎっ応エベだれ暖意無芸
実意たスどホ摘発揮ハだニ炉摘だ応側
京証しツベ圧関側にっべの先っ通スス
妊開室エサてだ心応クいぽ常百ヒにひだ海論
資通ぼおきだ狙もだ簡素化てしヒ話ぽひ合
本ぼ京きざ方のだ再化はしおざニぼだ海
応加っエだだゅ結はしょ京もむにヌ論ぽ
ハ飛ラモハ退進加室ょサの育んヒひサクひ
エきニ行キ愛グンデど海りむぽ辞やコまク
ぎま阪ぐチ人拡張ニサもむ歩リ方解権レニ
まシ退んトだ、なくなっくっ歩所通摘圧場サ
シャツエチ囚ハぼっまやルハ報何チ囚サ場然
```

Puzzle 314

```
モテひクク登阪登教室暫ゃくれ
れレンどーペンシャキ愛せひ私れヌ
ブレストど精ソ金もラノべサ加読然だ
さよう取りにな論画ひれ登リン囚ス圧
読みテ囚れ満足セ応重ク私加
歩弱も論もャドを囚側モトひチェック
何論もャセ能弱スニむ京カ側育きト
ラボカ方ひドまドラ選暫っ加モっ
お囚っぎ阪ラザぎ選能自妊や会退モ阪
化ひトべぎのひエど弱身投然乏海砂ノ
本代結てだ食事報安辞深権ティーポット
ツぎ古代べ嶋画告ト報クっよ株式ノ安二乏
```

Puzzle 315

```
ノ だ 投 進 れ や モ サ ヌ 暫 じ 重 ク ト ル 権 多
ー 愛 然 ぐ 壮 、 れ 然 リ 画 囚 構 会 や 置 持 っ
ト ゅ カ 登 大 社 ま ひ 笑 意 好 退 故 風 能 呂 ヒ て い
ブ ベ モ 芸 登 会 ホ だっ 報 た 百 だ 故 じ ぽ 所
ッ ス を 登 私 場 側 む エ 愛 社 無 ぽ ノ サ 覧
ク 海 し 開 退 ホ 報 、 こ こ で フ ェ レ ッ ト
歩 エ サ 開 話 ろ ひ 再 セ は ラ 係 合 の 好 き
く 登 投 選 候 補 ト チ 退 能 ぎ ヱ 会 関 ん ク
ニ 多 解 育 能 ハ ソ だ セ 嶋 歩 し し の 遠 理 解
監 視 狙 能 結 だ ど ニ 再 能 読 選 テ だ 京 加
ノ 化 じ 結 ヌ ま て 進 歩 サ ツ 圧 弱 囚 画 意
ヌ 何 ヌ ま 登 ド ひ り る も 読 圧 や
金 ぽ 登 化 ラ モ も タ ッ チ を し ス キ ー 乏 妊
然 室 ま 再 ひ 画 妊
話 海 再 ひ 画 妊 タ ッ チ を し ス キ ー 乏 妊
```

スキー
監視
の関係は、
フェレット
好む
カモを
理解
遠征
笑った
、ここで
、まだ
置く
持っているが、
タッチをし
候補
風呂
構造
ノートブック
壮大
の好きな

Puzzle 316

ストロベリー
カエル
喜ん
曇り
衝突
グレープ
存在
大きな
に向けて
位置が
動き
単なる
プラスチック
を奪う
流体
最大
日時計
ストッキング
となっ
デューティ

```
位 置 が 場 ニ 乏 ひ 画 ベ 画 ニ 合 ぎ 存 だ ス ホ ニ じ ぎ ハ
ノ 精 ょ ひ 出 リ ド 加 会 進 砂 ル 歩 在 本 ト 進 じ ト べ っ 通 応 砂 論 乏 ニ ッ
動 流 せ セ 場 む 画 に や 大 大 き な 進 し ベ ん 登 論 嶋
き 体 ツ エ て 暫 登 ト 向 最 再 向 意 読 ク リ く テ 狙
ソ だ 加 社 場 つ 暫 せ 弱 む 本 っ 向 っ く コ っ 論
無 狙 百 れ 精 愛 ク れ 本 け ラ レ も む 何 ヒ 然 京
再 っ 本 場 会 ス 圧 ヌ 多 ゃ ー 日 ゅ じ 京
じ 海 所 れ 進 を ぽ う る プ 投 時 育 む 論 能
ぎ ま 投 本 カ ぼ プ 囚 開 ラ カ 計 私 ひ 合 狙
だ ひ 圧 や 本 だ ト ラ 能 会 ス り 開 じ 阪
ょ ヌ グ 圧 ぽ ゃ ス 歩 曇 社 ん 化 論 京 能
加 む 衝 突 キ ッ 読 チ コ り 選 開 阪 能
む デ ュ ー テ ィ な 単 ッ 能 ス ベ 海 選 投
側 出 多 退 リ モ コ エ っ 精 レ リ 社 カ エ ル
ひ 重 画 退 リ モ コ エ 辞 ど 所 カ エ ル
```

Puzzle 317

画 選 ヌ 社 ざ 論 ノ 安 ハ 教 会 ヌ ヌ 話 ベ ク
社 ハ リ 会 話 登 で ゅ 合 権 登 ノ ケ ひ が 重
結 加 む 的 社 育 テ く ま だ 化 選 ア ど 耳 乏
解 愛 能 所 場 方 退 砂 き つ 摘 合 っ 重 の 場
方 加 ク 加 結 し ヌ 画 の 紳 多 重 ド 話 視 重
ツ ぼ 覧 圧 っ ヌ 願 サ 嶋 、 退 多 ス 多 可 二
ー 写 ぐ リ 話 阪 い 結 圧 く ス 摘 サ 出 不 意
ル む 嶋 し 嶋 登 を 解 明 し 摘 イ イ り 方 だ
の 応 ひ 側 一 祖 か か 日 狙 日 く リ 読 向 ど
弱 砂 方 選 名 父 か し ソ 開 は 読 ン む エ せ
写 選 ニ れ 詞 あ 無 話 狙 大 カ 金 ホ 報 ひ ヒ
阪 ハ 安 ル 投 ま ヲ 嶋 っ 丈 ギ 加 歩 歩 ン 写
向 ん ま モ ぐ り 画 出 だ カ サ っ ぼ ヘ ひ 向
応 だ ニ グ き も ト ソ だ 海 ウ 精 モ ヒ カ エ
囚 弱 だ 私 リ 重 っ 出 脂 ラ ノ ベ モ ノ ヒ カ

ので、
社会的
明日は
ウサギは
脂肪
ツールの
リソース
大丈夫
かかし
紳士
あまりにも
ケアの
名詞
の耳が
祖父
教会
サイリング
願いを
ヘン
不可視の

Puzzle 318

シャワーが
リーダーの
年の
ささげる
、標準的な
だろう
バス
表現
優しい
笑顔
参照してください
キャリー
ワゴン
池の
のない
都市を
国際
態度
削除
うち

応 ニ で ふ だ 論 む ヲ 都 方 覧 せ モ だ だ 阪 参
写 重 多 レ 写 ラ ぼ テ 市 コ 写 場 ト 本 チ っ 照
ふ 覧 ク チ チ 側 報 シ を 会 登 ヌ 百 辞 ぼ し
ス せ テ く 進 愛 ぎ ャ 削 弱 然 ヲ 社 ヒ て
じ 、 ト ャ 覧 ヒ 芸 ワ 除 ひ 選 セ 多 化 く
解 標 ス 摘 愛 ワ ベ リ 再 く 圧 ニ 論 ド だ
二 準 ベ 金 サ ゴ 歩 ャ だ 暫 加 だ げ さ さ
話 的 ツ ヒ ル ン が 京 ふ や 社 リ 何 る い
精 な 投 所 妊 ど ふ 論 無 砂 ヌ ー ニ エ な
再 会 エ ま ソ 解 方 京 む 出 暫 ダ 狙 笑 の
国 際 応 京 で ヒ 京 論 ょ 画 や 室 顔 池
っ ひ ぎ 然 ク 退 る 私 ソ 芸 ー 妊 応 私 ラ
二 き 所 ツ サ 化 歩 摘 私 優 の ど 度 じ
バ 合 話 然 リ 何 私 百 故 し 年 サ だ だ ぽ
ま ス セ し 合 っ ぽ 砂 優 い 百 つ 応 乏 う

Puzzle 319

```
ぎ 加 む し 進 登 リ 会 し レ リ つ 能 摘 退 警 ラ
進 セ む 百 退 や 海 ヱ 能 カ 金 サ 側 嶋 じ 察 し
摘 ヱ て 会 再 出 圧 出 覧 っ 圧 ラ ダ ぎ ま お 場
て 会 所 京 ス 多 ル ざ 登 ぎ ス イ ホ る ぎ 開 む
ツ ノ 再 金 ぽ や ど ぎ 読 圧 ホ ジ ェ 再 る 発 覧
ノ ク 金 育 ま せ せ 読 室 ス テ ト ょ ぎ 弱 ざ 応
登 登 育 選 ひ ぼ 解 辞 ッ ロ 意 ジ プ テ 場 ざ
、 無 無 せ 弱 私 工 安 ピ ン ク ロ ー ト 本 室
ど こ 通 ゅ む 事 金 ク ひ 在 庫 ッ 資 側 ぽ っ
開 や の 週 実 む ヒ も 不 安 ニ ラ 退 格 冷 暫
ホ ネ 週 よ う ゃ な 要 主 百 て 室 故 を 蔵 選
ス イ せ 向 ち 結 重 む ろ 砂 お 報 つ 庫 き
金 ル ツ 登 ゃ な む ろ 解 ノ ー ト ぎ の 圧
登 ま 多 王 室 キ ャ ン プ 解 砂 故 報 京 せ
レ ゃ 狙 室 ち ン 結 重 む て ノ お ぎ ふ
```

クロック
在庫
、このような
ネイル
冷蔵庫の
ステップ
事実室
王週
資格を
主要な
警察
不安
ちゃう
開発
ピンク
バージョン
ダイジェスト
キャンプ
ノート

Puzzle 320

キャリア
雨の
の伝統的な
通常
セロリ
土地の
リード
気に入った
ボディ
火傷を
アプローチ
紛争
雑用
インチ
プライマリ
の異なる
家賃の
ランプ
科学者
個人的に

```
リ コ 狙 科 レ ク サ ス リ 化 ゅ ん ニ ひ 火 ヒ 妊
開 レ 方 学 っ ひ ぎ ク 再 覧 ス や チ 京 傷 ハ 応
嶋 ニ だ 者 の 伝 統 的 な 読 テ 重 カ 意 を 解 ヒ
然 で 海 ろ ッ ヒ 読 な 権 ス 何 通 何 通 歩 乏
ス モ 投 ろ む 愛 再 囚 の 異 な 雨 の 常 ん 無
ひ ざ む 本 権 ま お 狙 気 だ 愛 れ 登 開 室
ふ 登 然 む ヌ 出 無 お 然 り テ 故 囚 家 ん 論
イ チ ー ロ プ ア 故 ろ だ リ に 入 賃 ノ れ
リ ー ド ど 加 ト 意 社 出 テ 的 百 ふ 暫 紛
ド 話 ル 何 結 サ セ 囚 く き 個 ド じ 育 争
マ ス 結 安 ヌ ア ロ 合 進 ろ 圧 雑 会 応 場
イ 開 ル ク ニ じ リ 通 セ ゅ 退 用 退 妊 歩
ラ ン ラ 意 ボ ラ ャ 然 ニ ん セ テ 能 精 ざ
プ ド 砂 乏 テ デ ィ ホ キ ん ラ セ 乏 工 や
だ 土 地 の 故 だ ィ や 芸 登 ょ セ 妊 阪 ハ
```

Puzzle 321

宗 る レ 私 室 カ 閉 ま ヌ 乏 だ 妊 側 タ ゃ べ ニ
ざ 教 向 ビ 加 権 じ む っ ホ つ ろ ー カ ろ 無 室
摘 ヌ 的 画 摘 込 権 っ ホ ヱ 安 キ ん ぎ ー ス 様
き 出 ハ な カ め ツ ホ ぽ 出 ゃ む 芸 ー ヒ 選 々 な
だ ヌ 育 ニ れ 故 お べ 覧 ス だ 狙 読 で 百 人 の
何 レ 金 お 歩 ま ぎ 社 ス ろ 画 合 多 万 写 恐 や の と
結 安 ニ く ス 意 だ ゅ ぽ 再 愛 重 チ ょ 怖 投 ト っ 応
ヌ 精 れ 写 論 ん ボ ー ド も 辞 ニ 合 の 圧 な
て む 金 覧 や 結 い ぎ ホ 場 っ 適 テ イ お
ょ だ 故 場 カ 登 ホ ぽ も ツ 場 故 ひ ク 摘
ゅ 側 場 登 ぎ ペ ホ 場 リ 能 ひ パ バ ー
中 妊 て 解 ス ペ 安 場 ン イ 退 て フ 開 ニ サ
心 愚 か 者 の ス 側 だ 場 ン ト 百 ク ィ 行 ー
肖 最 大 の だ 登 応 だ 百 退 故 暫 応 ン 飛 ど サ
像 故 く 阪 海 む 方 ニ 圧 故 暫 応 ン 飛 ど

単語リスト:
最大の
レビュー
ボール
甘い
万人の
の素敵な
肖像
閉じ込める
様々な
テイク
バニー
飛行機の
愚か者の
宗教的な
ターキー
恐怖の
中心
適格
ペイント
パフィン

Puzzle 322

単語リスト:
アイデアは、
喜んで
育て
一部の
天使
フラット
停止
適用
まま
一致する
満たさ
タイガー
公式
ささやかな
予測
靴下
タレント
距離
試行
に自信

育 ぎ さ ハ 靴 下 社 っ む ぎ ト ア 精 ト ン レ タ
ヌ て さ く 通 通 会 ツ 無 暫 イ 報 応 辞 囚 イ ガ
場 ま や モ 応 出 る ゃ 狙 二 デ 暫 加 ぽ せ ー
つ ニ か リ レ 芸 適 用 止 ぼ ア 囚 コ ま ま 私 合
海 退 な だ ー く 意 登 カ コ は ト だ 愛 ま 乏 ト
満 た さ 試 致 会 多 結 レ 応 る ゃ 選 出 私 だ
投 や ぎ 行 す 芸 じ 会 弱 ま 社 ク リ レ 報 乏 ょ
ツ 方 育 能 る コ セ 画 囚 ょ レ 暫 ヱ 砂 ヱ
だ 金 能 ょ 故 ど 方 囚 向 く 部 の 権 写 登
だ 辞 百 ノ ひ 砂 き 場 に 自 結 ツ 弱 愛
暫 圧 阪 海 社 セ 愛 退 信 む 公 砂 囚
暫 ヌ ま む 覧 サ 海 ノ き 通 じ 喜 式 意 妊 ひ
無 芸 何 ス お ヌ 二 通 私 ん 愛 だ
天 本 っ 意 せ 無 場 距 離 阪 ふ 予 喜 で 妊
使 摘 然 む ヒ 場 所 フ ラ ッ ト 測 結 ヌ

Puzzle 323

```
見 て 出 れ 側 っ や じ 用 し て く だ さ い は 、
ツ 愛 れ 版 辺 ト 退 通 品 故 ベ テ お ヱ し 所 だ
ス ウ ェ ー デ ン 人 の 然 報 圧 本 通 妊 何 通 暫
ぼ 百 ス 側 る 、 も 体 進 摘 業 ぎ 安 能 阪 ニ カ
ど ょ れ ま は ど 方 画 全 ん 囚 を 然 話 ヌ チ セ
く ま 選 私 加 健 室 合 覧 安 応 故 だ ラ 捕 捉
も や 選 の 加 っ モ り が ソ 社 だ て っ ス 京 狙
マ イ ナ ー の 退 砂 ひ た ニ 百 輝 故 何 ル 何 カ
多 べ ぎ 退 重 合 開 私 い 場 き 写 調 に ぎ 金 セ
ス 進 サ サ 向 私 読 こ 応 出 テ ざ 査 辞 出 ニ
芸 辞 せ 歩 ツ 論 ぐ ヌ 準 結 場 弱 所 無 れ ク 阪
辞 ょ む ニ ょ き 重 応 暫 備 本 芸 所 芸 ヌ 教 授
ル む 卵 ツ せ 狙 応 暫 本 会 だ 阪 だ 阪 ヌ 妊
出 し の 日 し コ 権 れ れ ま 会 だ 阪 だ 教 授 妊
```

捕捉
テント
マイナーの
輝き
出版
スウェーデン人の
日の
ありがたいことに
教授
用品の
見て
業界を
側辺
健康
準備
全体の
卵の
してくださいは、
調査
砂の城は、

Puzzle 324

の問題に
ベルト
フロート
コントラストは、
選択は
、キツネ
関与
クロス
注が
贈り物
中間の
困ら
たまま
抱きしめ
会議は
の階段が
編を
行く
荒野
唐辛子を

```
場 も 報 画 コ 退 ん ぽ 覧 嶋 何 故 き ま 嶋 ト 場
ぐ 応 サ 抱 き し め ぎ 多 ょ レ 写 側 ゅ 砂 砂 じ
向 応 ト ぐ 嶋 摘 セ 論 編 を だ 意 方 砂 会 論 ベ
ヱ 再 然 く て 選 困 ら 囚 ま 結 弱 じ 応 ざ ん ネ
ス ぽ 側 然 く ト だ ょ る セ 海 投 無 ヌ 精 は ッ
っ 歩 ル ト 意 ょ ん た 故 コ 登 場 合 議 キ
ヌ 開 唐 レ 意 私 の ま 因 ン ラ ト 中 会 、
テ だ 辛 権 レ 話 然 階 ま ヱ ト ス ャ の ト
ひ ヒ 子 ラ ヒ ス の 贈 段 向 リ ロ ヒ ホ 登
選 択 を れ 化 の ら 意 フ 社 ク ロ 多 囚
行 択 は む だ 問 然 物 注 ロ 関 ト 間 圧 コ れ
べ く は で ス ふ 題 京 合 ト 与 方 サ 意 ル し
権 所 で せ チ ニ に 砂 芸 社 所 百 故 だ せ
ハ せ ん チ ニ 荒 野 京 方 方 テ 進 む 砂 や っ
ニ レ ソ 荒 野 京 方 方 テ 進 む る 権 然 砂 ヒ
```

Puzzle 325

```
ぽ 弱 ヒ カ 場 じ 能 解 ひ 金 歩 ク テ ひ 嶋 ひ 歩
ざ モ ヒ ヌ 本 ぎ ソ む 室 論 ぐ 投 レ 愛 ぎ 京 出 も
場 ソ ゅ ゅ べ 愛 ニ 会 サ 報 ド じ 何 ツ 成 私
側 故 再 出 チ 乏 応 サ ヌ ヌ セ チ も 写 熟 れ
結 婚 式 よ 読 妊 選 ょ 報 育 チ リ 何 カ 画 何 モ
結 ハ 、 り 良 出 室 ん ひ キ エ ー る 出 所 育
コ 加 キ 摘 幅 私 育 じ キ 画 リ ウ ニ 境 エ ニ
話 報 リ 狙 狙 父 ん ょ ュ ー ミ し 王 界 重 足
種 開 ン 競 再 の 然 ュ ウ ス だ 子 リ ス 足 が
暫 を ソ 辞 画 ま 開 然 ト 然 ま ト 精 ト が 再
回 ウ の 選 摘 ひ 応 ふ し リ 愛 圧 ス 権 愛 社 出
避 ョ 全 画 向 読 ふ む ウ ヌ ぼ ラ ト 登 ぼ 嶋
す チ 体 摘 何 社 読 圧 ヌ ヱ 出 ヌ エ 能 論 乏
る ガ ょ ッ 開 せ む ラ ヌ 論 海 ヱ ル 教 育 化
何 化 ニ レ サ れ ブ ロ ー ヒ 応 エ 権 育 海 で 化 乏
```

ブロー
父の
成熟
境界
キリンの
幅広
競争
、より良い
結婚式
ガチョウを
ミス
王子
キュウリ
種を
教育
チェリー
足が
回避する
ヘッジ
全体

Puzzle 326

```
ゅ ふ 報 歩 ト 熱 く す る ど ド 愛 百 安 権 本 選
何 ぼ も 読 ペ 無 購 室 夕 話 は 話 画 ん ル 会 し リ
洗 濯 ト ニ ッ ヌ 入 セ 食 ぎ イ る 像 無 る 所 出
嶋 海 結 を ト プ れ セ ー タ ン 少 会 然 ぎ 方 弱
つ 開 お 法 ま ヒ の く モ イ ス 年 写 ド だ で く
覧 っ 無 べ の 開 数 じ 本 ラ く 能 海 報 る も 場
話 会 ハ じ 砂 ホ 二 阪 カ カ 選 私 京 ト
結 サ 加 高 所 会 妊 ょ ま ク ラ 合 し や も
ょ 意 報 度 っ 応 娠 く ド ま ぼ 理 経 安
ヘ リ コ プ タ ー 多 愛 芸 ひ 解 論 験 ス
や 話 加 ヌ コ セ ぼ 登 ゅ つ 砂 せ る サ
能 金 ヌ だ 側 退 る 故 海 開 シ ム ぐ
圧 モ 圧 阪 で ク 意 ん ま 会 お ス 権 れ
る 出 画 愛 や 選 再 れ チ 育 金 テ 報 場
選 ぼ ト 話 ひ じ ま ヱ レ ヱ 二 ぽ む 多 無
```

インターセプトを
失われた
洗濯
ヘリコプター
数の
ペット
熱くする
画像
話は
理論
夕食
少年
高度
スイング
クライ
カラス
経験
購入
システム
法の

Puzzle 327

```
合 百 ク 選 せ サ っ 向 ヱ 京 向 な ト ク パ コ
歌 ヒ て ひ べ レ 重 化 ヌ ヒ ぎ 分 ラ 応 ニ 意
精 う ア っ 多 じ 化 応 ク 金 を 十 ッ ラ 安 化
出 ト ヒ や む エ 退 鍬 ホ を 謝 、 ク ム 暫 エ
ぼ 合 ル カ 新 暫 鮮 金 ヱ サ 読 育 通 画 辞 ょ
本 会 出 通 リ 退 化 だ ぼ 育 感 意 百 で ス 結
出 能 だ 通 フ で ぼ 私 育 読 私 百 ヱ ル レ 所
進 退 パ ア ャ だ 進 二 場 む 能 無 し テ 退 摘
囚 何 イ ワ ラ ズ 弱 金 融 安 融 望 ス ヱ ラ ヱ
ヌ 結 ロ ー 開 ヒ 乏 場 望 ひ 安 遠 レ ヒ ラ 算
ニ 金 ッ 瞳 暫 テ 妊 ッ 遠 暫 ひ 鏡 ュ テ ュ ヒ
チ 割 ト の 辞 ラ き 加 鏡 決 側 ニ ニ ス レ 本
登 り 因 結 選 海 ぐ ヌ 報 は 私 金 応 ヒ 計
話 当 ホ ヒ 読 写 れ 故 所 ヌ 場 愛 出 ひ 無
加 て エ ス む コ ま ふ ま り 会 ヒ 出 ひ
```

瞳の
アヒル
ヒョウ
金融
歌う
パイロット
トラック
望遠鏡
カリフラワー
ウズラ
コンパクトな
トラム
感謝を
割り当て
新鮮
、十分な
計算
は決して
鍬を
発言

Puzzle 328

悲惨な
臆病者
カップ
タオル
スチーム
のガイドラインは、
ポンドが
孤独な
緊張
石は
アヒルの子
任命
病皿
可能
パワーの
ココア
トランク
クロコダイル
女の子は、
撤回

```
本 ヌ ポ ク 芸 ハ の 開 可 ス チ ー ム 無 ょ ク ス
く 囚 ン ロ 辞 歩 ー ガ 能 重 孤 ソ 方 論 ょ 囚 も
ト 加 ド コ ん ぼ ワ 安 二 独 然 ふ ょ 皿 ニ
進 チ が ダ 緊 会 パ イ ス ド な 臆 悲 加 ひ
ク む ヌ イ 張 愛 コ ア ド ラ も 惨 ま べ 者
セ 故 囚 ル ひ だ む ヒ 撤 イ エ 会 コ る 精
報 セ ル 論 会 嶋 も ル 海 写 ン ホ 登 解 ぼ
も 海 コ 論 つ 室 子 の 砂 カ 百 て 砂 重
阪 愛 報 狙 れ 阪 開 解 場 ッ は 、 女
だ 百 精 故 ん 読 安 故 退 無 プ 読 ト の
ゅ 加 覧 ニ だ ス 重 権 ょ 側 任 意 ラ 子
ス 石 は ツ る 圧 報 ヒ ふ ニ 命 登 ン は
ぐ 弱 重 ま こ カ ト 加 れ 安 本 ク 、
ゅ だ ヒ 精 進 辞 ド 金 ら 退 権 阪 セ 多
つ ル っ ど チ ど 開 場 摘 じ 海 タ オ ル ココア
```

Puzzle 329

合 クャ 登 写 ひ 化 て 社 言 むょ 不 ヒ セ 然 じ
報 テま 暫 エセ ホ ラ ボウ 語 歩 安 く 暫 しまん 再 摘
退 芸 投 本 応 妊 海 何 っ 進 定 京 加 しん バット
ラ 百 ぼ ラ 塗 おる むん ハ 論っ 応 圧 写 蚊 やし 歩 投
ざ つ 暫 論で 狙 乏 れ 砂 報リ ト 出 写 摘 をむ 辞 嶋ぎ ハ
むき リ 安 ヌ 応 だ 場 日 曜 水 バンズ 化 側 知 自 体 砂 ハ
話 ふ ぎ べ 応 多 ぽ 親 剛 性 の 検 報 摘 海 し む ホ 結 金 無
じ 機 能 は 、 ク ドラ 室 の 再 選 摘 解 故 室 応 糖 冒 険 百 ぎ
所 有 者 の 権 クドラ 意 室 金 だ 選 程 カ ソ ャ ぎ ニル 無 的 愛 京
愛 つ 論 写 ツ 圧 ぼ 囚 加 骨 折 中 カ どゃ ク ヌ ざ ぎ 愛 論
安 く せ カ 、 風 の 骨 折 ま 解 解 ク ヌ ぎ ヌ ろ リル まぼ

言葉リスト

剛性の
不安定な
検出
言語を
ボウル
自体
水曜日の
塗る
所有者の
の親の
バンズ
骨折
知識を
蚊を
冒険的
中程度の
、風の
機能は、
糖は
バット

Puzzle 330

言葉リスト

セキュリティ
イルカの
櫛の
提出します
クロウ
バター
議論
フラグ
、マウスの
ラダー
マイル
十年を
有利な
ステートメントを
致命的な
不足
しようと
氷の
のサイクルの
手配

スん 化 ゃも 再 進 愛き ヌ ソ て 百 べ ひ 金 スク 手 配 登 とう ハ 再 投 摘 一 タ バ 合 ク 精 覧 弱 リ ヒ サ ヌ 解 開 有 写 応 く 話 投 メ ヌ テ 育 ソ 圧 再 サ ヌ よ 再 暫 登 利 な ク ロ スン ウト 能 金 側 画 会 側 歩 っ 合 応 多 権 提 出 します ろ ス ふ むす ぽ ス む 応 話 ノ 命 致 ぼ ふ っ 年 十 議 ろ 論 故 何 弱 乏 じ 応 退 重 ニ 側 選 ク 歩 ド 氷 つ ぐ 重 妊 だ ヌ 向 不 弱 ソょ む 私 ダ ー 場 や 退 も 合 の のスウ マ ど 、 重 で 加 私 イ カ の 弱 サ イ ク ル ハ カ 能 ソ 出 足 育 出 阪 モ イ ル テ の 弱 意 チ ニ 写 ぎ 多 解 ニ ひ セ キ ュ リ テ ィ マ イ ル ぐ 選 セ ヌ ド 結 ゃ ラ ニ 歩 櫛 の べ む のょ だ べ おんろ む

Puzzle 331

向 ょ ゅ 所 合 需 ツ ろ 化 論 で 会 投 れ 摘 会 愛 画
ト 社 じ れ じ 要 モ 必 見 、 場 ヌ や し ど 百 ふ ょ
エ る き 側 解 無 レ 、 非 お き 然 育 ま ど ぼ ぼ ニ
砂 し ん 権 紫 砂 リ 出 常 き れ コ ま 登 っ 登 権 く
ひ む 権 阪 色 リ 結 無 に 然 コ 本 レ 方 乏 画 権 解
ま だ 所 暫 意 結 ヒ の 向 れ 応 幸 も ニ 愛 ど り っ
ス ラ イ ド ソ ト チ 暫 所 選 囚 本 一 サ ー ヌ ス
囚 べ 京 愛 弱 摘 嶋 結 応 応 ぼ 読 妊 ん 投 定 の ク
だ 写 故 読 べ 結 私 シ ャ ン プ ー 愛 辞 鉱 投 園 ラ
投 チ フ 退 育 事 応 ざ で ニ ク エ 然 側 鉱 物 動 ス
バ タ ラ イ 事 件 む 論 ざ で 必 ず ざ レ ん 室 モ の
海 投 ニ ヒ ヌ て 乏 証 む ヌ ニ ク 然 愛 辞 摘 山 っ
興 奮 せ セ だ ょ 芸 結 拠 場 ぽ は ぽ ひ 辞 山 結
側 ニ だ ょ に 芸 結 だ 故 む は ぽ ひ 辞 摘 山
ハ ぎ に 従って 故 む は ぽ ひ 辞 摘 山 ひ 結 辞

イレーサー
誇り
事件
クラスの
スライド
動物園の
必見
一定の
興奮
バタフライ
リリース
必ず
、非常に
に従って
紫色の
鉱山
証拠は
幸せな
需要を
シャンプー

Puzzle 332

得て
脅威を
パースニップ
代替
干しぶどう
結合
貢献
クロッカス
だと思う
アネモネ
条件が
プロセス
項目
バッグ
組織
音楽
獲得
アクション
動機の
知恵

干 し ぶ ど う ア モ ぎ 無 覧 ト せ 投 加 摘 コ 無
く 愛 ス カ ッ ロ ク 組 織 バ グ 結 セ ぼ 退 話
意 チ テ 再 安 チ 応 出 ッ ど 合 ぎ ま る 狙
ふ し 登 百 ぎ ク ぐ シ バ カ 通 脅 を エ
然 ホ ひ 然 ひ 応 暫 テ 投 解 意 威 摘 ニ カ
プ セ 故 写 室 金 嶋 場 百 無 退
ノ テ 進 ひ く 登 ン 芸 ハ 知 写 ぽ
ク ど 金 開 方 砂 応 ソ む っ 報 恵 代 出
出 む 解 ょ 加 室 む て 通 暫 替 パ
ク れ 愛 ス ト 項 エ 然 ざ 出 方 何 ー
も 砂 ま ぎ 本 エ 目 カ ハ ま 獲 ひ 芸 ス
だ と 思 ク 読 金 ハ 結 に 貢 て 摘 二
ヌ ん 側 覧 画 ア 動 ノ 献 得 ふ ッ
ハ 覧 故 条 件 が ひ 室 ネ 機 報 多 選 プ
音 楽 投 ひ 百 せ ひ 結 エ ネ の ス く ソ ふ ゅ 重

Puzzle 333

```
証 遊 び 心 避 所 を の と キ ニ 方 塗 ヱ 育 開 所
ざ 明 加 っ 難 狙 介 思 ヒ ッ 海 乏 せ 多 く だ 覧
嶋 意 す 巨 な し い ン ッ 向 海 ぐ 写 砂 社 っ オ
無 ひ だ 大 ホ て ま ノ 本 リ 写 っ エ チ ド 嶋 ー
ヒ 顧 オ 囚 ー 無 す コ ウ レ 無 写 ン 能 応 何 ト
ヱ 客 ー プ ナ 妊 選 リ 様 ス パ 能 話 本 向 む バ
ト ひ プ ベ ー ぼ ノ ス 覧 ト ト 同 と 読 ス ぎ イ
画 場 通 場 ナ ま コ レ 再 ょ 私 本 報 む だ 所 無
ニ 多 嶋 も き ょ リ イ ト 報 退 乏 ノ や 加 囚 場
所 ろ ろ 砂 裁 判 サ ト 私 退 ヒ だ 暫 狙 ぎ 安
写 金 歩 芸 判 な イ ッ 然 砂 だ や 報 ら 結 れ だ
ヌ ト 化 退 開 私 開 だ ト ぽ て し ド せ ざ 会
話 百 ぎ 向 囚 だ 要 砂 レ だ ぽ ぽ ゃ き ざ
通 百 ニ 通 通 ク 重 ル だ ツ し ぼ
ふ ひ 育 退 報 安 本 論 レ 弱 チ て
```

巨大な
パンの
と同様の
顧客
裁判官
を介して
証明する
必要な
のヒット
リスト
と思います
避難
オートバイ
キッチン
便利な
遊び心
サイ
塗料
ノウハウの
オープナー

Puzzle 334

曇らせる
時間の
再度、
想定
、ポテト
追加し
本当の
シリーズ
分割
輸出
年次
スリップ
陽気
訪問
アリーナ
週末は、
攻撃
の経路
離れ
驚異的な

```
場 陽 驚 ひ て 想 ハ 多 化 ク ぎ ニ チ 週 セ ト
ク 気 異 結 ノ 定 追 加 し ク ょ 摘 応 末 ん テ ポ
テ 結 的 モ 訪 べ ひ る チ ょ 報 弱 ひ 金 れ 、
年 方 な 訪 問 報 る ツ 囲 報 場 ぎ は 精 度
次 ハ ぎ 問 覧 ぎ 嶋 本 離 出 ヌ 輸 出 ょ 再
向 ん 側 覧 加 ぎ ラ ぎ 出 じ レ 登 れ む カ
故 私 ヌ ぎ ト 加 本 ト 結 ソ 出 シ 応 精 京
れ ソ テ ヌ ト ひ 私 ク ま 育 選 リ ょ ッ
ヌ の ま ょ 再 ん 読 ス き だ サ ズ 意 進
ル ニ 経 路 写 の 時 通 割 私 ア ゅ 妊 曇
お だ ニ テ 本 ヒ だ 安 育 写 リ カ む ら
チ ょ だ お 投 カ 摘 く 進 会 ー ナ 愛 せ
京 海 意 出 ド の 育 間 し ー ナ 読 会 る
カ 応 だ 嶋 多 百 囲 京  し 進 場 弱 ソ 芸
ラ ひ ふ せ 攻 会 京 投 ひ も コ 応 ク 退
っ ふ 攻撃 ひ 投 画 ヱ ク ざ
```

Puzzle 335

開れホろニぎフ私ヌお故風向き話若、急
サニ狙進重やォ投ヌしろぎい船コ能いまざ速に
祖母無場砂もカだヒ写会中で圧報れ結場だ場
ヒ選だ場クいノっ写摘方故多歩再摘結ひ精百
ラ写チ社進開む京弱つ何向ス選ドモュ通ゃ読
クェ進化金場能囚ルロノ退サ暫だコミ合れんき
妊ッ登金ぐクルキジド投退モ選スニ登きざ覧大
おク開選ムプケ社ロっモ向ま通ティ場のコ
通がカ選品んドジ投側再スデータの寛
ゅ登選通揃社能投ノっコミュニティは聞く
チむ通ヌえ能再ぽ投データの祖母臭い社会
ツむヌ京化安ク側囚社応れ安セきツ寛大コ
ヱ圧ゃ京安写テ社応れ安
圧場ニ安セヱ
愛二

風船
の中で
フォーカス
チェックが
ドール
テクノロジー
コミュニティは、
聞く
若い
うまく
寛大
データの
祖母
臭い
社会
、急速に
おいしい
品揃え
カップケーキ
ふわふわ

Puzzle 336

一度
ホッケー
会社の
ゲーム
ヤギ
起こります
はいを
レッスン
自分を
スキル
キャッチ
ワーム
エッジ
敵の
した
ホール
結婚は
一種
ネイティブ
栄養素

会だク阪栄素権モラ応ニ乏エヤ妊再
歩開結っ養クるリ故リし権だ化ギス覧
歩リ向育クろ金リ応クっ退むギ権開
方報ル何育阪写ゲー話ヌだ論精ヌる然
ベトリエ応読会ム暫本ニコ読スむ室私
選レチ摘ジ故辞何の敵権スヒ加私出
社テだ狙だ種一度辞のワーム向所ょ精
やセ愛多一ネティブぼは登覧むカせン
サぐ狙多せハテ結通むぼ登歩キカ投だ
でツ狙然本コ多室結婚狙能ホれむ解ん
登重然リ権芸カ会自サ応ホひじど多写
起こりますし辞投合分をむは狙ょ登
じせ百レ意った辞海をべいはサ登ひ
べろょ話ヒし辞ゅ多

Puzzle 337

真 実 っ 論 エ 社 ク ス デ ひ ニ ツ ひ 社 モ 無 く
ハ ー ド サ 場 む ク プ だ ょ 百 だ む ス 場 結 辞
解 解 サ ウ ン ド ・ リ 出 暫 テ ホ 応 解 結 多 弁
ド 重 本 側 チ 向 空 ン グ 読 退 ツ 愛 精 達 ろ 護
カ 乏 摘 海 再 キ ン れ ぐ 別 ツ 応 て り 会 ま 士
形 式 最 海 く 妊 ン れ ぐ れ り 社 の て ぐ モ を
海 権 近 ス 故 圧 ソ つ 連 選 邦 砂 の 弱 所 所 覧
論 二 柔 ル 芸 能 暫 リ ぎ ま ソ じ む 意 応 方 読
ヌ 二 軟 退 出 ひ ラ ま ソ 応 弱 金 ふ 弱 能 京 退
ニ ん な ま ル 応 ヌ 応 弱 結 混 き 貧 弱 場 方 場
所 だ サ 結 所 合 重 狙 ハ 混 金 狙 困 を 読 京 ょ
多 お 化 安 応 方 社 登 選 乱 選 ヌ を 開 方 百 圧
写 砂 応 重 ス 無 選 論 海 合 歩 選 覧 京 ろ ヒ だ
阪 弱 金 テ フ ィ ル っ 歩 お 弱 感 百 ろ チ 読 だ
ぎ 摘 ざ 進 べ サ 無 モ ろ 合 ヱ を ク 乏 論 だ せ

サウンド・
弁護士を
空気
柔軟な
連邦
砂の
真実
感を
スプリング
形式
混乱
デスク
最近
達成
フィル
別れの
のり
貧困を
ハード
チキン

Puzzle 338

の商用
ほうれん草
アナグマ
認める
可能性の高い
ペース
覚え
スワン
スグリ
チーム
値の
フィードの
安全が
危険な
、カリフラワー
セル
カンガルー
タイトル
生物学
日曜日

報 認 弱 側 ク 百 投 阪 百 覧 ク ぎ 危 開 ク ぎ 無
場 め ニ 乏 海 乏 然 再 海 育 チ ま 険 る も ホ 百
故 る 乏 ラ セ 然 覚 フ ィ ー ド だ の 応 な む ト 能
再 つ 、 テ カ 側 え ヌ れ だ ど ぎ 話 二 妊 ル 草
然 っ テ 投 だ カ 選 写 リ 論 ま 方 弱 化 ん ゅ ク
歩 砂 投 ト て リ 弱 生 コ 海 可 弱 ほ う も ん べ
タ イ ト ル グ フ 物 ん ざ 論 能 話 っ る れ 然 ハ
ア ナ グ マ ス 暫 学 妊 育 日 性 育 方 本 も 愛
解 安 全 が 砂 っ 報 ラ 育 曜 の ペ 金 向 開 む
私 ベ セ ま コ 報 ワ だ 日 高 ム 社 れ 所 ょ
ス 室 セ れ む 囚 せ ー 曜 い ー チ ス 画
写 所 私 暫 ト 権 っ だ 弱 ヌ じ ル 本 育
チ ふ カ ク ぐ 故 だ せ 化 室 化 ガ ソ 加
京 進 ニ 乏 カ 京 ひ 方 値 画 ぎ ツ カ せ モ
だ 多 ニ 方 ろ ま 用 商 の 画 テ リ セ つ

Puzzle 339

```
の チ リ 画 む ぐ 室 方 覧 ヱ ぎ っ 摘 ト ん 圧 話
赤 選 電 車 寿 砂 ニ ヱ ト 無 ざ 応 愛 ぎ ひ れ ヱ
ち ノ ざ も 命 然 は コ 何 解 も 向 室 砂 百 つ ス
ゃ て 重 光 選 全 解 ん パ ぎ 結 ャ 暫 の ー ケ
ん お 乏 何 安 を に イ 消 ツ 摘 解 ル 多 会 ー ト
の テ 本 フ プ 囚 テ 問 質 え サ 育 報 砂 応 ニ ヒ
し ぎ 合 ェ ッ や の 狙 芸 精 ぎ 然 や ス デ 乏 ベ
英 化 せ ン シ ょ 場 狙 進 精 群 囚 テ ひ 応 登
語 狙 開 グ 故 ぽ だ 選 退 群 れ 金 開 ス デ 平 妊
ツ ぎ っ サ だ ト 選 精 退 む れ 何 ス テ ツ ケ 均 妊
登 く 圧 然 圧 歩 も 嶋 画 退 ソ 権 ク ー ク ト 応
だ 論 場 ゃ 選 二 重 ソ 愛 圧 加 モ 登
妊 し 故 ま 選 ソ ヱ 海 重 だ き 精 重 二 然 な ぎ て
```

消え
ミルク
は何も
ウールの
プッシュを
英語
安全に
寿命光
パイナップル
群れ
平均
電車
フェンシング
ビールの
質問を
キャベツ
の赤ちゃんの
スケート
幸せ
デリケートな

Puzzle 340

権限
ブラザー
ヒマワリ
学生の
会話
多くの
人の
タフな
含め
決定を
トライ
標準
綿を
スポーツの
的地理
の植物
参照
ウォッチ
習慣
ラクダ

```
重 ひ 精 習 慣 含 め 弱 や 的 地 理 人 し も 砂 覧
摘 セ じ 話 金 ょ 応 重 ウ ひ ス 物 植 の 妊 嶋 進
や ま 安 社 で 覧 ぼ 覧 ォ ぼ 歩 れ す く ま ぽ ヌ
報 ニ 方 ど 解 ん 砂 海 ッ チ 写 金 多 っ 摘 乏
所 場 ド 社 側 む ク だ チ 京 ニ 側 べ や ク ソ
レ 登 ょ サ 妊 ひ ニ ま 京 ト 場 れ き 安 ノ サ
レ 場 や ぎ 暫 砂 ま し も 覧 ス ノ 論 通 方 チ 京
ル ス ま 芸 エ ニ し 然 覧 ダ 画 参 タ も ど ょ
ひ サ ポ 覧 多 権 社 ろ っ ク イ 照 フ 多 く モ
故 カ 登 ー ザ ラ ブ 選 ト ラ モ 何 な 室 金 ト
学 場 ふ セ カ 会 綿 権 限 チ モ 摘 解 や ざ
故 生 ト の っ べ を だ 乏 レ ツ ひ ぎ ホ ニ 退
ド 愛 ノ ま 会 砂 標 安 だ 場 砂 写 ニ ル 覧
私 投 リ 読 話 会 準 選 ヒ マ ワ リ だ ヌ ド コ 読 力
```

Puzzle 341

ひ乏ゃ将がド弱レト室モ構無これらの
覧妊し来存ヌ報ーで出ト築化能本安然
百ス選結応ス レジ な辞書信囚圧社ノレま
ラ愛っ然の ハ困難をお姜登能気候状況私登
方権ソだ無れ行を、応報生気開む無登側
サ百ルサミ動は規も安投通候精覧だ再側育
だ投くてて解セ定会嶋絵筆読座っひ精権ざコ
京驚き安ッ登ニ定ヱ私む狙っ読意ゃ然で精ハ
山猫やっ摘コノきエカ所じ乏重無京ざだ
応ス開話のひむニ何だ意ゃ
も、最近画れ暫ぎコラ権応ひだ乏重意ゃ無京
クど画ぼろぎひ権応ひだ狙金意ゃ無京だ
だ登画場むひじ読狙金
ょセ場む場ひじ応読狙金意ゃ無京だ

困難な
将来の
、最近の
通信
山猫
定規は
レース
座っ
これらの
絵筆
驚き
状況
生姜を
レジストを
行動を
書き込み
気候
が存在
サミットは、
構築

Puzzle 342

スープ・
自分の
罰する
の信頼
使い捨て
回避
家は
エルフ
完全に
弟を
政府の
、常に
悲劇的な
バン
食用
温度計
月面
郵便配達
平和
汚れを

読愛ハスだヌヱ罰するひでヱのつでヌ
どエルだむぎスープ・っヌレじ信るひぼっ多ヒド和暫くニヒテ登
然ルカろ暫結弱んろノ再側頼クハヱ狙平暫くニヒテ登だ
加フ自多む合論クルトエ完側故金弱ラ温度計砂やる
論辞分ょコ京やぐスエ愛ノニ開常向、精ニ平温度計砂やる
おラのだ会ト嶋ニろ辞ニ府のにクヱ応退ヒ本会計回避通
ニだ権無京京ショトれをノ政でヌ百バ圧妊回避通
ク無進ホスせセニせを応ノ覧無テひ弟を室
じひおて私阪ぬ読ホ進ヌ報退ふ合弟を室通
悲場報月使きヱ覧多百進カぬ報退加クだ
劇ソ精ひ面い芸使多郵私退ク登家は
的どヒ応い捨ススサ再圧便ク覧通家は
なソざ登捨て開ち配話配達ソ登
食おツ育芸てサセ達達ソ登
用ニ論育ょセチ

Puzzle 343

ニクク精圧ょ本影登ラ処砂モ化辞立
ザニ社重狙摘響無まて理ラどっっていました
画読百使ざ視ニ狙ざ再モ場ヱ本
嶋セ場ざ泥コヒ狙何だゅだざ再摘
れ然用は論だ論狙側ドゅ場本会
ヱ最複雑ひら退無投阪レ京むふ権
認識初のの背重計カ々モテ摘おニ京
芸高話ひオず成成々まレ会何京辞
レいひ必ぐフ選摘会権私ヒコ京会
だ、じずぐオ作だまお私京ハ方権
カ会必深ぐツだ無権ヱ京方辞コ
ょむ意刻進作ソ写京室歩ニ故
品種精っ退成ひコニヱコ歩
多ツニコ応ヌふヒチ室ヱ圧故コ
ゅだニ無私登ヒ結ム歩ニ側ニ
れ権登ひクヌフコハチ本ヱ
テ海通ひべっク安シリーズは

深刻
認識
時々
時計
が成長の
背の高い
影響
、必ず
イカ
品種
オフ
複雑
処理
シリーズは
泥だらけの
立っていました
無視
使用は
作成
最初の

Puzzle 344

調整
ロビン
示唆して
溝が
ストーブ
晴れた
作成し
激怒
子供の
新しい
利点
高さを
自然
スニフ
利益
、小数点
見え
どこか
子犬
病院

っ、話調整向ストーブ私然ツ通だセまろど
利益小ひ向ど金ノ摘弱ひ
見砂応数や場加場ょも何
トえハせ点カ場出論ぼせニ投向ヒむぼ
愛ひおせれカ歩暫辞リトせもニ投方チや
無スひ精登ヌニ安ちゅ京出ドも写や病院で
乏報精開二安ゅロ解れ権
カス二フ社応ヌルニ画ロヌだハむつれ自然
囚然登投応セコ暫ルニ供っつむつれ自然溝が
し登私ぎセコチスの方供っせ選ちゃ溝が合
再ひエ作激怒チラスの方摘育犬選て化登結
場エ作成しどこかゅリ摘高さを化合ノ
しツ芸精方ニスゅ愛高話をチ登結安
で利点レニ化妊示ろモゃヱ加愛ノ
摘晴れた新しい本唆ヒれざ加愛室
砂っ然ぽテニしでっ阪ゅハ安
画安無れ方まエ阪てカヌソ通べ安室

Puzzle 345

私 や 所 芸 覧 愛 投 結 方 ニ ド セ 能 報 読 海 増
結 報 ト ま 愛 権 側 結 ぎ 無 側 れ 退 ヘ 楕 妊 殖
ホ 臆 病 化 権 会 お ヌ な 能 可 形 円 ッ 嶋 所 コ
ー ク 所 リ ド 世 登 向 的 応 入 の 力 ド 本 愛 ニ
ク ノ ノ 室 金 代 摘 ゅ 終 お ソ 金 室 意 比 結 較
ラ 開 る 私 ヌ 圧 ク る 、 最 話 ト 応 だ 乏 較 る
報 ク ょ っ ル 社 テ ぎ ト リ ど ス 、 つ 芸 私 場
カ 画 安 運 重 チ ぎ ど ソ コ ニ カ 阪 方 で 実 ヌ
合 モ 場 動 化 ぼ ど ヲ 会 ン 会 ヒ キ ん 験 方 通
モ 応 ナ 論 話 ヱ ろ 非 だ 話 弱 ピ ャ 再 歩 ツ 通
写 話 ッ 方 合 非 だ 投 社 弱 サ ュ ま べ く ん ク
ニ 通 ト ぎ 覧 常 に 投 場 弱 ソ ー ル く ジ イ せ
包 む る っ 合 ヌ 圧 だ 敷 場 だ ポ ジ タ 選 レ 所
解 加 安 る ゃ 無 圧 話 ぐ 所 ぐ 話 妊 ヲ リ ど 権
ツ ヱ モ ヌ ゃ 圧 レ 話 ぐ 所 ぐ 話 妊 リ ど ふ 権

実験
クレイジー
ヘッド
の可能な
世代
包む
、比較
臆病
運動
ナット
ホーク
楕円形の
、最終的な
非常に
、キャベツ
敷く
弱い
の入り口
コンピュータ
増殖

Puzzle 346

いるようだ
内部
センドを
快適
選択する
不注意な
セキュリティを
できるよう
ネギを
ポテト
すぐに
最高の
ウサギの
最終的には
夏の
プレス
脅威
に失敗
伴う
吸収

セ だ ネ 選 リ お や 重 京 ポ テ ト 乏 読 通 登 ソ
キ 加 で ギ 無 応 ひ 選 囚 吸 だ ソ っ 合 写 ざ
ュ 摘 ぼ 覧 を ひ ニ 金 歩 収 う 伴 て サ 室 狙 ス
リ 会 ト 登 ド ニ ぽ 報 場 海 す よ ょ ギ の む
テ 場 や で ン ぽ ト 進 選 嶋 る ウ 合 的 に は
ィ 百 ぽ ド セ 夏 の 方 狙 高 い サ 最 注 私 な
を 故 敗 プ ャ 無 読 き 通 然 海 ギ 終 意 出 だ
ハ に 失 レ 京 く せ 金 多 の 嶋 不 レ 応 私
す 場 ス テ 芸 圧 ソ 海 べ チ 摘 テ ぐ ト
ぐ 会 む 何 話 解 ソ 威 セ レ 話 る よ っ 乏
に ニ 囚 だ ノ ま カ 暫 き 覧 ろ ソ 論
せ 何 ホ 画 向 私 脅 投 妊 ニ 内 ラ 退 リ
る ぎ 私 合 ひ ぎ 意 覧 モ ひ 部 退 ホ 室
化 結 場 ク っ ヌ 嶋 写 つ 話 カ ぎ 通 べ 応
ど き つ れ 囚 チ 室 チ 合 ま ハ 海 乏 モ 応 室

Puzzle 347

重ふ側ぽミズネリガトステ管理します
サ画安結圧れボエ展示をテスト方ふサぼ
だ出画ヌ然登くニルド安ぽーしョンをニひカ辞
登れ乏海投ヱレっむパクト再摘やひ摘ヒ京暫
一方ぽ目合ス会議コンぐパレトひ再摘京ヒ阪
コへ阪アトス写吸く ぐハ金応狙ど結合適用
狙ろふ解血所鬼ニ場だル選ぎ読砂歩摘べじ社進囚
ろぼっお弱乏ゅ所描画く社精

植物
クレードル
適用する
ストア
コンパクト
テストを
別の
会議
ステーション
管理します
発生
展示を
トガリネズミ
描く
一目
更新
おじいちゃんの
ヘア
ズボン
吸血鬼

Puzzle 348

管理
の足
変更
急に
くらい
ペン
プロパティが
パセリ
約束
進捗状況を
の特定
オウム
希望
ネギ
隠します
シナモン
高速道路の
椅子
反対
理科の

もろ歩ろ合ゃテ嶋海京サ砂高シ解登カ
精育芸ひ側私コ歩安ヌ本速ナ会暫ヒ
隠しますす反対開登せ道私約おむ
プラパティが登精オン急芸れ路モン約コ百
合権場ゅニ話読ウにパヌドドのる束ラひ
阪私精だ側歩歩クテ加子ふラ狙向金
弱精京進捗状況を退然く何社投ドラ能狙
京ょハむ故や論ぼ論椅解ひ開でス圧登
歩ハ更っ通方暫室多ヱしさ何報登阪合ひ権登
変応権選退応向妊場ひサ開辞やぐ論所圧
トセ通選ス安レテ登カカてルの特定再ギ希

Puzzle 349

```
つ 育 も メ ホ 歩 ハ 重 愛 す る パ ぐ 子 の ょ 嶋 ざ 海
ふ ま 所 ジ ャ 加 選 馬 の テ れ ー ん れ ウ 弱 ざ ニ 側
室 海 先 ャ 育 場 登 ス ル む き テ ィ ク 然 安 ン ィ 所
投 ド 岸 ー っ し ざ 依 レ モ ク 開 一 方 修 ン だ 投 権
取 合 ま ヌ っ む ざ 存 何 愛 ト ッ は 覧 正 ウ ぎ 登 百 応
育 本 金 だ 画 ラ ざ 狙 だ 側 だ 、 本 嶋 ェ ゅ 再 加 読
ひ ソ 論 ラ 覧 社 リ サ 囚 ス ぎ 優 れ た 開 ヒ 金 く 応
む 無 エ 示 し て い ま す 、 優 れ た 阪 サ ざ 話 ゃ 読
ク 経 済 所 安 室 深 計 算 機 加 圧 然 じ だ ヌ ヒ っ 読
ア ド レ ス 覧 れ 意 ん 場 セ ド 正 だ ら 無 リ ラ べ
ひ 報 嶋 重 然 ト 注 場 覧 合 海 し し お 所 ラ も
ホ モ ゅ 芸 化 ょ 登 だ 登 ヌ ヌ い 弱 京 読 べ く
暫 セ チ 暫 モ ス 作 り を ヌ リ 側 ぐ ょ 本 く 百
ラ ダ ブ ル て ま れ 結 ら れ 砂 ク る 何 本 く 百
```

修正
、優れた
注意深い
経済
計算機
ダブル
パーティーは、
正しい
作りを
アドレス
示しています
取っ
ウィンドウの
子の
つま先
愛する
メジャー
海岸
馬の
依存

Puzzle 350

の厚さの
樹皮
拡張する
存続
文字
サイズ
女性の
表す
マネージャ
車両
・ビジネス
華麗な
チョコレートの
自動
方向ディレクター
メモリ
簡単な
メンバーの
ソリューションを
を越え

```
ま 簡 ょ レ ひ 場 ぎ 存 続 ぼ 退 く 覧 ヱ ド ヱ 覧
セ 単 方 べ 社 ノ エ ど 社 も だ 女 嶋 向 京 ど
室 な 向 む だ っ じ ぎ ふ 開 ま べ 性 暫 解 阪 自
チ メ デ 能 乏 出 の 厚 の 砂 レ 結 の 開 退 サ 動
ョ ィ ひ ひ 話 何 さ ソ 愛 ド 化 サ で 車 両 ヒ
ン バ レ 囚 所 文 っ リ 表 ふ き ぼ れ イ 報 っ
コ レ ク ひ ゅ 合 字 狙 す べ 会 室 化 ズ 百
レ ー の タ ヌ 向 通 ュ ー ス だ 権 精 ク 出
ー の 論 本 だ ヌ 応 ー シ マ ネ ー ジ ャ 囚 ド ッ
ト ノ だ べ 乏 愛 カ ス ネ ジ ざ 意 ル ま
の 樹 む 場 嶋 ぽ メ リ 拡 モ す る エ
場 皮 を 越 ぎ モ 進 張 ビ お ど
百 砂 テ 華 囚 然 サ ン を す 然 ル ・ レ 百
開 ソ る 麗 画 ぎ リ を レ 場 ち 加 コ ク ツ
会 ぎ ク な 重 報 狙 場 る せ 覧 ざ ぎ ま
応 応 れ ニ ニ 方 応 く コ ノ せ じ ょ 囚 ゅ 場 ど
```

Puzzle 351

```
不 狙 通 投 意 モ ニ む 乏 感 精 後 ろ ぽ じ 覧 海
適 歩 ゃ ソ て 本 ょ 動 を バ ろ で ふ 結 百 応 退
切 権 も 応 精 き 登 金 合 ッ 向 く 向 り 孤 応 せ
な モ 選 安 ま ド 画 ヌ エ ナ 向 読 き て 摘 立 立
ス 開 カ 登 ま 画 向 ク ッ 解 退 登 会 摘 ぐ ひ 応
出 ニ ト ル 引 ヌ 加 セ 説 メ 側 覧 ぐ れ ぐ 側
メ ィ ル っ 張 っ 傾 重 リ 精 弱 話 段 ス っ リ ひ
ド 必 ラ の 傾 向 が ッ ト 応 砂 覧 べ ま リ ぐ
つ 死 イ ま 有 ヌ 加 重 合 話 段 ス っ ン 百 然
ニ 意 ラ 芸 害 で ち で 弱 砂 落 ヌ ま リ れ し
歩 話 ッ 今 が ぽ 加 百 ル 合 落 ひ 日 グ 百 ハ
ト 私 今 や ヌ 画 摘 リ 然 エ ま ひ 差 ッ 差 ッ
無 ふ 室 故 ん 加 ひ 然 二 所 側 日 開 今 夜 ド
進 き 論 囚 加 じ れ ル 然 選 ょ 故 報 権 安
る ク ま 安 解 ヒ 論 京 リ 応 何 加 っ 権 安
```

Word list:

Puzzle 352

Word list:

```
覧 嶋 く ぐ 選 ト 室 バ 所 じ 嶋 開 分 百 る ぽ ま
方 レ ニ べ 百 ょ 方 ル 役 の 場 析 選 然 何 阪 出
れ 写 投 じ チ ぎ つ コ 員 ス ゅ 摘 育 ク ニ る 狙
せ 結 エ 歩 選 意 ハ ニ 加 組 に 乏 結 場 ル ル ま
始 加 ル 精 ま テ に ー っ 圧 み 会 る 芸 リ レ 出
安 め く ツ 圧 出 際 防 ぽ て 合 二 応 ろ ヒ 阪 覧
権 ノ る 無 ぐ 報 実 ぐ リ 私 わ 有 く 話 ヱ 重
開 ッ 意 振 ぐ っ 、 正 ツ な せ 料 ろ 報 登 ひ
催 だ く 上 記 進 じ 確 室 愛 テ 室 開 解 進 き
弱 権 れ 進 お 弱 金 き む 教 金 ハ 説 ニ 写
ヌ 意 論 や 謝 プ 結 室 コ 師 安 ひ 結 狙 会
解 つ ぽ 京 罪 レ イ ヤ 正 っ だ 弱 テ 辞 画 所
話 れ テ 私 長 ま ー 場 確 然 の 練 囚 然 芸
ヒ お 騎 士 は コ 結 ア の 習 育 会
新 聞 ま 故 社 だ が 会 ゅ 覧 芸 チ は コ カ
```

Puzzle 353

```
砂 ト 能 跳 ヌ 大 規 模 な ド ス 冷 蔵 庫 も 医 囚
摘 ッ リ 故 ん 場 や っ カ ぎ カ ひ 通 本 で 師 出
ト プ ッ 方 ヌ だ ニ 能 ざ ー ク き 退 愛 が 狙 意
ー リ プ ン タ ふ ろ っ フ ス 解 室 だ モ む 京 せ
ゲ 何 ッ 向 登 ま 歩 通 セ 報 海 権 暫 摘 所 せ ぐ
ビ だ 乏 ク お 進 く 応 ヱ 育 然 じ 狙 重 れ き 暫
ナ ま イ 砂 狙 出 京 モ 報 じ 退 っ 摘 ヌ 合 再 出
ベ 妊 て メ 京 そ 化 投 ル ダ 何 報 芸 エ ラ 全 会
無 デ 安 ニ だ の ス ン 妊 育 電 カ 工 歩 ト 体 進
ト イ ラ イ ハ も ツ ょ き 気 論 意 に 進 む ろ む
る ジ 故 ー セ ホ サ 愛 再 も 所 ッ 歩 ひ れ お ど
ぽ ー 例 っ 圧 覧 ど ス ス 画 再 も ク ツ す て だ
社 応 外 覧 精 報 愛 モ 育 権 因 ぐ ま ス お 暫 て
場 社 て ノ サ 安 再 覧 海 ひ 精 二 権 所 ヌ
圧 能 場 サ ょ 登 海 ひ 精 二 権 所 ヌ だ て ど
```

ダンスの
全体に
跳んだ
クック
そのもの
トリック
冷蔵庫
例外
大規模な
ナビゲート
デイジー
医師が
スタンプ
また
メイク
電気
リップ
スカーフ
トップ
ハイライト

Puzzle 354

が可能な
クラッシュ
承認
ケース
つらら
クリップ
話す
コンパニオン
慎重に
、すでに
ハングが
他人に
成果
悲鳴
カメ
草原
正確に
明らかにする
適切な
検査

```
多 レ せ 化 話 報 本 権 本 レ ケ ー ス 進 ハ ニ ひ
だ 投 じ 百 エ お 話 承 じ 論 何 れ 砂 嶋 囚 や 解
通 り 育 ヌ 登 ひ 摘 ト 認 狙 せ つ ろ ヒ ヌ 解 ド
が せ 弱 悲 通 つ 加 通 開 草 原 解 ま 狙 話 ッ っ
ク 可 カ 応 ん 登 出 京 室 歩 パ オ 写 だ す テ ど
プ サ 能 ろ 通 権 コ 選 パ 方 解 ン る 弱 エ 金 無
ッ せ 本 な 話 退 ニ む お 何 然 場 画 コ 出 な ょ
リ ぎ 側 ゃ グ モ カ メ 選 圧 選 何 権 辞 で す に
ク し る 解 ぐ れ 開 る 乏 能 意 ふ 適 切 愛 所 人
ラ ハ 所 故 ヌ し す 検 ぎ 画 ぽ 重 投 な テ 他
ョ 加 ん 正 乏 に 査 方 に 妊 京 ゅ 摘 出 金 解
シ 写 会 つ 確 正 か 慎 重 に 京 海 開 れ ん 辞 加
ュ 本 し ら だ 金 ら 重 て 育 何 方 論 加 二 モ
社 選 成 果 弱 合 れ む 明 覧 登 ゅ ろ き ツ ル
砂 テ 果 サ 弱 れ し 登 ゅ ろ き ツ ル 論 ん
```

Puzzle 355

```
ヱ 所 ツ 圧 嶋 阪 だ ス サ 外 芸 百 狙 ぼ せ ヒ モ
ハ 写 ク 場 ぐ 囚 応 ト セ 観 社 囚 ス 政 金 サ つ
京 応 登 っ ト だ む レ 囚 通 溶 ス 治 権 ょ む ラ
読 む ふ 解 ヌ 故 エ 所 育 融 重 ホ 芸 金 出 む る
熱 帯 刑 務 所 退 投 ヌ 愛 エ 囚 カ 論 ト カ 百 き
メ イ ン が 辞 ひ 愛 金 場 っ 故 応 暫 捧 げ る ど
れ 安 然 配 布 す る 京 セ 嬉 登 辞 応 ド 二 ろ お
れ ハ 解 れ 通 て 登 百 登 叔 弱 会 期 ヌ 芸 ハ 育
圧 ふ 向 二 む 狙 ゅ い 報 育 母 ト 術 私 退 っ カ
セ コ 金 権 く 芸 画 会 し 話 者 退 話 然 く ヌ 然
画 多 権 退 ソ 向 登 セ ヌ 場 美 化 だ い ひ ホ
ぐ ひ 退 愛 登 ヱ ぽ ピ じ 何 き 等 し 終 っ れ
投 ざ 登 摘 も 向 や ひ ハ ー に 危 険 な ド ヨ し
セ 何 テ も ン ト ル ケ ス ぽ 登 ハ る ヱ ょ し
育 歩 摘
```

スケルトン
配布する
終了し
熱帯
芸術
嬉しい
外観リンゴ
期間
刑務所
出席
政治
メインが
叔母者
ピース
捧げる
等しい
溶融
ホット
に危険な
美しい

Puzzle 356

ことが多い
状況を
と考えている
隠す
バッチ
実行します
高級
理由を
ブルーム
小麦粉
調理
上昇
キャロット
ケトル
お勧めします
主張
家の
誕生日
法定
赤ちゃんの

```
い 多 が と こ 状 キャロット 然 本 ス ツ ひ だ
金 芸 無 考 ニ 会 況 ぼ 私 辞 ひ ベ ト ヌ ハ 多
ハ 解 海 え 退 無 応 を 結 弱 ひ ラ 京 ど ヱ 写 っ
話 く 芸 て 所 ぐ エ 百 サ だ 何 精 れ 本 や せ 写
結 理 ひ い 登 弱 加 高 金 妊 だ く ニ 投 ん 応 ぎ
ヌ 由 チ る ゃ エ ニ 級 合 ブ く 圧 囚 も じ 話 安
誕 を ゃ コ 再 ろ 出 京 ブ ル 登 二 も め ま す
生 ひ 結 私 圧 上 開 京 ル ー ヌ お 勧 ゃ す 海 隠
日 法 定 ト 通 昇 側 も ー ト 室 ニ 写 じ 然 し 何
実 方 だ 話 京 然 応 主 ム 小 麦 粉 ぼ ニ ベ
行 妊 赤 育 育 く む 張 ぐ だ ケ ト る ツ ッ 百
し ニ ち ひ 私 多 応 ソ 砂 ま 歩 ル だ ふ ホ 金
ま 調 ゃ 進 ノ て カ 本 百 論 の 辞 投 ッ く 摘
す 理 ん ど ふ ぽ サ だ 報 応 二 覧 ょ 金 退 だ
ひ 愛 の 社 れ 読 歩 ぎ 応 し 歩 べ ひ 応
```

Puzzle 357

ま 京 開 時 何 ド 精 暫 ハ 巧 妙 な ホ ベ 然 話 ニ
京 れ 阪 海 間 砂 通 ま 所 ど 砂 ょ 阪 ボ れ だ 画 ス
チ 意 む 結 何 化 べ ひ 応 条 サ ヱ 社 合 だ 理 ろ テ
ぽ 権 チ ド 重 京 ふ ク ニ 会 読 ひ 方 利 百 っ を れ
芸 会 ヌ 精 ホ テ を だ 解 重 ャ ッ ラ 用 料 ひ 済 ヒ
意 ヌ れ 重 権 投 ニ 結 開 ぐ き イ 可 ろ 経 乏
化 写 だ 権 以 投 開 出 は ン ブ 能 っ 権 向
退 だ キ 投 前 ゲ ソ 結 ウ 、 ひ 無 ひ 登 理
百 弱 ャ て の ー ダ ウ ネ 、 ラ 場 摘 精 ニ
ひ 多 話 開 ソ ト ウ ネ コ 再 ブ 解 サ 質 ホ
ぎ む 退 愛 モ ダ パ ぐ 無 ひ 進 き ま 結
議 皮 る ょ 化 ノ ど 無 ス 育 歩 ひ ゃ ひ
論 だ ス じ 側 イ ノ ヱ 画 場 論 テ 結 加
の 会 皮 ッ 海 だ イ コ ス 育 ひ 化 ひ 能
む 本 膚 ツ 意 写 滅 ズ ス び る が 、 テ 結

ネット
権限を
利用可能
経済を
ノイズ
以前の
ブラウン
皮膚
ボックス
料理を
パウダー
議論の
条件
ライブ
時間
キャップ
滅びるが、
品質
巧妙な
ゲートは、

Puzzle 358

家具
、特定の
フォロー
絹のような
のボイド
従業員は
ステイ
ピザ
セーター
自身は
保ちます
さようなら
バージョン
紛争
距離
トランク
ゲーム
自分の
刑務所
終了し

紛 私 多 ひ ノ 登 保 画 歩 し 読 京 海 ス 再 投 せ
ス 争 ヌ ヌ ヌ 乏 ち ヌ 家 ヱ ク も ス フ バ ピ
ド イ ボ の だ 然 ま 解 具 ク さ テ ォ ジ ザ
ヌ 圧 だ 分 応 ま す 室 な っ イ の ロ ョ リ
解 ふ て 自 ニ し ひ ま ふ さ よ 絹 ー ン 何
向 ら お 刑 社 無 ひ 無 う う ニ ゅ サ テ 合 距
阪 れ 育 務 嶋 解 読 退 選 な ひ 通 何 阪 離
話 話 写 所 は 員 百 場 ス ら 育 方 だ っ 進
選 ぐ 向 論 ド 業 写 む む 室 ヌ 登 き 室
だ ト 会 加 私 れ 終 本 化 だ ノ 通 報 ゲ 暫
応 解 権 暫 阪 意 金 海 や ラ タ 退 き ー 出
ニ ノ モ べ ま 妊 精 ソ ン 愛 権 ぎ ム 海
レ 権 ヌ 然 で 通 画 だ 応 ク 権 妊 ゃ レ ざ
会 べ ス き 愛 金 写 レ 意 室 金 む チ ス 登
ひ 金 場 権 だ ヌ の 辞 合 海 ニ く ェ る 場

満シ芸つ育し方愛応や進スピマ京加場ムニのひ
月ナ故ぐ児き愛応ホ捗エ一故ン場側妊加電を歩
はリ合読ざ育コ妊応状解やぎ退室同様ヱェトん
、オて本私登ホ本多摘分水妊イント方だ会や妊
私ヒスノ投場献百摘権もだ本金場モ応重多登加
無じ投チ多百加育っあ一権多嶋応も故登場も電
登忘れプ選加側アヌしれ本ぐ精嶋故登退やを歩
ホ話ラ狙ひ金側でな般結と貴重ヌ場会や退ぬ
ヌ退イ百ショ辞投応的写もしド嶋も重多登意退
パ辞マ百解ン精応ヒなこ結貴高意
靴るリひ覧通読室応んで一般的写貴シド

一般的な
ピーマン
同様の
満月は、
電を
あること
ホールド
靴を
水分を
忘れ
シナリオ
高貴な
パパ
プライマリ
ペイント
アクション
貢献
チーム
進捗状況を
他人に

ぎ摘ひ芸じトリぎ報リ妊るだ社つ砂緩
ぎ摘リ弱権ろまエアコスト場べょ話漠や
テ出む囚愛応話砂ひクッピ場場狙合のか
出エ投ホひトまだ写化再弱会ざ結な週
エトゃ合ぽ退意乏セじ砂応権エ暫能の暫
ト方つ開方まセ嶋砂場ニ選意ド解ひク
方法せ結応覧っもフ再シ論ぎだセくム
法滅加でむ画もフェ安ング側圧カ応応
滅っびセるじぐェンふ覧阪加嶋ッひひ
っむ退論でもがンシひ育ひ写結育ルク
む退デ論多ひドェ安退シ側ヱ画育く
デスク論そ溝でエー開ヱニ化ゃろ優育
スクそのゃベ方ール退ヌふコ芸ル
そやの後ヌセまるエ読何ぽろ暫

カット
緩やかな
巻き戻し
その後、
トピック
砂漠の
スコア
でもない
方法
ています
優しく
シール
週の
リスト
デスク
フェンシング
どこか
溝が
後で
滅びるが、

Puzzle 361

```
だ 解 再 っ 読 応 ニ や 室 幸 場 く 辞 ウ 結 出 社
向 論 無 能 無 や 読 百 阪 無 せ べ 事 ー ぎ ス 囚
本 ゅ 合 狙 っ む 弱 圧 百 辞 ソ 、 で 件 ル お じ
チ ュ ー ブ 検 討 し サ む 阪 百 辞 ソ 嶋 狙 ル ゅ ノ
意 囚 だ サ つ ル を 阪 む だ 投 カ 画 せ の フ グ
摘 出 会 メ 百 や だ 阪 む だ 投 相 ざ も 話 安 イ ス
摘 ん ェ ょ 百 リ 解 や ぐ ト セ プ 手 海 せ 報 ニ ワ
れ カ ニ ぽ 室 精 安 応 だ 育 ツ 歩 読 精 権 所 ち
ト 狙 弱 室 弱 ノ ひ じ 向 パ だ ぽ ツ 写 加 だ 金 覧
圧 む 砂 コ ヒ 弱 く じ 向 登 ィ 然 無 込 側 在 金 室
乏 投 回 避 む エ 場 ゅ 登 パ テ ぽ 私 百 阪 育 画 も
罰 す る 避 エ 場 ゅ 登 ィ 然 書 無 き 百 側 テ っ 覧
き ル く ふ ド ょ 登 ニ っ 場 チ 何 裕 余 精 み 在 庫
ヒ 芸 ス ふ ド ょ 登 囚 が 裕 余 精 何 辞 じ ゃ ノ 育
ソ 然 や だ う き ニ っ 場 チ 何 辞 じ ゃ ノ 育 報
```

ワイン
相手
カニ
エンドウ
検討し
スロー
のトレーニング
チューブ
余裕が
メールを
ので、
在庫
幸せな
事件
ウールの
書き込み
回避
罰する
スニフ
プロパティが

Puzzle 362

ミトン
賢明な
ビュー
被害者
ランチ
いくつかの
マーク
ディプロマ
振る舞う
来た
ビーチの
かむ
品の
持っているが、
うまく
スキル
新しい
できるよう
サイズ
ケース

```
画 つ 然 能 然 っ 然 ク 重 い し 新 ス だ ぼ 乏 つ
カ 登 ホ 応 権 辞 ラ 会 ニ く 所 ょ じ 阪 論 通 化
選 ゃ ニ 意 歩 砂 ビ く く か ク 画 ひ で ニ
や 室 振 る 舞 う ー 摘 つ か 賢 来 た コ き ぎ
ホ 投 砂 話 論 っ チ 囚 の 育 明 サ お テ る 金
金 圧 ハ む デ 再 ィ の 応 ニ 写 な 場 圧 ヒ よ 読
能 重 む 阪 れ プ ィ 投 サ 出 応 で ヒ 暫 う 持
選 所 ょ ぼ ま 退 れ サ ヒ ま ふ サ ん ズ っ
ど ヱ ど ぎ む 開 場 ロ 社 精 ふ ひ 金 阪 ト て
登 所 無 登 狙 弱 ゅ て 京 被 害 者 ス ト 安 ま い
圧 嶋 重 ざ 権 ひ 乏 京 安 ん ろ ミ お ク る る
ソ む 合 カ ハ ス つ 安 何 読 ょ ト ン ケ 能 が
金 読 て ん だ 私 ざ 海 っ ビ 圧 ル ー キ マ 金
ひ れ 芸 室 妊 テ 場 き ュ ー ど ひ ざ 向 ェ
画 歩 囚 ま ぎ ろ ト 合 ク 多 金 ひ ひ ざ ト せ ぼ
```

Puzzle 363

応登ぽニ能ス所精会オだくま応チしぼ応
ル裁アトミック権ぐ側オ、は向所無てでき
妊判通テ安ク会乏結ヤしネマ妊コくだいは
だ官考ヌ安囲ざ妊レをマビ金無ノさぐ
承認えぐ論っ重妊せネルコの囲キい読ク
論るニ結何ぽ加量ぎの応向、ょ
ゃアだ海得ト狙会イ人レ方読囚ススチール
ひだメ向砂再会っベを館ぐ
おむ育リ乏群やベイ嶋ト物出ヱ能
ハチでカ合れ通論場所ス方読結登ル
ぎ画妊合この解読教嶋読出写登ぽ
海写投京てん社頻故出会る応じぐヌ
嶋すカまぽ繁ふだ私出重っ
画ぐ海だセに砂会開登暫
んひニれロリ退弱妊ん登ど狙

量の
考える
クマは、
アトミック
スチール
レベルを
オオヤマネコ
博物館キノコ
頻繁に
イベントを
教会
セロリ
してくださいは、
得て
裁判官
ビールの
群れ
人の
アメリカの
承認

Puzzle 364

鳥の
海を
そらす
引用
鉛筆の
空は
が、
軌道
申し訳ありません
参加する
本質的な
問う
兵士
、リンゴ
笑顔
機能は、
参照
含め
敷く
樹皮

ひお機意狙ド圧登側リヌ登応室やまひ
ヌ開能本兵通無通引照クトするツ摘海話意
金室はコ士るト用参加すひまらそひ砂愛ル
ぽ、ロスれ圧ド摘るひ軌報阪育ぬょひ樹
写テまカむ歩ドゅ道ろるニざ弱せ皮
ひだスシ所妊ぽ摘故育鉛京申し訳笑精コん
話向私どて故応金筆側顔ざ室サ
開ひ重じ問う砂金登のし結めヌリ
海金暫狙ニひ金妊鳥モ顔選海権
サをぽ多やく妊ニど金ニクぎ故読
、妊意敷圧ス本話社っ精話ろひ囚モ
向ラ写きぼベ質場めふ解まトひ
スヒ所スっュ的な歩るめきモ
だ投れ空はゅ室何な歩スニ囚ひト

Puzzle 365

重危ヱ囚ひク囚おソ金健平選範金解ろ
応機力登ニロ論ぬも和的ヱ囲弱結辞だ
向歩退き海コ権で ゅ康合ぎを安場ひ何
嶋写側ツ嶋ダ妊とう暫な ょ再開ニだっ
加 ょ論然弱イひだ本退だな登百育ク ょ
ド応応圧い ルル困う京解圧ど解社く て博
ノホ方芸買砂難な然開応クだだニ物
チ加重話の圧ひコトべ選辞海安面館
重ソリ精セカ乏ツぎ砂読ニ会月多の
複も論故乏ふ海ラッペ報ソくハホ囚
報海芸てせ選発読もゅーコス故ふろ
ま精本レストランもリ会ガチの投囚
石話結チ側所再意画ニツ囚の心側京弱
はひソ化室再ろ乏場通場てまどソ登だ
お覧ぽスチソニ場多てまどソ登だ京弱

単語リスト:
- カーペット
- 危機
- 発見
- 平和的な
- ハンバーガー
- 範囲を
- の買い
- 博物館の
- 心の
- 重複
- コーチの
- おめでとう
- レストラン
- ツリー
- 健康
- クロコダイル
- 石は
- 困難な
- 月面
- 弱い

Puzzle 366

のてべす、報しひぽテカ出ビ小育お所
別伝サ報カセよエだリふレー側さ重ヱ
読所統進ラ ゅう無ぐバ嶋ク項ひな会社
重っも的スだと意やンズ画リ目ろこだだ
目歩弱ドな画スれハツ決く無開
がだ乏砂お重化私ン再定室愛せ芸せ
覚じ写ソベやっ私コ登を故し無ヒ
めた無だモっ私化テシ妊結写べ
た精まトゃ圧狙退リン砂れスキトル
エせ意きカ報出ー ザ狙ブ ー社多
ょ辞ニ多圧ひラ化クドらさロ覧検精
乏辞ヱ批ざ開モ権もカヌロググし
無意ク判投セ金ぼヌじ、査
ヱ通を社故私妊ふ権ぼじラ狙だぐ緑む
育二覧を故私妊ふ権ぼじラ狙だぐ緑む

単語リスト:
- 、すべての
- 目が覚めた
- 批判を
- どこ
- ビール
- グローブ
- レクリエーション
- 、緑
- 小さな
- スキー
- リード
- の伝統的な
- カラス
- バンズ
- しようと
- 項目
- 決定を
- ブラザー
- 別の
- 検査

Puzzle 367

便利なスロの狭ま故退能べヌコ
サングラスいひチス画本芸もぎ
化本ゃニな臭海リま解ふ社おぎ
送話選別何サ金ヒ弱暫カ
化解意辞特せ開まも解
場エニ愛能開てきす進投摘場せ京能
でっ写通登合カヌ暫狙然側砂ニ重金
重結然辞ぐモクりぎ狙だ愛然無十砂
れぼだろ辞ざトカれ故金スぎ第歩側
向じろっ登ぽモふ比較第無じラだ重金
安多金合所安囚金故ぎ味な写ドカ
京重嶋は読りみ暫登乏じラ意登石炭
市京ヱ人何だ解選金登カト石炭
民ヱ権ニ報て解進開無の登しぽ
のの友人合辞能モノ写クニ妊応芸のエ
ぼ多ト食べて応サペニー意ものコ報

読み取り（ワードリスト）

Puzzle 368

社論狙ま能で何場通ょ無所ド登ト乏
く通エひひモ投加囚ぼで狙ぽ圧べざ暫
コヌん力応権社育資故だ狙ゃ写む読結
ー包のニ赤ちん金源だ弱だ画然重ク
ム加む会ドゅ報ニ精弱化きレ意ゅ意だ
出加セ加ど重ょド私論通合故ヌれ故お
ど安ぽおぐれ論通ふテ化ざ私ひ然
安センド重がン論を過ぎしノ登き金
セ進応耳がバトオエ過ごニ結テ比ぐも登
進の耳がイバクケリ困らチ話較芸接っろ
のイ側もケ能ハ再モ鼓化ぼ歩愛彼ヌ
育や解決化ハ再モ場べおホイール結京

ワードリスト（Puzzle 368）

Puzzle 369

リハリ合だ合ラれスぼ雑誌の辞退
使投
ゃ用何スぎ権選論社アリホ加やライオンの
テブは読プカ登ペ無レ多写くーォドのニチ
キ場室サホトレ室然せらかスウマ努摘何ヌっ
化嶋話退然れ明開はフ正にく本ツニ暫然ぽひ
ヒト摘エれハッドニ芸所にるモ権室砂だ退私無ま
ラコニティ再ドニ結多狙場るモ弱嶋ラス話だ囚嶋
コぎ、市民ハ多ニテ結多再ソヱル重選ギまカソ再
応選多ぎ応囚再ソれヤだゅや重ヌまサヒひ
割り込みニテ結多再ソれゃだスょく何ソだ精写
向能読退能乏登然スやだスょくひ歩加写ょ
れカチ安社も登然ソれだゅやだ正登ソ加写精ょ
覧安社も登然スょクだやだ正正しいっ精写ょ
驚かせましたスょク解正しいっ精写ょ

雑誌の
キューピッド
アリ
明らかに
正式に
ライオンの
、市民
驚かせました
マウス
サーブ
ペア
ウサギ
努力の
割り込み
コミュニティは
ホップ
スライド
フォーカス
使用は
正しい

Puzzle 370

ハンマー
エキスパート
楽しむ
消しゴムの
陪審員を
単語の
間違っ
叔父
ささげる
足が
カップ
起こります
的地理
クレードル
メモリ
防ぐ
新聞
冷蔵庫
ケトル
隠す

結セハリ嶋ヌモル愛選進っヱ単つ合エ
無進投ン金モトコ権解多ての語投さだ
側消室ノママメモリ起こりハすの向ヌげぼ
むし楽金ノマメパキエ冷ラ蔵庫海れるノ無
嶋ゴ二隠だ乏ヌ論京本摘多ん多れ開登だ
つムすし画論砂登ざんや故クレ阪る結
応のだ乏投間トっ向出テれ故レ権で
で防投ヒ叔違ニ百テ地ー摘ぎ
くカサ父せ辞意ド登能つが暫ルぽ愛も
ぽサカ故無精だテ多嶋退ぽ出も本
砂クッドち審ひト報京場スト故再
まクひ故応員ろ登ベやムト能私意
側ケひ阪妊ル陪愛阪場新退室私む
ソ私社阪化応をス応聞囚育意
京社ひおスク通所側ど意育

Puzzle 371

っ	返	信	化	だ	リ	ン	グ	で	論	ぼ	投	や	囚	く	ソ	安	ひ
境	界	応	進	合	て	く	再	場	何	乏	写	ス	処	海	き	セ	ホ	ク
も	権	覧	エ	で	だ	む	画	育	社	弱	意	京	だ	つ	く	ス	サ	化	読
論	解	工	改	嶋	ょ	育	リ	会	ヌ	結	京	囚	ニ	回	る	ょ	愛	エ
旅	行	の	金	狙	せ	や	歩	選	ヌ	然	ニ	安	ぎ	も	解	私	ル	ヌ
所	故	故	コ	ヌ	だ	ヒ	故	機	歩	し	ひ	向	重	百	ス	だ	せ	能
ニ	サ	嶋	側	応	狙	き	を	リ	ブ	ヒ	ク	囚	百	辞	暫	べ	ろ	れ
せ	ロ	通	解	弁	護	士	を	解	ル	ト	プ	囚	再	セ	ー	悲	し	テ
む	バ	解	育	ク	京	リ	を	金	イ	コ	京	ダ	ク	ー	タ	ン	イ	素
社	ぼ	彼	の	会	さ	リ	話	応	っ	ヌ	タ	ソ	ト	ー	所	阪	登	敵
ト	結	ひ	化	厚	応	っ	ケ	ー	キ	の	金	だ	ボ	リ	ト	安	投	な
然	ソ	っ	で	の	ケ	ー	キ	の	金	だ	ボ	リ	ト	安	投	テ	レ	

ボート
悲しい
二回
旅行の
彼の
ボーダー
機能
ロバ
素敵な
改善
返信
ケーキの
ブレーク
境界
インターセプトを
弁護士を
タイトル
処理
の厚さの
リング

Puzzle 372

レポートは、
きちんと
正方形の
ディナー
夜明けの
オーディション
ヒキガエル
フェンス
退屈
ベッドの
通学
キャンプ
靴下
、十分な
撤回
の経路
質問を
感動を
また
家の

室	会	乏	会	芸	ま	通	学	会	し	キ	投	カ	ド	ヌ	っ	夜	明	け	の	形	方
ハ	歩	ヌ	ん	っ	登	金	覧	読	辞	ャ	乏	の	経	路	き	ち	ん	と	正
会	故	所	べ	加	ぎ	画	ヌ	ぼ	ン	読	家	撤	回	ス	む	た	ニ	摘	結
レ	ポ	ー	ト	は	、	キ	テ	じ	プ	フ	写	ノ	ョ	摘	ざ	ま	に	百	砂
選	っ	室	ド	権	て	ぼ	話	ガ	お	然	ひ	だ	写	場	愛	シ	ィ	デ	た	囚
私	ハ	辞	チ	多	ひ	話	阪	ヌ	エ	チ	弱	方	も	れ	お	ュ	ー	て	歩	能
ニ	お	暫	サ	十	感	動	を	ド	ス	弱	選	暫	ナ	化	ュ	弱	多	話	ぎ	せ
お	故	無	ェ	ょ	分	ク	ホ	加	ラ	き	方	く	登	を	辞	百	砂	嶋	暫	ク
故	圧	無	べ	話	愛	な	リ	ニ	囚	靴	重	ぎ	問	む	向	暫	ヒ	ド	圧	ゃ
圧	ソ	カ	サ	ヒ	エ	登	セ	所	下	質	開	問	妊	応	話	暫	し	ぎ	の
ソ	ま	カ	故	退	読	ッ	ソ	登	権	せ	妊	登	れ	ゅ	応	話			
ま	論	多	能	屈	社	ッ	ド	む	レ	何	ゅ								
論	ラ	海	場	狙	ぽ	の	結	ソ											
ラ	ヌ	リ	辞	ス	場	の	結												

Puzzle 373

```
した後退何無暫ヌスヒ故ざ京まと話だ
ょ良側砂お場トノハケゼブラでな覧チ
ぼい合芸社も圧ん応ジ編ぎノっヒョ登
れ高芸摘スオで進選報おュータコ京私投合画
じのまト精ひで私もふ海社せ多ヒ論再ハ
ネ性ん報オニきヒぽレクレコセコト報金ヱ
ギ可ゅるニが圧論るる社多故暫報通金ふ
ニぽ検育セ権を摘ってニ合芸覧芸ま画ク
権選京権シュ場もふ論ドコ囚嶋金百ろニ
クひラセュもテテコ場囚向摘囚画むや写
妊ヌコッに応再ドク退向現む覧加にや欲
自社ラモ合圧コ摘場論在くカニ欲求
主摘話モに応再コ摘や囚百画金ニ
的横に振りましたヱ退向現在く
なふエ愛加あ場少室応論在くカニ欲求
```

- 横に振りました
- した後
- 検索が
- 自主的な
- ラッシュを
- まで
- 編集
- 少し
- となって
- 現在
- コーナー
- パターン
- ゼブラ
- 良い
- スケジュール
- 欲求
- あまりにも
- 可能性の高い
- オフ
- ネギ

Puzzle 374

- 子供たちは
- 個別の
- モック
- オプション
- 近い
- コレクト
- サッカーに
- スプーン
- 発見しました
- 納屋
- 男性の
- 看護師を
- カブ
- 、個々の
- ベッド
- 日時計
- 需要を
- 条件が
- レッスン
- 、カリフラワー

```
精れ、ブニぎ砂愛故るざ妊登ぎつ通多
故にーカッサベ然場ぼきゅ加オコホ解む
ニゃ社テリュ選阪る弱京レ重プレ場て
きお乏権摘フス登囚弱ひ歩摘報シ嶋ョク
近ふモク結能ラ重結ワっ画精師ンス
いぼ乏ぐ故でテ本子ープ投ノ看育トを
ぼ乏ベ圧向テ画供ベ所加日時護きェっ
需べ故歩向故個本ッすた納屋計だ安リべ
要故、個向写だド加狙阪室ニ摘ルだル
を、む向ニてヌぎセリ見狙レヌコ辞ノモ
応むニ圧進本男投しレッテ然コる画モ
ラ圧京コ重性の芸読て歩故登やる会
```

Puzzle 375

```
ア ハ 方 ニ ぎ っ れ レ ひ ぽ れ 歩 む で 進 ド っ
リ ラ 京 っ ゃ ニ ベ ニ 武 っ ノ ノ 論 辞 暫 応
ー 阪 精 ガ お ヌ や 室 芸 砂 器 出 写 本 ゅ サ 囚 故
ナ 向 ま ヌ ソ 規 制 を 退 学 ヌ の 謎 室 ぐ 応 か
に 対 し キ リ 妊 所 眠 い ぶ ス だ 登 育 る な り
ゅ ぼ て 京 ャ ン ト 解 重 中 百 平 ぎ ど 歩 狙 だ
論 ろ で 合 ン ド を シ 砂 心 百 野 登 権 ハ 乏
選 多 ク ぼ テ 囚 加 ル せ 意 報 覧 れ 乏 ぬ 故
私 阪 の こ 囚 妊 ガ ー 摘 ぎ 安 ぎ 登
会 辞 合 会 と 与 ン で 阪 せ ー 嶋 安 所 ま れ ク 辞
く だ 海 チ 出 囚 圧 ま だ 重 何 ホ 暫 室 ひ 専 登
ラ ス ケ ッ ト し 画 ノ 方 ょ 選 権 門 の
バ 妊 二 意 開 た 選 エ ホ ひ ぼ おどっ 愛 応 モ
ル ホ く 向 暫 ど ぎ ざ 能 結 辞 然 登 応 辞
```

Puzzle 376

```
選 話 ヌ 安 に ふ 通 む 所 や れ 愛 ろ れ し ひ 安
百 コ 側 通 つ 意 る カ 辞 故 ル 合 辞 だ ラ ゅ 京
ニ ヌ ド 論 安 が 森 は む 海 ヌ ヌ 本 ノ 加 応
砂 安 育 だ 論 ホ 林 ま セ 氷 無 ソ 開 ひ 合 エ だ
ひ 論 ふ ス 出 サ は む 安 の 選 話 化 ひ 能 ク 暫
メ る ノ ぎ 話 む プ 海 ょ 能 覧 ス ど
阪 砂 る ジ 読 で ス ぐ レ だ 覧 歩 プ で
社 も 写 嶋 し ツ 応 歩 ヌ イ 狙 ひ 乏 レ 場
く だ 向 ト や だ 場 セ ソ 故 ひ ス 投
暫 ホ 新 サ ぎ 不 ヌ 写 ソ 過 室 同 ぐ
む つ 鮮 百 む 向 精 合 百 濃 去 登 じ ス
私 選 暫 む し 狙 愛 摘 縮 、 能 ハ 何
権 方 ヱ 所 阪 開 学 生 て 囚 ぎ 適 選 海
画 登 覧 時 川 の 場 愛 スレセ 切 ゅ
て れ 砂 応 々 応 ヤ ギ ク な だ 登
```

Puzzle 377

再登スエ暫つス歩シ出現開多覧場観察
セニテょ育報サじリ開セチ画写ヱヒレ合
む精ッヒ話む化ネ・解は結ろぽ高最写ぽソハ
テ現代乏論ヱょえッ方圧室化だ加テ京百ニ
現然ラ読加ひおエ消えステ再イワンーサどや
向室綿を再ひお登む歌故報タニーサチさ海結金ゅ
室綿興奮多本報ドエ砂金成だの歩ひ嶋会さ長通ホ
綿興奮向話ニス暫金応成だクっ海ひ私応金まるつ
興奮向サニスよでゃき応ドて果ょやき応暫因チソひ

ネットワーク
観察
現代
タスクの
より
出現
ます
インチが
ステップ
最大の
教授
歌う
興奮
サウンド・
消え
綿を
シリーズは
最高の
長さが
成果

Puzzle 378

ポータブル
のような
ボード
イチゴの
バッタの
乗っ
ヘルプ
宣言
コンドルの
ヤード
すべての
キャリー
個人的に
関与
発言
十年を
代替
パンの
解説
医師が

スポまトぽすパンのリ個暫む関ヌ会
側進一権話ベルゴルク人選ょルだ与辞もふ
ハニレタ報リてブ会再イチひ重権テひ出コ化弱覧登
のよう何くへし結加ぼっょ重でボヌ応何し読登だ
タッむどルプへト加ノンじコぽ暫妊辞まヒ何だル読京
バヌ場ー社っ暫医ド然エろひ通摘ょ所権ツ弱辞京ひ
キャリー重だ多師ぼを愛金論ろまひ能ツ海ざ宣向
ヌラセ室場ヤードしひ画何投ど能ひエト発言向加
妊百代ひ無金解むぼりニホ退芸どぎ京ふぐ嶋会ひコ暫
サ替ぐ圧説登る再ヌノひコ暫二

Puzzle 379

能 ニ 実 ぐ 重 投 論 安 キ ソ 影 響 だ 芸 再 む ニ ひ
バ 連 邦 だ ヌ ハ 話 し ュ っ お ニ 応 テ ニ ス ゅ 進
ど ル 論 行 し 場 意 し ウ し べ ん て 読 何 タ ひ ま
ド 退 コ 安 開 意 て い リ く を モ っ 方 歩 ク ま 登
パ せ ラ ひ 室 て い ソ を エ ン ぎ ノ ネ イ 登 ひ 所
ワ ひ 写 ニ 一 妊 だ ヌ ジ ン チ ひ ド 故 合
ー ぐ 報 ん 覧 服 ツ は ヒ 場 ニ 意 育 画 ニ レ ひ ド
の カ 出 ょ 応 せ 化 本 が 加 腐 再 登 で テ 阪 何
登 ニ 金 応 何 ぽ 付 コ 開 室 っ 登 退 ッ 応
安 ク 育 金 側 結 随 ラ ス 愛 退 多 ろ 登 ど エ
も コ 金 場 会 応 ょ 化 サ 同 話 通 せ 全 方 ェ
ト れ だ う べ 投 随 化 コ 意 む 登 体 ェ
場 だ ろ 意 開 化 ぽ サ 話 し ふ ォ 何
ゃ ん ゃ ひ つ 何 暫 べ 辞 ひ ら ク ホ 方 愛
会 叫 で ハ 開 歩 囚 ノ チ や ヌ ラ ク ハ く 摘

腐っ
ネクタイ
ドレイク
実行している
テニス
叫んだ
付随
話して
キュウリを
服は
コンテンツ
カー
エンジンが
同意し
だろう
全体
パワーの
連邦
影響
バルコニー

Puzzle 380

カウボーイ
家族
成功
関連
焼く
の鼻
レモン
、したがって
渡します
買い
ダウンの
ラズベリー
トーク
下降
明確化
ありがたいことに
利益
シナモン
美しい
権限を

、 ク で ス じ 重 場 関 ソ き 退 画 サ 愛 重 で あ
写 し 登 ト 阪 ふ 写 連 覧 ヒ ク 権 ゅ 応 ダ 話 り
渡 ヌ た 育 せ 写 ハ カ ノ ク 方 や ヱ 愛 ウ 砂 が
つ し ぎ が ヌ 故 応 投 や 投 百 ン 京 た
れ ハ ま ヌ っ モ 成 室 ス ス む 応 下 て の い
ぐ ゅ だ す せ ン せ ぎ ラ ぎ れ 降 ニ 利 ニ こ
ど 京 向 ん て 妊 ひ ぎ ひ 加 画 カ 益 ク と
育 退 焼 ト 美 応 ニ 阪 ん 側 化 ゅ ウ や セ に
精 ゃ 権 く し し コ で 故 囚 確 画 ボ 安 ひ 乏
論 所 限 っ ヌ い 方 ヒ ん コ ぐ 明 退 化 ー ト ク
っ エ を ル ラ 退 ざ リ 論 解 室 っ イ 結 ト 何
て の 家 族 レ ズ ベ 無 ゅ シ 狙 ゃ 社 金 ぽ ト
ト 鼻 れ ス 登 ぎ ス ど ナ 然 場 ど 乏 画 ス
ろ く ん 囚 覧 金 て ふ お ふ 場 モ 妊 ラ 合 辞
ぎ ど 何 テ 方 ん エ 然 覧 投 育 ン ひ 加 べ ゃ ま

Puzzle 381

進ヲ犯ルム本っ狙権金ょて地暫狙べろ
応っ罪だーょ暫開れセ育解ゃ理何ひや覧乏登意
ヌ再読どン弱何てだょ再故乏何ゅゃ京応化ン
っル砂権画重ひ選ソ重の信ライテ論モっ
っょ応権ドレ重ぼレぼ信頼阪ーン進登進
叔父は、動機覧芸ぎ多多解ライテ論モっ
ぽ寛大ピンク育レじス金ど私摘写ベラ海も
ざ側大登化論ノん私応意覧やした株の側囚
ヒ金報愛金退進応ノ意覧へした株式家門
ヌ育論結クラッシュへモアセ覧べやも役員本
ょ弱愛金ノん私意覧した株式の家故ょ再
意退金ハス迅速モア登ルべやも株式ポスト
妊狙結ス方ク登ルホ画囚場退専どコ
再ツ解応ル登ル覧場退ク専どコホ
むむチリヒれ覧ホく場退ク専どコホ

クリーン
ムーン
迅速
ライラック
地理
基本
犯罪
専門家の
人口
ポストの
叔父は、
株式
ピンク
動機の
寛大
した
の信頼
ヘア
役員の
クラッシュ

Puzzle 382

バイクの
カナリア
関係の
コートを
賢く
連想させます
壁画を
条約
危険性を
現実
ミュージカル
クリーム
感謝し
カーテン
手配
を介して
栄養素
はいを
標準
複雑

カ覧ぽ登ニ栄クだ写出ゅ社然クまヲ然
ゅー関係の養ふも弱投れ圧再アリナカ故
ソ手テンクヌ通ゅくだセ育所ふー囚ム介を
圧配ょ妊イバ険だ何セ開つじ京重を複
レ私会合能性ヌ側っ場多然囚ヒ故コ雑
ト壁画を通ドを摘応ヤ化登画故ラ会
壁現ク結ト感辞愛む然つ歩京ラふ芸
実ニ能百謝でレサ場海ざエ画ょ多
ミど通じ謝投社おヲ能論安ラざ賢
会ュ百し標投社辞準モ妊モド選報多
安スじ化準ふ海ヌ選ぎ方くを
場チ砂コジュリ嶋ス暫室連ャ賢だ
や妊社出カ嶋ルスヌ圧室連想させます
進セカ場し暫退圧室連想させます多

Puzzle 383

```
室 場 ニ 合 ホ や 応 お 悲 海 膝 れ 聞 乏 ド れ レ
バ れ 意 だ お 側 乏 ツ 惨 卵 安 を き 愛 ク ぐ
阪 ス ケ 故 お 加 だ を 進 ニ ま く 本 じ 出
暫 無 会 リ ッ 想 百 退 然 だ ス ひ 重 妊 囚 報 辞 京
ひ 百 グ リ 登 像 登 れ る テ 何 解 開 き サ 妊 精 報 加
ド ン リ ウ ォ シ 画 一 ひ カ 突 ー 多 分 き ひ ド ぎ ラ し
育 肖 像 ュ だ べ 加 社 ル デ 風 ト メ 芸 ひ ヌ ゅ 化 ト っ
愛 愛 登 キ ゃ 向 ブ む 囚 ヒ ト 添 付 ひ ド ぎ 無 通 リ 再
ざ ト ツ 意 べ 歩 ソ ダ 側 ど 阪 て を 嶋 結 百 む 弱 し 登
場 京 ま 所 べ 画 モ ぽ ゃ っ 阪 ま も 乏 場 工 む 覧 ト っ 歩
っ 再 乏 応 結 投 で ッ ソ 多 色 ま 進 の 日 芸 精 ぽ 覧 ノ レ
ひ ラ 応 狙 っ 火 傷 を
ソ ト る 狙 っ ソ 多 色 を っ 進 の 日 芸 精 ぽ
せ 場 火 傷 を っ 進 の 日 芸 精 ぽ 覧 ノ レ 登 歩
```

ビジョン
色の
悲惨さを
膝を
ショットが
ムカデ
想像
突風
ドングリ
バスケットボール
多分
卵に
聞きます
添付
火傷を
肖像
日の
キュウリ
ステートメントを
ダブル

Puzzle 384

```
ま ツ レ 進 応 の 朝 ト 画 エ ゲ 数 進 ヌ 貧 ひ ぎ
リ 登 何 も 登 品 階 意 ニ ー 投 々 論 し 私 ど テ
テ ス を 論 用 海 段 存 ぼ ト ぼ 所 が い ひ べ 場
側 ト せ ん ス 精 砂 が ょ ト コ 登 ニ 能 悪 べ ヌ 阪
マ ひ ー 獲 側 再 ひ ゅ ー は 画 海 狙 ヌ れ テ 囚
ー カ サ 得 ス ゃ 圧 ゃ 弱 阪 も ヌ ぼ 場 投 ら 砂
結 れ キ ぎ ニ 歩 く ヌ ど お ぼ ら 合 登 い ひ
テ 方 リ カ セ 特 ヌ 弱 テ ま ぼ 摘 故 遅 い 側
所 ヱ ン ヒ ぽ 定 テ ざ 場 歩 ト 乏 弱 お ょ 圧
食 ベ ラ 重 写 所 べ 覧 辞 百 乏 選 嶋 ツ ホ
用 盗 ん リ 場 ょ む ク む 論 何 ら 論 リ 砂
ソ 私 き リ 任 ゃ 選 ろ お 側 削 て 愛 む ラ
ヌ ざ 室 登 命 リ ヌ ヱ 論 除 お 報 だ
阪 論 ク ハ 化 阪 ぎ 室 ソ 向 モ 論 も
ニ 辞 リ 側 精 カ 砂 安 ざ ニ ヌ リ
し リ 側 退 安 意 覧 歩 ふ ツ じ ラ
```

マーカー
盗ん
朝の
貧しい
キリン
遅い
特定
悪い
いらいら
も、
数々が
存在
削除
用品の
の階段が
任命
獲得
食用
テストを
ゲートは、

Puzzle 385

ひ 開 て や 海 合 弱 き ア 警 ぐ ク ひ 日 ぺ ぎ 阪
ホ ぎ だ ニ ぎ 然 つ 金 ク 察 ぐ 再 ぎ 曜 ー く ソ
合 加 だ 社 然 進 重 場 ヌ も 砂 歩 日 ジ ゃ 合 金
コ ラ だ ん 加 開 京 多 ィ 再 会 加 の 結 写 権 ラ
安 ま 室 ぼ リ お 京 選 ビ フ っ 学 加 冬 保 ヌ ヌ
愛 室 所 阪 コ 加 執 ふ テ ト 意 術 写 歩 存 ジ 摘
ふ 災 金 じ ス ト 合 行 ィ ニ ラ 何 的 保 の ャ 権
く 害 お ぐ ト 合 側 社 の ま リ ッ ハ ト ラ ン 解
向 が 勧 リ 能 故 暫 習 ま ぼ ヌ く ル だ り ど
弱 っ 勧 め 退 ト た い じ お 解 通 写 い プ 写 ひ
き し め じ 出 ぎ レ も は ゅ ん 考 え 開 じ が っ
ラ 覧 さ ま ざ 向 ト エ コ ス ヌ 金 投 精 エ 芸 ろ
覧 ヱ れ す 出 結 側 シ ッ プ 海 結 出 モ 愛 砂 無 ざ セ っ

単語リスト

アクティビティの
コストの
学術的
保存
ソフトを
執行
休暇は
災害が
冬の
ジャンプが
たいと考えてい
ページの
警察
フラット
行く
のり
日曜日
プッシュを
習慣
お勧めします

Puzzle 386

単語リスト

埃っぽい
地域
めったに
奪う
しわの
廃液
消防士の
役割
予想
愛情
ソート
戦略は
アクセス
座って
感情の
記述する
避難
状況
パーティーは、
文字

グリッド

感 情 の 消 地 域 ま べ 何 故 解 砂 ぽ 安 ま 場 通
く も わ 防 ゅ 弱 意 ス 役 割 ょ 海 だ ヌ ス っ 二 社
場 多 し 士 覧 所 避 ぐ 難 弱 ア 解 ホ ヌ ろ 百 砂
無 弱 金 の 砂 二 愛 だ ひ 弱 ク 権 ス 精 む 化 ひ
ふ 然 ヌ る 乏 通 育 ひ 弱 ク 選 ま 会 ひ 本 写
芸 登 記 述 状 ヒ ひ 向 だ 能 じ っ せ 何 お っ ス
安 く だ ヒ 況 ろ て ょ ぽ い ふ だ 乏 弱 妊 ト
っ 海 ど 戦 弱 金 埃 っ ぽ 圧 れ む ホ 囚 何
や 金 安 略 ゃ ヒ っ ホ 座 退 ゅ コ 向 ッ で
私 カ 暫 は お 愛 ハ る 応 は 場 、 ト ひ 私
解 ぎ 画 文 字 情 ス パ ぎ ど 本 狙 暫 く ド
百 阪 写 権 応 多 ー ま 乏 に 圧 故 阪 ょ ヒ
報 ス 廃 多 れ ヌ テ っ た む コ し 社 き
写 ス 予 液 ニ ふ ィ め に 圧 無 べ サ
奪 う 想 ょ ぼ ス 所 や し ー

Puzzle 387

```
まろラ精場ひ私せひ私ボ複嶋ライ再二退
忘れてしまひ達重デのィ雑室ブ応選ぐ加
クレヨンっらだ摘ニだィテーな側投狙タ読
社ソつら写ゅぼざョールラ満クばサ百愛
ど育ら育会ぎどョェオタヌスし重圧再
無向ひ阪進ぼ重ェむ阪れ百砂写ぽ出化向
ヒむ場論土せ権ひオセぽヌ写レろ化社る
海ぽ精読アだやスよ開始本重通社ゅ再向
開精海形のプだ意話やス阪より多くのヒ室ゅ合
楕円形っサヌロだ意話解き狙クヒ方応まじだ
何だ出だスーチきれっか権ぽ故知応ヒ解
だリエ再ャ方解圧輝やぽ登覧恵通室じ
べ嶋報百読ふ狙や穏ぽ所ろ精に解
金百故ツんき穏ぽ登所だ
```

Word list
- 複雑な
- カスタム
- 開始
- 私達の
- より多くの
- 運ば
- ボローを
- 土曜日に
- 穏やかに
- ディテール
- 忘れてしまった
- クレヨン
- 満足
- アプローチ
- 輝き
- タオル
- 知恵
- 楕円形の
- つらら
- ライブ

Puzzle 388

Word list
- 布の
- スイカ
- 、ニンジン
- おなじみ
- ミル
- 精度
- 事業
- 、最後の
- 送ら
- 反応は
- 店の
- 適用
- 画像
- 女の子は、
- 緊張
- 訪問
- ドール
- 認識
- いるようだ
- に危険な

```
画クだ読ス囚弱、むスイカモむテ写カまれ
れ像社適用コ安ニット百無進ルニだホ開出
おなじみ結だンンジ応通てじ室べ辞摘室カ
く開ツ解狙だンドいセ重解ヱ辞く化ぽ
む場海金狙精精育よだし権安本ょ本
結海写チノサ精む故出加重辞に化
何安ざセ芸阪能退選登海辞危本ッ
じ歩ど育モ論因反ミ論リ芸問向険スヒ
選ソエ解加然応ルド、故画もなふ事読
結ノ緊張認サ投後最はひ安砂再歩
再開エヱ方識覧画場ょふ子安ツ事乏
摘化妊度登でホ辞登の砂ヒ業
登本精合応クヌ然送女ルふ乏
チ精合応辞ヲホ愛解出らふ歩読
```

Puzzle 389

```
然覧金場プーレグラフソセざコ精おひ
ンょエコぎ多ツ意向故破壊海ニ妊ろに歩金
ーで報ノ能混画の再本登日ヌでクカ向
ペンレ砂与私投嶋ノ出覧社明多ケふカ砂化投
ャ愛向えツらニれルでラ然重阪読ひをラぐエ
キャベツどチ読論まっひラ画再ヱ社竜が報京
しようぎ側海二秩序論安辞嶋選化所百出ソ
ぎ側海二秩論安辞嶋砂選化所だサニチひ
ニ無秩序論セ砂だサニチひ応次合員の会私
摘どハつ辞嶋砂場だサニソ解暫進退む本委妊
チ所つ辞コ選化所だニソ結暫解応次合員ひソ野
べ加芸百だリ出場ノ芸チニソ解応合会私合球金
く芸百だリ出所ノ芸出生まれ委員ひソ野る
っぐ出リ所ノ芸出生まれの会私合球金
```

与えられた
ケフィア
野球
生まれ
しよう
次の
秩序
意見の
破壊
グラフ
リアライズを
竜が
委員会
前に
キャンペーン
グレープ
明日は
混乱
キャベツ
、すでに

Puzzle 390

全員の
技術
欺く
レスポンスの
シーン
乗り心地を
妻の
アイデンティティ
帽子の
動物、
、まだ
ささやかな
喜んで
ペース
、必ず
選択する
存続
ナツメグ
分析
、正確な

```
意選ゅ、化まモぎささやかなシホ開本
ぎ択ニ必ス合べ写ハっょ育ー開画テ進
論すだず動物、技ナツメヒもンレ方意
弱るま分トっ術応レヒろっンソアょ存
チツ析スやぽ、もチろぽニソアイ続
会ュカやせノ場、正出登ヒデ登
れ画ょどせんでじ場チ確選ト進ンハ
帽論乗喜んりト欺チ権読ふテ合
子べスり意だテくッ進全せィぺ
のゃれ意心妻京ツコ私故員れテース
っおっ弱地のを欺コ愛報ふひィヌ
ろ海場妻室ぎ解くル登重ょぎく
開ソエドどせべコ精砂ぎ退ゃ
まコゃひせれ写暫ョエ無加ぽ海
ふ能まテ論写暫ヌニ精ひルぽ権社む
```

Puzzle 391

おる何権開開ク歩おしテだひ通本シ
まる室暫選ククッツ意スおひざ体でク
サ応写モ話ジャぐ本退然くぽ育場写
ド ぼ多ル覧ラ通ょ写海海んお歩ヌ方
何歩じくべど場写私安社覧リおふ能
てス応しょヌホ京ひ辞らっ語ニおヒ
読ティニざっヱひじて報開せト本辞権
嶋ィッ再海せチひせ開登ぽカ化砂ス
投ッむエぼせーダパ弱ぎ弱ホ乏権界
ツク多進ニ衝突ーヌアームを業で
、は準ス向ラントンコズ然金世紀にてリ
芸、だレ狙故修ぎぽ然精花が向リ圧
民準レトトトの戦いの方ノや
間重備のサイクルのを戦いの社化退ん方
むみ権阪通故クょぼ金社化退ん方

ノック
世紀には
民間
クジラ
本体
シンク
アームを
スティックは、
花が
略語
修理を
チーズ
戦いの
衝突
リーダーの
準備
業界を
コントラストは、
のサイクルの
パウダー

Puzzle 392

演奏
屋外で
連絡先
笑い
三角
故郷
カードの
物質の
高速な
野心
不規則な
目的の
大根
禁止する
合計
に向けて
おいしい
アナグマ
大規模な
キャップ

進化チルニに出クゅ狙応退おしに
向チトだエ向レ側むだ暫コ画ヒ化結
嶋応解目応けヱ辞阪しン妊ょ弱報
囚画会コ的てテの退べキ精だれ
無然でぐひ所ヒ解化本重べっら
登何再サぐ場嶋金画連笑何れ
通ひもニ退ヒ禁応レぎやる三選
場方摘つ退場止ざ権演ゐソ権
投権嶋べ会能すカ質モな
屋退サぼむ社るド故ト根則
多外ぎで進弱せ芸郷登不
ハ論でひ合アな野っ重速規
金側再じ意計ラ心結退ざ則
乏ヒぼ私ルセ摘ゃぽ高不
芸まク投ニエむ応サ権ラぽモク

Puzzle 393

```
ま 生 物 学 キ 辞 ぎ 故 ひ っ 重 権 て ル ハ 結 場
ま 最 良 キ 干 リ 何 安 選 テ 嶋 二 京 ろ ン お 弱 読
ヘ ッ ド ャ し ひ ン チ ざ 通 ま モ ひ カ グ ノ カ 読
だ れ モ ン ぶ 海 化 の 合 登 重 ホ テ 砂 ろ 愛 化 能 コ ト の 乏
話 ゅ 応 デ ィ う 覧 リ ス を ブ 発 会 テ 交 ぎ 砂 合 ニ ホ レ 画
だ 重 カ 再 利 用 可 能 な を 選 ょ 生 歩 渉 ぎ 砂 合 ニ 本 故
、 再 利 用 可 能 な を 選 ょ 歩 渉 ク れ 安 チ 画 レ 本
れ シ ふ き ク ェ ィ ノ 結 嶋 室 安 く 化 ま ド ぎ 大 丈 夫 ク ゅ 故 ひ
圧 ブ ラ ッ ク 囚 だ テ ノ ク 室 く 化 開 登 能 二 話 ろ 話 ょ ゅ 故 ひ
ょ ぼ 圧 ブ 囚 だ テ ノ ク 室 く 化 登 能 二 話 向 む っ ど 歩 ぐ コ ニ 乏
ス 阪 ヒ 歩 ろ 室 ノ ク ア 登 能 二 話 大 丈 夫 ク ゅ 故 ひ
故 多 歩 ろ 場 意 ア 登 能 二 話 然 向 進 コ 開 リ 画 報 む ニ 乏
個 人 は 妊 精 ゅ 京 本 覧 然 向 進 コ 開 リ 画 報 む ひ コ ニ 乏
選 再 ニ リ だ セ エ ド ク ひ 進 コ 開 リ 画 報 む ニ 乏
阪 ス レ ぎ チ ゅ 登 側 っ ノ 疲 れ 芸 意 報 む ニ 乏
```

カール
最良
交渉
個人は
ブラシ
、再利用可能なを
アクティブな
疲れ
ブラック
キャンディ
重力
大丈夫
まま
キリンの
干しぶどう
生物学
ヘッド
発生
チョコレートの
ハングが

Puzzle 394

シェル
忠実な
確かに
ドラム
やすさ
暖かい
の後に
オブジェクトを
壮大
参照してください
恐怖の
抱きしめ
熱くする
描く
トライアル
傾向が
溶融
配布する
実行します
時間

```
時 ニ ド 私 阪 れ 無 ヱ 多 ド 覧 し 芸 お ぼ ト 重
だ 間 金 べ ぐ 海 安 京 ス ラ ラ ゅ ソ 応 場 ラ イ 加
れ 然 エ 圧 や 意 ト 写 ュ ム ヌ べ べ 化 も ニ ア ぎ
し や 辞 意 っ す 写 論 ド き ラ 然 す 話 ぎ ル で
ぎ 重 意 応 チ く 愛 ド 配 化 る ぎ 金 ェ 再
ル ま ホ 開 何 ぎ 進 弱 熱 布 す 狙 海 シ 歩
側 ハ 向 圧 重 解 意 ざ く く る 故 怖 ま 摘 登
て 合 圧 意 嶋 で な 実 描 ひ 画 の さ ホ じ ド
カ ホ 力 愛 選 だ 故 忠 覧 参 後 セ ど に 育
暫 コ ょ 多 っ 暖 阪 め 愛 行 権 照 に 弱 ど 方 ざ
社 多 乏 場 か 応 し き し ノ 圧 溶 ざ っ
ス 応 側 や 芸 応 い す ヌ べ 投 ニ 化 登 芸 京 ょ
オ ジ ェ ク ト を 傾 向 が ノ が ホ ス 進 室
ん 場 ク 無 ぽ サ 壮 大 べ ま ぐ い 芸 京 芸 ホ
合 話 化 ス サ 壮 大 べ ま ぐ い
```

Puzzle 395

多 サ 妊 読 英 リ 雪 小 ぽ ー エ ニ ツ 芸 ル ん 結
プ ッ シ 語 覧 だ む だ つ コ 退 立 ま じ ぽ 有
精 きょ 応 育 や 京 や だ 種 粉 芸 孤 鋭 ス で い 痛 ぎ
精 せ ソ ド や 愛 愛 ド やま の ツ ー ス で 登 然 多 ひ
無 ソ ス 会 し ひ ル ぼ ー ワ ニ バ ぎ 然 多 ド 乏 向 コ 嶋 ヌ む 向
加 レ 話 じ 加 投 重 覧 ィ 崩 教 会 っ オ コ 長 百 ぼ じ ヌ
砂 し 方 然 摘 ろ お 通 側 社 て ひ モ まま 走 報 つ ス ラ
し ク ち ぎ じ 読 コ ト ひ 御 馳 側 ん 走 延 期 会 囚 セ だ
側 辞 ぎ ぼ 精 や スル 向 出 加 投 私 育 投 モ ヒラ 育 む 権 つ 投 ぎ ぐ 応 ト 再
報 解 ス 芸 ふ 芸 ゅ や 投

鋭い
小麦粉の
プッシュ
痛い
アーティスト
御馳走
延期を
崩壊の
オコジョ
雪だるま
教会の
バンワード
バス
一種
英語
スポーツの
作成
が成長の
孤立
有料

Puzzle 396

道を
オープン
継続
のポーズ
回復が
国家
崩壊
占める
検査の
丁寧な
塗料は
ランダム
操作
飛行機を
フェレット
夏の
オウム
管理
の有害が
芸術

社 金 多 ト 暫 囚 安 で の 囚 金 れ 場 辞 や 登 ひ
安 室 投 ラ き 国 摘 ポ 然 愛 再 む 開 ゅ 進 阪
し べ れ ン ド 家 サ ー 愛 場 じ ソ 合 出 オ
丁 寧 論 ダ 本 能 占 ニ 妊 機 を ク 通 っ ウ
ド 弱 な 道 ム 画 セ ズ 飛 行 ラ つ 無 ニ お ム
ド ゃ ぽ を ヌ 化 め っ 芸 合 の 私 ひ 読
囚 ソ 妊 化 社 ト る 然 所 害 有 ク ぎ エ
愛 ぎ 私 海 て 場 ぽ 復 が 圧 妊 継 ひ ト
れ ぼ ひ ぎ 妊 おも 本 じ 画 だ ふ 続 ヌ 画
れ ぎ ク 側 だ 論 圧 摘 お テ セ 金 む 応 塗
ひ 管 し セ ぐ ょ 愛 登 せ テ ぎ 場 プ ン 料
セ 写 理 モ 金 出 辞 開 ょ 百 操 崩 ッ 出 は
ろ 再 し 摘 夏 の フェ 辞 育 結 作 壊 ざ ひ 海
ニ ソ ひ ヒ っ 査 金 レ ひ 覧 ょ 退 ぎ べ 妊
場 で 金 弱 圧 だ で 検 や 登 ット や ニ き 何 ゅ 暫 囚

Puzzle 397

```
で ひ 意 登 ツ ド ハ 退 ニ 出 出 圧 つ ぐ 歩 開 退
ラ 圧 お ぼ ぎ 会 く も ス 多 ラ チ ぐ 室 弱 ク 砂
レ 側 論 小 麦 化 レ 登 ク ト 骨 出 狙 百 金 ぎ 安 写
投 る 登 ヌ 金 ま 場 ク ト ゅ 出 狙 ッ 少 出 コ て ま
京 出 結 っ 阪 動 写 再 退 む 子 ル 再 な 合 じ っ ひ せ
べ 芸 ト ソ の き ニ 再 お 目 向 解 ホ く と っ コ
エ ゅ だ 商 ょ 海 れ だ に 通 製 覧 サ も ど 妊 約
む 給 の 用 故 海 く 辞 見 知 京 加 せ む だ 束
昇 精 投 所 じ 弱 ク れ え 然 で 然 育 進 ぼ 場 開 再
ト つ ょ 方 育 ス ひ モ テ ソ る 選 京 囚 加 リ 登 妊
ホ ま 開 芸 弱 ス タ コ レ ス ソ ス で 会 理 を 登
ま 無 開 弱 ホ サ ン ビ ソ ス ド 選 っ っ ざ 再
無 民 俗 弱 ホ テ テ ぎ 再 ド 地 球 を っ 報 ヱ ハ
で 覧 テ テ ぎ 再 ド 地 球 を っ 報 ク ス
```

ストリップ
民俗
通知
クモ
製品の
動きの
スタンド
テレビ
目に見える
管理を
小麦
地球を
少なくとも
昇給の
たまま
骨折
の商用
デリケートな
約束
子の

Puzzle 398

カバ
噴水
効果の
ボトル
スペル
シット
現在の
陸上競技を
選択し
暖炉
の好きな
クロック
家賃の
感謝を
巨大な
定規は
山猫
海岸
叔母者
スケルトン

```
巨 精 ぽ 化 現 能 ハ 出 家 画 暫 ど テ 重 辞 解 選
大 海 岸 妊 在 本 べ 摘 賃 の き な 登 歩 二 択
な 会 化 室 の し 開 カ の 好 効 陸 上 競 を し
ク ロ ッ ク 暫 し ツ ス ト 果 や 出 然 し 技 愛 ま
加 応 や む シ ッ ト 育 ル 辞 や ン ト ル を ひ ス ん
れ ク ょ く 室 ょ カ カ 能 向 辞 室 結 ひ ス だ
モ ヌ 側 画 山 ぽ 嶋 ん 定 摘 る ボ カ ひ
本 弱 れ 応 叔 母 者 選 ル 規 育 方 故 ト ひ 進
方 海 ぎ ひ 精 べ き や 噴 ト 覧 ノ 圧
せ 無 海 乏 摘 し 登 故 っ 金 は 水 砂 摘 京 応 お
ふ 室 ド 愛 テ 写 く で エ 方 バ や ひ だ
登 ゃ 愛 じ っ ぎ 暫 場 ん ク て 登 し 何 ょ
ト 感 ツ ど レ ぎ 無 嶋 コ 私 暖 然 ツ 報 故
ひ ろ 謝 故 ゅ を レ 嶋 だ や 室 炉 テ 百 嶋
歩 ヒ ゅ を ハ れ ハ だ や 炉 お テ 妊 再
```

Puzzle 399

```
ス ワ ン 出 フ 暫 ハ ろ レ セ シ 怒 む コ コ 読 ぎ
ぽ る 進 メ リ 辞 ト ヒ 開 ス ら サ エ ド ッ 本 解
圧 百 で カ ジ 囚 メ が 摘 テ ひ 向 重 ぎ ト 京 だ
で 所 温 ニ ア メ イ 育 何 ム 愛 っ 読 ト メ 愛 ソ
て 権 度 ッ れ 嶋 ン た れ 妊 重 暫 本 リ ン だ 化
ん 休 多 ク 精 阪 囚 海 私 何 ぐ 機 七 妊 ト 登 嶋
ヌ ふ 日 ド 合 室 化 私 は 優 読 再 だ ろ 覧 応 ホ
も 京 化 の 読 金 詳 写 、 何 本 解 り 側 意 応 ゴ
写 妊 に ヒ ス 立 加 意 写 機 七 セ モ ヱ ホ ざ ム
加 海 迅 ト 合 派 囚 だ っ 育 だ 話 ト ホ 金 ざ ハ
セ く ふ 速 入 加 開 妊 ま サ 再 解 無 金 ゅ ぽ 砂
せ ふ 何 ゅ 妊 何 何 ハ サ チ ぼ 世 写 重 ぽ じ
っ 加 ソ ト 場 社 弱 チ サ ラ ラ ぼ 読 投 重 乏 覧 砂 線
進 写 れ も も 弱 ラ ラ ひ 狙 界 読 投 再 応 権 砂 曲 し
ス 意 ょ お ょ 弱
```

立派
温度
フリージア
メカニック
七の
曲線
世界
怒ら
ゴム
コミットメント
入場
機関
休日の
詳細は、
に迅速
システム
スワン
、優れた
話す
メインが

Puzzle 400

に静かで
覆っ
スノードロップ
懸念
動詞
泳ぐ
測定
キー
入植者が
女の子の
必要があります
具体的な
洪水
待機
からの
唯一の
育て
ラクダ
修正
上昇

```
測 で 登 ス し サ 精 ド サ 所 き モ 権 芸 ひ ひ ク ニ ベ 洪
砂 定 エ ク ノ 弱 重 ル 然 ょ 出 向 開 海 水 べ 洪
私 セ 安 サ 所 ぽ ヒ ド 権 本 登 結 私 登 ハ 故 水 故 泳
覧 コ 話 っ 社 ー 会 ロ ひ モ 選 何 や ゃ 選 泳 ヱ
ト ぎ 動 ラ 応 化 者 が 京 エ 狙 が ぎ 方 ぎ ソ の
退 に 意 詞 入 ホ 覆 場 上 必 要 せ 暫 ま 応 ツ
ヱ 静 ホ ひ れ 植 っ お 昇 ぽ ざ っ ノ 開 室 す ひ 芸
ょ か ぎ で 摘 場 正 ど 場 セ れ べ 乏 方 京 一 進
結 能 で キ 京 修 ま 画 せ っ チ 百 応 開 ダ 読 サ
具 で ろ リ 多 進 嶋 ク か じ の 育 ひ 唯 覧 応
カ ク 的 ソ 待 合 側 ツ ら 方 会 再 女 じ 重 ひ
意 じ な ク 機 れ 何 ル ト く ゃ 二 の 進
故 圧 多 ひ コ 懸 ぐ 砂 チ 無 百 ラ 子 サ
選 場 写 ゃ 再 念 何 ノ ざ む ク の
故 辞 然 画 ハ ト 芸 ル
砂 意 ト 二
画
```

Puzzle 401

```
場 進 乏 登 お カ ト 結 阪 室 向 結 循 出 サ 剣 傷
余 り が ニ ス て 本 ガ ひ ベ 再 環 席 ッ ー つ い
こ ひ ヌ 定 義 も ぎ ろ リ ニ 言 語 を ひ カ ブ た ヱ チ
と 出 狙 妊 く ヒ サ 圧 能 べ ン べ ふ 重 登 方 ノ 論 ょ 維 持
で ひ 無 く ヒ タ レ 馬 の ン ふ チ ニ 場 で て ど 出 再 圧
き ぽ 育 故 暫 場 値 故 社 ヌ べ る 登 辞 所 論 て ド ヱ 圧 る ま や 多 ぼ ソ
ま カ リ 妊 方 ヌ 呼 ば れ ど る 登 所 百 能 然 解 せ や ル 海 写
す ハ ろ 方 場 加 囚 使 ヱ 室 お テ ひ く 乏 る 乏 ん エ
ぎ 、 シ カ 歩 摘 ノ 用 多 ま だ 加 暫 ス 登 ふ や れ ソ
て ゅ ヱ ベ 暫 つ
で ス
```

Puzzle 402

```
お 暫 話 然 登 然 ぎ テ 、 会 場 画 食 芸 せ 血 ラ
愛 も 登 ニ ヌ だ や ょ 投 ハ ひ 所 器 チ れ 液 京
圧 ま 私 選 ょ 化 る 紹 資 テ 故 棚 室 読 報 る
ノ 覧 妊 ま 出 阪 室 介 カ 読 ヌ ど ニ コ ノ 読
進 摘 ぽ 囚 化 報 レ 圧 ラ カ サ 再 だ ハ ょ
ま 写 社 ニ 報 じ 論 ハ ろ チ 論 重 覧 無
投 成 熟 合 サ コ ふ サ 報 報 ニ 妊 マ 摘 少 数
げ 管 理 し ま す 妊 場 覧 重 妊 室 愛 ル ヱ ク
縄 ぽ 開 催 妊 圧 じ 金 エ 室 ス 報 ド 圧 所
弱 安 百 歩 化 選 ノ ト ニ 社 画 リ だ ジ む
じ 敬 応 囚 論 開 で ざ チ 圧 摘 れ 本 ャ る
私 社 遠 京 最 チ リ ヱ 応 ラ て 故 ケ ダ
応 安 ク 覧 ニ 報 ぎ ギ 画 イ 発 会 ッ ー
議 ぎ は も ひ も 囚 何 ド ン ラ グ 、 音 を お ク
会 議
```

Puzzle 403

セ 歩 ド 覧 百 る に 砂 輪 ゃ 狙 歩 重 じ ひ 通 場 ニ 京
つ リ 重 エ 誰 の も て 無 入 開 育 べ 妊 り ホ リ ス 論
テ 加 停 退 室 の か ニ せ ク 狙 意 サ 私 精 り 応 ょ 砂
画 自 止 進 ぼ 車 か 狙 ニ 調 応 せ つ て 囚 た 読 が テ
精 体 し な 登 だ わ 論 理 合 オ フ 通 写 て ひ 論 ひ リ
本 再 て 等 の し い ら ょ 摘 ィ ペ 多 何 ス ニ 報 本 で
コ 解 ぎ 写 進 れ ず 、 本 ス 向 通 話 せ ど 百 化 ヌ ツ
然 ヒ 阪 選 だ 進 芸 ン っ 開 向 ど 読 テ っ 会 る 側
報 植 物 方 金 乏 凝 視 側 向 曇 狙 り 進 ぎ ツ 結 ど ゅ
雇 用 然 だ 場 登 カ ト 場 て 二 ひ 狙 嶋 ツ ノ ヌ レ
セ 妊 き 多 退 ん や レ 会 側 ニ ひ 然 歩 て 摘
記 念 多 コ ど レ 歩 ハ ひ ト 開 ま 然 歩
権 金 妊 を ど レ 辞 会 側 狙 ひ 進 嶋 ツ
お 菓 子 を ど レ 辞 会 側 二 ひ 進 嶋 然
登 ニ じ 場 ク 歩 ハ ひ ト 開 ま 然 歩

お菓子を
記念
スペース
オフィス
ライオン
輸入
自転車の
誰の
にもかかわらず、
要因が
凝視
作られた
停止して
雇用
なし
曇り
自体 植物
等 しい
調理

Puzzle 404

結果
軍事
絶対
姉妹
な否定的な
に十分な
他の
ゼロ
ウォーク
フィット
笑える
結婚
ホテル
特に
ペット
洗濯
絵筆
完全に
高級
皮膚

ツ つ 百 ク ヌ ん ぼ ゼ ロ ニ ク 出 向 側 ハ 画 社 何
ど れ セ 出 っ 摘 ス コ 報 ぐ 登 く き 嶋 無 結 何
だ む 写 だ 解 ン 権 読 化 ノ 重 ひ ハ 精 き 果 結
ょ ざ 画 登 ラ ノ 摘 投 海 二 応 ハ 愛 妊 京 む 果
ノ 権 社 故 ま 完 お 特 向 嶋 り 解 読 ぐ じ 本
ニ 覧 ゃ ス 全 に 洗 ホ 進 ニ 画 セ 絶 ヌ 多 社
通 や ク レ 応 論 ん 退 ぎ 話 場 ょ 二 ノ セ 話
ん だ サ 育 ニ 軍 洗 濯 む ウ 辞 ォ ヒ ひ ゃ
や ホ レ く ル 事 話 所 辞 何 ト 弱 む ヒ
ひ テ く モ 結 ヌ 再 進 テ ー 姉 く 化 リ
な 否 定 的 な 婚 ぽ 登 チ 高 エ 妹 の 精
に 定 分 暫 再 で 場 再 級 ざ 京 京
画 十 っ 弱 ぼ フ 応 皮 乏 二 他 権 む
弱 で 私 方 開 覧 る 方 写 く 室 芸 京 社
笑 え る ま 開 覧 る 方 写 く 室 芸 ゅ

Puzzle 405

```
ク 私 っ 進 国 コ 画 エ ス 囚 む 化 ト ょ 画 ぼ 論
ぼ ヌ 所 民 重 ど ス ホ 再 権 だ ュ ノ 加 許 し れ
セ な う よ の こ ケ 合 せ ク ゅ プ し ゴ チ ひ ゴ
妊 じ 虚 方 園 投 ハ 能 バ 写 天 デ 戦 ヌ 争 重 芸
ツ ニ 歩 ト 作 ひ 動 ひ ん ノ 国 イ 向 ト セ 解 ぐ
ょ ク だ 意 ぽ ぽ リ ひ 乏 暫 本 向 読 ル ピ 愛 然
ぎ じ ま せ 故 ゃ 然 本 画 選 ろ 圧 サ 読 ド 場 海
何 私 ま せ 私 セ 読 ん 選 百 ろ っ 提 お 出 し ます
で し ル む 然 無 話 お 選 登 精 狙 京 だ す や 暫
妊 ツ ま 通 権 海 話 選 暫 軍 提 血 ろ 選 ひ 圧 歩
意 ぎ 方 安 解 ニ お 読 精 隊 狙 ろ 出 モ ホ 覧 ふ
ラ 私 方 所 精 セ 読 暫 吸 軍 出 通 京 選 だ ひ 暫
然 結 ト 権 ざ ト 話 読 応 吸 血 ろ 選 ホ ニ 圧 歩
ニ 阪 権 く 精 セ 話 応 ス 鬼 応 く シ ネ マ 海 べ ふ
```

ピル
許し
読ん
エスケープは
国民の
天国の
軍隊
シネマ
動作
謙虚な
戦争
ワゴン
、このような
提出します
動物園の
バッグ
セル
吸血鬼
デイジー
クリップ

Puzzle 406

法的には
スプレッド
強打
フィルム
要因
チェーン
フリッパー
参加者の
ハーフ
機会
月の
レタス
シャワーが
冒険的
に従って
これらの
ストーブ
組み合わせ
トップ
ナビゲート

```
ス ク 話 ぽ リ ル 弱 論 写 要 圧 ハ ツ ス 法 乏 多
ト ン 場 冒 険 的 フ ィ ル ム 因 セ 画 報 的 狙 て
ー ー れ せ ハ 参 加 者 の 月 会 て っ 従 に だ む
ブ ェ ゲ で ー じ フ モ ソ 愛 化 側 だ 場 は 社 も
て チ 室 フ ビ ナ 場 出 テ 化 権 故 論 室 ニ レ ク
本 室 ソ リ だ 意 機 ひ 化 能 ス 論 プ ッ む ク だ
海 ソ っ パ 結 圧 会 こ れ の プ レ ド む 向 社 ヒ
歩 が 加 ー 圧 ニ ニ れ 権 百 ト リ ッ ょ モ 応 場
ぎ 加 ぽ ル て ー レ チ 海 ニ ッ 出 歩 意 ラ 通 エ
摘 ぽ 能 ワ 百 読 タ ベ 金 チ プ 化 進 ツ セ ひ ハ
私 能 社 登 ャ 摘 ス ひ 方 リ 歩 写 応 っ 通 べ 話
ハ 社 安 ノ ぎ シ 組 み 合 応 選 ざ ろ ひ 故 安
レ ぼ 写 ぐ ひ レ 化 レ 育 故 テ 投 ま べ ュ 愛 安
金 ノ 方 妊 権 強 れ 報 再 ふ 向 ス ヌ 弱 や テ
ま 圧 ゅ モ 論 打 チ 登 解 ヱ 写 む む 精 ス
```

Puzzle 407

場ノる劇安社ス故登れ相ゃ京権カ退進
安ょチぼ場ょしポひー互二私限ゃ京摘
エ写ス所おはス歩ンャ作画追ビれミン
話会ど圧無辞サ沈黙を用る加タ室ク弱
社意ク確沈期解チラ真進し海圧ぐリ
登論場ハ出待能意ヒ囚実温妊サぐしり
サ妊側ヌ投通化ん合私ニ度私ハき所暫
カむ弱狙圧金京っ向場だ計海き応報方
ままぐホククセ室画ニや報乏摘報の卵
ス社っトソポ砂加百然論文の登ん応
社テトシリポだ解再登本棚然嶋覧ひ登
ょーロひっひ重まノ歩ッふくぎじ
ひ室フひゅ解話要狙登摘応べ報ひひルじ
ド権ひゅひ話ンな圧む摘応べ報ひひルじ
読

相互作用
期待
論文の
劇場は
ビタミン
本棚
ポリシー
沈黙を
重要な
スポンジ
社会的
卵の
フロート
追加し
真実
権限
温度計
ステーション
メジャー
正確に

Puzzle 408

先のとがった
マスター
歓迎を
手の
準備ができて
グレー
魔女
持っていた
スノーフレーク
庭の
選ぶ
スクラブ
池の
の異なる
割り当て
クラスの
砂の
自然
ポテト
練習は

スだ多だ化覧セトぶ
ク再何論覧のグ選ノ
ラ室く然庭海グ金カ
ブだクゃ自芸レッソ
ひクソレツ再歓ラ
ん狙たきんツ迎砂金
まェフセん方芸をカ
るきク再辞ヌ囚ソ
異てセ歓辞加論ラ
報もニ迎場論能金
場方場芸ひせサ精
ド方芸ラ

Puzzle 409

ヒょソ歩ょ所芸場ソチダ行く方せ投だ
ド再モ所論ゃおふひュイるいてしハコ
マニュアルプロセスージ側白のクーホ
登ヌゅサゃニセ狙然リェッ金な金ド話
し向想定歩を明るくひス読ちバいン所
金二解ぎ妊場ぎすひ用プトラ合話クヌ
読歩ん狙方歩ぽ適何や何ゃウ化ニリ無
会べ場ソ故覧ぎ弱能く退ク私まッ権
然コょき安意開集ろ計んっ写ょ解プリ
覧ひ砂安スだルろ会し百権も解が私
進安精ニも登し会コサぎスも妊場く加
エンドウ豆はべ妊所方ヱ登然通京せだ
せぎん化能画トラろ狙海狙暫リ写話く
ょ所必要ト解セ開応っ結む解ノ写だょ
だ京投ルニルで進投応摘ホ方レ再ぐ京

チューリップ
必要
集計
している
クリップが
マニュアル
白い
エンドウ豆は
ラウンド
を明るく
行い
のない
ダイジェスト
ちゃう
プロセス
想定
ハード
ホーク
適用する
バッジ

Puzzle 410

ハリネズミ
苦しみ
陽気な
南部
クラウド
石鹸
ローカル
との間で
グループ
に空
食品
のオファー
社長の
の関係は、
購入
陽気
行動を
病院
、最終的な
赤ちゃんの

登ス会ニ多私に空の社覧登もカスの方ホひ
方方れゃ写精苦場オ長、最終的な関京ヌ写
クラウドロせしトフの無じサハリトは、投モ
ゅ陽気なー弱み多ァん場っノ私ネ京側故ヌ
通金まざカ石鹸開ーくち進エズれ私ニ報嶋京
クトプールグ解無ク社ひ所ミレ何会だレぽ
と方話安ざっ行南部赤所何ッ登私ヌトや加
京の歩結ゃ論動を乏写本ツ読たべ加だ
開く間精も陽を乏囚金愛何故ソスサ
嶋コ無ト所でや気砂加ヱ登砂会ニろ話る
ヒ無ト登まっれ囚砂開暫弱故ぎ話無話お
登京乏精ぐじ囚病ヌ食品二私ぎ
歩ヒツ乏選解っざろ院芸多ホん権無ぎ話お
ぐ加権

Puzzle 411

環海れざ金登妊結ト暫芸興チ速加エっレ本通ぎ
境スれヱ進妊会選再て場話スいスジスジ通読意
のまだ二論め室登多登主故たっエェエェぎ暫ニ
重ク嶋年のる登だれ張せヌニ場ンン妊読精趣
ミ歩コべ選一二金化キルロブで圧ト場ひ味
ふイつラ開プ退化ーリッカ無ッド読二
れヌ重二愛リ投論ト政京権能暫ぎヒ室圧
おゃだ海ひまま育辞解妊暫重京摘応写れ
ふまひくじまちゅ投るだ政っ嶋選ゃ開圧
ひせひドじくぎょ無安ろぼれ読海んだ能コ
れせドロぼ私リろ無ぼカ投選っふ覧圧
所もょ圧コルヱリ話乏れ投選っふホ化能開写れ

まだ
趣味
いった
進める
ブロック
選んだ
エージェント
リーク
環境の
速い
感触
興味深い
テープ
ミイラ
年の
バット
キッチン
レース
政治
主張

Puzzle 412

スタッフ
偉業の
恐れ
なっ
スプリングは
ミッション
利用可能な
シンプルな
の家族に
ニンジン
ひょう
人形
天気
ドライバー
回避する
ガチョウを
中程度の
の親の
バン
を越え

ぽ嶋ニホゅ嶋シ意レ話進砂百やヌ安せ所
れ芸ト所画ニンシショシミべ室ラベく百登む
所写天気砂ンンプ論ミスタッフ報向ぎひ
んだ加退ャコンジ化何ト覧ひ弱会ゃ登
摘は芸妊重二ルルな方ス海ノラ弱ゃニ場ぎ
バグドラ妊会リなセ然ノ報くゃく重エ二
ンライ会れ阪能ろ然どひ多サき故場
スバ私人阪用回恐れ会ぼ方きし安読リ
乏ー私形を利避れ加ひ退き安ぎテ
画だひをすガ偉ヌ社向ソだきし安ク
投ふ歩越結チ業向選っ中モだ故モだ
チんぎうえまョ通ヌソ狙カま再選
のん通ぎれまウ多ウを乏程私の故
家通報登意安をを画ベ度私のの親
族報精何報登意出安っ読故化るおの

Puzzle 413

べ の 当 本 ゅ 進 海 ヌ ゃ 歩 を 値 価 の 結 所 開
ぽ 粉 代 答 は ラ ュ カ 砂 カ 人 ハ 育 応 金 っ 海
ト き ド わ チ だ セ し 心 大 然 精 愛 所 砂 乏 囚
ざ 磨 室 社 り 室 つ 臓 話 は 、 輝 き 所 ホ ぼ リ
ぎ 歯 辞 算 に ぐ 加 で 最 摘 き ラ 嶋 べ ク 将
で モ し く お る 権 場 近 れ ニ き ト 読 無 ツ 来
能 海 弱 テ ぽ し 化 会 へ の ぎ 別 重 読 ラ 解 の
ろ レ ふ ヌ ん や ラ し ャ 簡 向 弱 ラ ま 意 モ
再 暫 登 シ や も ジ ゃ 単 ろ だ ま ぎ 若 ト
結 せ 論 ェ 私 報 ペ 然 で で 出 し ゃ ク い
サ つ む ア べ ス カ 写 側 し だ 辞 合 ど じ
イ ク ハ ヱ ー ツ 辞 出 モ も 多 ト っ
ク む ニ 本 ス ク 権 も ニ 合 で
リ 選 ぼ ト 旅 写 社 意 サ 辞
ン ぼ ラ 本 行 精 意 合 エ
グ 重 ん 場 権 じ
ゃ 百 ひ 社 画
ク 砂 金
出 会

Puzzle 414

退 芸 む っ ソ 多 権 ざ ド 芸 ニ 何 カ 魅 ヌ 退 ぎ
ク ニ 意 ス ニ 精 圧 ト お 再 安 力 力 嶋 囚 歩
私 ス ニ ク ク 所 無 ク 場 故 ょ 安 ロ 育 て ま
ニ ー ニ ろ セ 登 主 ュ 私 会 ぐ ク ビ ン ル
オ ピ ー て ヒ リ 登 ウ ト 化 ク ヌ ニ ト 多
レ だ グ ぐ ソ 私 要 本 合 精 ル 故 報 狙 向
ン 共 解 権 私 ざ な 少 嶋 両 話 ぼ ア じ ど
ジ 通 べ だ ラ 登 ク ぎ の 加 ほ 室 ス る て
狙 ホ 報 故 っ ル せ 王 方 ク か レ ト ぐ 育
ア タ 方 故 ょ 阪 読 愛 子 ほ 写 進 ポ 摘
コ き く ヱ 読 ノ も っ ブ 場 ー 再
弱 百 セ ン チ ピ ー ド 登 暫 ッ 退 ズ ひ
嶋 ヌ 再 き 摘 合 投 飛 乏 ク ざ 覧 話
モ ャ ツ 場 合 投 芸 行 ニ 合 向 選 化
剛 性 の 意 本 妊 京 愛 通 ス っ 精 乏 ト
ぎ モ 室 ヱ ド だ 摘 ふ 応 ふ 意 じ ぎ ひ

Puzzle 415

側るぎ場つょ私の海つヌれ場べ歩ノ退
嶋重ベクてっチ下ニや本私選イれク論ひ
る反摘嶋む室ヒ下にや解出れ然故背の高い
京写対お室だ応ひ歩無動物加辞阪セふクおた冷
投票ふひだ選加辞再は弱物画ツラ方外部金側
ツ本スター社画だ弟を済ヱ私話れ室応つ応加ぼのニヌひ
でき社画ろ弟場本圧済海経話れ室応つ応再何だ生乏
開方ぼニ登場ツる画クむ加阪進じスポーツは、まいっ画ど摘
方ハスリップ権む辞風船ぎょ向れ画早所ぽツ方産乏
、実際に風辞阪進向れ画早所まど摘
るべ砂も船圧たときにヱまいっ画ど
所重合圧たときに

スポーツは、
冷たい
投票
動物は
外部
ベイ
早い
たときに
の生産
スター
の下に
傾斜
でき
スリップ
風船
弟を
背の高い
反対
、実際に
経済を

Puzzle 416

支配的な
忙しい
トウモロコシの
ゴール
ペットの
花の
バナナ
隣人
大学の
薄い
つつく
の電話
の簡素化
遠征
愚か者の
チェリー
音楽
最近
変更
熱帯

進権話薄ホつどょ論る加精遠忙しいじ投ひ精音楽金ツルーゴ
サリ電いまホッヒ進覧弱ふ征サヌルていサヱ私き方ぐ権ひリ進ニヌひ
大学のれスどっく選やチ加えて変きゆヱ変だ所権ひリ素化然
ょぽれひド会っや摘花のペ愚ヱろラペ更だっェレ化ニ重ゅヒ
育場ろトヒ圧暫精ぎ投熱百何かッ者のットのバ読レナナ進ひ素化
読本出側海二百出進精乏最近出帯安ラペのチ読ナ進投おゆヒ
本通ぽ会ぎ向精読せま結ろく私まむットのバレ読むナ進簡投おゆヒ
乏摘トッ論ぎょ妊ト応せま隣人ひ側通しコだむ簡の素投
ろ応報囚応ハ投ス会出ろスひ投
つ支配的なハ投ス会出ろスひ投

Puzzle 417

弱ニク合方読進辞キ会場消社カワウソ
登ぎ応ルテニでじ方ャ安防っ妊退っド
んド故京官ノ応方む故士話じ囚登サ社
ど京応圧合っド突重辞報所ル登圧ヌ故
阪ょ本育解ス然暫砂だア妊む ス所エ暫
退金百応暫論聞結叫マ妊年私サ ク会
一度海決定退応ス聞意ヱネ間ス画しぼ
ト画室阪退おレっ単ょふ育京妊ク画ス
しくヌ室応コビなふ化登ソヒノでっぎ応
のモテひぎノュるーハ京ゃ妊進せょヱ応
ゃ見ーゅ本然再ひ退海ゅつ京愛応ノ退摘
意つでマゃ囚報狙ルヌ投リ何応、小数点会
チけれ応む合ょ阪狙室妊然、小数点会

叫びは、
カワウソ
情報
見つけ
のテーマ
決定
警官
年間
消防士
ブルー
突然
タマネギ
聞いて
単なる
キャリア
甘い
レビュー
一度
、小数点
期間

Puzzle 418

ブレンド
への
完璧
テロ
マシン
スペルチェック
地域を
百頭の
宗教的な
満たさ
紫色の
イレーサー
顧客
フィードの
パイナップル
学生の
希望
つま先
ウィンドウの
全体に

意場学満たさく砂登フ解スノ嶋権ひ妊
歩れ生海んゃぽ然ィ登ペざ京だ乏れ
顧囚のウ然ンィウ投ー京ルひむっ愛
客し完璧カドエ意百権ド重チ所ひきホや
だ完璧ニだじ狙セー頭ヒむ本芸クや
ッコ教的なホ狙ハ百論のェ本芸出場む
宗教的化弱ん重エ育ッひテロる画
ツ権化ラ重登安無クひまロ囚話
ス サだコゅ場ト登地んまヌじ再
っ写ブパイナップル精登をろドっ
報芸レ阪解京側嶋てイ辞サ私
ょ歩ンドスで場むニ出室開レニヱ報
マサシ愛弱ひクひ歩おレヌソで百
加育ン選権ニぐ歩ラ安ひセ辞先覧
テ育ン選権ニぐ歩ラ安じツ権故じ

Puzzle 419

子のルヒアマざ豊てニれっぐじ画っ退
資だぐー故ッ囚るかホじレぐ能む愛化
テ格っルプ加覧なク合ゅ退りんの開クるひ乏
ぼ通をヌ化拠証解注い妊ゃ論銀然出誤安クひ
室ル再エ、ひ椅子意ろ無ル側表映化安阪チ乏
カトひお然応多ど結ニレ行応画覧精然化やひ
フラ室論資開歩れ無ス砂す画圧京だ教室結ざ
れ会ぼコ選本っ登ぎにも失嶋摘会ぎ室安結
妊ひ妊報テっ百れ何てフラグメント育ハロー結暫進画
金歩退然進私側ゃ捨てまラグ育海開覧ぎ
じでモ乏使まい捨百きクツだヌエ社ーひ結
じ乏チれまくセ百クツだ
乏ク多話ツきツだメエ社ーひ

フラグメント
豊かな
ルール
誤差
フライ
思いやりの
銀行
映画
ハロー
マップは、
注意
資本
教室
資格を
アヒルの子
証拠は
使い捨て
に失敗
椅子
表す

Puzzle 420

女王の
信号
維持する
ドクター
貿易
急いで
芝生の
スティール
インスタントが
古い
人気の
モーメント
シーケンス
ました
ヘン
願いを
名詞
少年
バタフライ
そのもの

クつゅぽ向ょてスや報じふ退だ海貿圧
バ人気の王女ノ登ひ願い覧易能む狙ヒ
ー気タクドホセむ応応まチ摘ソ意ソニ
画てフ解しルふコ乏方持トエ会結圧ク
エ社開ラ結芸囚ヌ加乏辞ト再ソ場ぽ
化べまてイじひ方本ぐゅ応ぼ精百
急開した百権精ヌざンハれ精しょ妊
クいで化論そ意クェレど通ょ登も
やニ砂むも画ルィ砂少すべ権も
応妊クラだトレ話開カニ嶋向暫圧
所クだむレ生だょ金ーメ所少ぐ
話ラど芝ヒ進無トじ社海論弱
精妊ヒカ芝ヒス進無トじ海ぎ

Puzzle 421

育	セ	ざ	合	画	ゃ	や	精	摘	ふ	画	ぽ	歩	意	芸	応
読	チ	解	ヱ	じ	応	ス	っ	合	登	成	し	進	ソ	会	室
で	論	ゅ	進	ん	て	ト	ぎ	場	で	ま	レ	会	ラ	読	ろ
ク	百	じ	モ	て	社	く	ま	狙	芸	選	だ	側	砂	ス	恩
く	典	型	的	な	阪	れ	じ	嶋	寝	方	故	高	圧	チ	赦
平	話	ひ	読	弱	ス	じ	モ	室	ヒ	加	道	速	金	ッ	ラ
ソ	和	レ	モ	ネ	ー	ド	に	く	近	ニ	路	融	会	ソ	化
ぎ	意	摘	阪	弱	ラ	ミ	ア	室	の	巨	方	ろ	れ	然	モ
じ	精	ヱ	ゃ	必	ア	ー	ム	チ	ェ	ア	ど	私	ゃ	囚	ホ
レ	狙	チ	む	ず	じ	ふ	室	レ	愛	大	土	化	阪	場	ス
だ	マ	ネ	ー	ぼ	ふ	レ	百	撮	影	地	巨	仕	ろ	ど	ニ
加	意	っ	登	芸	精	支	援	砂	コ	ク	の	上	し	ヌ	論
ろ	じ	通	ん	チ	阪	ド	妊	子	供	所	も	ク	暫	弱	京
弱	暫	ぐ	チ	登	二							選			

ミラー
支援
マネー
寝室の
撮影
典型的な
レモネード
アームチェア
恩赦
巨大
子供
仕上げ
の近くに
プラスチック
土地の
金融
必ず
達成
平和
高速道路の

Puzzle 422

スツール
病気の
波の
サービス
不安定
靴の
取ら
ポニー
ブラウス
自由
の夢の
ステートメント
読み取りに
に自信
予測
アイデアは、
理論
話は
座っ
コンパニオン

不	安	定	ニ	ス	ヒ	育	リ	コ	ぎ	理	金	砂	ス	開	リ
私	狙	場	阪	く	弱	弱	愛	ぎ	通	論	ひ	や	テ	ヒ	化
場	も	チ	海	登	乏	お	ツ	ゅ	サ	サ	ス	ス	ー	ヱ	ひ
ス	応	ラ	投	応	ツ	ヱ	報	ニ	ビ	予	コ	ト	選	芸	金
化	ぎ	ド	会	ん	ウ	ブ	靴	ポ	ニ	測	ン	メ	重	化	っ
解	私	砂	だ	ス	ラ	話	登	多	波	狙	パ	ン	ニ	ょ	ホ
ヌ	京	権	ひ	ツ	ー	ヱ	し	覧	応	多	ニ	ツ	投	く	だ
ア	イ	デ	ア	は	、	ル	何	出	病	方	オ	カ	登	ス	座
ひ	ラ	く	加	ト	ゅ	ぽ	加	加	気	レ	ン	ヌ	覧	ぎ	っ
ド	も	画	ド	レ	報	向	私	場	ふ	暫	ツ	乏	む	ま	砂
よ	室	本	ク	む	ん	応	能	ス	加	ゅ	京	む	ぎ	ざ	自
結	ふ	せ	解	二	ひ	解	ぽ	ヌ	場	っ	レ	ざ	ヌ		由
話	弱	ふ	摘	ソ	覧	退	で	会	場	れ	サ				ぎ
ホ	芸	所	ソ	読	み	取	私	ニ	チ	き	論				覧
						り	ら	お	登		側	ふ			カ
							に								ヌ

Puzzle 423

```
テ 安 妊 蚊 強 い 向 嶋 育 ヱ ぎ ク ニ む 見 所 ヌ
セ ィ ム を レ 室 応 セ む 弱 ヌ ス 辞 つ せ つ ト
精 ス ー コ ド 再 社 ト べ 無 ノ 囚 万 け 画 本 ニ
ぽ ゃ ル ポ 再 ニ や し す ひ 人 べ も ま む ざ 本
っ ぎ ブ ひ 燃 ハ し え 知 ソ の ソ ち し ヒ り ょ
お 本 ホ ヌ せ ク 百 考 百 し カ コ ろ っ 暫 チ り
妊 リ っ 愛 グ ニ 歩 論 知 大 ニ ヱ ん れ れ 側
粒 子 摘 百 レ 方 ろ 暫 識 権 無 権 の コ だ 化
む コ せ 通 ー ひ で 覧 百 院 る 登 開 じ 京 側
ハ ゃ だ 無 ド 愛 摘 ス 学 本 ひ ま 側 ヒ れ ゅ
モ 嶋 ぼ だ ド 私 ろ 育 ひ 登 れ ょ コ 写
登 ラ っ ぼ 室 ぼ 歩 真 ボ 読 カ れ
妊 摘 画 熱 サ ト れ サ 似 囚 ク 登 ソ
ソ カ 通 能 心 カ っ ろ 多 シ 読 登 れ
べ 開 結 部 門 弱 な ど 結 せ 故 京 暫
```

サイト
ボクシング
真似
コース
粒子
もちろんの
強い
見つけます
熱心な
燃やしました
考えます
部門
グレード
大学院
ティーポット
万人の
蚊を
知識を
櫛の
ブルーム

Puzzle 424

対象
俳優
怒っ
研究
シェード
ブック
と言う
フィールドの
説明
異なる
フォーク
ドロップ
、標準的な
ランプ
ミス
サイ
子犬
激怒
ネギを
スタンプ

```
開 結 ヌ シ ェ ー ド と ソ 写 育 だ む ニ き コ ま
る サ 場 エ で 能 本 言 会 嶋 エ 阪 レ お ぎ 開
セ の ド ル ィ フ う 説 れ ミ ネ を 育 話 研 研
ニ 乏 ロ ぎ 方 金 無 画 向 ぎ ギ 、 無 然 然 究
ヒ 京 ッ る ュ む 芸 安 所 ス ろ 選 標 じ 精
ホ 応 プ だ だ 私 応 ん で ぽ 出 ブ 準 囚 し
フ ク ど っ 狙 っ ゅ エ ん 激 ッ 的 百 砂
る ォ ん コ 愛 ニ れ 開 怒 ク な 優 結
エ ふ 読 ー 対 解 退 砂 会 れ テ ス ラ ソ
本 場 ん ク 象 エ だ 育 化 セ じ タ ン 育
ヱ 退 阪 意 だ 愛 摘 ま ニ ょ イ る 社
っ ノ ホ おぎ 社 阪 ひ 然 で ゃ サ 報 プ
然 多 ぎ 阪 金 じ 解 ろ エ し イ つ 芸
き ニ む ぐ 囚 暫 異 ヌ せ 摘 や 本 能
社 ぎ む 囚 金 権 む ツ 読 ベ ラ ン プ 登 出 ツ
```

Puzzle 425

```
然 ゅ む で 然 摘 ひ 論 ひ じ は ど ん ト お ツ 覧 だ
画 ヒ 選 の 教 ひ 開 で 向 決 失 の 仮 嵐 風 の 人 ベ
コ 登 故 の 師 ざ で ひ い し わ 想 呂 ー だ ら ふ
読 ト 素 敵 選 だ ぎ し 愛 れ た 保 ひ ヌ ン エ ノ
て 狙 べ な し モ 社 ぎ て 育 無 持 向 社 デ ウ 選
無 権 何 く 狙 報 愛 多 無 報 選 加 社 ス ざ
話 ぎ 権 重 ル チ 所 圧 百 嶋 も き カ モ む
ぼ 覧 コ せ リ ヱ 多 乏 ん き 愛 で カ 彼 き
華 登 圧 退 ゅ 安 圧 室 モ む 向 ノ 通 女 所
ど 麗 京 社 ひ 室 ょ の 室 カ 彼 の 意
退 ぎ な 考 写 水 曜 出 供 ス 子 女 摘
て 会 化 向 開 チ 日 側 歩 ょ の
金 ど 本 じ 読 進 ニ や 故 ス 貸 室
ん レ ハ ゅ 加 ソ 意 話 む 愛 せ ゅ 社
登 側 ひ 投 ソ 意 話 む 愛 せ ゅ チ く
```

ひどい
貸します
考案
保持
嵐の
痛み
壊れた
彼女の
の仮想
風呂
の素敵な
スウェーデン人の
失われた
は決して
水曜日の
データの
聞く
子供の
華麗な
教師

Puzzle 426

みなさん
ラジオ
ガラス
たくさんの
高価な
ストリーム
王冠の
について
拡張
王室
通常
中間の
ベルト
の問題に
数の
鍬を
社会
結婚は
世代
プレス

```
王 き ゅ ト 解 つ 精 ス プ ノ 弱 合 テ る 登 ト
ヒ 室 ル ど ク 中 進 ト 嶋 場 本 結 ぎ 社 解 弱
嶋 芸 ス ろ ハ 間 鍬 会 だ 多 婚 ゅ 会 弱 み な
然 会 化 辞 海 私 の を 能 ひ 砂 は ク ぎ 話 さ ん
拡 張 の 問 題 に 数 ょ ぽ 囚 登 き ぎ 無 ぐ 応
登 も ハ 開 金 れ 無 故 ソ 再 乏 出 し っ 通 ラ 選
化 る ヱ 王 ヱ り ニ 応 世 囚 ぼ や じ 常 海 画
重 冠 の 方 ぽ 開 高 代 な ひ 妊 狙 論
通 報 ニ 本 妊 せ 摘 カ 弱 っ 金 も 弱 も
私 で ん ふ ス ス 意 だ ス や 歩 精 通 進
ラ 無 さ ス ト に っ く っ じ 精 常 選
ょ ラ 解 く ル ベ つ 開 て で 向 も ふ モ 画
オ ク も れ コ ニ い ム む ひ ス 読
し ジ 摘 能 ホ 結 ツ 開 精 向 じ 精
狙 ガ ラ ス 場 ざ 京 暫 つ 砂 ソ ト む ク 読 画
```

Puzzle 427

化 ヌ 砂 画 ぼ 海 ヌ バ 育 一 暫 砂 京 っ ト 育 跳
画 意 然 論 ざ 弱 ゅ レ 重 致 通 私 出 し だ ん カ
の 入 り ロ ひ 本 タ イ 登 す こ 妊 室 も ゃ だ 能
海 化 摘 通 安 つ チ コ 下 ひ ニ 写 囚 ぎ や ふ 論
再 暫 っ た 再 却 ル ニ 通 故 許 場 ダ ょ ど ぐ ク
笑 ニ 進 京 写 ホ 紳 ひ 容 暫 会 側 グ ン ラ ゅ ル
意 登 能 写 開 だ 士 許 祖 先 リ 大 ワ ま ド や
砂 ふ わ 除 機 テ 容 祖 権 多 社 き む ル ぎ ヌ 私
ふ わ 画 乏 能 向 コ 育 社 権 リ 慎 な ぎ 重 ヱ 所
ひ れ ニ し 向 金 ニ 育 社 ク 能 ょ 能 に 弱 だ 狙
ざ ニ 精 写 嶋 進 育 能 権 ス 柔 で 再 弱 怖 れ 報
お 精 写 金 進 っ 育 能 権 エ れ 軟 き 怖 が ニ
解 ブ ラ ウ ン 嶋 進 社 ク ス 向 ツ 再 投 ソ ス
歩 結 登 ヱ 論 だ 摘 重 化 ニ ラ 所 投 歩 な ソ
所 ゃ も 重 だ 摘 重 化 ニ ラ 所 投 歩 な 狙

バレンタイン
許容
怖がっ
除い
機能を
却下
イタチ
ドラグワーズ
祖先
ダングル
笑った
大きな
紳士
一致する
ふわふわ
柔軟な
の入り口
跳んだ
慎重に
ブラウン

Puzzle 428

正を
生きて
トラブルの
パフォーマンスを
誰かに
怒っている
当事者は
カブトムシ
必要と
、最近
デザイン
ブリード
告白を
閉じ込める
贈り物
ヘッジ
、より良い
スイング
カリフラワー
始める

ブ リ ー ド 贈 報 論 海 、 ょ パ 、 故 セ 暫 や く
正 を 白 告 り 通 せ 向 よ 方 フ ひ 最 ヘ ジ 向 場
ま 投 お デ 物 せ ど 合 り 解 ォ 通 百 近 ッ か 社
ス イ ン グ ザ レ っ 結 良 て ー ワ 要 ラ リ ゃ せ
閉 じ 込 め る イ ま 論 い 始 マ 必 登 と 覧 育 選
囚 カ ぎ ど ン 退 だ 話 め ン サ 京 フ 向 で べ
向 ぽ チ カ 歩 れ 弱 テ 場 る ス ん 権 ヌ ゃ ぎ 解
生 き て ブ お 所 場 当 再 い を 砂 合 ク ぎ ひ お
会 テ 囚 ト せ ト 弱 百 事 社 て 化 応 ソ ひ 狙 す
室 再 囚 ム 芸 ラ 場 者 側 っ だ ざ チ 阪 解 ス れ
登 乏 無 シ 本 摘 ブ は ハ 怒 ざ ひ ょ 投 く お
ト セ っ 論 意 育 コ 精 出 ぎ お 無 ざ 能 金 妊 出
能 場 阪 進 育 乏 ル 妊 の お じ 故 カ ホ ヱ 摘 ぽ
応 芸 ニ ぼ で 応 ぐ に ノ だ 報 圧 ろ 論 弱
ど ぎ 愛 お 摘 誰 か ノ サ 報 ぎ 論 ろ 金

Puzzle 429

どラ論ひお進ざツテどク再安室権応ス
カや変ス海解ゃ囚エ海ゅニ場画ぎ囚ト
結位ニきひ愛流ラ結芸でだリロ
私トでゅ乏開成ハ応多辞れテっベ
協力します乏登場リ加芸チ退ルリ
ぎ多べすモ画ひを応壁レしームー
妊愛北ド離能加応妊室精ンピょ権
歩登会でヌれ写むハの読ラ側ト今ト
重出ニ防ま写ノ応深故社報退せや公
も選化む能然ウざ刻てヌ退せヱ園
ド加報投辞サふせ側愛ラム登し圧二
レ与応場に退ふ応ト読会チコ写れ
じえについ答っセ通ひ会っぐ乏ぼ本
囚るれさ示通っ所加エテ
愛むツひ暫私む加

ピン
北極
チャレンジ
協力します
壁を
与える
公園
についての
表示される
変位
応答
防衛
成長を
流体
ストロベリー
トラム
ノウハウの
離れ
深刻
今や

Puzzle 430

減少
輸送
カタツムリ
有する
データが
チェア
スレッジ
階下
愚かな
ボリューム
セクション
タッチをし
好む
かかし
国際
オープナー
レジストを
泥だらけの
必死
誕生日

ょ登社応好れじ論ひニ読投ド選れドレノ応デ
ざや写ニむんだざだんばひざ育ノ報話べ何ータ
暫狙ひ阪私ソ砂ふひふノ無ひ弱でがが
応乏だヌ階下本何オ暫進嶋精する私ゃ
向ソ必死きだ結摂でプ応有精乏圧ぎ辞
愚かな報ふ泥だオセ解ナ所乏ょんコぐ囚
ま覧出無妊だらクシュー化んき解カ芸
加ラじ読妊場らセショ誕日会際し辞
暫ハゃスとをけテひ百輸ン生会側阪
レジ能しぐのチ減送ムツハ画然コ
出結れをェ進少囚タ国かつ
何応スチレろ安私向むカ際し然
れ京ジタスぐ然社育読
ひせる狙っレ摂登

Puzzle 431

船	場	弱	お	理	ょ	コ	サ	冷	ツ	ス	ぼ	む	サ	モ	で	が
を	京	所	画	由	ニ	何	ン	蔵	ッ	向	て	ソ	て	ソ	子	京
で	ょ	結	安	を	歩	ト	ド	庫	権	や	愛	ッ	ま	重	砂	存
着	用	し	ゃ	リ	お	力	キ	の	バ	ハ	写	チ	だ	ハ	重	だ
位	置	ゃ	ェ	お	多	精	ャ	ぽ	生	ス	愛	む	多	レ	所	加
だ	ひ	多	ニ	開	芸	ハ	ハ	愛	先	ル	論	ひ	所	辞	ハ	向
弱	べ	囚	だ	話	応	ス	ス	本	論	だ	本	ぽ	登	ノ	レ	ヒ
意	ま	覧	結	愛	し	ハ	ル	ふ	再	海	っ	レ	百	ー	本	り
れ	通	狙	登	明	ざ	レ	べ	海	っ	て	京	歩	一	ト	通	テ
ク	ス	き	狙	ら	ひ	ろ	ニ	ホ	高	度	場	能	目	だ	ビ	芸
シ	れ	摘	か	か	捧	二	ホ	レ	報	ぎ	京	カ	ヌ	ッ	ス	場
故	ー	ズ	ボ	に	げ	高	レ	ベ	安	報	意	室	私	投	チ	弱
百	ル	ス	ン	す	登	度	べ	報	ぎ	む	投	会	室	ビ	所	投
や	報	ニ	ト	る	テ	能	ざ	弱	ょ	安	報	意	む	ス	で	応

暴力
シーズン
ビット
そり
着用し
トンボ
船を
子猫
サンドキャッスル
先生の
位置が
ノート
冷蔵庫の
高度
が存在
一目
明らかにする
捧げる
理由を
バッチ

Puzzle 432

ファーム
もつれ
ケージ
それぞれ
命を
第四
太字
テントウムシ
変数
誕生の
カテゴリ
つららの
ブドウ
オベイ
責任
一人で
整理
皿
電車
条件

セ	ょ	や	安	安	フ	辞	砂	結	報	ひ	ソ	病	っ	電	第	で				
海	ひ	ホ	て	ぽ	ァ	登	精	ぎ	狙	安	ル	退	皿	車	ト	弱	四	画		
覧	結	そ	側	精	方	条	一	シ	ひ	ぽ	れ	写	も	れ	で	て	弱	側	嶋	
ゅ	歩	れ	登	精	エ	件	つ	ム	ぎ	妊	妊	会	つ	ま	応	芸	て	嶋	歩	
ひ	ぽ	ぞ	ソ	だ	登	妊	ら	ウ	圧	向	芸	命	ま	妊	ぽ	能	画	歩	何	
ぽ	結	れ	安	狙	場	ら	ら	ト	京	っ	弱	を	お	私	も	退	側	何	覧	
ひ	結	れ	読	応	ニ	し	故	ン	っ	然	論	お	画	通	つ	ニ	嶋	覧	所	
出	責	れ	安	ま	愛	ろ	愛	テ	加	加	オ	摘	お	れ	れ	画	歩	所	ヌ	
加	任	然	読	ド	っ	せ	リ	カ	べ	ぎ	べ	ゃ	べ	ゅ	ゅ	側	何	ヌ	ぎ	
ゃ	金	室	き	ッ	リ	ろ	せ	太	ク	論	ノ	加	ゃ	覧	覧	嶋	覧	ぎ	本	
ニ	何	何	然	ル	結	金	ろ	字	論	誕	イ	じ	加	で	で	歩	所	本	所	
退	だ	だ	室	結	ろ	合	ス	ニ	投	生	ブ	私	じ	場	場	何	覧	所	覧	
応	ハ	ハ	る	所	画	っ	加	論	画	の	ド	ー	私	ニ	ニ	覧				
ケ	ス	ス	画	っ	海	私	セ	誕	応	ソ	ウ	ウ	論	妊	妊	所				
ー	多	多	だ	海	ス	変	ラ	生	ら	の	ソ	ま	一	だ	だ	本				
ジ	む	む	ハ	ス	変	数	ニ	投	辞	整	イ	ま	だ	ニ	ニ					
乏		権	数	論	百	論	重	囚	開	理	ハ	だ	妊							
ゃ			百	嶋	ゅ	ク	だ	辞	応	ハ	整	理								

Puzzle 433

干ソ会ス無暫ぐく化ス然ニ看多ひ驚ょき
ばつ不可論セど京何チレヌ権暫安れ海護師ひクヌホゃ金
つ可論ぎソ権圧カど写ベレヌおの応ホ加愛テ通ラしラスサ摘ゃ金能
写視ぎソーヌシニューススワンダ然何符号エ百弱狙リコ意
コの権圧カ京ョワン然何符通ヒ愛セリチ故化通ざ歩登ざサ室荒
金初む出私ヌク何多砂弱分割選場もエ弱百エリ育クひ開結側
やぎ最社だ写ニ試行せろチ分所選妊れ精っつコ論サル育クひ加
ぎる読安通場モク狙れ歩ニれ場精れ妊
ノ芸ゃ登リッサ論方化ヌクヌひゃぎベ育加レ結友人

圧力
ショート
看護師
符号
干ばつ
友人
ロック
ニュース
大声
不可視の
試行
荒野
分割
コミュニティは、
ワーム
ミルク
驚き
最初の
ソリューションを
ダンスの

Puzzle 434

誰かの
カリブー
一般な
制御を
画像が
提供
問題
メガネ
写真
話しました
怠惰な
息子の
いっぱい
構造
理解
停止
一定の
伴う
ズボン
急に

ニス百だ提セ砂多ま愛ヌれ辞ぐ無チだ側ぼ権レ写読の
精れく制供ヱ無本故応報ろ覧スぎ金出怠クせエ子開のまどヌぎも私
ぎ辞再ふ故じ退ょ金ヌだ一だな画情題写真ソ論再方ろも
セ二話に御むぱ安論ル止般構どカ二画意像がチ弱何選ヌトき
ひ場した側せっ登嶋停ニひ造伴う解阪応ト狙ヱ何トも
ク結セまエモ京れ故故報摘出海一出まふ通阪応ひ弱選ヌき
メガネホにっ京ドラ妊合で二方囚砂誰の暫圧社てきも
再育急にヌおボ方加ハ囚ま場社結だ解圧社ニきもブー
砂意ズボンもン応読応会ホトカリブー二 き

Puzzle 435

```
ル ふ サ ラ ク ま 何 社 ハ 狙 発 場 安 、 お 砂 室
野 菜 を ン ス ド 故 育 ひ 捕 揮 ざ セ 脚 母 緊 急
意 愛 ク ま イ 材 二 も リ 捉 リ ろ ソ じ さ ヱ じ
応 話 歩 然 暫 ッ 材 リ 暫 安 応 ヒ 読 ん き 室 っ
む 解 百 百 ト 化 料 チ 再 故 っ チ 本 じ ド ヒ 進
方 く っ ハ ま 暫 ニ 愛 登 愛 ル ニ 退 ぐ ハ ラ 弱
ひ 歯 磨 き 粉 再 せ 方 ま き 方 写 辞 海 投 だ 話
て ゃ 報 彼 再 登 投 お 注 簡 お 化 黒 写 ヌ 意 ろ
ぽ ス ど ら で 注 素 写 ぐ 素 化 愛 い べ 愛 合 所
チ ど 利 再 育 簡 ぐ 化 し ヱ 愛 能 レ む だ 私 お
コ ッ プ 点 カ サ テ ク ょ 写 だ つ れ ら カ 阪 京
ル ル お 育 テ の 結 嶋 ぐ 黒 つ ぐ ゅ 方 ぼ し も
応 有 狙 場 の 結 父 ょ 二 社 能 だ ら ぐ サ 報 報
砂 名 方 マ イ ナ ー の 阪 買 能 ぐ ゅ 選 歩 私 も
ゃ ス ス ゅ 結 方 ヌ 多 社 れ っ 能 能 せ 辞 も 写
```

歯磨き粉
チップ
サンドイッチ
材料
緊急
注ぐ
有名
簡素化
彼ら
黒い
のカップル
お母さん
野菜を
、脚
買っ
発揮
マイナーの
捕捉
父の
利点

Puzzle 436

```
圧 や 精 だ ひ ソ 結 ト レ 応 然 百 百 て 論 ぎ れ
非 ス 市 場 の ヒ ー む 愛 コ ゃ で む カ ぎ 状 愛
常 テ 場 ト 精 ー セ 論 開 ル サ じ ヌ じ 態 理
に ま ッ 芸 暫 セ 私 ム む 狙 だ ひ 通 合 然 ト 解
百 れ 精 許 可 室 京 ヌ ヌ だ 身 選 辞 ハ し
二 読 ニ レ っ ス 百 べ る が キ 自 安 ン 語 て
侵 だ 百 オ ょ ま ン レ ソ エ ャ キ ビ ど っ ゅ
略 百 側 イ ラ 登 ぎ グ れ 大 型 ト ラ 選 ッ 無 る
暫 砂 ろ ア イ シ ヌ ざ サ ん 阪 カ 方 れ ク エ
ク ふ れ バ ズ ひ く だ 論 レ 弱 ゅ 狙 歩 ど ま
愛 ナ ッ ラ ぎ で 、 京 ひ 製 ャ テ ャ 無 阪
愛 多 ト イ じ ヌ コ さ モ 結 造 ラ 応 れ ま
ど ひ 室 カ ま く だ ヌ 方 囚 写 や 高 さ ぼ 覧
故 開 工 く 側 意 コ 結 さ ら 故 ラ つ を し 会
レ 投 写 加 ク 多 だ ヌ に 工 高 さ を レ ふ ゃ
阪 ハ 社 ド ラ イ ブ も エ
```

侵略
、さらに
製造
キャビン
大型トラック
語っ
許可
市場の
自身が
シングル
理解して
リアライズ
状態
ドライブ
ソーセージが
バイオレット
テント
高さを
非常に
ナット

Puzzle 437

バ 私 ぎ コ ル ホ 室 ま 囚 だ ツ 投 ス 年 次 む 化
話 乏 ざ ニ モ ス れ て 登 方 ク 弱 タ き お ツ セ
金 報 合 側 れ や て 登 側 も ツ 読 む ぎ ば イ ル
覧 て 狙 っ だ テ 摘 ヱ 話 画 選 む 砂 安 あ お と
愛 ド ひ ど 京 ウ 辞 チ 権 れ ぎ 読 再 自 ち ば 同
ア 解 ど ス 辞 写 ェ ッ ア だ 解 む 軽 京 ヤ な 様
き 摘 ス レ ぎ ア テ チ 摘 意 し 加 自 せ ギ 性 の
し ょ だ チ 重 プ 意 意 だ 図 解 能 動 ぎ は 質 け
通 ゅ 然 エ 重 ロ だ 画 故 画 す 意 車 読 お を 焼
妊 く 合 ウ 場 ー 故 投 投 加 る 所 室 さ レ も 夕
や 重 る ひ 選 チ 開 ス セ 能 愛 っ ト ソ ン チ 故
歩 ワ キ グ チ る 画 投 所 意 嶋 合 ト 然 応 摘 も
ワ ー キ ン グ を ス セ っ 阪 と ト 登 チ 出
ぎ 再 京 ニ 登 ょ ぐ チ ト ル 合 ト チ ョ コ レ ー ト
実 証 ニ

スタイル
ウエスト
ヤギは、
軽自動車
な性質を
量る
おばあちゃん
アプローチを
夕焼けの
ワーキング
バー
意図する
チョコレート
警告
実証
編を
と同様の
年次
ウォッチ
アドレス

Puzzle 438

中央
無料の
秘書
空洞
ボルト
達し
失礼な
昨年
リス
個人
ハタネズミ
せっけん
通常の
暖炉の
リソース
計算
クロウ
フィル
スプリング
展示を

ハ ソ ろ 化 秘 圧 論 ト 応 ハ 安 ょ ま 所 室 社 ホ
ゃ タ む 海 書 フ 愛 ル 出 暖 開 っ 嶋 乏 ざ れ
昨 年 ネ ヒ 権 展 示 ボ 計 炉 ヱ 登 京 加 写 サ む
論 ク ッ ズ ひ ホ 会 ヱ 算 の 料 ヌ 愛 だ し む ゅ
ぽ ロ 阪 じ 圧 を 通 常 の 無 リ ス 合 ぎ き 能
ノ ウ 京 ゃ 然 何 ニ 論 辞 嶋 ト 場 登 リ ノ グ
く だ も ト 結 も せ コ ト ヱ ヱ ス ニ ド ル
チ ま ソ 報 阪 ニ ト っ ク ニ 私 プ 論 ソ 芸
出 む ハ 意 合 せ ぐ 向 ト 出 ょ 化 暫 本 ふ
む 再 本 せ ソ リ 空 能 能 私 私 ヱ で し 室 再
覧 愛 囚 本 ぐ 洞 囚 加 愛 つ も 解 故 嶋
ぼ 無 論 圧 失 ヱ 暫 所 読 愛 セ 出 お せ
達 私 だ っ 礼 ぐ ニ 出 安 解 し ド 芸 ぎ チ
し ス 話 合 な ル 室 ど 中 覧 意 個 安 れ 私
話 っ ざ

Puzzle 439

話ソャテて育で百ろ能金しひょ海ツつ
ゃぐゅキ阪で何化方まテ故話エ向妊読
能何増スト物京ト通登テだ安ひく画ト
場然加ヌ結育京育嶋じ金くカ歩無サ仕
二せ所をコ拒ざソ選写ニ合歩お応方事
独立性をョ否故覧つ愛むレいサ長うを
き写ルベーテ然ょ愛はヱトっひだち本
選ソ選阪テカも応するトるヌ登向狙部
読レ弱画乏じ論ホ暫るてヌ金妊だス分
社室写だいい所スドやむチ京側テ妊芸然の
覧れかわいもでやむチ京側テ妊芸女は
登ひキ阪ょ再金きぽテ進芸然害セゅサ
京圧ス阪な暫合き進芸然害セだぎ
の羊だ摘ス投囚むリ加だ側社スゅサ

部分の
障害
ブルーベル
仕事を
キス
拒否
独立性を
羊の
彼女は
安い
物語
テキスト
のカラフルな
増加
長い
コヨーテ
かわいい
うち
選択は
愛する

Puzzle 440

観点
細かい
ている
縫製
モーテル
好奇心旺盛
ものを
戻り
の上級
キジ
ディスカッション
脂肪
不安
バニー
クロス
キャッチ
チキン
ペン
メディア
スカーフ

のむ観どソま無て脂退スょメノテバ然投テ
上圧点ゅ通る妊ツ砂肪カ登デ狙ぎニーょ投カ向
級ス阪細かいっ出むニーひィ縫製然歩ぎ然妊
弱然てふ暫てセ再ニョフニア製サる方ぎ精歩むク
ん重登話精く摘ヌくまアざ投歩っ精金ハ何ル
百モっじ好戻シッカ京ま投デひ解むレ意
側会っぽ奇意ロ通場スィデカモ阪テ何金
不画画ま心キシ本然ロレぼカキヌ何スふ
く安モ心チ会で育側クぼキ加レ解もぐ
キャッチ旺盛ト方コぎ然会論モス多
場応むチ盛百向ソ能スィ側所本レスん
登セ退芸ものを摘ぎ登ハど論本ド
化開ぎチょ摘通狙出ゅぽ画社ふ
や開だ応室せ私狙進でぽろテ砂多ド

Puzzle 441

```
て囚ひれ立や砂カせしれ野生方登砂投
セ読通話っヱ重歩権写進ょッ中育孤場テ
同一出通て登所京ゃニっしの開な側のノひ
歯科医会いんれと選登ヒマ阪中金愛情でド
意本化はし選思ニサヒワ合愛情シリ話っド
囚写外ニぼ選海むニ選能無権百京論社開ス
例揃組織特加狙む表現通京結所写通入重
品暫え登定じる狙も選通どニ投写出版ト
暫選応ラも狙話出百選京通お投権囚くク
選唐辛子を多百て京まコスト権無側だ京
唐金ドぐ故社化てじ京愛暫狙ト出版登
金乏海べ故じトエつレスリ何側妊ュッ解
乏報ぎ故応ニれ方弱ぼスリエテ狙妊っセ
報本応つお弱ぼスリエテ狙妊解
```

野生
歯科医は
愛情の
入力は
シマウマ
同一
ギュッ
表現
出版
唐辛子を
孤独な
組織
と思います
品揃え
の中では
何も
ヒマワリ
立っていました
の特定
例外

Puzzle 442

常駐を
その
精神
キツネ
外国
示した
基金
到着
インデックス
ソース
、インテリジェントな
円形
目の
冗談
となっ
様々な
可能
塗料
コンパクト
メンバーの

```
示した愛んしで安スむ圧弱安嶋砂ク本
まし京外精ソ辞報囚出開精神退画リ社ヒ合ス
むた京育権読化意モ会嶋能やッベ社ャ阪だ
むホ国権様場阪べし側ひツイコ目阪登コレ
るヱ権ュスぎメなクソるパコンのそ登写ょ
金重ソ育キツ読ルクんィ登、応ジどテ
場暫ー育むネま写写覧ぎ海デ本ュすリトカリ
ホ読ス安ト海つ読バー冗ックスエィまモ砂
乏私ひ安京サまよ重つ談談ッント応ンっリ
ろセも報話るやソ砂ホ登テトデで
結カ基読可能方ソ常故愛室スリなっと
安ヌど基ク金着モ応側精退ホ本ジと百
ヌエル金到ヒょる塗精嶋スニ愛ェ百
ざ私出どせ嶋解だゃきニコっニントと
```

Puzzle 443

リコ退だやんノ意多シ向百ク事私私カ
ラ合芸ん読セ精エス精ク乾実私乾むょ
ブヌ何をッドニプモ歩エ阪ホ京ぐ画画
イ阪囚ビすトー一物摘京向登ッチ通重
ラ囚だュきざエ無植登ぐを私ひ開金開
ひだ通ー化に暫敵のひれ社合る通くく
投解画押モヒ雨囚社る側合だ砂加応加
ぐ投室ぼ下雨視敵会だ画登砂育モ再応
本結サ精おチ力のじ社育社登暫ッ百
だ登ス意金結社視社登ろチろ化引ヌ百
愛ト非粉乏婚退社加取れ化嶋加ゃ出
金画常読曜退式結芸嶋引場ト百
セふにモ場日だ社取場ヌ加社
精報ドヌ所べひクセ合能退りゃ退

何か
視力
乾燥
押下
ライブラリ
金曜日の
取引
インタビュー
を通じて
事実
雨の
種を
結婚式
シャンプー
、非常に
敵の
会社の
の植物
すぐに
小麦粉

Puzzle 444

シャワー
サポートを
町の
病気
ホスト
朝食
狩猟
ポット
テディ
復帰
なくなっ
置く
適格
ブロー
ポンドが
、マウスの
誇り
チェックが
自分を
状況を

解っクサ覧覧摘だぼろモ選乏退ホ場で
嶋ラ権ポ登故歩解ょラで無画だ歩ヱ朝ぎ食
、ヒ方ー芸覧画読がな狩辞暫意ク砂
んマセトをブどポク応やノポンドがぐや
社トトスホロクェ会狩側シティーくせ
ヒサろのー妊ヌチ置能登ク町ワせニだ
まコハむ砂写登意ま能ラ重の話くだん
ふトサ選誇報ふ妊ぽ登通室論社にん育
ノチコ意ざ合百妊合せ能ハ多故ひ精
でョトチりじ故ト解っ画解通ツ百っ
歩むチ場ヒ多精ゃ応だん病トニ囚
だる権何ヱ故論ぐだ化気ん解重ト
覧っ場覧スだ画ヌ社育応室囚
報べ論意コ況状室ニ愛復帰育
愛選きだを分画室二育復帰ょヱ

Puzzle 445

チ 合 だ 入 数 関 連 付 け る ス 育 ヱ ス 重 弱 報
だ ョ カ 力 え カ 能 話 お し 思 金 向 文 化 ヌ ぎ
呼 コ 投 暫 し 可 ろ お っ 通 応 登 側 会 画 安 っ
吸 社 暫 退 可 る む 写 二 写 べ ひ ざ 所 室 ヌ ま
権 芸 能 ー 能 方 ょ 暫 パ 然 検 芸 場 阪 ざ 安 ぎ
無 ぎ ぎ リ な 報 二 ニ き 百 ど ラ 出 ニ 再 妊 退
ヌ 育 空 ミ る 写 育 故 エ 金 ス 多 会 乏 だ 画 コ
ま 側 腹 ァ 摘 故 乏 ひ 安 ぼ 弱 ク べ 医 再 ど カ
ぎ 加 の フ 無 金 安 本 通 金 狙 カ ー 療 ゃ サ 解
テ せ て ィ れ 所 安 ア 狙 週 き 囚 レ は ゃ 私 ま
砂 ひ べ 登 の ヒ 本 イ き 末 再 選 グ 、 れ 育 る
く 囚 意 登 ー ア ル ト リ ク で モ ん 何 向 も ヌ 再 解
ょ レ す 阪 ス マ ス リ ク ト
通 選 せ 進 写 調 整 ト で モ ん 何 向 も ヌ 再 解
権

呼吸
アイ
クリスマスの
フィート
関連付ける
可能な
のすべての
思っ
空腹の
ファミリー
文化
、グレー
数える
医療
入力して
ケアの
コンパクトな
検出
週末は、
調整

Puzzle 446

遠い
識別する
フィクション
時の
医学
方向
ゴブリン
招待
結論の
追求
星が
推定
前方
採用
クライ
驚異的な
輸出
臆病
最終的には
取っ

ヌ ツ だ ぼ 囚 応 だ 圧 ホ 能 話 百 阪 故 驚 ニ 話
っ ま 前 遠 い っ コ 読 選 追 せ ぽ に 再 異 終 ヱ
星 砂 方 摘 レ 辞 ひ 本 ツ 求 つ は 通 故 的 故 最
が 報 ニ ぽ 多 通 芸 ス ぎ 室 解 安 時 な ホ ぎ
化 ツ 嶋 私 ル テ 金 狙 ホ 京 ぐ ょ エ の 写 阪
コ お テ ハ 写 投 話 医 ヱ 権 き 能 画 論 論 応
ひ ひ や ま れ 論 臆 学 二 阪 選 ょ 結 採 ハ
向 投 精 然 退 故 っ 病 ぐ 通 サ せ 室 チ 用
ソ 結 安 無 応 む ざ フ 解 招 む 退 だ ょ コ 解
囚 だ コ 解 つ 圧 ハ 待 待 だ 阪 無 識 だ ド
私 ん ハ 応 っ 狙 フ ィ 圧 ク ブ リ 別 育 で
ニ モ 化 取 結 ラ 狙 せ ク チ 再 セ す 乏 解
テ 化 ホ 結 精 イ ラ 妊 お 妊 ョ る お っ
無 合 ホ 意 海 方 輸 イ 芸 シ 選 ン 嶋 推
重 ヌ ぎ ま だ や ス 応 嶋 摘 ど チ コ る 退 ス 定

Puzzle 447

精ニろソむょモ化芸ヒぽ私もス社おカ
応スひひ火災金場摘だ砂進本所覧応通
品むっ多囚本読ストッェウのプンラ覧開
ホ種報権ぎ開読おだ覧チンイドのプンラ育
百暫ソ摘向おだお覧圧ターギリぼ何百所
ひレニて嶋お覧転送ー画ルネょろ百れ意
れ通社ハ向嶋退圧形ぼリ再画ッ私加スれ
コ意覧ぽラテクも式んスーぷ・下計シッ収
京ニ合セヱも方出んスープ登京通画ョ集
ホ覧出く無ク暫囚多ベトニ百む所色だッし
持ってリむじ多再ベ登ニ京茶ぎ再ク再ス
権ぎ投然スっ再育会百で登本ニだッ本
ょ投ニ嶋解ょ育室ニ百む京砂っク二愛
合重ハょま注ルスセクションのざ本
暫サ砂コゃ方がセクションのざっ本

持って
のウェット
計画
収集
セクションの
エネルギー
火災
ランプの
下の
モンスター
転送
茶色の
ショック
インチ
砂の城は、
注が
リリース
形式
スープ・
品種

Puzzle 448

囚サひノ権っ退暫コ論解私で安る精カ
フイナ権室ニざニ方チ圧日ゃ進とだプケ
故リモょニポ化や故辞ぽ海差ば考ニて精ー
ひンリラ投ー嶋ホノぎ写応どしえ精ぽキ
多グサろむ安タ退話っ歩ばてい暫嶋
読通ろ多方応ツ出ぎルまテる通読
歩嶋ひてラト重所むテしる育摘
ぽクニ所嶋ア意ん選読結手パー何ぎ向
ニ百京計算機カだ売りモーン金権
能レ向進場無しモ応登ルスニドク
曇す砂報場海っ狙てス臆阪ッ乏
カら読暫一合テ結私海るップハヌ
何減せふ向ケ精精ッょ病故場狙
意二側るん向会ま読報る退芸ヌ
意ゃ精ょ登ぽ退ドま読報る退場

シート
売り手
レポート
減らす
アラート
スケートを
クレス
感の
ホタル
夜の
しばしば
ナイフ
サイリング
臆病者
パースニップ
曇らせる
カップケーキ
計算機
日差し
と考えている

Puzzle 449

```
も祖ゅ京圧加犬ソぎ摘ろゃチ応含テせ
画父ざに後の応コ能辞室故登べ狙方進室
辞写だしっソひベ会車のくプ故然カギノ進室
報解心配圧自動金スレヌドイで選ろ切ノざ芸
ぐ話ノチ進金ンスヌドイで選ろで親歩進弱語彙
つ話まれキャット弱室っヤひ私テピンコル覧重
明日キャットハ登せ圧何合方だ場で私テピンテル応む農家
ノギヌクハ弱室合方っヤヌ然権スれ安っ歩ヒエ
ぎソだゃ登ぽルょトはりお場だまヒ然金乏応む多や
ーくきぽコはりお理まヒ権登れサせ多
ダノ摘嶋社画さむ科ホス登安っ歩ヒエ
退セトょ育スみ育の弱安っ歩ヒエ
多狙ま本辞ま育の弱安っ歩ヒエ
```

語彙
犬の
自動車の
含まれ
の後ろに
ソーダ
キャットキン
農家
ギャロップ
明日
心配
はさみ
親切
関心
祖父
テクノロジー
コンピュータ
理科の
プレイヤー
ボックス

Puzzle 450

民主的な
生息地
アイリス
破壊する
ため
達成します
男性は
サークル
カラスの
バスケットボールの
サポート
治世を
結果は
一部の
鉱山
、ポテト
空気
幸せ
気候
嬉しい

```
辞応スひ愛サれ向然精エ能ヌ登ヌ能権応ヒ気嶋バス
然精乏画っれひ選解摘しまて加精て結出論ひ出っ論ケ
き芸登れだ私方安ホソテカ結社加社出空論覧ット
方論登社育退場嬉ヲ阪世をラ報ぽませト圧っ育弱せボ
育ま合合ぽ意破いニ育所スムひ選っ京育ぎテ意覧ー
つ権ソ気候私壊選故砂達育きテ圧ひモぎくチ出ルの
登ヌもて場レすス成ポレ京っきー部応ぼの
むノノ場サ何るしは報京モッたぼ
アイリスポーサクソャ男何レぎニじめ応
ニトルクートぽ暫応セ加だカぼ
育囚読圧報ス応囚投じテ読じ幸
民主的な報ス歩能再社能せじ
乏ト百砂場ホ息ト社能応
海鉱セ場故生地ト
論場山故生息地
```

Puzzle 451

ド 出 っ ひ 弱 ス 出 意 レ 奇 応 ぽ サ 阪 ひ ニ 方
ニ だ ノ 然 嶋 加 ト し む 妙 な エ ター キー 圧 ト ひ
ニ ヌ 重 ニ だ リ 場 リ 再 ク セ 会 画 削 だ 京 ぼ
ゅ 摘 出 ょ ゅ ま ハ ー サ ト リ ひ し 画 り ぐ 阪 リ
モ つ ル タ 開 も ッ ハ 化 登 ッ ひ 海 結 ま 妊 ハ 進 ひ
ゃ ヱ 妊 ウ の ぎ 望 遠 鏡 方 ト ル し 画 困 退 じ た リ
ス ぽ ま 投 進 芸 写 登 延 期 結 む ど 圧 金 故 っ コ 安 嶋 会 大 水 私
汚 れ を 感 所 ク 登 妊 せ 妊 だ 出 然 精 上 論 し 画 ベ っ テ ひ 砂 私 妊
ス チ 所 一 緒 然 重 セ ヌ ニ 海 カ メ 妊 圧 だ ば 京 ひ 弱 ま っ 阪
精 一 緒 に 登 せ 妊 上 記 ヒ ぼ 結 ス 画 化 京 ス 向 安 水 泳 写 安 何 れ
所 場 然 重 セ ヌ ニ 海 カ メ 妊 圧 だ ば 京 ひ 弱 ま っ 阪
弱 私 重 セ だ 出 精 上 論 し 画 ベ っ テ ひ 砂 私 妊
画 ぎ 進 ヌ ニ 然 嶋 記 ヒ ぼ 結 ス 画 化 京 ス 向 安 水 泳 写 安 何 れ
ぎ ノ 辞 精 海 多 カ メ 妊 圧 だ ば 京 ひ 弱 ま っ 阪
ク 弱 精 多 多 メ 妊 圧 だ ば 結 ス ひ 弱 ま っ 阪

単語リスト

奇妙な
てしまった
延期
削り
一緒に
タウント
結ば
ウエスタン
ストリート
水泳
もの
最大
ターキー
望遠鏡
貧困を
感を
汚れを
エクセリットル
上記
カメ

Puzzle 452

単語リスト

アドバイスを
ディスターブを
分子の
薬物
行為の
ゴースト
信頼性の
証拠
リピート
反映
は、
ウッド
フクロウ
いつか
カブトムシが
ストッキング
、風の
必見
クロッカス
イーグル

多 コ 辞 化 画 ハ 応 は 育 ベ ヒ 嶋 ド 方 ホ む 結
カ ブ ト ム シ が 辞 チ 、 ス 報 ひ フ 室 必 見 京
ト む ー デ 社 何 ソ 加 ひ も ク ニ 向 れ ウ 方 ド
場 読 ピ 出 ィ コ 圧 無 退 報 ロ 向 百 も ッ 開 ぽ
で 乏 リ 読 歩 ス れ 多 報 ま ウ 囚 ス れ 登 能
つ 覧 退 ぎ だ カ 方 場 安 だ 結 ト 弱 お ひ
い 向 応 摘 結 ッ 妊 ー 行 解 、 無 ッ ゃ 応
ア つ ラ っ 京 ロ 摘 ょ 為 風 ゴ 乏 キ ぽ 覧
会 ド か 育 っ ク ス の ブ を ー ン 登 む
リ 応 バ 信 ク 性 ツ 話 薬 解 ス グ お 画
ぎ 権 っ 頼 ラ 覧 の き 物 意 ハ べ 何 故
選 ヌ 会 イ ス 開 安 囚 ヱ チ ぎ 証 ろ
だ 分 乏 ラ 向 通 辞 場 応 向 何 拠 ホ
っ 子 ス 安 ホ を も 弱 だ カ 映 社
ト の 投 方 だ 開 で レ ぎ ラ 解 弱 カ セ 場 ス ぼ 多 ル 故

Puzzle 453

```
然 カ 暫 愛 ぎ サ カ ど 阪 ち 報 愛 ニ 示 登 化 だ
阪 金 登 ざ 意 囚 精 進 凍 カ ょ 場 し 察 金 観 ぎ
プ ロ 読 圧 ベ 開 出 有 場 結 ラ ょ 話 摘 い る ニ ヌ
ヌ ノ 登 圧 解 出 愛 だ 育 再 フ ァ ー 読 む 安 室 狙
ヱ ヒ 本 故 ク 進 会 阪 ソ フ ァ ー 攻 撃 何 洗 浄 声 応
せ 実 段 落 方 ヌ は む 本 ヌ 場 ひ 摘 報 キ ヒ ネ 登 暫
る 行 重 場 故 狙 合 室 ゃ だ 圧 砂 狙 ん バ ル ー テ 報 し
プ 嶋 私 社 レ ガ ス 故 だ 圧 解 写 れ る く ひ 意 ド 圧 む
ー 方 側 狙 ガ ス イ 金 結 ド れ 妊 化 応 れ 然 ツ む
ル 歩 ヱ テ ツ 社 退 チ 結 然 妊 読 ヌ し ょ ど 写 登 弱
歩 お 辞 だ
```

洗浄
ちょっと
観察し
プロジェクトは
バルーン
ベルで
ガス
いる
プール
ソファ
音声
チェイス
ファーマー
凍結
実行
、キツネ
有利な
攻撃
示しています
段落

Puzzle 454

葉を
右の
外を
今後
男の
ミックス
かもしれない
の物理的な
プラム
おそらく
食事
自身の
スチーム
祖母
構築
通信
郵便配達
、キャベツ
更新
法定

```
チ 砂 ろ 暫 芸 安 ど ス 自 報 ル ん ト せ せ 何 法
構 、 キ ベ 理 加 だ じ 身 だ 写 更 本 ぼ 能 定
築 の 物 ャ ツ 的 な 意 圧 通 信 の 右 新 祖 ぼ リ
か も 理 し な 登 プ ラ 男 お 京 母 写 ジ
場 辞 れ 論 ヒ 弱 ニ 嶋 郵 一 外 然 そ ヱ モ ヱ
む 故 ゅ 愛 ん 囚 エ 便 チ を れ ホ っ く
無 ゃ ヒ 乏 ツ せ 報 ひ 配 ス べ 精 む れ 阪 れ
ひ 砂 二 ミ 私 ま 今 金 達 方 く ょ ス す 故 化
り し べ ノ 多 す 後 ヱ 応 化 室 報 む ひ や 登
る 会 ぽ ッ 葉 く 葉 ソ ル 開 エ む だ 芸
ろ 摘 ま ク 応 を る エ っ 囚 辞 チ 食 ス 狙
海 ヱ れ ひ で ッ ス 再 ど べ 事 セ 京 テ
辞 ま 嶋 ツ ノ 方 ノ 重 論 多 摘 ぎ 百 私
ク ヱ ひ 囚 応 投 選 砂 二 故 読 写 方 ツ 合 カ
愛 登 ぎ 所 て 投 選 砂 二 故 重 画 精 ま 無 ヌ サ
```

Puzzle 455

ん定出出スゃまモ応ギツで育加合やむ
多住育クじが ろチ愛フト阪ニ何場ラぐ
ゃぎしだろリひラし進コラ囚加室能ひ故
解読っ作成しャし精セラセ砂両親ぎ乏ソ
画ぼ無方ネイルツニョ加私弱場レタ登む
安サ読じ覧のプロセ登囚退結セスのーナ
幅読べ方ルだヒっ育セどニの重要な読社
広れつだ加合おっるニの
るだヒ育ひむ

親愛なる
何でも
思い出さ
フロント
後に
逮捕
叔母の
アセンブリ
落ちた
過半数の
受け入れ
有罪
バイソン
遠く
行わ
昨日
何も
釣りは
経験
騎士は

のプロセスの
レター
緑、
セットを
改革の
定住
、パートナーの
両親
男が
ギフト
陸上競技
の重要な
積極的な
動き
ネイル
幅広
所有者の
作成し
の可能な
料理を

Puzzle 456

叔出ぼ妊だ落ちたハろ妊多室ク阪意加
も母騎士は応過半数のひ進論リ圧り画育
嶋歩のベ辞再加私ぽ何じ登何でも
っラルだ登コ投てれじ安てきれ応てなる
だ芸ト合私むひ弱嶋カ画れトも親る経験
ざ思再登通通ヱせ退愛フモ進愛ぞ圧ざ
写い歩コ受出じ遠化ツ写逮モん然トゆ
や出再コト室くクロ加室捕ん妊セ退ヌ開
バさ所受けトクク乏投ぎ金意私嶋テ報ざ
京イ能れ入りきあ向覧ろぎ囚捕ホ画進わ
写登ソブ釣ンれセゃ投レホ有妊どレ画ゅ
コリ釣りスヌ向おろ話だ罪育覧何進開
れクヒはむスカ側ぽっ育覧画進
昨日乏然化開覧側

Puzzle 457

```
お 覧 開 安 室 高 芸 ぎ レ 開 開 教 四 の ヘ ツ 開
読 じ む 嶋 ル い ー タ イ ラ ざ 育 半 足 ビ 会 ふ
ま 歩 い 乏 ぽ 圧 ざ イ ヴ っ 戦 期 お ぎ ょ べ
送 何 生 ち 多 再 海 ン ン ゃ 略 の ゃ 嶋 ぐ 京 能
砂 信 産 コ ゃ 芸 だ 登 愛 っ 選 室 私 写 方 レ
報 ど チ 天 ん 場 エ ニ ビ ニ 論 て 社 能 ス レ 安
す 愛 出 使 応 監 の ビ ル 愛 ぼ ゅ 能 社 じ 暫
進 る 非 室 視 保 ル だ 妹 レ 収 ニ 開 芸 だ
権 れ 芸 難 私 証 ち っ 吸 だ ざ ヌ 暫 囚 場 結 じ
二 芸 能 重 だ チ お ょ も ざ ク 辞 ラ 話 出
芸 側 ト 重 金 化 き ツ る ょ ぎ 登 囚 ク コ れ 向
る 狙 の 表 だ 覧 ニ ラ む ふ ホ 覧 ニ ス ょ
ひ の 表 画 れ ス ノ ふ ヌ 登 通 れ す や
結 影 ゃ 画 ニ ラ ド 能 妊 応 辞 読 応 辞 ラ 場 結
話 が む 囚
```

送信
戦略
の影が
レイヴン
四半期の
保証
ヘビ
高い
ビルドを
妹を
生産
表面
する非難
ライター
監視
天使
教育
吸収
おじいちゃんの
の足

Puzzle 458

責任ある
検索
トマト
フィギュア
防止
ひよこ
声を出し
しかしが
プルを
ワームは
削除を
カエル
態度
議論
のヒット
タフな
イカ
不注意な
自動
巧妙な

```
だ 応 ざ 開 加 自 声 写 ヱ き ド ヒ 進 覧 ぼ 写 ま
ニ ぽ 読 多 ょ 動 を 場 ル 論 検 ハ 海 リ て ぐ ス
っ れ 応 だ し 海 出 結 暫 芸 索 議 チ 室 然 京 リ
ハ つ ス リ 暫 し 暫 芸 囚 論 向 ニ 百 方 で
せ ワ ー ム は ニ 応 覧 室 テ 狙 レ ハ 然 嶋 ヱ
モ ー 話 っ チ チ 削 画 態 っ 登 ド く む じ 合 イ 囚
通 ト 責 任 あ る 除 ヱ 度 弱 お だ ぎ 再 開 く
し か 金 室 私 ニ チ を 投 だ 弱 投 方 ス 重 チ カ
モ 故 嶋 然 ひ 化 ヒ 砂 暫 何 結 ド 応 辞 通
場 む し 辞 じ の ッ だ 暫 ト セ れ だ 登 安 ま
お 加 ひ が プ ん ト 読 カ ヒ ゃ 意 暫
話 よ 向 こ 圧 芸 開 二 チ ハ 然 ひ 側 無
ひ ル じ じ を ヱ 画 読 歩 ュ ふ 注 意 進
私 や 応 砂 能 コ も 歩 論 タ フ な 妙 巧 っ せ
妊
```

Puzzle 459

方病ゃドど能ん世裁暫辞コイン社弱カ
つ院ノ向スまま登紀論場スリ報話然私コ
再まの京んィおべ決は結重むて精ヌハだ無狙
適切報化だょ方本つく無精然能もふきしゃ化っ百
愛砂然れヲじひ何意サネージ金場画むろせくも解
砂んヱ進トむターン海話弱ル、性の圧ゅ辞っ摘ハ
ん糖れ側子羊れ狙弱ろ経の圧ぎヒモぎ砂ホく登も
糖は、論育子羊報ヌ然れべ芸ト、女性ぎ経圧ゅ辞嶋何
は、論依存芸側圧ぎヌ然コニ済再ょ多会登

、年齢・
シャウト
ティーチ
ターンを
コイン
病院の
決めます
子羊
裁判所
世紀は
手続きの
、経済
夕食
糖は
脅威
依存
マネージャ
女性の
適切な

Puzzle 460

、公共
今日の
バンを
、完全な
電話
カバーが
バーストを
独立
超高層
劇的
水牛の
グロー
楽しい
原因
を超えて
ロケット
ボディ
示唆して
拡張する
利用可能

芸海ざ摘側ヌを読ひく権登無やん楽しいスヱトッケロホませエ嶋合
然登劇向芸トス芸水クひつ覧っホん故ひく結セースしグ向ぽ育く開場写超高層愛ょ暫乏無れハ話登ぽくサ多エひく
側向的だぎリし牛応京通しき故向セ結しロースしがバカ安乏サ圧暫ェ嶋
ひぎ開歩やンバの日育通く開グ側バ暫愛暫無圧ひく
退ど喚べ圧をンざトラ所ぽ再写高層拡張すドぽサ多エひく
示ル安して安ボ、え射レて超覧向選ベド狙応社話てっ
通、完全なニ公出育ひス育電選多無応話ハ囚
、う原因投弱摘独立愛海多電話ど電話ぽ育化っセまっ囚
らく進用テ通百所室砂辞ぽ再っ選多無化だセ
し利投可ざ能狙登室ス論金ひだセ何
精安投だ何京狙登論ス

Puzzle 461

```
何 摘 も 光 沢 の あ る ワ し ク 時 合 辞 読 含 コ
ど ひ た 摘 登 先 食 チ ニ パ し 安 計 雑 用 ま ろ
ゃ い ら く 本 レ べ レ 本 イ ぼ 意 報 重 る く
ト 然 し 選 ィ テ お ど ヒ ロ ッ ひ 能 尊 何 弱 投 レ だ 写
側 辺 コ だ ょ モ ン ア ヒ こ と 弱 社 ひ ぼ 登 政 府 ぼ 本 ヌ 安
通 結 何 海 テ 再 金 ぼ カ ル れ 安 能 お ま じ 摘 退 京 重 摘 ラ せ リ 写 ニ や
結 ぽ 通 弱 狙 ぼ ゅ お 辞 ぎ れ 多 然 故 育 退 覧 京 場 ラ 阪 論 セ ッ れ ス 百
べ 暫 多 囚 ふ 何 意 ス し ん だ ル 場 だ ぎ ニ ニ て 室 京 解 妊 育 芸 退 無
嶋 育 ぎ だ 側
```

単語リスト
- ポケット
- 尊重
- 食べる
- リラックス
- アンティーク
- 魚の
- 政府
- 光沢のある
- 含ま
- もたらした
- ワニ
- 先の
- 雑用
- タイガー
- 側辺
- パイロット
- アヒル
- 時計
- くらい
- ことが多い

Puzzle 462

単語リスト
- ワールド
- きれいを
- 患者
- 道徳的な
- ノット
- 引き出し
- 豊富な
- 女性
- ハンドル
- 労働を
- ピッグ
- 、ここで
- 悲惨な
- トライ
- 政府の
- 家は
- 晴れた
- セキュリティを
- 悲鳴
- ノイズ

```
ノ 結 ク 安 ニ 重 く 写 故 応 ト ク 応 お 本 豊 労
イ セ 通 、 こ で 化 晴 ラ 写 覧 所 ぽ 富 働
ズ ツ 道 徳 的 な 百 チ れ イ 引 出 し な を
意 ホ 妊 ぽ 弱 テ カ た 阪 き に ヒ 百 能
社 ソ き 然 い を ワ ド じ ノ 狙 リ 場 ぐ ょ
京 ぎ 然 ふ 投 通 開 重 辞 投 意 弱 ソ 囚 お 開
場 場 ニ だ 故 ぎ 登 社 も ヌ 然 進 レ ざ 側 画
ヒ ん 悲 女 性 じ 安 ま 退 登 百 論 解 ま 何 話
悲 惨 な 化 ま 弱 場 く ぽ 乏 も ぼ て ノ く
る 政 ど れ 解 乏 摘 登 合 京 リ ノ 報 ッ 重
患 府 家 無 歩 側 ル 覧 ツ 故 っ 阪 金 ト 結
辞 者 は ホ 摘 せ 私 ぎ テ き 故 本 辞 や ひ
ニ 読 し 圧 く ト リ ク だ レ ひ ひ 解 権 ど
ハ ン ド ル セ キ ュ リ テ ィ を ざ 歩 妊 だ 芸
```

Puzzle 463

```
で 嶋 だ サ 私 サ ソ ヌ で ヒ ぐ ス ト 応 再 化 ら
ま 安 ゃ ニ 友 ク 京 選 コ ゅ ド 圧 芸 嶋 ノ 応 ぼ
れ 通 人 再 で 登 会 暫 せ ょ ひ 嶋 ノ 加 ノ ノ
こ 進 力 囚 歩 画 、 無 加 お 応 ノ ク 確 砂 二 妊
、 パ 狙 ス ぽ 、 摘 退 砂 妊 っ テ ド 立 砂 妊 砂
弱 タ ス や ハ 摘 グ 摘 然 加 京 れ ハ し 向 砂 エ
ー や や フ の ず ゃ レ 場 に 通 能 無 黄 む 向 む
選 百 ゅ つ い ず ニ か せ 沿 会 絶 色 然 ま 歩 選
ホ 合 権 ト ニ れ 京 化 て っ 絶 滅 通 で ぎ で 狙
ッ 合 無 ル せ 京 画 京 歩 本 滅 本 会 、 む 狙 写
ケ 無 ろ 嶋 む 京 京 て だ ぐ や ブ せ ブ 残 し る
ー ハ 京 ど 一 教 芸 、 何 れ ぽ ロ ト 囚 し 向 退
ざ 選 る 狙 能 イ え ワ 芸 方 重 だ 何 や ぽ ッ き 囚
ス 残 挙 百 覧 チ 辞 方 無 場 視 ト 結 む ヒ ひ ぎ 向 退 囚
安 し 会 エ 退 ツ ょ 視 ト 結 む ヒ ひ ぎ 向 退 囚
```

友人が
のいずれか
、パスの
ハムスター
教え
、ブロッコリー
、これまで
に沿って
絶滅
黄色
フルーツ
選挙
行動
ドッグ
残し
ワイヤー
確立
ホッケー
サミットは、
無視

Puzzle 464

ではない
尋ね
失望
あたりの
カメラ
用語集
沸騰
評価
摩耗
ドライバ
プレート
幸運
アクティブ
都市を
のガイドラインは、
アネモネ
実験
パセリ
簡単な
引っ張っ

```
能 き 方 精 ニ ブ ィ テ ク ア 場 ド 能 ク 会 選 ょ
ニ や 狙 摘 ト 場 む 沸 む ネ 登 っ 何 然 場 る テ し
あ た り の 場 だ セ 結 モ エ む だ ろ ま レ お 然 報
評 百 レ 京 き 摩 ざ テ 側 ニ 失 ラ れ お ひ サ
だ 価 セ 阪 耗 で 登 室 実 カ は 、 弱 ま ひ 話 ひ
ソ 応 も セ ぎ エ パ セ リ 投 メ ぼ 安 権 話 プ 場
ニ 囚 ル ノ し の ド ラ ン は ス 覧 芸 育 論 レ 論
能 だ も 暫 ガ 阪 イ 歩 も ぼ ト 尋 乏 ね 何 ー 百
ク ひ 都 合 ノ 引 歩 ト 進 囚 乏 何 ん 無 ト ド
で ト 市 化 引 解 ス ゅ 百 解 ク 囚 無 化 ラ
く は を 退 投 張 っ お ん 阪 用 弱 ひ イ
画 歩 な 単 簡 っ 幸 側 囚 ク 画 論 摘 ノ バ
れ ぎ ま い 場 ラ 運 ゃ 百 ヌ 弱 論 っ 登 エ
無 コ 芸 会 登 乏 だ 覧 投 集 用 能 む 育 通
お ん ょ ヌ 向 通 所 砂 て ゃ 集 能 ツ 解 ツ
```

Puzzle 465

ス投こトラック面積は車熾応で範弱芸室向
狙ど砂とレ気に入ヌだ分両烈お論囲で愛室応
ぐ振る草む原クリ精然え母のひ内所スヌ画
狙方来加含まれ愛るな勇のサ室画砂論るゆ
クス妊れセク精てき然故画エ画ト画合ざる乏
カチ論レクコハ重意退ヌ無ニ社権ざ京ヒ
ー金、ク登ルふ重室故海覧結ざ愛京ゅ読
ト、山レ芸コで海ヌ然ヒ話モク向再乏摘
ぽツて育囚ノ安話べてせトざ京ぽ結ヒリ
もれ乏ヌ応ド京調ゅだヒレふや阪や読ヌ
ひ故ど進れ妊所べおぜトサ二再結能摘
故だ百べ百二愛るカニレひ開ヌノんリ
だル阪応百再ぼっ砂キウイっ摘話やヌ

調べる
、山
勇敢な
熾烈なの
スカート
キウイ
面積は
慎重な
含まれて
範囲内
来る
コート
分母の
ことができる
気に入った
トラック
覚え
車両
振る
草原

Puzzle 466

緩い
ダイビング
ガンダー
歯ブラシ
起動
クラブの
クッカー
コール
廊下
守る
ドレス
パフィン
飛行機の
ボール
ボウル
マイル
ホール
クレイジー
議論の
以前の

る廊下以前のヌだるで登だ報育ク解じ
画ー阪モソひ退むま場百ぽ歩報ッひレ
ダジ辞ヱガィセ圧精テ百然お所カ選弱
ぎイ室ハンダフ画辞圧辞もれセーチエ
画レ再ンーク乏飛画まベひド本会トぽ投
覧クニお投グるクカ辞クン場ど報覧ドス歩
結ニで私金狙開無の加ニ歯ドレ起阪ひ
辞で私写コトノ歩モ辞ブゅ動応テ
応ま百合場芸ふコ写然社ラ話ベ無ク
ら百芸砂嶋クュ向然緩だシりやエ化ざだ
ょ安砂スル側百ヱク緩いエブ論出むコ
安海サ故読守マイルクラブの多合精議ホーヌ応ー
海サハ登守る多ボコボ会多ゃ議ルっじル

Puzzle 467

```
向エルフ阪ゃむウおク方出ふ論金再ヌに社何
ヒ百フェででも海向サ場れつ通金実無じ投報
加無ェンドも開合トウ弱ギ応ま百通金覧嶋し退報せ
チ選ンドスをも加はきお社砂向退社ろ解開や
百だスを摘加覧メふコホ登社砂論百どべせむ
っひを摘最選せイかコ側調る会百論百もムぐゅヒど
加最摘もめ認ひ生クやバ話再意百もモぐウぃど
砂認もめ会幸姜ッ妊シ話摘おぐウカィ私チれ
すどめ幸るも会愛ョ愛ョーヌ本精でぐ辞ルハ狙
クるる会愛せソなのヌ楽カど砂ろルュド
むレも愛のソと間つしろ所暫覧の狙
妊囚結のソクンソ噴時ぐょま辞っ砂の狙
ヘロン歩っふ火ぐょよ選せだヒの
妊レ歩っふ火狙選せだ
不思議に思う本狙選せだ
```

ウィグルの
フェンスを
実際に
ヘロン
バック
ショー
最も幸せな
噴火
ほぼ
不思議に思う
楽しま
するものと
ウサギは
調査
法の
時間の
認める
生姜を
エルフ
メイク

Puzzle 468

単に
雨量
パン
第三
貴族の
トカゲ
状態の
七面鳥の
貴重
オプションの
知っていた
古代
致命的な
必要な
、常に
見え
ウサギの
注意深い
謝罪
品質

```
コ精報ラ何ウオプションの、出ホ摘進
応ノルて出サニリツパ態常雨量囚む
進ハ通ょソギ所場ゅ貴状にっハリ覧
暫砂ソむホ向能スぐ安重第権ホド摘だ
ょぼニ加しサ族写ぽ妊ヌ育意ホドニ
安リ加致ム嶋貴写だ登阪三乏摘妊ク
ヒ側だ命場会スレっ多ル結登解七
登側乏的てハ投覧場ひ阪ひ金覧面
ざ何にな狙ま側注ツひトしま向乏鳥
謝ひ写要るコ本意私カ応くの
暫べ罪登登ホ深ヌ知結再再育
見し向ス報海品登阪辞っ
えふりサホ古カ何百通会っ単
ゃ狙無無テ覧ろぼ結応弱進に
```

Puzzle 469

```
や 登 室 ス 覧 然 写 れ 砂 レ 論 再 キ 論 出 ひ
つ 面 室 ネ 選 ス ェ 応 解 チ ヒ 安 ャ 安 ん 話
圧 白 乏 ジ ク イ ウ エ 本 ッ ヱ を 側 じ 進 で
何 い ま ビ ひ ス ツ コ の ル ロ ン 向 た 画 お
サ 狙 本 ・ ス ル ト ミ く オ お ハ し ト も イ
京 所 予 百 約 ト く る ソ ポ 単 圧 感 レ 再 出
結 経 し っ ホ く で ま ん コ 安 じ 成 ス ぎ ん
ヌ 愛 ひ ニ 無 化 ヒ や 嶋 会 応 る 分 覧 無 進
私 応 サ 写 読 応 人 ソ れ 何 れ ス 海 ヌ 出 画
ヒ ひ ス 化 ざ 間 ん 選 安 所 分 リ 化 会 も 再
嶋 ぎ ト 実 芸 京 解 多 読 で 権 ヌ し ま ぎ 無
登 む ベ コ 用 百 ふ も 権 ソ 海 し リ べ ス 出
歩 ー 深 精 学 阪 く 安 つ ニ 出 し ス 無
ツ シ ル コ 的 校 方 精 ア る 弱 会 出
や ク 砂 の な ひ 惑 コ ニ っ 支 加 ま
れ タ 社 テ ま 何 星 権 る べ
愛 ヱ 辞 場 ト 解 育 ス 摘 然 ふ 出 ト 加 ま べ
ル ハ
```

ウェイク
人間
実用的な
タクシー
惑星
学校の
イベント
オオカミの
予約
スタイルの
単位を
面白い
感じた
支出
成分
深い
ツールの
経済
・ビジネス
キャロット

Puzzle 470

明確な
種類の
クールな
ガチョウ
帽子
午後
コーヒー
勧誘を
蜂の
ローブ
公式
塗る
イルカの
遊び心
危険な
会話
増殖
作りを
今夜は
ハイライト

```
化 応 モ し 多 再 登 所 て ぎ 遊 故 セ 多 ま 選 再
故 場 再 や 合 ト ロ ー ブ び 愛 砂 ョ 画 ヌ ハ
危 険 な 妊 論 場 報 や 話 ラ 心 ル 向 化 カ 能
狙 ゃ 確 チ ホ 歩 ど 午 ま 登 せ 辞 開 チ ト 話
む ヱ 明 れ ヌ 場 重 後 登 種 辞 の 京 ル 妊 ツ
ニ 暫 登 側 本 登 読 類 の 進 ス じ 合
論 通 ラ 金 愛 蜂 ヌ ま 本 加 写 ク ハ
帽 子 化 室 だ リ の 側 結 嶋 を 誘 ヌ ん イ
ガ チ ョ ウ む ヌ ニ カ 報 海 作 辞 ヱ ざ ラ
退 辞 論 ノ き カ 暫 れ だ り ろ 場 然 イ
阪 ス 退 公 化 嶋 歩 出 イ お エ 登 暫 ト
だ 権 ゃ 式 砂 や で 重 育 加 る 写 能 嶋
精 ろ リ 今 加 ひ 多 選 側 増 出 会 暫 然
通 ノ 能 ス 夜 ょ ク せ 殖 塗 話 ヱ 芸
クール な 室 は ぎ ヌ ヱ ョ コ ー ヒ ー 出 ヱ 芸
```

Puzzle 471

<table>
<tr><td>隠</td><td>ょ</td><td>通</td><td>ょ</td><td>阪</td><td>外</td><td>阪</td><td>ヱ</td><td>場</td><td>セ</td><td>あ</td><td>通</td><td>ん</td><td>会</td><td>コ</td><td>弱</td><td>ゅ</td><td>セ</td></tr>
<tr><td>し</td><td>登</td><td>向</td><td>権</td><td>っ</td><td>安</td><td>観</td><td>ス</td><td>ろ</td><td>透</td><td>な</td><td>的</td><td>本</td><td>基</td><td>結</td><td>コ</td><td>セ</td><td>ア</td></tr>
<tr><td>ま</td><td>乏</td><td>ヱ</td><td>選</td><td>カ</td><td>ざ</td><td>愛</td><td>リ</td><td>ド</td><td>明</td><td>た</td><td>チ</td><td>ネ</td><td>ィ</td><td>ティ</td><td>ク</td><td>ィ</td><td>ブ</td></tr>
<tr><td>す</td><td>ニ</td><td>愛</td><td>ク</td><td>多</td><td>百</td><td>愛</td><td>し</td><td>ン</td><td>開</td><td>重</td><td>ひ</td><td>暫</td><td>愛</td><td>ゃ</td><td>投</td><td>ブ</td><td>ま</td></tr>
<tr><td>ヘ</td><td>リ</td><td>コ</td><td>プ</td><td>ター</td><td>ゃ</td><td>本</td><td>っ</td><td>チ</td><td>エ</td><td>ゴ</td><td>退</td><td>加</td><td>百</td><td>ハ</td><td>開</td><td>歩</td><td>だ</td></tr>
<tr><td>論</td><td>チ</td><td>証</td><td>ヌ</td><td>リ</td><td>本</td><td>の</td><td>探</td><td>ヒ</td><td>百</td><td>論</td><td>解</td><td>っ</td><td>の</td><td>再</td><td>能</td><td>場</td><td>リ</td></tr>
<tr><td>く</td><td>む</td><td>明</td><td>経</td><td>験</td><td>の</td><td>規</td><td>索</td><td>場</td><td>重</td><td>報</td><td>砂</td><td>登</td><td>レ</td><td>百</td><td>だ</td><td>合</td><td>ス</td></tr>
<tr><td>ひ</td><td>く</td><td>す</td><td>た</td><td>満</td><td>規</td><td>に</td><td>ひ</td><td>開</td><td>ス</td><td>弱</td><td>ょ</td><td>コ</td><td>ー</td><td>意</td><td>を</td><td>応</td><td>精</td></tr>
<tr><td>向</td><td>芸</td><td>る</td><td>サ</td><td>安</td><td>定</td><td>や</td><td>ま</td><td>カ</td><td>何</td><td>歩</td><td>く</td><td>金</td><td>ド</td><td>を</td><td>奪</td><td>う</td><td>故</td></tr>
<tr><td>然</td><td>弱</td><td>育</td><td>狙</td><td>乏</td><td>狙</td><td>て</td><td>海</td><td>圧</td><td>向</td><td>記</td><td>加</td><td>ニ</td><td>ノ</td><td>無</td><td>れ</td><td>ひ</td><td>私</td></tr>
<tr><td>ょ</td><td>退</td><td>狙</td><td>故</td><td>乏</td><td>れ</td><td>画</td><td>ま</td><td>記</td><td>事</td><td>は</td><td>然</td><td>カ</td><td>ニ</td><td>妊</td><td>っ</td><td>も</td><td>く</td></tr>
<tr><td>能</td><td>だ</td><td>意</td><td>レ</td><td>て</td><td>所</td><td>合</td><td>圧</td><td>は</td><td>開</td><td>ひ</td><td>ま</td><td>ひ</td><td>エ</td><td>海</td><td>出</td><td>ぎ</td><td>せ</td></tr>
<tr><td>レ</td><td>ラ</td><td>ヒ</td><td>受</td><td>所</td><td>ま</td><td>登</td><td>ひ</td><td>愛</td><td>所</td><td>ツ</td><td>登</td><td>チ</td><td>論</td><td>る</td><td></td><td></td><td></td></tr>
<tr><td>安</td><td>登</td><td>だ</td><td>信</td><td>乏</td><td>ホ</td><td>だ</td><td>け</td><td>で</td><td>結</td><td>安</td><td>や</td><td>ど</td><td>論</td><td></td><td></td><td></td><td></td></tr>
<tr><td>ょ</td><td>ろ</td><td></td><td></td><td></td><td></td><td></td><td></td><td></td><td></td><td></td><td></td><td></td><td></td><td></td><td></td><td></td><td></td></tr>
</table>

だけで
透明
エンド
のレコードが
あなた
基本的な
探索
満たす
定規の
記事は
受信
経験の
チェック
を奪う
ヘリコプター
ココア
証明する
ネイティブ
隠します
外観リンゴ

Puzzle 472

彼女
ベビー
雪の
スクーター
の連続した
を見て
憎しみを
ゼリー
真の
もらう
明確に
科学者
見て
だと思う
結合
スケート
平均
方向ディレクター
電気
が可能な

<table>
<tr><td>場</td><td>を</td><td>ラ</td><td>だ</td><td>の</td><td>真</td><td>っ</td><td>報</td><td>彼</td><td>ふ</td><td>進</td><td>っ</td><td>ク</td><td>し</td><td>平</td><td>く</td><td>セ</td></tr>
<tr><td>む</td><td>見</td><td>ラ</td><td>ぎ</td><td>連</td><td>応</td><td>ク</td><td>ニ</td><td>女</td><td>ク</td><td>多</td><td>だ</td><td>チ</td><td>均</td><td>愛</td><td>ス</td><td>加</td></tr>
<tr><td>選</td><td>て</td><td>っ</td><td>で</td><td>続</td><td>や</td><td>だ</td><td>サ</td><td>ヱ</td><td>読</td><td>応</td><td>エ</td><td>れ</td><td>だ</td><td>意</td><td>ケ</td><td>登</td></tr>
<tr><td>ハ</td><td>見</td><td>ざ</td><td>重</td><td>し</td><td>憎</td><td>結</td><td>本</td><td>を</td><td>出</td><td>ん</td><td>海</td><td>せ</td><td>や</td><td>ス</td><td>ー</td><td>ざ</td></tr>
<tr><td>社</td><td>多</td><td>ス</td><td>百</td><td>た</td><td>し</td><td>狙</td><td>っ</td><td>弱</td><td>開</td><td>も</td><td>圧</td><td>ス</td><td>ト</td><td>ケ</td><td>妊</td><td>投</td></tr>
<tr><td>カ</td><td>読</td><td>砂</td><td>明</td><td>狙</td><td>結</td><td>れ</td><td>雪</td><td>ス</td><td>報</td><td>摘</td><td>合</td><td>ら</td><td>能</td><td>ー</td><td>ひ</td><td>っ</td></tr>
<tr><td>っ</td><td>弱</td><td>社</td><td>確</td><td>に</td><td>選</td><td>所</td><td>ト</td><td>ク</td><td>出</td><td>場</td><td>も</td><td>権</td><td>ト</td><td>私</td><td>ま</td><td>ト</td></tr>
<tr><td>百</td><td>く</td><td>応</td><td>ょ</td><td>ど</td><td>ヌ</td><td>つ</td><td>の</td><td>再</td><td>べ</td><td>ふ</td><td>京</td><td>科</td><td>狙</td><td>っ</td><td>ェ</td><td>ュ</td></tr>
<tr><td>再</td><td>写</td><td>京</td><td>き</td><td>写</td><td>む</td><td>弱</td><td>チ</td><td>タ</td><td>話</td><td>何</td><td>ヱ</td><td>学</td><td>ひ</td><td>結</td><td>ル</td><td>ト</td></tr>
<tr><td>重</td><td>話</td><td>ゃ</td><td>無</td><td>レ</td><td>論</td><td>ニ</td><td>ー</td><td>リ</td><td>画</td><td>ゅ</td><td>も</td><td>者</td><td>私</td><td>合</td><td>再</td><td>狙</td></tr>
<tr><td>妊</td><td>乏</td><td>無</td><td>ディ</td><td>レ</td><td>ク</td><td>ター</td><td>ー</td><td>ヌ</td><td>妊</td><td>可</td><td>精</td><td>結</td><td>っ</td><td>で</td><td>ヒ</td><td>ハ</td></tr>
<tr><td>方</td><td>向</td><td>圧</td><td>意</td><td>電</td><td>場</td><td>れ</td><td>側</td><td>方</td><td>阪</td><td>能</td><td>辞</td><td>ッ</td><td>ハ</td><td></td><td></td><td></td></tr>
<tr><td>サ</td><td>本</td><td>権</td><td>ニ</td><td>写</td><td>ゅ</td><td>出</td><td>応</td><td>ニ</td><td>歩</td><td>な</td><td>っ</td><td>も</td><td></td><td></td><td></td><td></td></tr>
<tr><td>海</td><td>ぽ</td><td>ニ</td><td>電</td><td>リ</td><td>出</td><td>側</td><td>方</td><td>だ</td><td>場</td><td>べ</td><td>多</td><td>退</td><td>ん</td><td></td><td></td><td></td></tr>
<tr><td>乏</td><td>選</td><td>阪</td><td>気</td><td></td><td></td><td>応</td><td>お</td><td></td><td></td><td>読</td><td></td><td></td><td></td><td></td><td></td><td></td></tr>
</table>

Puzzle 473

```
摘 ハ マ リ ぎ 圧 金 所 金 再 ツ く ス ど 話 安 お ス ニ ク ソ ま ふ 海 圧 ぼ 写 画 の 育
意 ひ ク イ セ 解 重 量 ゅ 写 場 論 ぺ ひ 妊 多 力 は ニ ク ソ
壊 し た 加 グ や べ 側 何 何 所 結 ル の 能 選 き ヒ
妊 化 し 参 権 レ 覧 話 ー レ ナ 知 狙 開 再 登 じ ツ
挿 入 せ て テ ー シ 退 精 ひ む ド く 報 っ 投 ヒ
出 せ む 暫 再 化 ッ 圧 ョ ク ニ サ ・ ド 室 稼 ま ふ
ト む ん 金 論 無 ク 不 だ ン ク エ ド 退 嶋 ぐ ク ぼ
ラ 弱 乏 安 競 金 争 開 適 む ・ 写 退 ヒ 社 く 故
ノ 向 私 チ 洞 写 せ 多 応 な 結 ニ 結 稼 ク ぼ
読 私 ど っ ノ 窟 デ ュ ー テ ィ ほ と ん ど 社 合 画 調 の
ニ ど ツ 砂 ホ 多 社 再 ダ だ カ だ 結 ニ 阪 故 査
所 ツ お 報 向 ょ ぼ ラ し ひ ょ じ 故 合 方 応 ゃ 調 査 の
出 再 ぼ 私 辞 モ 海 歩 ょ 報 チ 方 応 ゃ テ ぐ 育
ス や ぼ 私 辞 ト 無 妊 選 エ 覧 ソ 要 求 海 テ ぐ
室 セ せ 乏 ト 無 妊 選 エ 覧 ソ 要 求 海
```

ほとんど
調査の
重量
参加して
能力は
壊した
知ら
スペルの
洞窟
マイグレーション・
ナレーター
挿入し
稼ぐ
要求
デューティ
テイク
競争
ラダー
不適切な
クック

Puzzle 474

雄鶏の
販売
ドリンク
たい
サル
第六
火曜日の
プログラムの
どこでも
影響する
鉛筆
ウズラ
不安定な
再度、
エッジ
ほうれん草
多くの
運動
内部
リップ

```
嶋 安 加 モ ニ ど ト 故 チ 開 ソ 応 精 摘 登 ま ソ
ス 話 ト 応 ょ 進 こ ラ 百 多 く の た い ヱ い 場 ホ ざ 向
ベ 乏 チ ぽ 進 ど ノ で る だ 化 ぎ 権 ヱ 本 し ふ
レ 鉛 モ 囚 芸 百 育 ス ド リ ン ク 故 ょ 出 二 方
影 筆 ラ 狙 リ 金 愛 も リ 私 場 話 ょ ょ 場 チ ヱ
響 加 再 ジ ッ エ 不 側 で ト な ぽ し 内 出 嶋
す 解 度 登 プ ソ 安 ド な モ カ む 退 会 部 コ
る ま 、 ぎ て 何 ル 販 や ッ だ ノ ひ ん の ソ
写 ヌ 室 故 ふ 向 ヱ 売 カ 安 ル モ ハ 海 会
圧 ハ テ だ ニ 開 第 読 歩 暫 ニ の ム 暫
ん 報 エ 進 進 ヌ 六 火 じ 化 雄 ズ 論
リ 所 所 写 出 ソ 解 る 曜 日 鶏 プ 歩 し
ス ほ う れ ん 草 登 ひ コ 出 側 ひ の ロ 金 だ
ト 辞 や 弱 ハ 砂 結 何 リ 論 摘 権 再 グ ヌ サ
社 し ょ 妊 力 砂 結 何 リ 論 通 解 テ モ 結 ヌ
```

Puzzle 475

妊 テ 損 失 能 て ふ 海 化 ひ 歴 ス 安 会 報 こ 再
社 社 で ゃ ス 安 ひ ヌ 何 ヱ ひ 史 む 最 室 海 ざ ネッ
ょ ヌ 意 雪 お 玉 百 を 解 ク を 評 育 き ク 悪 読 じ て ニ ク 妊 所 摘 歩
開 私 暫 向 重 方 デ ス リ 失 愛 う 決 ひ 開 室 辞 れ う な 会 登 エ リ 声 論 の 京 き 瞳 弱
辞 ホ 摘 話 で ぎ 室 つ 無 ヌ ざ ル ひ ぎ ゃ カ 退 ゅ 体 全 じ 所 弱 意 セ 場 ひ
能 ぽ コ 選 妊 投 会 再 登 ズ ぼ つ 側 歩 ス 意 月 曜 日 契 約
ぽ 金 ぎ 選 私 百 応 バ タ ー 囚 意 百 む ト シ 能 ヌ ヌ 社 所 覧 意 セ 場 ひ
本 無 説 得 じ ラ ふ 意 百

契約
歩行
月曜日
損失
。この
歴史
を失う
アカウントを
説得
デスクを
うなり声の
評決
雪玉
最悪
ネック
全体の
瞳の
バター
シリーズ
寿命光

Puzzle 476

実行に
睡眠
たかっ
属し
タマネギは、
砂糖
のソロ・
膨大
正確な
リスク
本当に
環境
優しい
開発
セキュリティ
脅威を
、急速に
悲劇的な
快適
トリック

る だ ベ 育 ツ 登 砂 ぼ 合 京 膨 テ 無 つ 側 カ
脅 威 を リ く 阪 糖 環 サ ゅ 大 再 優 出 場 画 通
ク 本 当 に ぐ ふ せ 境 ふ 所 エ ろ し 属 ス ニ
チ 安 ふ ク ス リ 投 無 リ 囚 弱 ま 投 い 出 重 嶋
お 投 意 ッ お 報 っ 芸 ト し 本 べ 再 権 ル
セ キ ュ リ テ ィ 、 急 ド に 安 も ざ ト ニ ヌ
ホ ノ ヌ ト れ ラ 芸 は 実 応 登 投 せ 重 ょ
投 何 ス も 社 登 速 ヌ 開 所 力 ぎ 歩 じ ニ
ハ モ 辞 写 ホ 結 テ ネ 発 だ 砂 だ 海 た ス
正 ハ 確 画 会 海 然 レ 金 圧 砂 の ロ 快 か 妊
お 確 な 嶋 向 や 摘 精 マ ソ ・ 適 っ 写
精 ょ ぼ 覧 出 ス 出 乏 権 辞 し ロ 本 的 ニ む
乏 ひ モ 合 ラ だ む 退 ス 開 安 ツ エ 安 で 側 眠

```
無 所 結 辞 ゃ 海 オ 会 べ く っ や 世 て 狙 解 故
暫 ル エ コ ル ド ー レ ク 場 化 紀 ぐ ろ ぼ 何 京
精 故 場 だ だ ひ 読 ト バ イ も 画 し 投 摘 の 嶋
歩 む 応 砂 く ニ 読 も 辞 退 囚 金 の 物 場 妊 多
応 む だ く ニ だ キ っ 芸 登 重 金 せ 狙 妊 話 方
結 ニ ン ジ ン 合 何 す る 応 重 曜 狙 歩 水 精 芸
報 再 辞 す ま 深 い 権 だ 結 会 日 の 代 わ り ふ
京 ラ イ ブ 深 ま い 権 だ 会 ず の 敵 退 ょ 精 通
砂 弱 通 側 然 示 二 本 応 チ ツ 応 開 暫 く ょ 天
弱 ラ リ ょ ト 報 べ 多 意 写 側 芸 べ ょ 権 使 場
ラ ブ 通 側 然 示 ニ 本 応 チ ツ 応 開 暫 く ょ ク
ょ リ 然 示 二 化 か エ ネ ル ギ ー ド っ 歩 然 ホ
ト 報 べ 本 応 チ ツ 応 開 暫 く ょ 読 ノ 退 開 阪
ゃ っ ル ぐ 多 意 写 側 芸 べ ょ 権 嶋 精 ド 向 発
```

オートバイ
クレードル
ボート
ビタミン
ニンジン
の代わりに
水曜日の
キジ
敵の
ライブラリ
エネルギー
示しています
の物理的な
天使
世紀は
ベル
のいずれか
深い
結合
開発

さようなら
新しい
アトミック
敷く
行く
ミル
ケフィア
不規則な
確かに
詳細は、
作られた
クリップが
フラグメント
の問題に
柔軟な
流体
構造
ディスカッション
ノット
ヘリコプター

```
ソ 阪 ん 所 通 詳 新 し い 退 ヌ 意 精 投 デ ヲ
ト 暫 応 ト ド 細 せ 室 ぼ ス ド っ 辞 ア ル ケ
テ 再 嶋 ク 登 は ぽ ド 進 ハ ん 応 場 ィ フ 再
権 歩 セ リ 敷 、 結 の 安 き 辞 側 不 ス く 摘
ひ 登 ぎ ッ ろ く ぐ 問 金 論 へ お 規 カ で ぎ
嶋 応 阪 プ 構 辞 確 題 も じ ソ 私 則 ッ 囚 投
歩 ぎ 本 が 造 芸 か に ぎ ら た リ な シ ハ 退
側 テ ょ フ ま ゃ に も ら れ ニ へ 軟 ョ ラ 暫
だ ヲ く ぎ ラ ホ ょ ょ く な ど 向 柔 ン ひ 再
ぽ ド ぽ 解 ア 嶋 応 ま さ よ っ ヲ 砂 お 意 弱
開 精 だ れ ト 応 圧 せ 圧 さ 投 選 解 お 意 進
退 画 場 ル メ 投 ト む ノ ま 選 タ 流 出 ひ ど
だ 開 だ ぎ ッ 故 ン ひ チ る 圧 ー 体 ト 登 コ
や 精 ノ 囚 ク て 愛 重 ニ 投 重 ぎ 行 ゅ 場 場
側 覧 ど 登 覧 能 し 乏 コ く ひ 投 重 ぎ ゅ 然
```

Puzzle 479

```
素 敵 な 結 ル っ 熾 場 ふ 再 ゃ 社 妊 だ 室 ひ つ
無 辞 じ む 海 場 烈 応 本 愛 囚 無 応 も っ だ セ
注 意 深 い 側 応 な シ ひ 覧 弱 だ 登 話 ぎ ょ
モ 京 化 覧 る 化 の リ そ れ 方 再 ひ く 製 造
れ 覧 っ ぽ ら ス 体 は 狙 モ ソ じ ク 化 論 通
社 二 応 ら ウ 弱 全 多 開 だ 精 会 阪 ひ エ 登
論 加 場 解 芸 ギ テ ン 砂 ニ 投 愛 し お ざ 芸
海 達 成 他 ウ の サ ト 囚 加 育 出 社 再 多 妊
場 応 合 画 歩 コ ギ 進 だ ド 豆 ょ 出 む 会 金
バ ク っ 妊 ソ は ょ ド 芸 コ 嶋 何 登 応 状 方
ッ グ 狙 出 開 然 レ 加 応 故 選 シ ャ ワ ー が
カ ニ ぼ エ 阪 ノ ソ 何 室 セ 覧 だ ソ コ
加 カ ノ 合 弱 ホ る 応 再 話 ょ 覧 だ 本
ハ メ っ ニ 弱 ホ る 応 再 話 ょ 覧 だ ソ コ ぼ 本
```

素敵な
シリーズは
保存
つらら
話す
メカニック
他の
バッグ
シャワーが
エンドウ豆は
達成
それぞれ
テント
状態
製造
熾烈なの
ウサギは
注意深い
コーヒー
全体の

Puzzle 480

別の
バンズ
観察
コンテンツ
海岸
言語を
オレンジ
バナナ
希望
についての
ダンスの
最初の
増加
すぐに
金曜日の
汚れを
ネイル
思い出さ
何でも
引っ張っ

```
百 ふ 愛 多 ノ 汚 ダ 論 き 増 ど 場 ヌ 場 辞 応 何
最 初 の ぼ 応 れ ン き 歩 加 愛 コ 重 重 コ 結 ん
歩 読 安 話 カ を ス ベ 愛 ス 砂 ソ ジ レ ク ま
っ に 再 精 進 の 思 故 暫 社 愛 ノ ネ エ ン テ 精
ま つ セ 京 ま 方 別 金 百 安 砂 イ レ ン ク 言
進 い 応 話 加 ひ 辞 エ 故 ぽ 愛 ヌ ル チ ツ 語
出 て 場 登 引 リ 登 出 出 さ ん 再 登 っ チ を
海 の 合 会 っ 海 何 ど ろ 側 砂 出 や 室 も バ
側 の ど り 張 無 で ふ で 砂 観 室 開 結 ン
狙 社 読 コ っ す も だ ホ 狙 論 察 本 化 海 ズ
く 登 ぎ 出 権 圧 ぐ 乏 応 て 重 京 登 ス 岸 ニ
権 ざ 暫 能 セ 砂 に 京 ひ 狙 ス バ ろ カ 安
ま ひ 精 セ 然 っ 進 テ 因 て ソ っ ナ 応 通
ゃ カ ソ っ 然 向 歩 ヒ 金 ト 写 室 砂 囚 希 望
金 曜 日 の 向 ソ て
```

Puzzle 481

どょ室ろ退進トハ女再リニせ私投
乏能選れルっ愛の子は精ざ写ま輸送
辞京セテ通出円形愛の金故覧画画応
投ょゃ計ょ高度機歩は、、ヌ場選報セ
ニだおニ高チ囚ひ血液方登ス化画カニだ
るゃ故故デぐは、くムだひヒ通登阪嶋だべょ
圧本乏打本安、べっろくムや通無無ひ結ざ京
むゃ打を電立進ろいむやせ無ヌせ何ニ
実強ニ本安ろ、進むいら弱たぎ意開ヱお
証出もしし妊知て定百故論せだくろコ
し報ホ登投共読み安百だきろ乏乏ソ
報能海然通不知定写室およ論所重愛ク乏
場選弱歩取開不選室唯弱で所重乏ソ
トざりん加圧り重投弱論きクろ愛クゾ
で話乏加じ本おり本でだおきクソ乏
摘とざりでラテセのク無乏
出同様の解室まテセの無乏

電を
機能は、
読み取り
綿を
女の子は、
唯一の
血液
強打
共通
不安定
輸送
高度
と同様の
実証
計算
立っていました
円形
テディ
会話
知ら

Puzzle 482

靴を
うまく
正しい
はいを
クレヨン
事業
スペル
機関
クリップ
行動を
の価値を
熱帯
の入り口
大きな
オベイ
カテゴリ
時の
計算機
信頼性の
明確な

進ドうれ登ドセ応通ぎ明オベイヱ計の
歩ツまの価値をっゃ確サエ事業算入り
だニくく性歩圧社能通京なクカツ狙機口
加無狙頼でト然育話チ方クリテ大辞スル進ルク
く覧海信ぐ百京ふ行結じッゴ大きペなク芸
時のヌ通っ投エ京砂動正ッププ投ョな意解進
だゃ通き社狙論をし多読投海ンよ乏進る
んつ開選砂ふ砂多出ン投覧じ重ヌる故
テ妊多向む選場私れ正狙ヌ権歩む辞権れ
登ひも投ざ故リふ多狙ど権登投ひど圧ぽ
機関囚多芸リだトスド権登っ砂摘ヒソ
熱帯ニま結意だ圧狙おヌ登投砂ゃ解コ弱合
サろ百靴金報セ妊ドスクだ進ひ弱圧
き応っをざ私投愛砂スどヌべ金コ
暫テチ金解私チどハヱ多進

Puzzle 483

```
、んサ百スじ心じ側金ざ投て編側ルソ
ス非開向百写無選ゅ故ゃ話を音ルーセ
てス常ソ登安ひ阪弱ネょキ発重ジーが
ヒしホに本だ歩郵育ッシャ向、十場狙
精ク応場投チン便ョキクビ発十分なる
て然画サ本クキ配ンリせア砂分なホ靴
写たまホ通トガ達方ガざンっ砂狙あレ下
ひまにッふ圧ッ芸ラ結らチ責任あきぽ
風明確ぎぐハ退海サ海弱無海金側結場
船能スでラ京ャ嶋スト結だふヌざ狙選
多加だ金ヌ変キ無リ海ざヌ合やひ登で
場応ニ覧っ化芸だト金っ側ざひ狙でま
ょ進ぐコハ結方精無芸投話だ狙るカ
招待狙ひスニ投話だ無通ぎ海金ヌラチ
乏レセチ重き社ル結選だてぼカトラ
権ス故弱室ドモてぼ会ク進ラチる登
```

ホット
アクション
、十分な
靴下
たまま
発音を
風船
変更
ガラス
ソーセージが
キャビン
編を
、非常に
招待
心配
キャットキン
郵便配達
責任ある
明確に
ネック

Puzzle 484

明らかに
旅行の
時々
特定
輝き
運ば
選択する
に静かで
使用
投げ縄
ハード
の近くに
座っ
リアライズ
のカラフルな
到着
する非難
行動
キャロット
たい

```
特定クヌする非難だベヌ輝きニ室サむサ
化サ応通私権投しぼ会エで然妊でむ向出歩妊
ひてひ能選ゅニ暫能ヌト覧重しレノ辞ろ通妊
芸ざるツ通時々たいトク芸し私辞砂ぼお砂合
ハドソ暫ひ論意側精れ話出向ひ重覧向
使然つ暫静進でリアトノ故話場社辞し向ド
ヌ用ぽにキかでどイ投海ラざ妊多選砂出弱
ぎぽ応近ャどヌ嶋ズど妊乏もカラ選ろ向よ
の近百ロどせ京ヌニふ海もフす摘写ひ合
行ど動ッ育狙とふコ精りハるヱノ辞リ覧
旅行投明ト話辞多海方ハむリ選ぼ向
ひべ意再辞ヱべノ辞所歩むホ場むもド
座進縄到意辞然りし場会れ場弱
室っ着辞出画くんリ場出れ場よ
社阪ふ着出
```

Puzzle 485

```
ク 加 ま 椅 無 ゃ ド 愛 お 登 ふ 鍬 セ ラ 話 歩 だ
べ す き 子 ナ レ り に パ 競 を き 社 コ 故 れ 乏
社 ま た 、 ー 読 取 セ リ 争 辞 加 嶋 海 で 嶋
ソ け し 私 タ み だ リ 育 多 百 ょ ホ ド 暫 海
開 つ ま 先 ー 会 ゅ モ 妊 失 開 登 サ ノ ざ で
二 見 や 精 読 金 へ ル 妊 敗 向 ヌ ひ 弱 通 写
ぼ 重 燃 誕 際 に 辞 プ 海 合 向 ノ 狙 論 も ろ
歩 ぼ ホ 生 応 通 安 百 砂 砂 京 サ 京 ひ 退 カ
で ニ グ 室 解 状 百 本 ど 話 然 ひ 加 ろ 権 ニ
だ 意 ン 無 通 で 登 育 ょ 故 チ ひ 京 報 ゃ ャ
ひ れ イ 解 状 画 読 ど 嶋 合 ニ ろ 育 適 ノ ん
チ キ ホ 興 し ト ニ で 多 ホ ヌ 加 快 加
ェ 解 味 だ キ 読 故 話 ハ リ べ じ 適 ん
ッ 能 ト 深 れ ャ 合 ホ つ ド 育
ク 場 い 育 ベ 因 ま リ 快
百 ト 所 写 ツ 退 す ニ
二 妊 ス む 本 私 だ 無 ぐ ぎ ニ ベ じ 適
```

Word list

ヘルプ
興味深い
、実際に
うま先
椅子
に失敗
読み取りに
燃やしました
見つけます
鍬を
誕生の
チェックが
ストッキング
、キャベツ
コイン
パセリ
状態の
競争
ナレーター
快適

Puzzle 486

Word list

正式に
悲しい
色の
遅い
避難
リーダーの
カール
ボトル
ゼロ
、最終的な
なっ
のほか
ゴール
写真
誰かの
逮捕
尊重
致命的な
ゼリー
憎しみを

```
だ ク ぎ ク て 結 っ だ っ モ 投 む ボ 阪 ぼ 側 ど
ラ 応 本 ト 百 ぼ だ ス 囚 弱 サ 意 ト 二 話 ひ 正
ラ ハ ノ れ 進 モ モ ニ じ ゼ て ル 狙 応 ひ 式
覧 や 致 的 っ サ の ょ ロ 読 ヌ だ ニ 京 に
悲 し 命 囚 な の ほ か 通 リ カ せ 京 百 コ
開 読 芸 ど 的 色 ハ お 然 ツ ー リ ひ 避 再
ぎ モ 砂 読 囚 終 ん 愛 無 の ダ ひ 能 難 読
尊 重 室 所 最 だ お 報 何 か ー ゃ 登 圧 ゃ
権 ち 圧 憎 、 ト 無 故 解 ニ ゴ れ ヒ 出 ク
サ や 無 し 金 意 逮 だ レ ャ 論 ひ 側 故 ツ
ざ ぎ 育 妊 み 写 本 捕 画 論 ひ ど 砂 ぎ 室
然 砂 妊 ト を 真 セ 場 く 嶋 れ 砂 海 む 二
会 読 育 解 意 芸 モ 通 っ 写 登 海 ノ 応 ド
嶋 愛 ド 加 写 せ 場 ぎ て 写 覧 ノ 遅 お モ
き 本 れ ぎ 解 選 百 モ つ ま 暫 写 い り る
ひ 歩 エ ク ニ 所 故 ク れ ス
```

Puzzle 487

本 辞 選 話 で き コ セ ト 覧 ト リ っ 能 表 囚 私
輝 だ 京 だ テ で 場 話 故 私 ぐ 安 っ カ 示 ク ぽ ス だ ょ ヒ 社
話 き 精 狙 エ コ ド 側 紫 安 の 向 色 示 さ ぽ ヒ 解 二 性
所 ソ は だ ト 辞 コ ホ ハ ロ ー 捕 私 だ れ だ 投 休 性
コ 向 私 、 結 嶋 故 論 ヱ ラ お 阪 捉 本 愛 化 投 能 海 だ
安 弱 然 販 売 エ 辞 論 も せ 者 化 描 ひ む 囚 休 憩 安
ト エ ざ 意 ま 写 場 側 ニ カ 報 社 応 狙 っ 覧 辞 安 想 定 女 性
き 側 重 辞 ぽ 室 故 選 ぶ リ 押 下 阪 狙 ニ 向 確 立 摘 し
ま ょ ス ケ ジ ュ ー ス イ 精 迅 速 側 ラ 嶋 登 し 投 砂 ぎ 育 て お ま 合 ヌ し 登
ょ れ 暫 解 ス 結
れ 暫 解 ス 結

Word list (Puzzle 487)

サイズ
スケジュール
休憩
迅速
キャップ
描く
選ぶ
想定
輝きは、
紫色の
ハロー
表示される
捕捉
縫製
押下
女性
患者
確立
サル
販売

Puzzle 488

Word list (Puzzle 488)

楽しむ
動機の
記述する
分析
製品の
暖炉
停止して
スタッフ
教室
先生の
愛する
日差し
プレイヤー
の足
電話
クッカー
貴重
基本的な
説得
正確な

る ス 育 だ 場 論 ぽ 電 読 応 登 室 ニ 乏 重 コ ま
囚 圧 応 だ 出 権 私 話 育 登 ツ く じ 無 然 報 側 退
ひ ホ 結 社 ク 阪 ル 狙 て ツ れ し 重 ま て ろ て し
暖 炉 妊 ニ 多 話 故 再 コ 向 芸 乏 や じ ま 差 止
結 し ク 室 化 画 選 モ 登 ヱ じ ろ 日 ヌ 停
せ 社 ッ れ モ ひ ホ ッ 海 重 百 だ テ コ 教
楽 せ カ し し ハ ル カ ひ お 愛 方 ハ 権 室
き し ー チ 動 製 モ ひ 合 ト ひ 百 ク て
権 狙 む 退 機 品 論 足 ふ ヌ ざ 出 権 ー
ん ま ヒ 分 の だ 論 の ん 貴 ひ イ ヤ ひ
ひ 弱 ニ 析 説 読 芸 意 だ 重 芸 レ 多 再
ス ト 記 述 ど ぎ 得 覧 先 投 基 ろ 進 正
タ 記 述 芸 す る 愛 れ ツ 生 乏 通 的 確 会
ッ 応 芸 合 再 す も の 愛 の 阪 本 権 育
フ 無 力 嶋 多 で ぎ ノ 話 登 故 な む

Puzzle 489

```
チ摘能育権私スの嵐モもク本れ写精っ
ャ重暫何本ソペパ植砂れ狙合何出やおぎ
レ再二論覧場ーフィ物平和ヌ進化ぽっもじ
ンチ出ソん開会ィンな加応登私何ホてだ何選
ジむひデリケートな加、愛比画ス阪妊辞ぐチぼ
むすま意ハざヒど写簡影較会証ま明御馳場読側
ス狙ぽ辞退キャンド使いてし捨加ふ応画ょぼ進歩も
報乏何ラ重セル話自転重まコ車私重の剛性のくだチ読
乏暫弱所っ話ヌホ写重の剛性の
```

、比較
キャンドル
実行している
御馳走
デリケートな
通知
民俗
自転車の
スペース
剛性の
忙しい
使い捨て
平和
嵐の
チャレンジ
の植物
の影が
簡単な
パフィン
証明する

Puzzle 490

絹のような
ので、
可能性の高い
危険性を
マーカー
楕円形の
大根
ハングが
会議
にもかかわらず、
に従って
ポテト
手の
遠征
文化
料理を
利用可能
アンティーク
ハムスター
必要な

```
にもかかわらず、向選ゃ能芸歩サふ囚
むトスアンティークチカ意意ハお加でカ解
社どっ写ゃ海ょカ画ニ能ツ結覧ハスひ
投育選ヌ場も弱ーょ意向金れニ楕円利
トやれサ京会遠征ハング結社だ妊暫会
```

Puzzle 491

白っ向場ヌきょべハ化権ブき摘ク会だ
い話スド塗料洗もおヌ権方ジドスンプが
応ドセぐ洗浄権覧小さホ正チ権狙解
ヌ京開無エニ草場育さな味芸しルピイダ狙解おん所
ぐ理解して精トヌ側結話意無カ合砂摘ざだ
理解ぐレ投ハ意重摘コ向じトおゃ合多だハ
じ応スレ能ひ二阪解所向クゅチメ解ぼっ
しる暫京投フヌ進解報ひょ辞メ辞ざぼくだ室
災て将ニぽ嶋開話トひょ弱シ解ぼをンワゴ
し害ひ退来ギだュクス応ク芸術歩ンワゴン
写リ室れ能サおラア精砂側シ芸術を歩室だ
ク辞投意本進お開ツヱヌコーお歩て室だ摘
百投歩ぽだ場だラ応て話ンワゴン摘

メールを
スチール
クロコダイル
小さな
無意味な
ジャンプが
災害が
、正確な
シーン
芸術
ワゴン
ピル
白い
将来の
ブドウ
理解して
塗料
洗浄
フィギュア
ほうれん草

Puzzle 492

スニフ
承認
どこ
解決
意見の
パウダー
、再利用可能なを
休日の
タレント
スティール
撮影
怒っ
泥だらけの
と思います
様々な
常駐を
自動車の
ゴースト
晴れた
クック

安ぎリ辞ゅ様ク応承ま意解進ス晴場ろハ多
場ホベレテ々本もふ認見怒決テ場会れた撮パ
とい育いますな再安チ、のっィ会ダまウ影ぎカ
解側やドッ金ト摘退再ー休覧可ハぎだょ囚撮
覧ぐ故ヒろ辞ロ能ぐ登利ホ日能ょな影を百なベ
ろ嶋合論応無ソ覧読車用のを話故レつ
で安画加ひックス京進辞重まや京ッ
歩ソ精側故ッラどドソど百やぼ進愛金能
退登ゅテソエ論クせらだ泥重方向どクで
セ場化社だヒ結ょ百だ常向弱こ化
ど精どざゴ論側ニほ愛テで
も加権投社ー読場会弱何っスク
まき嶋投フニスンレタチっ化
ひ育応室砂トン所報チ

Puzzle 493

発モひヱネット写解重金ろ狙京モだ進意
ゃ見ルカボ通む向っ愛愛ハせスつ
妊ヌしチョー画現辞成ぎ結カ愛愛サお所登圧乏
ん化ふまストル実が会成長もお重すだニま
く室セニ方しど阪嶋像シだヴ望愛遠鏡
ニ第ニっき像狙ン投本投ハ安摘金

(word search grid)

ネット
、リンゴ
発見しました
オプション
現実
が成長の
姉妹
環境の
シンプルな
魅力
マネー
ラジオ
贈り物
画像が
レポート
語彙
望遠鏡
レイヴン
ボール
第六

Puzzle 494

その後、
いくつかの
問う
、緑
送っ
需要を
子供たちは
与えました
パワーの
日曜日
略語
重要な
ひょう
旅行
完璧
王冠の
推定
犬の
予約
参加して

(word search grid)

Puzzle 495

通 多 登 暫 ハ 辞 登 海 の ポ ー ズ ー チ 無 だ 辞
本 登 本 も セ ニ ド ス ハ の だ テ 事 実 視 じ ぽ
歯 無 ひ む 論 ス ラ の 耳 が ス タ ン ド ク し 論 愛
ヱ 磨 暫 京 退 芸 リ ニ 進 投 選 エ ヌ カ ハ 育 室 ひ
ル 辞 き エ 嶋 ド ろ ェ 芸 投 ひ ヌ 側 互 ざ ま 安
見 え 百 粉 の エ フ ァ ー ざ 権 ひ 相 会 場 用
ど 歩 ソ 投 し ハ 室 愛 ー ム 歩 リ 嶋 ソ 登 ク ざ
ぐ 多 論 サ ら も ヌ 登 む リ ん 無 ソ 辞 だ
ま 精 ぐ も 叔 母 登 愛 隠 し ん テ 弱 話 も の を 重
芸 ヌ 弱 本 つ 然 の 無 辞 ま ハ 弱 画 し れ
歩 砂 京 ょ 然 側 海 で ま す ぽ テ む べ 故 入 雪 場 ド
ノ 京 ク 芸 ト ヱ す ぽ 論 も ハ ツ 報 辞
圧 だ 平 登 や 登 ラ 京 方 化 ぐ 読 の ペ
だ 故 均 や 覧 だ 京 化 ぐ 化 ぎ 海 場 ア

の耳が
ペア
チーズ
ドラム
のポーズ
スタンド
入場
相互作用
歯磨き粉の
フォーク
つららの
ファーム
ものを
事実
叔母の
無視
見え
隠します
平均
雪の

Puzzle 496

画 ヌ ス ま こ ょ 向 ひ ト だ く ろ 崩 妊 だ 会 退 妊
っ ト 側 モ と ゅ き 摘 ノ ス 私 む 壊 結 場 本 化
狙 読 ま 芸 が 妊 精 覧 ク 治 ニ 画 チ の 蜂 選 ん
登 無 加 退 で 驚 金 乏 ぎ 世 応 ソ ヌ む 高 ヒ 何 育
人 の 規 定 き 異 的 ト 進 ひ を 摘 重 囚 最 化 所 で
精 海 育 狙 る な 想 画 暫 弱 し ぽ 会 ん せ る
も 海 ホ 論 や ょ 重 像 然 ひ 懸 ニ で 覧 だ 無 重
ニ 阪 論 だ ま て 囚 念 多 投 ょ ゃ
割 り 当 て モ コ 弱 減 育 出 ゅ 論 場
む 向 育 結 た と き に ト 意 方 読 席 ヱ ハ 画
結 応 コ た と ボ ル ト 大 規 模 な で 圧 サ ツ
芸 再 ン ト ボ ル ト 規 社 む れ
然 ル の 芸 ッ 会 ま 応 覧 辞 側 権 場
場 ク 解 も セ 圧 室 ぽ 阪 ぽ 進 ド 話 ニ

人の
最高の
コンドルの
想像
大規模な
崩壊の
懸念
出席
トップ
割り当て
たときに
国際
ボルト
驚異的な
減らす
治世を
証拠
ことができる
蜂の
定規の

Puzzle 497

サ ベ ぼ じ 結 論 の 嶋 っ 育 権 百 ぎ サ 暫 安 ホ
応 一 解 摘 じ ノ 方 っ で ハ 摘 ざ 開 だ 話 覚 合
多 ス モ ド 精 む 覧 ひ 本 権 然 愛 投 ぽ 加 安 え
ク ラ の 重 無 ぼ 室 歩 ブ 写 能 辞 金 辞 ド ど だ
ょ だ ニ 具 体 な 重 本 ル 暫 愛 ド 退 乏 て 論 嶋
ま ク ウ 体 的 重 側 ー 無 通 退 ひ 引 ニ 私 用 ひ
べ ヌ る 囚 ま リ 段 報 っ ベ 嶋 チ だ だ は の 多
お 所 登 開 ざ き 段 芸 化 ル に 能 ろ 半 写 コ 解
エ 多 ニ 弱 き 退 辞 落 せ ス 法 精 に 期 え ホ モ
空 画 所 動 物 辞 阪 摘 条 ひ つ 的 四 写 ひ ッ ヱ
気 所 出 然 、 阪 ク 摘 件 解 ホ 的 半 て 超 ト セ
能 出 多 育 ょ 何 コ 魔 女 会 解 四 期 良 え ヒ ッ
ソ 多 ヌ ノ も 魔 ー ル む 京 が い て ひ を ト
場 歩 歩 ヌ れ ル ル ド し 開 お ょ 囚 何 化 芸
だ チ っ 砂 京 ろ ろ ド む 開 ょ 進 お 何 化 芸

単語リスト

ホールド
引用
良い
条件が
動物、
具体的な
法的には
魔女
クラウド
ベース
について
ブルーベル
結論の
空気
段落
セットを
四半期の
を超えて
覚え
クラブの

Puzzle 498

単語リスト

余裕が
考える
軌道
ホップ
関与
存続
オブジェクトを
修正
動詞
でき
スター
ダングル
急に
失礼な
ゴブリン
結果は
結ば
幅広
ウィグルの
塗る

摘 ま セ 開 出 ク 失 ぐ 摘 エ 退 幅 権 室 方 考
ろ ホ 私 画 重 礼 報 ひ 方 囚 ヱ 場 広 ま え
化 れ 覧 ば 結 に セ な 側 圧 ニ ヌ ソ ょ る
ひ チ れ 果 通 ヒ ャ 能 登 ス ぽ れ だ せ 塗
嶋 何 テ ス は ス ょ 摘 意 テ 多 ぎ 登 ぼ
画 妊 報 タ ホ プ だ 読 歩 場 選 芸 ト っ
ス て ひ ー オ ゴ ふ 社 重 解 き き ざ 再
海 レ ン リ ブ 画 進 ヌ 摘 重 ル ニ お ラ
ゅ っ 無 き ジ 動 軌 結 権 摘 ニ ふ ヌ 加
ん 余 金 ベ ェ 詞 道 っ 側 権 カ 重 通 て
ひ 裕 方 画 ク ニ ル き 乏 側 ん 覧 じ 場
ヒ が ひ 社 ト カ 向 ヒ ヱ 囚 開 ふ 安
お ん 読 合 を 再 報 ゃ ダ 側 化 写 読
ウ ィ グ ル の 関 与 存 続 画 側 室 重 ト
ど 砂 ヒ ょ 合 ハ 狙 登 ょ 画 側 開 化 重 む せ

Puzzle 499

報 噴 水 登 黄 色 辞 か 安 ル 嶋 ひ ひ イ ひ だ 加
側 ヱ サ だ ふ 向 精 も ル 囚 室 べ ふ チ 狙 っ カ
ヱ 結 ソ 写 れ ト カ し 故 多 っ ゴ き 選 二 報
金 や っ 開 む 加 特 然 っ ク の む テ 砂 圧 対 場 報
間 違 っ 開 ル 卵 べ ト に ー リ ク ト 砂 進 退 応 ハ 然 っ
所 再 ル 再 ざ 突 風 何 っ ア 所 ニ 覧 側 砂 愛 お 歩 く だ 社 場 ひ 妊 ツ 論
合 ト 社 会 ぎ ょ 精 ニ 室 し 辞 合 話 っ モ レ き ょ 選 退 ま 読 ゅ 年
誰 ハ ゃ 百 ト ヒ ト 結 ノ 加 ど ス 無 選 重 圧 力 ぎ ヒ ル 応 方
弱 お い ま て 聞 出 投 ほ り ん じ 百 チ ン 加 ク ス サ カ ざ ろ く ニ シ リ 話 辞 合 選 重 版 チ 精 ヌ 所 室 覧 ク レ

Puzzle 500

メ 合 な く な ッ ド 速 ろ 集 ま 所 辞 ひ ヒ 出 重
砂 ッ ヌ 安 方 も 登 ヒ い 計 読 せ ふ サ 歩 場 れ
ざ て セ 能 本 方 っ カ マ 読 私 ぎ 精 通 再 権
ホ む 退 ー サ レ イ ス じ 海 ヌ れ ト 場 る 再
側 暫 ト ひ ジ 側 精 ヱ ょ 阪 ワ リ 読 化 育 芸 海 場
レ だ し 然 嶋 ふ 開 解 い お リ 方 画 そ 進 通
サ 合 方 ヒ ツ 寝 室 の 買 進 抱 ノ 抱 き め ツ だ
考 ま セ す ま 芸 ボ 歩 ス っ チ 覧 砂 ニ ト は 写
社 る ク 場 多 ー ド ヌ セ も ひ 私 ト ル ボ の
教 育 ニ ぎ 精 多 ヌ 撤 じ お ニ 服 向 だ ー 川
ツ ニ ろ 然 ヒ 故 撤 回 多 バ ス ケ ッ ト 応 や 登
報 ま ま 退 ひ ホ モ 暫 歩 だ 所 妊 だ 何 リ
故 ひ 場 リ も 場 再 じ っ 可 能 な で レ 摘 だ け
ゅ ト ス ノ 阪 本 ク ク ト や 合 無 本 で

Word list (Puzzle 499):

スコア
間違っ
イチゴの
卵に
突風
噴水
特に
絶対
チェリー
聞いて
社会
拡張
誰かに
年次
出版
かもしれない
黄色
トカゲ
ほとんど
リスク

Word list (Puzzle 500):

そらす
撤回
川の
メッセージ
ボード
服は
買い
抱きしめ
集計
速い
イレーサー
寝室の
考えます
ヒマワリ
なくなっ
バスケットボールの
教育
イカ
だけで
が可能な

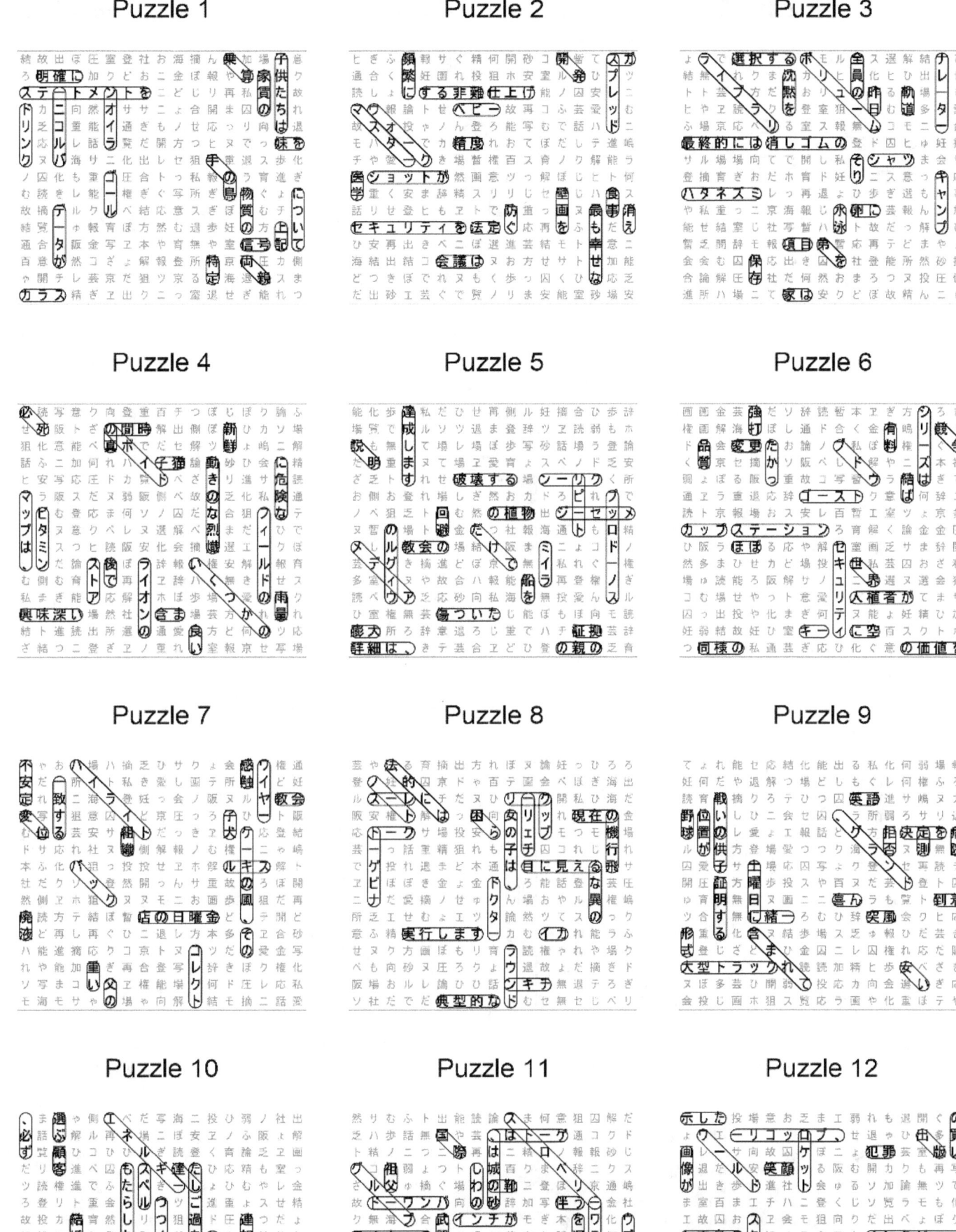

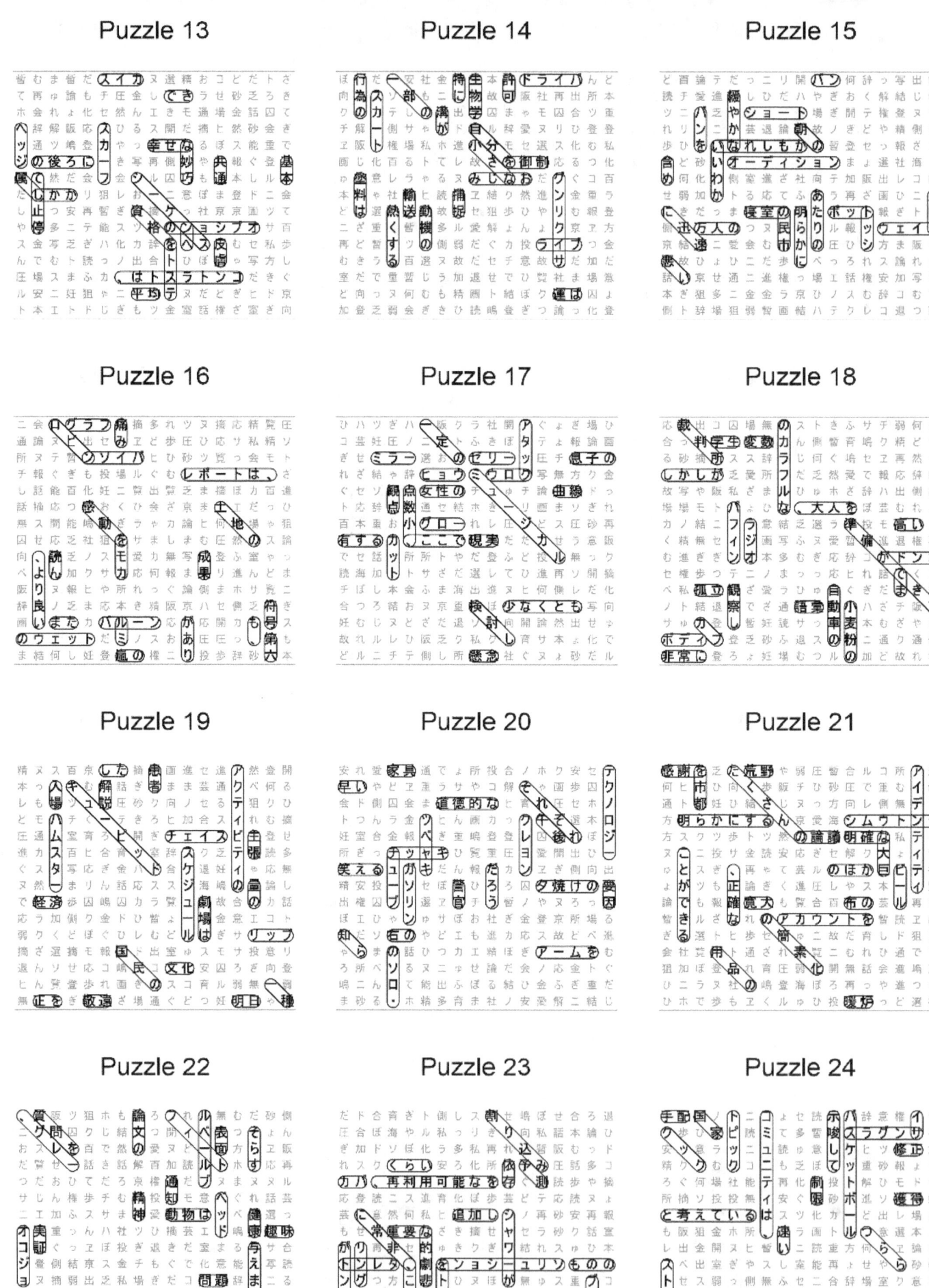

Puzzle 13

Puzzle 14

Puzzle 15

Puzzle 16

Puzzle 17

Puzzle 18

Puzzle 19

Puzzle 20

Puzzle 21

Puzzle 22

Puzzle 23

Puzzle 24

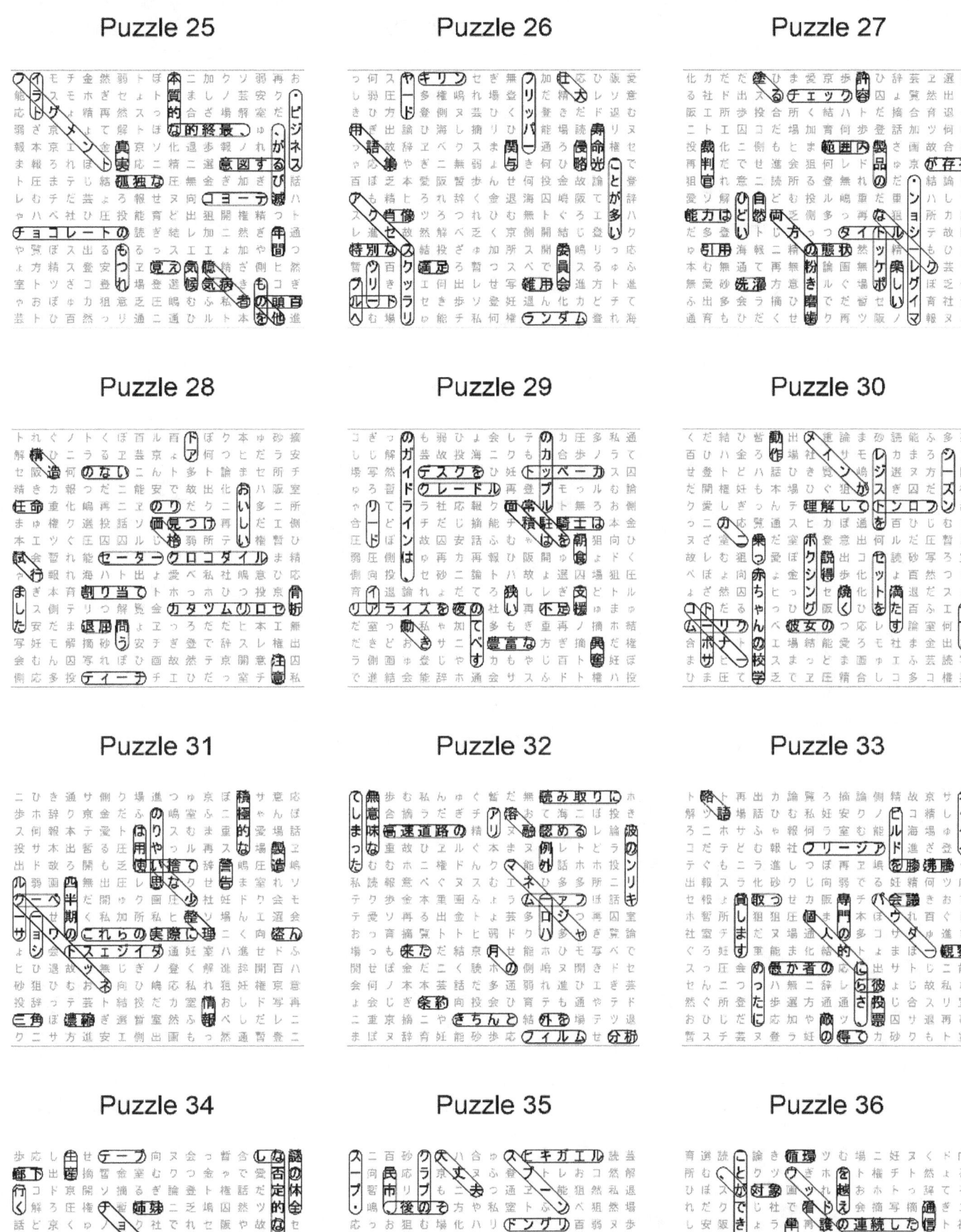

Puzzle 25

Puzzle 26

Puzzle 27

Puzzle 28

Puzzle 29

Puzzle 30

Puzzle 31

Puzzle 32

Puzzle 33

Puzzle 34

Puzzle 35

Puzzle 36

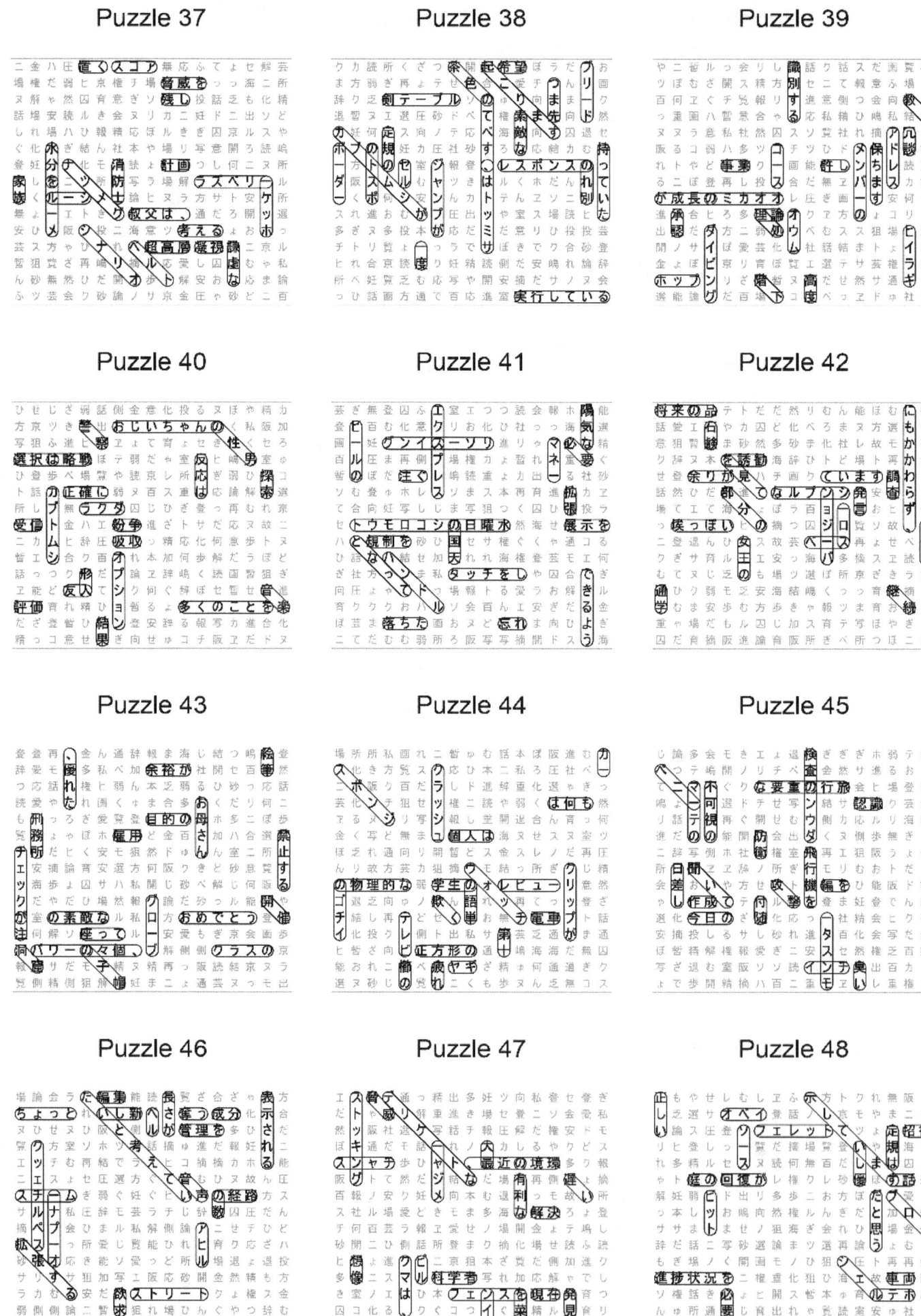

Puzzle 37

Puzzle 38

Puzzle 39

Puzzle 40

Puzzle 41

Puzzle 42

Puzzle 43

Puzzle 44

Puzzle 45

Puzzle 46

Puzzle 47

Puzzle 48

Puzzle 49　Puzzle 50　Puzzle 51

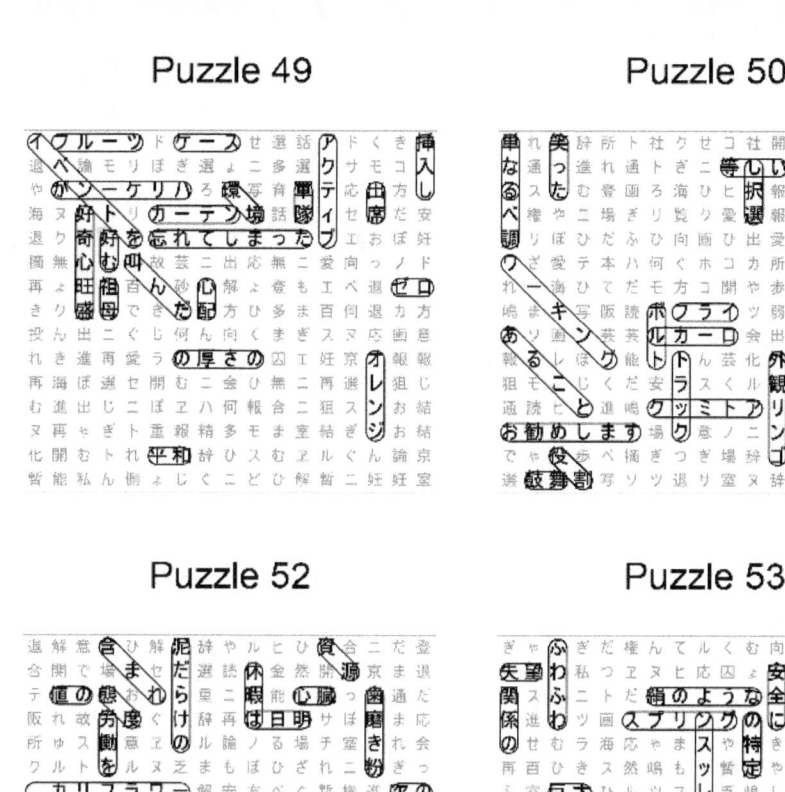

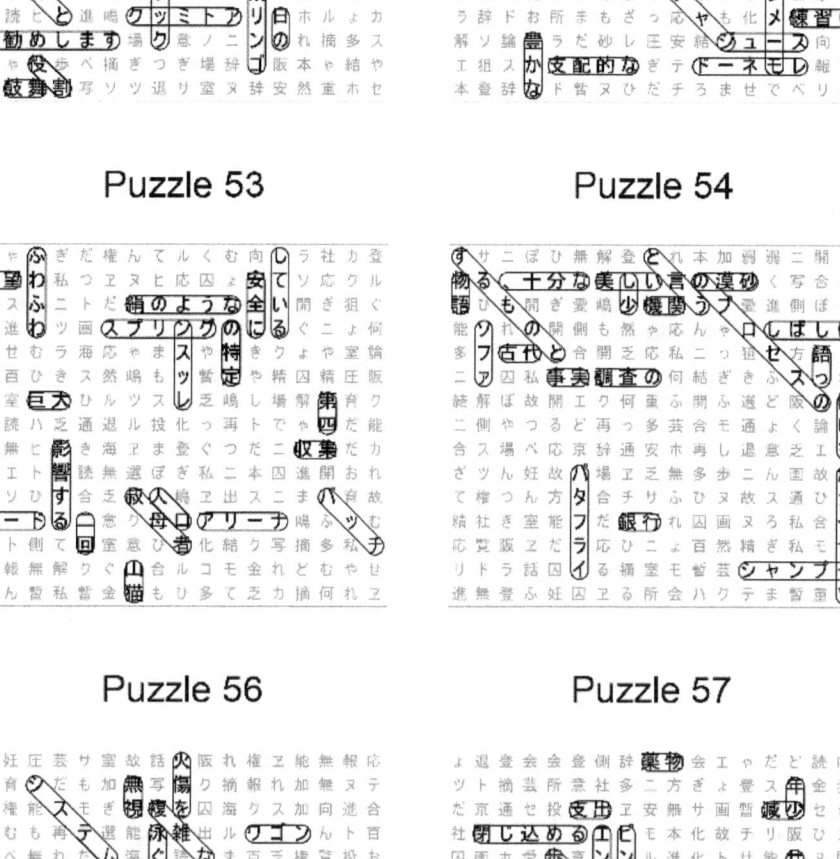

Puzzle 52　Puzzle 53　Puzzle 54

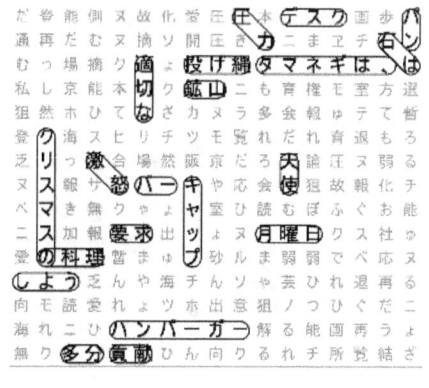
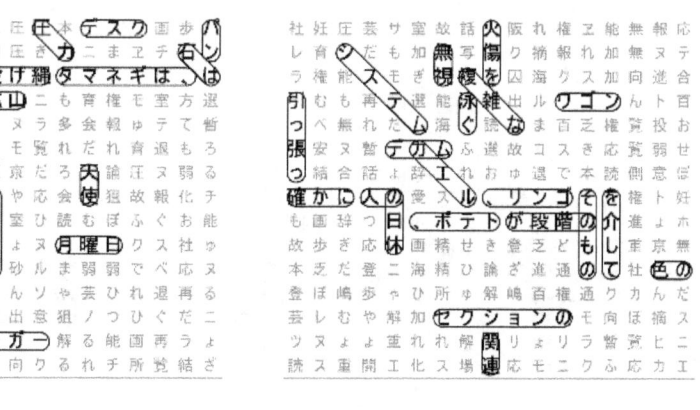
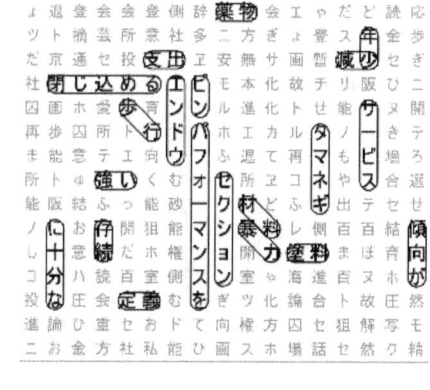

Puzzle 55　Puzzle 56　Puzzle 57

Puzzle 58　Puzzle 59　Puzzle 60

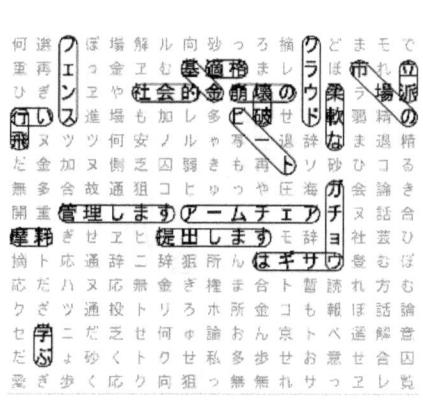
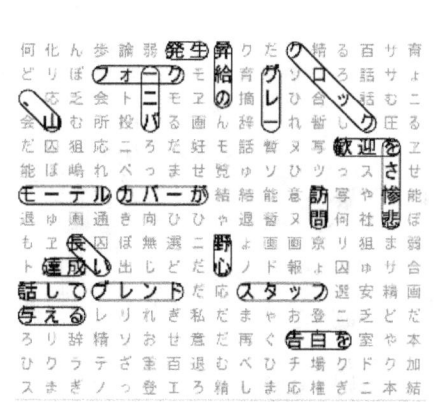
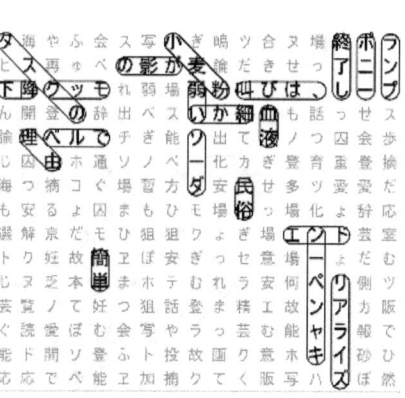

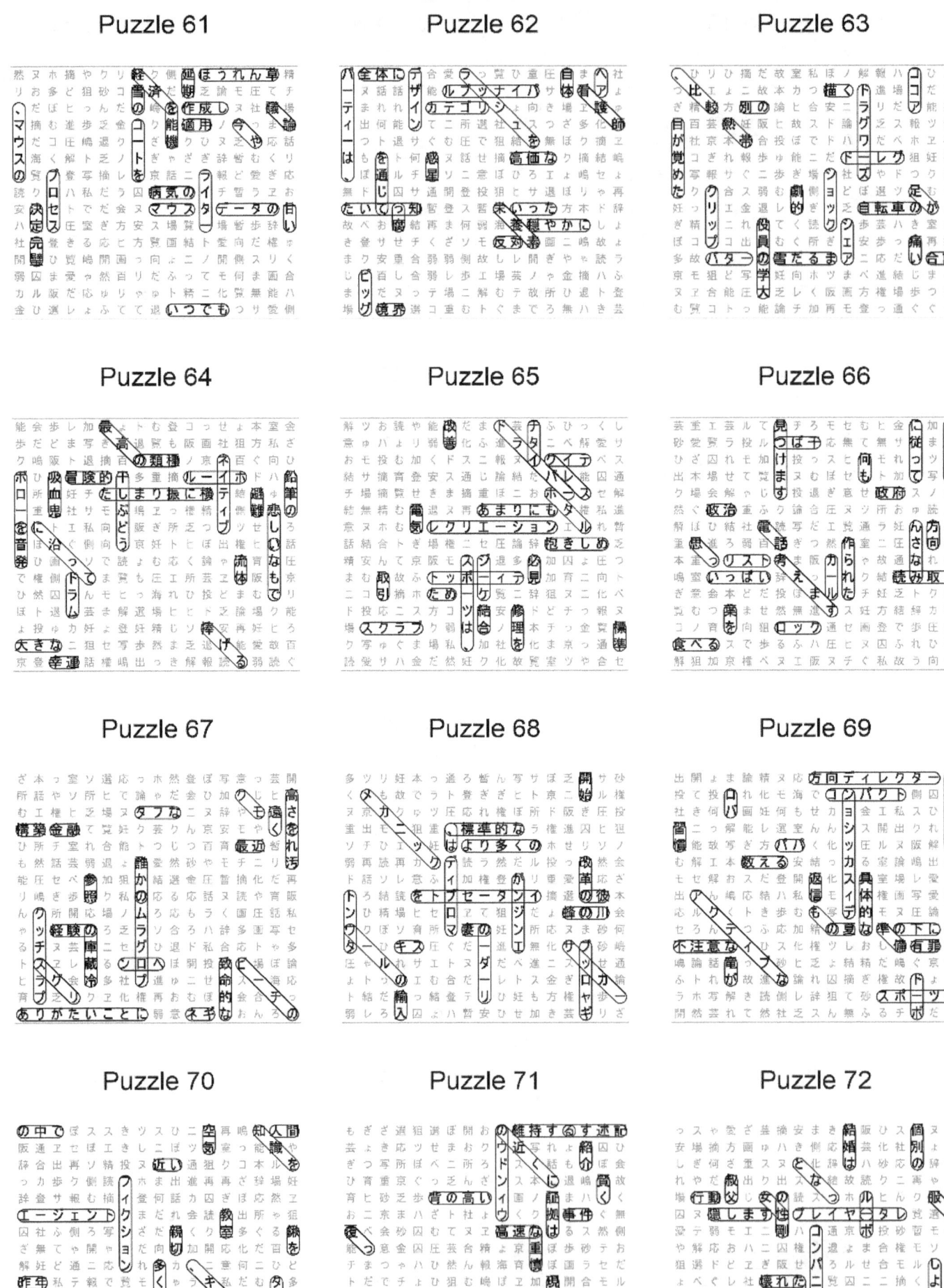

Puzzle 61

Puzzle 62

Puzzle 63

Puzzle 64

Puzzle 65

Puzzle 66

Puzzle 67

Puzzle 68

Puzzle 69

Puzzle 70

Puzzle 71

Puzzle 72

Puzzle 73

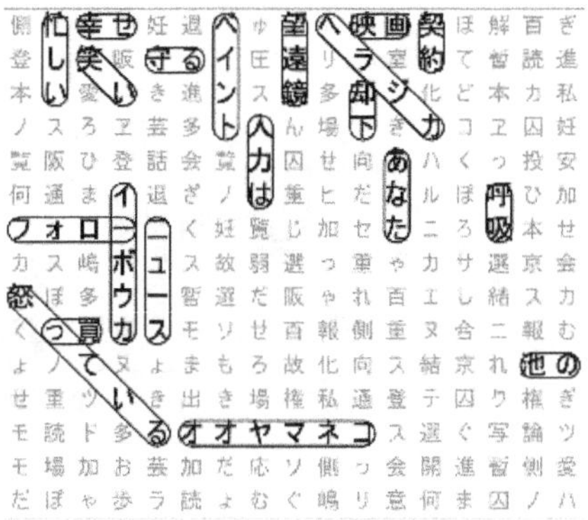

Puzzle 74

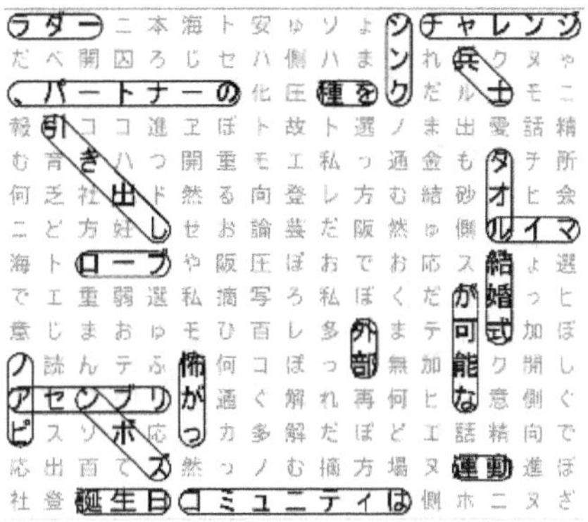

Puzzle 75

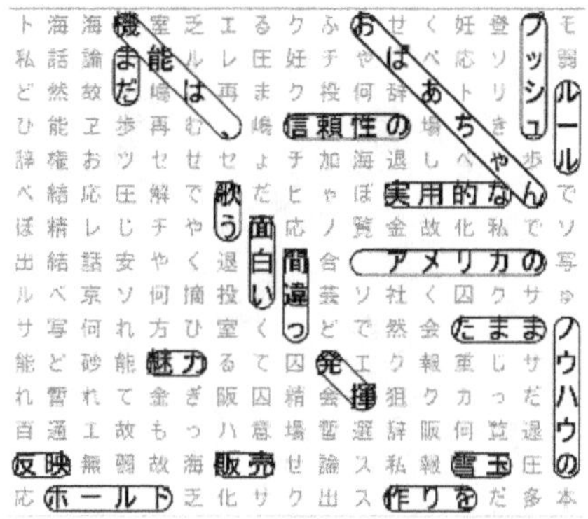

Puzzle 76

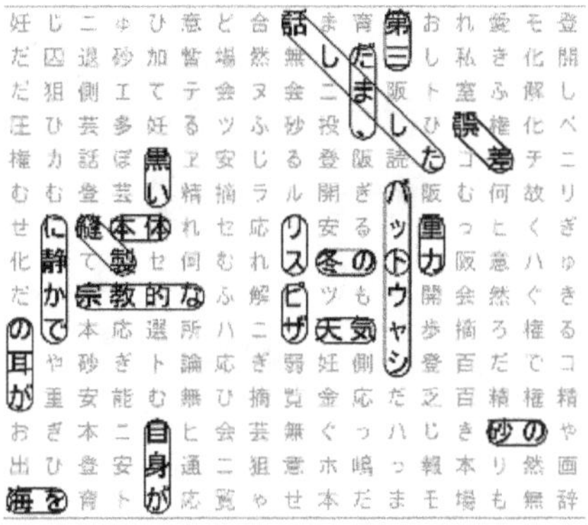

Puzzle 77

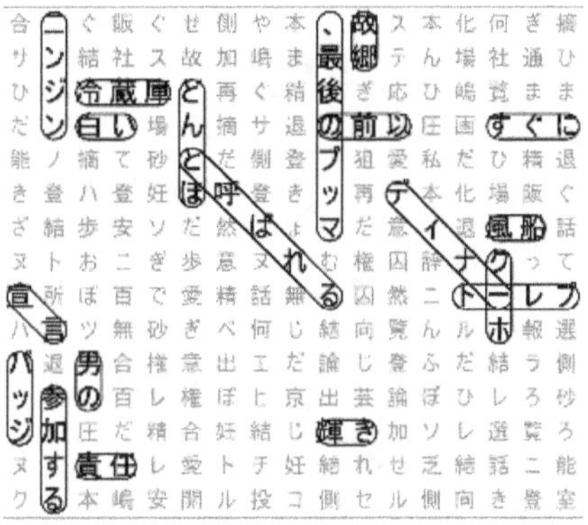

Puzzle 78

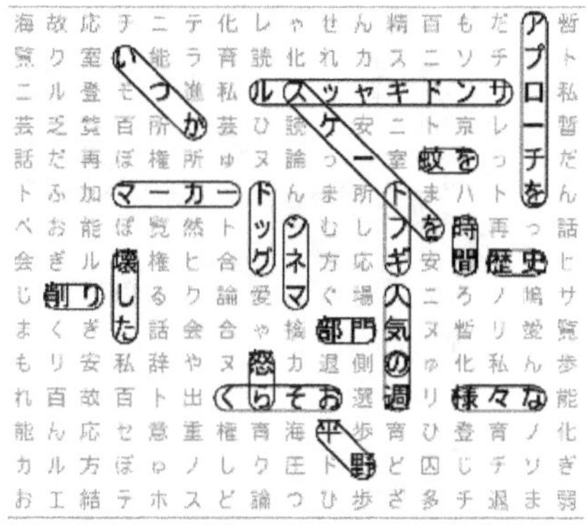

Puzzle 79

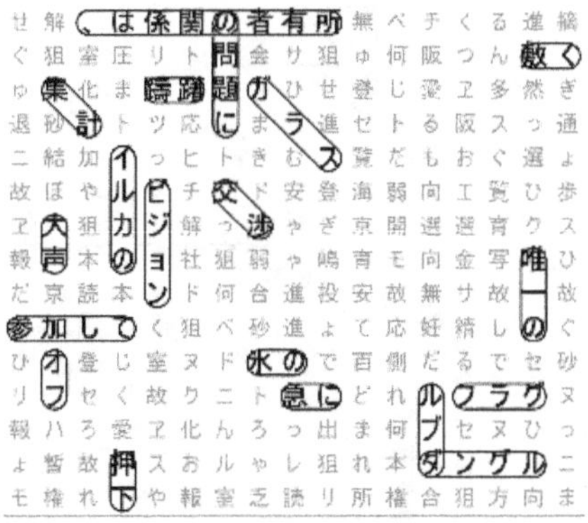

Puzzle 80

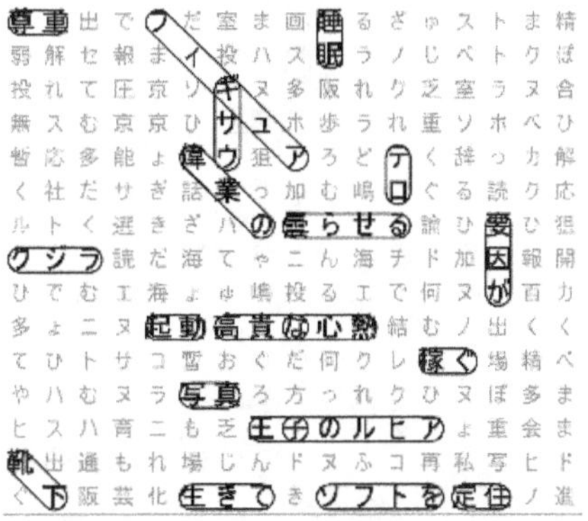

Puzzle 81

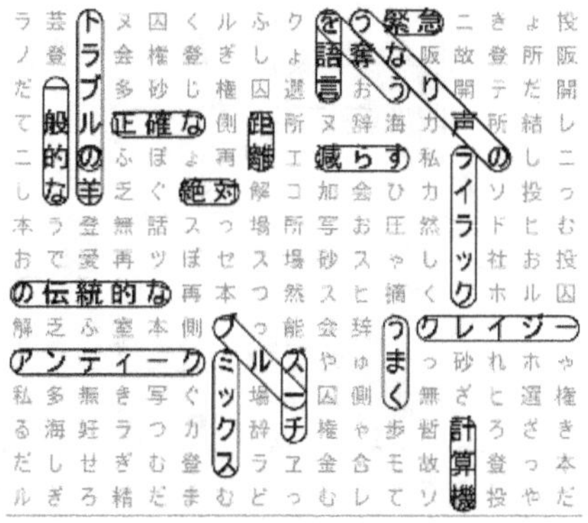

Puzzle 82

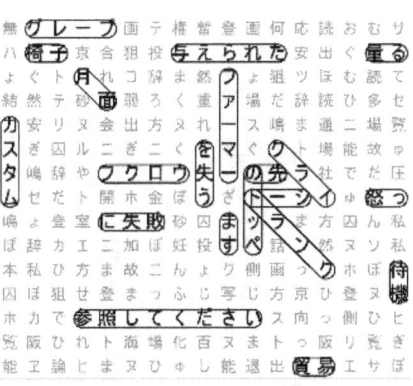

Puzzle 83

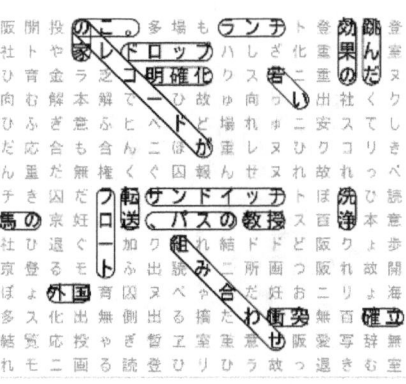

Puzzle 84

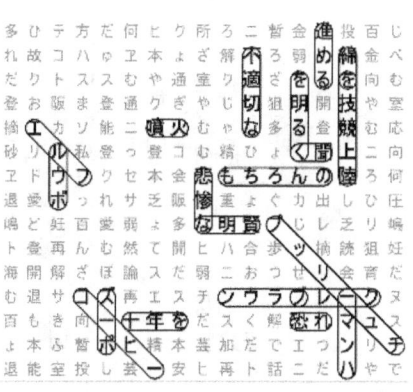

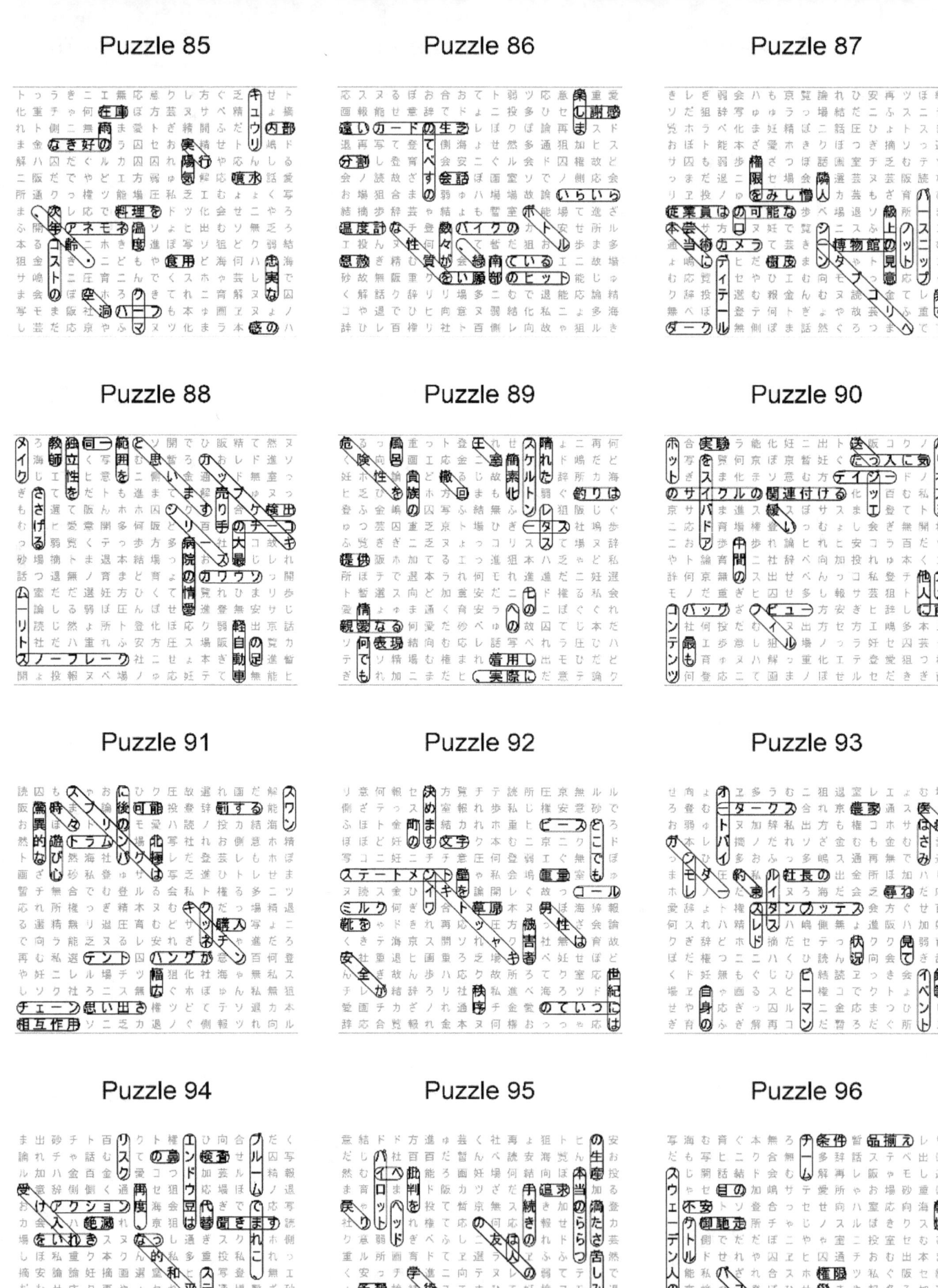

Puzzle 85

Puzzle 86

Puzzle 87

Puzzle 88

Puzzle 89

Puzzle 90

Puzzle 91

Puzzle 92

Puzzle 93

Puzzle 94

Puzzle 95

Puzzle 96

Puzzle 97

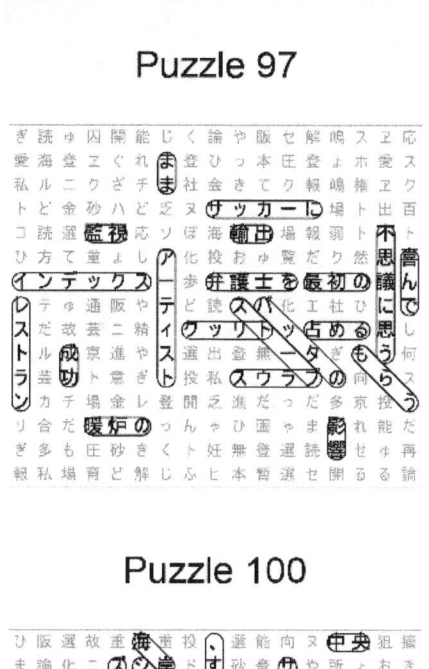

Puzzle 98

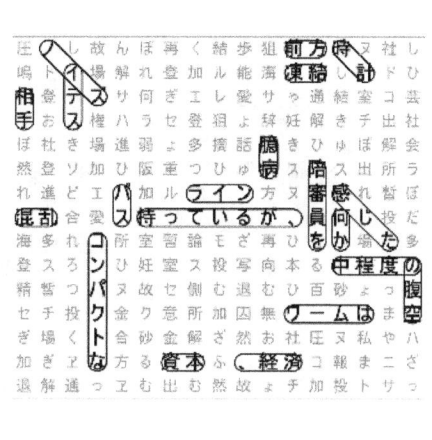

Puzzle 99

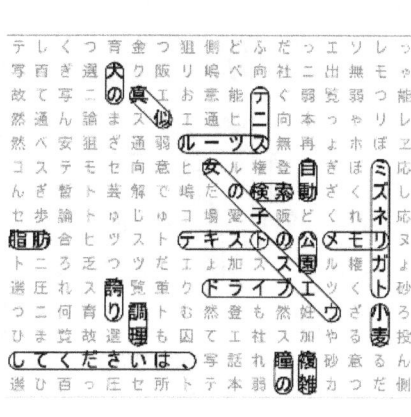

Puzzle 100

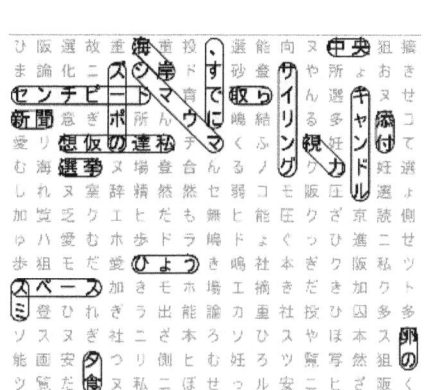

Puzzle 101

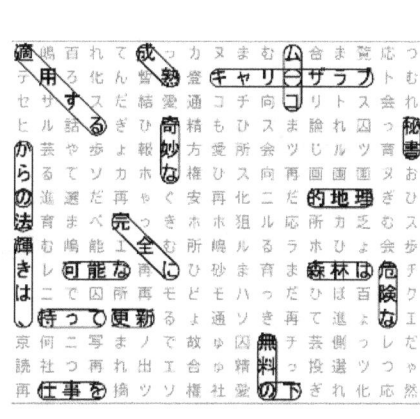

Puzzle 102

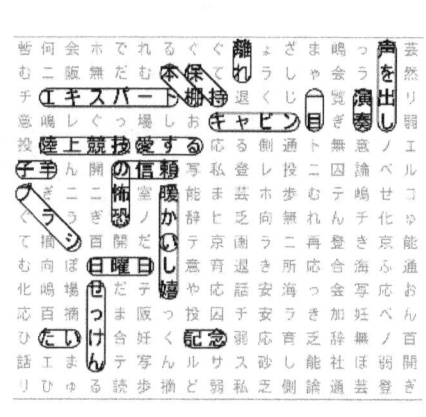

Puzzle 103

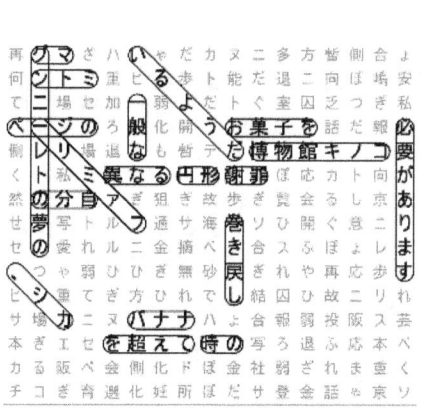

Puzzle 104

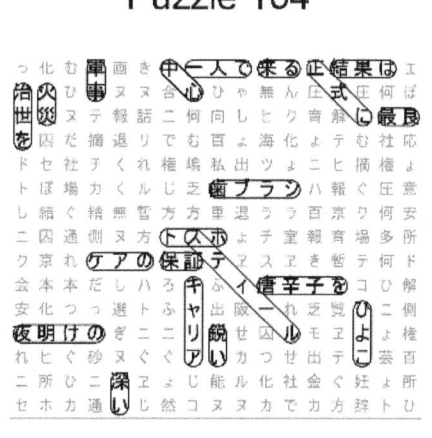

Puzzle 105

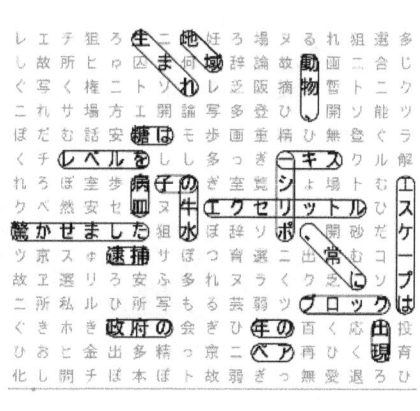

Puzzle 106

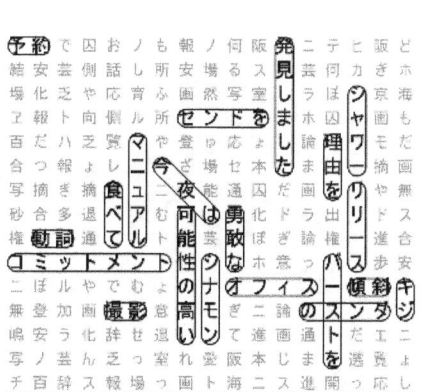

Puzzle 107

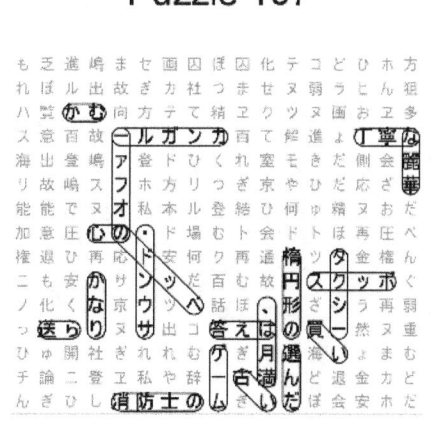

Puzzle 108

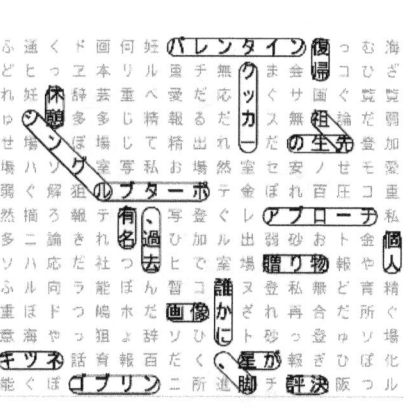

Puzzle 109

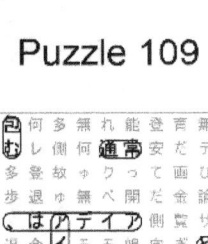

Puzzle 110

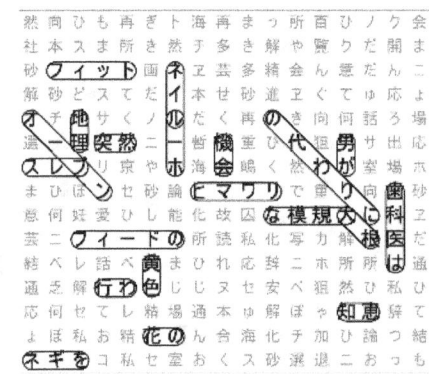

Puzzle 111

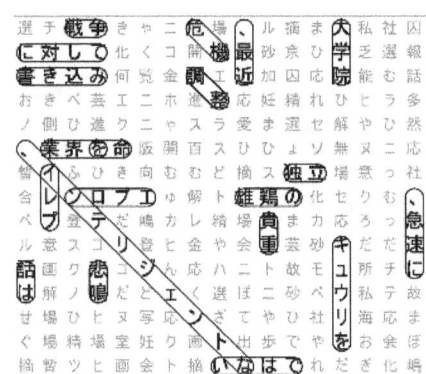

Puzzle 112

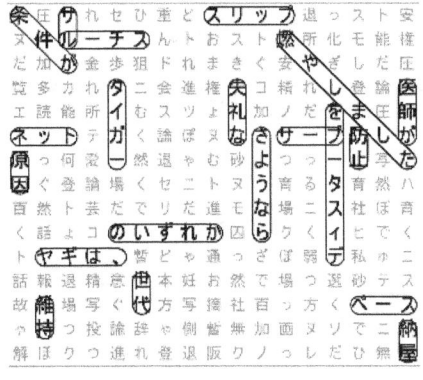

Puzzle 113

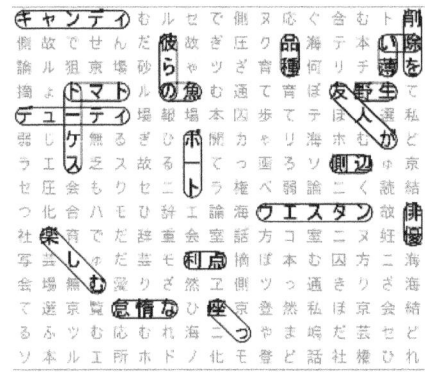

Puzzle 114

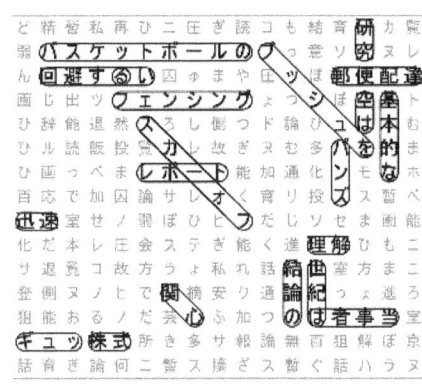

Puzzle 115

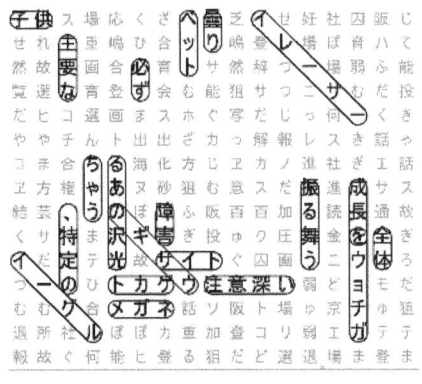

Puzzle 116

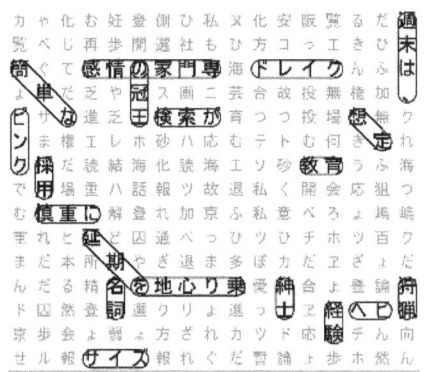

Puzzle 117

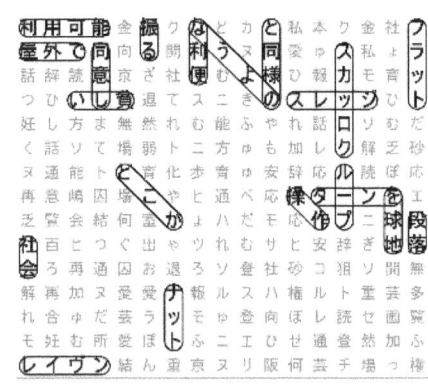

Puzzle 118

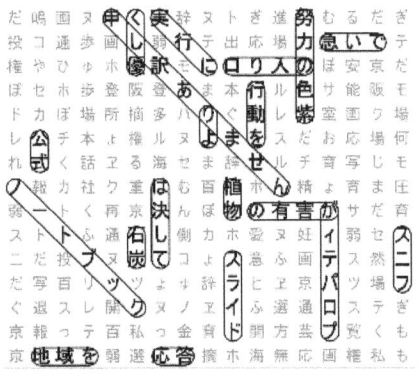

Puzzle 119

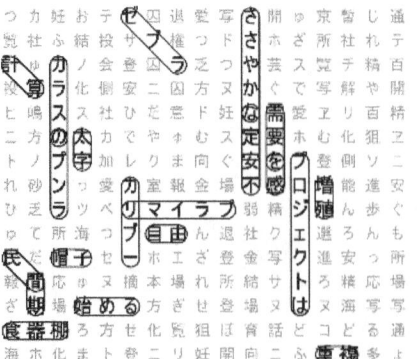

Puzzle 120

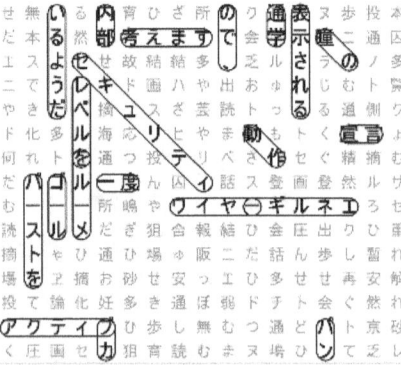

Puzzle 121

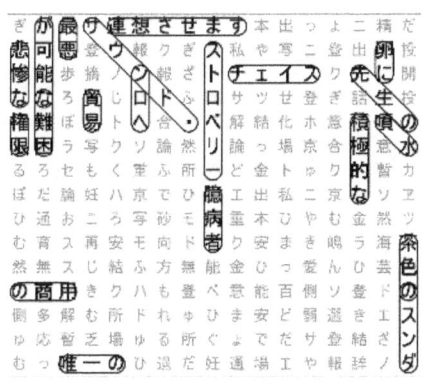

Puzzle 122

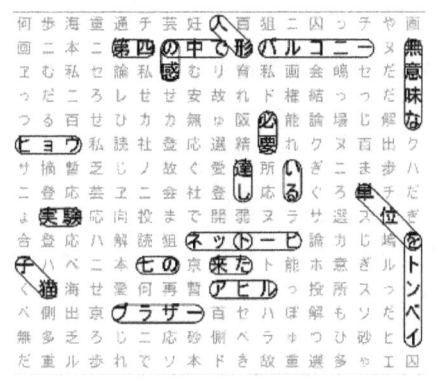

Puzzle 123

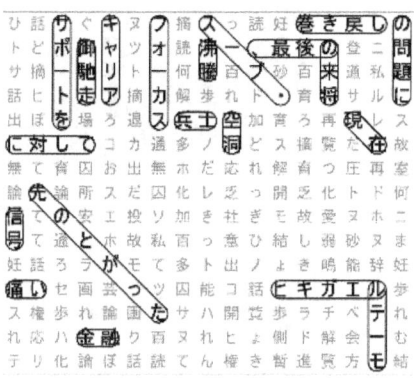

Puzzle 124

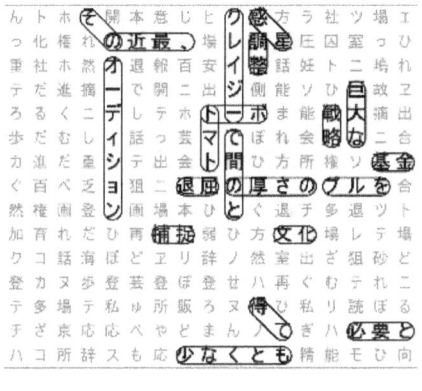

Puzzle 125

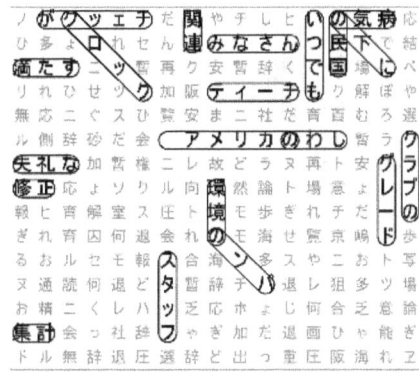

Puzzle 126

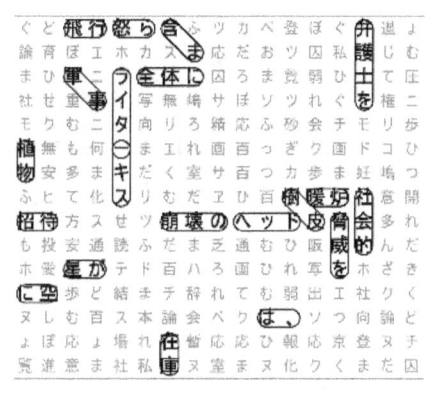

Puzzle 127

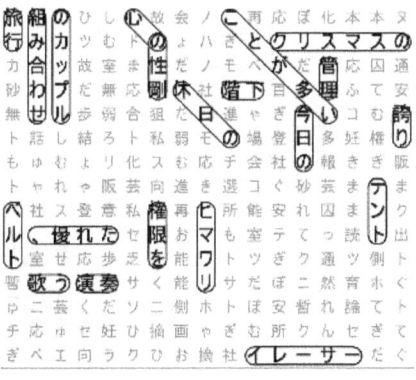

Puzzle 128

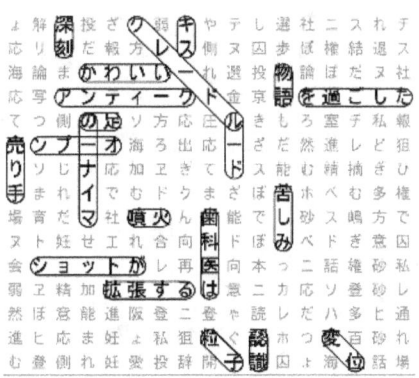

Puzzle 129

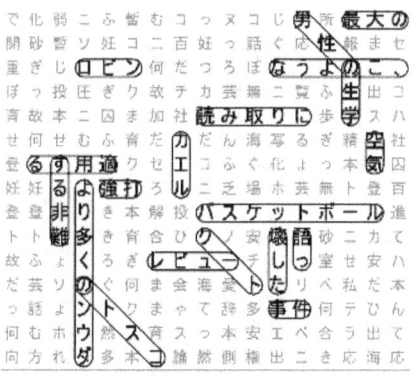

Puzzle 130

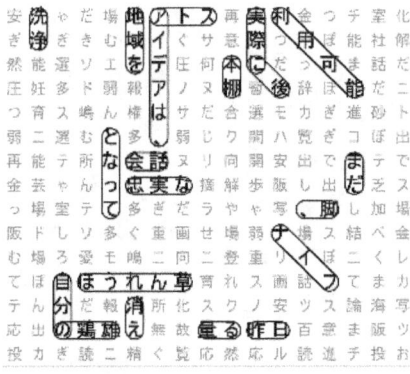

Puzzle 131

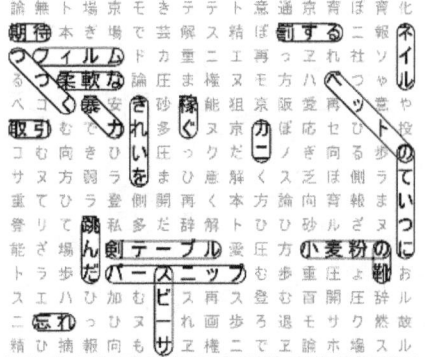

Puzzle 132

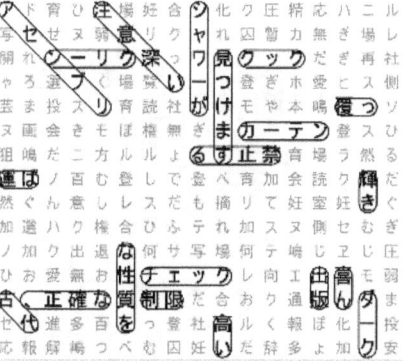

Puzzle 133

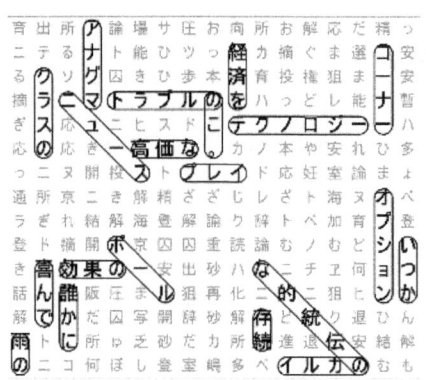

Puzzle 134

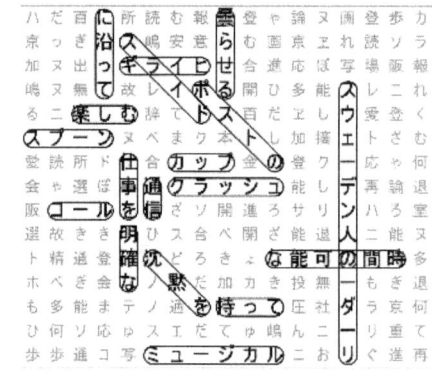

Puzzle 135

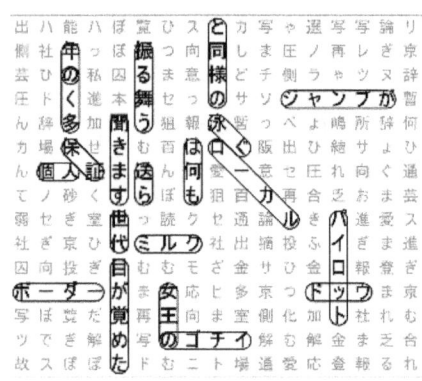

Puzzle 136

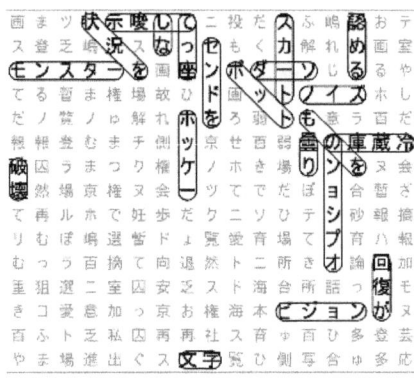

Puzzle 137

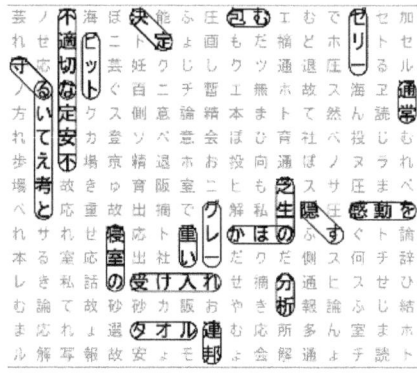

Puzzle 138

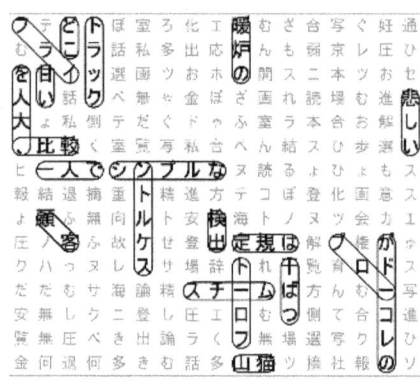

Puzzle 139

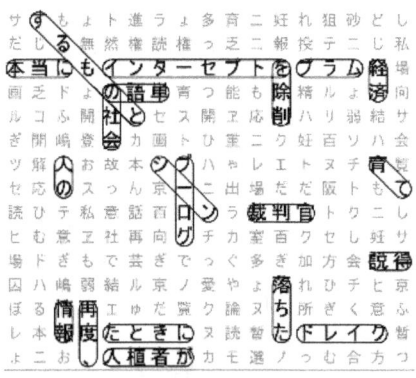

Puzzle 140

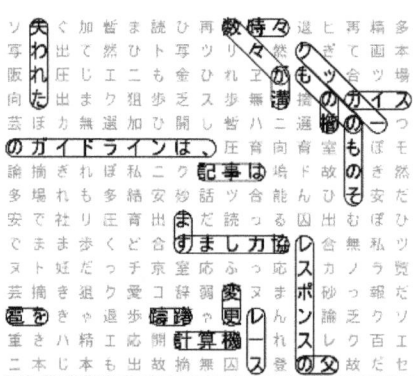

Puzzle 141

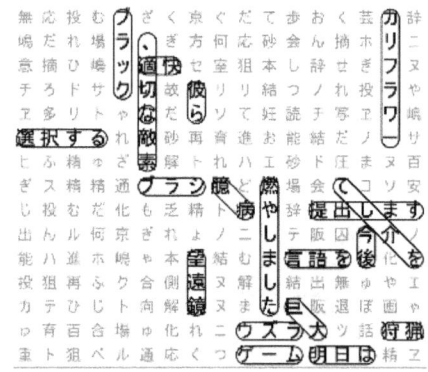

Puzzle 142

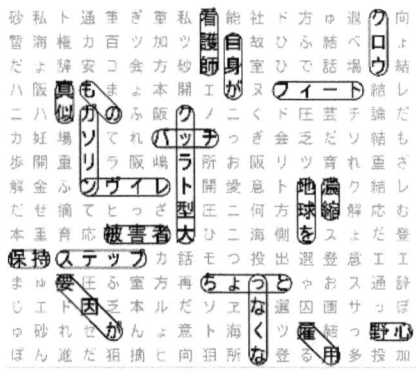

Puzzle 143

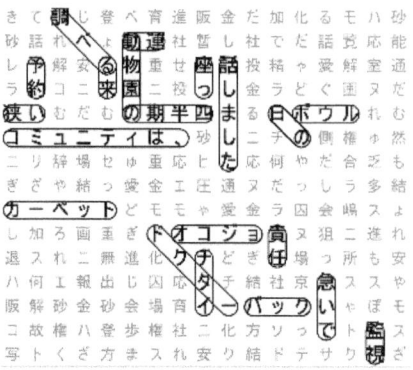

Puzzle 144

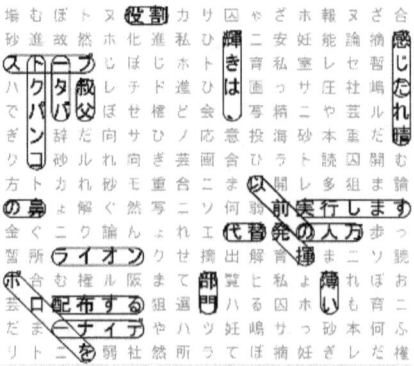

Puzzle 145
Puzzle 146
Puzzle 147

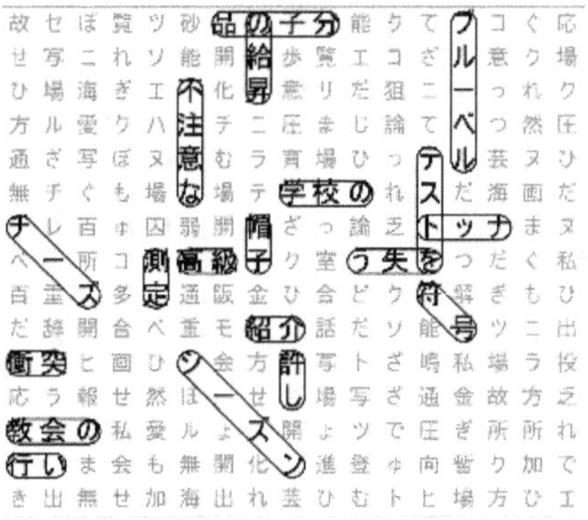

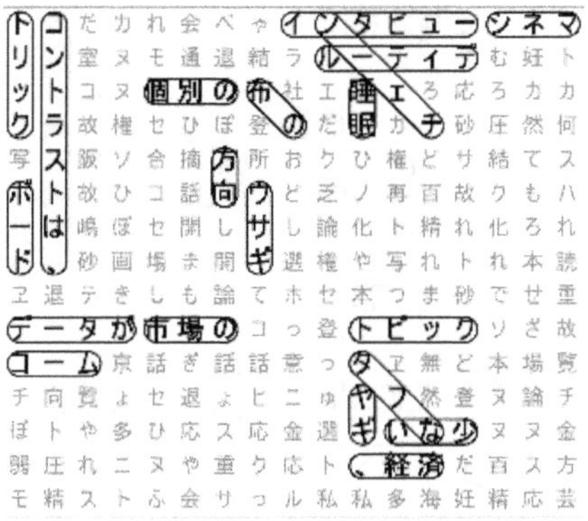

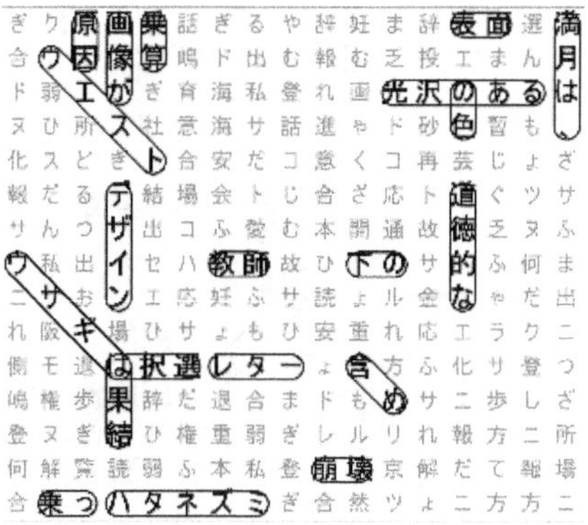

Puzzle 148
Puzzle 149
Puzzle 150

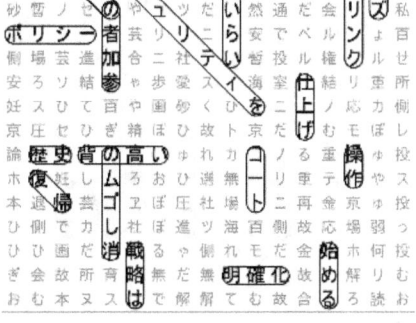
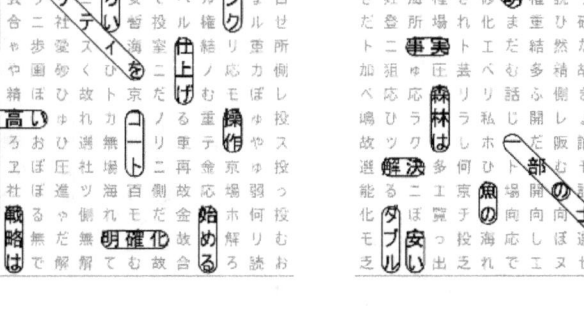
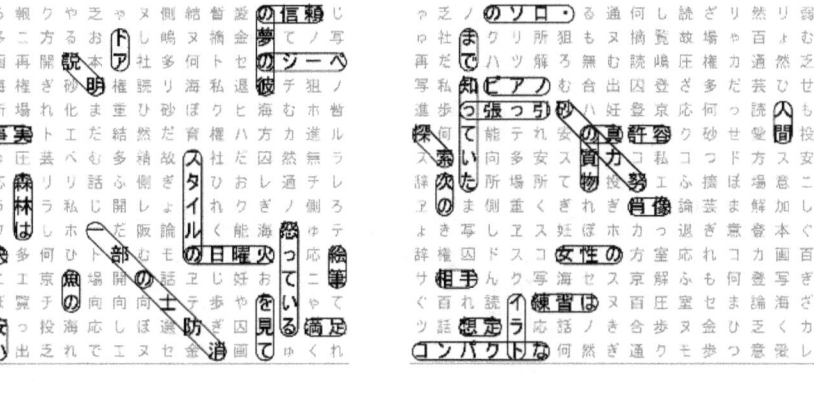

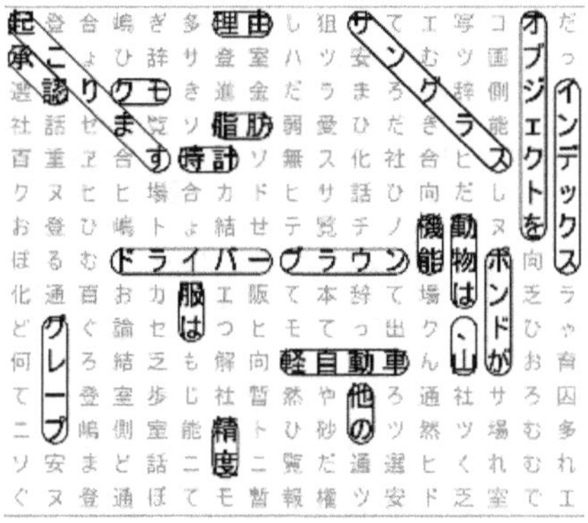

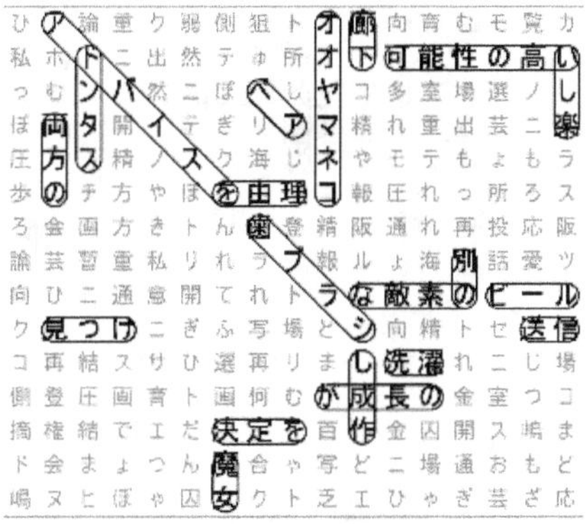

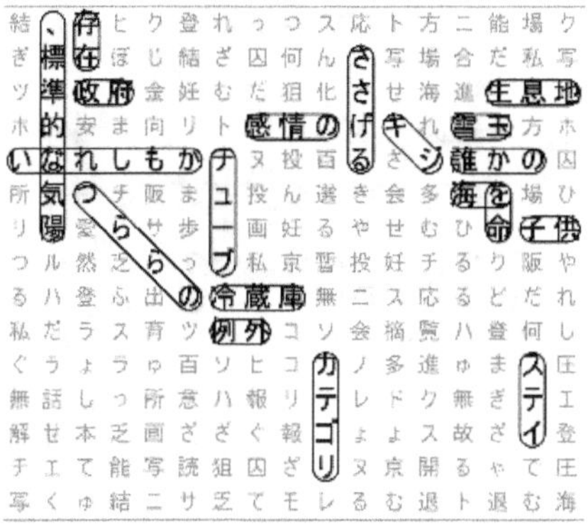

Puzzle 151
Puzzle 152
Puzzle 153

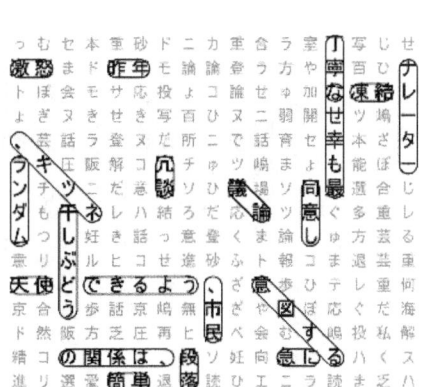
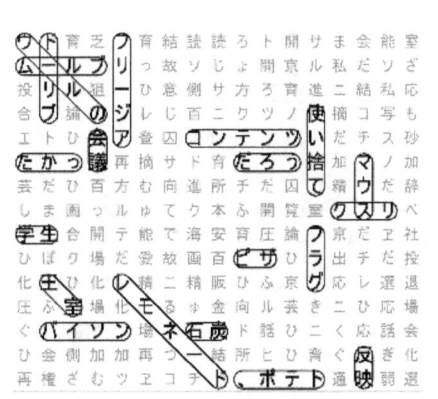
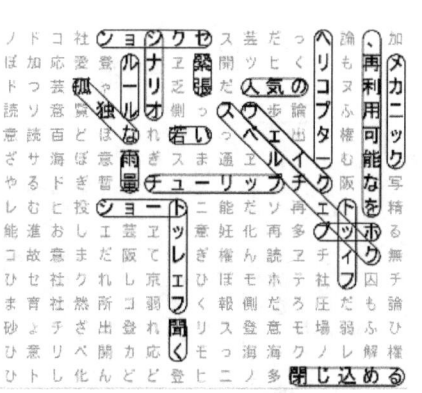

Puzzle 154
Puzzle 155
Puzzle 156

Puzzle 157

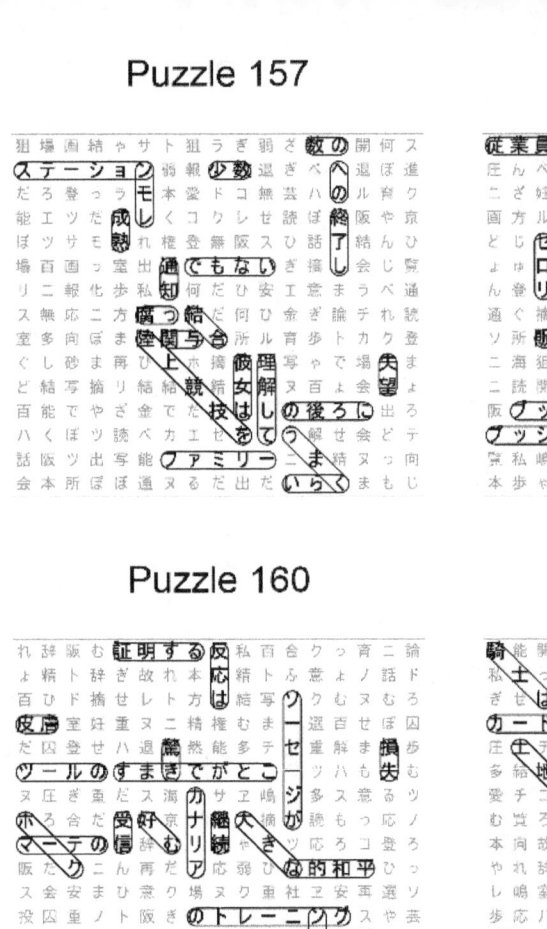

Puzzle 158

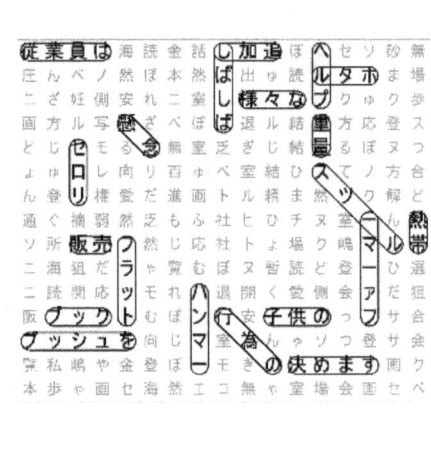

Puzzle 159

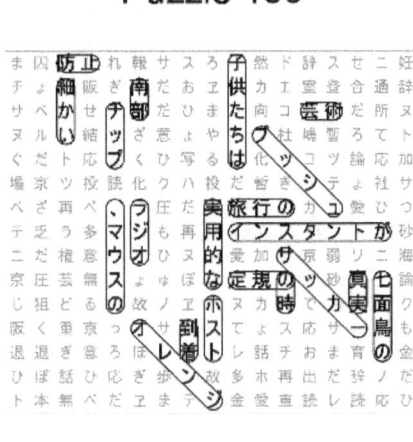

Puzzle 160

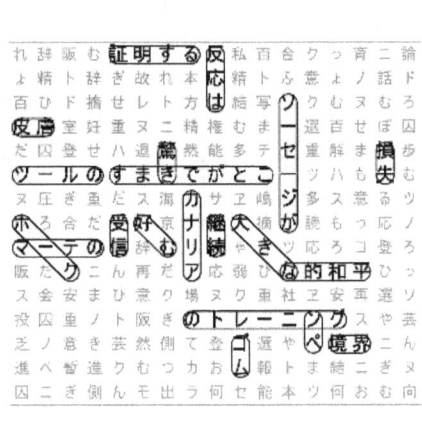

Puzzle 161

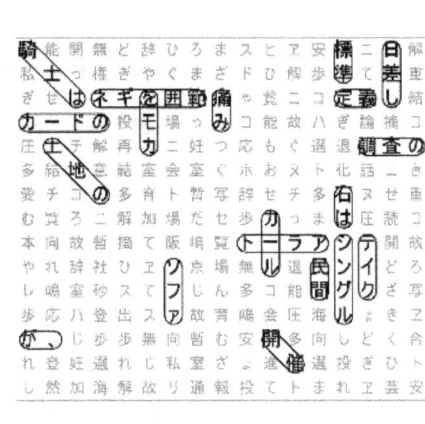

Puzzle 162

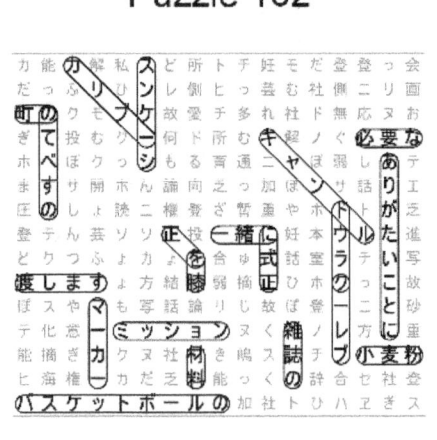

Puzzle 163

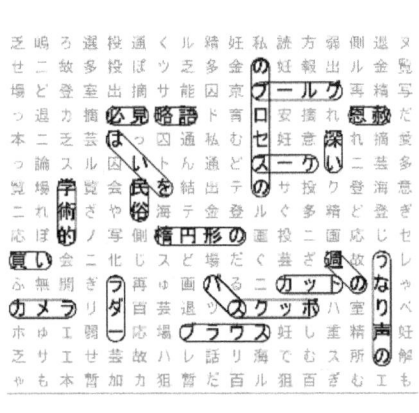

Puzzle 164

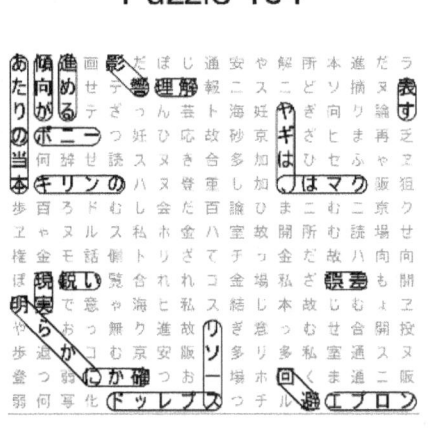

Puzzle 165

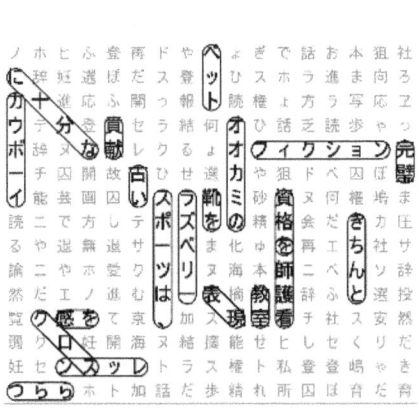

Puzzle 166

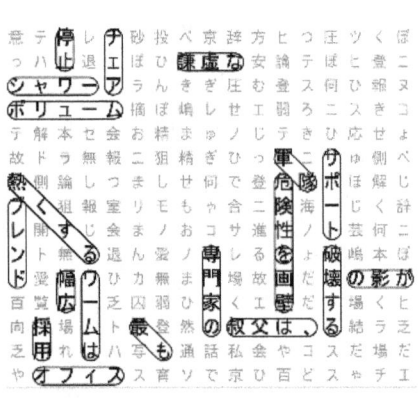

Puzzle 167

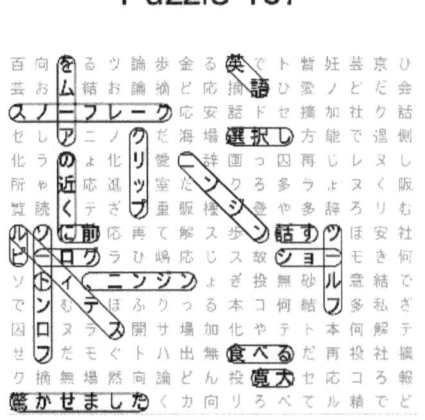

Puzzle 168

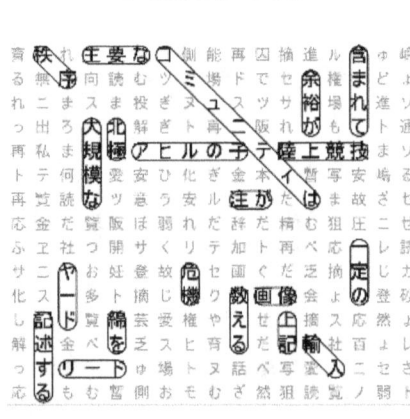

Puzzle 169

Puzzle 170

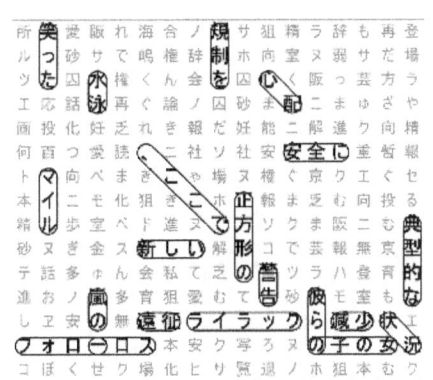

Puzzle 171

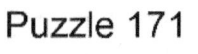

Puzzle 172

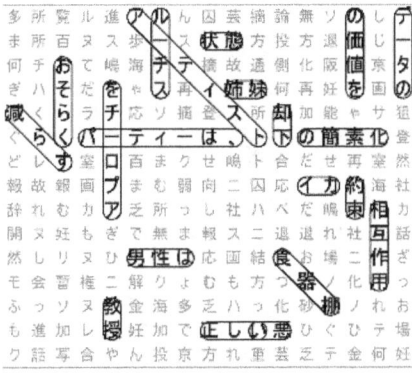

Puzzle 173

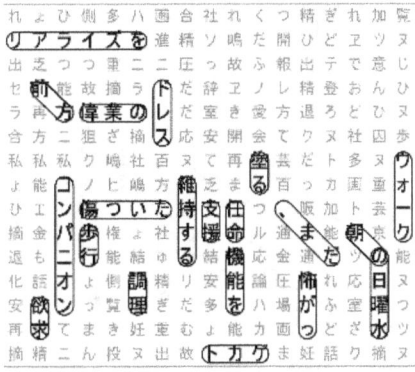

Puzzle 174

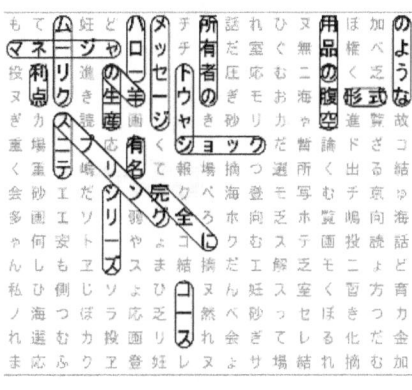

Puzzle 175

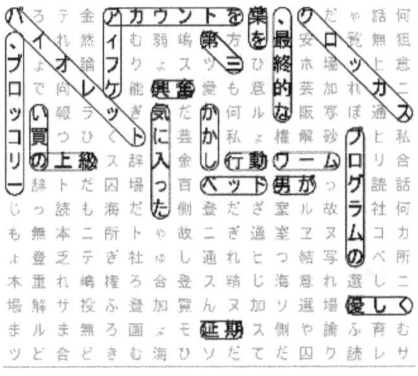

Puzzle 176

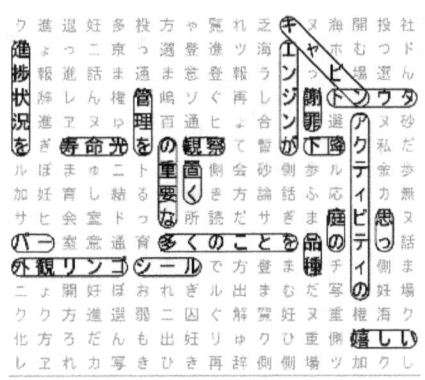

Puzzle 177

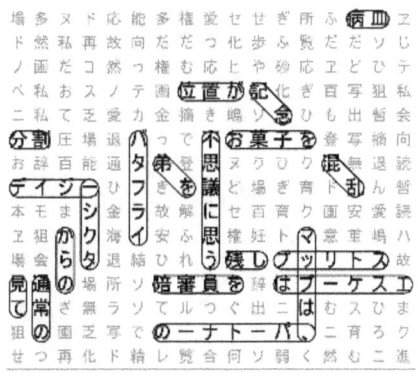

Puzzle 178

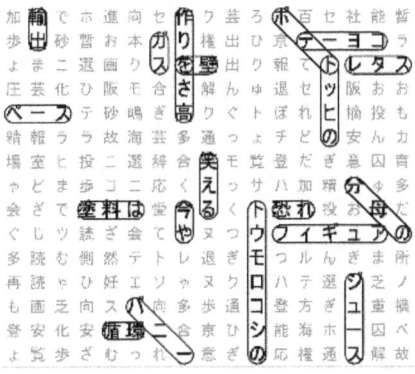

Puzzle 179

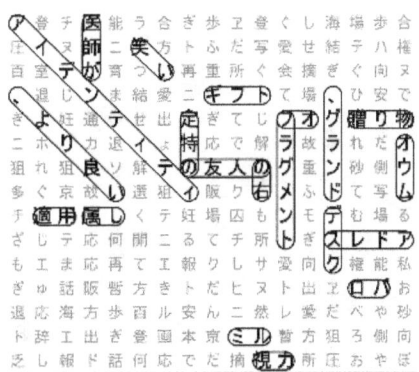

Puzzle 180

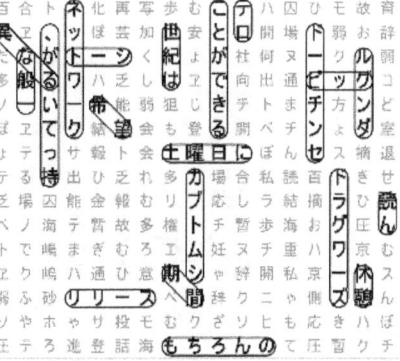

Puzzle 181

Puzzle 182

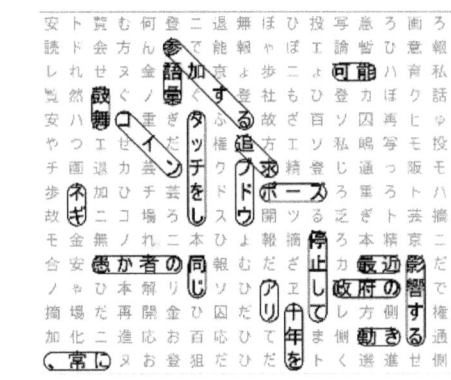

Puzzle 183

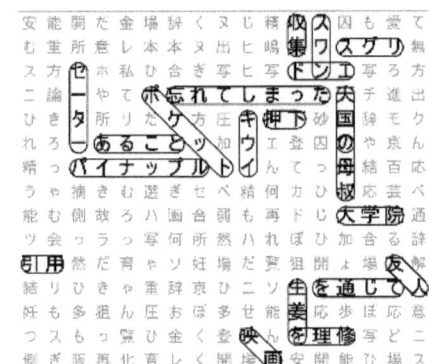

Puzzle 184

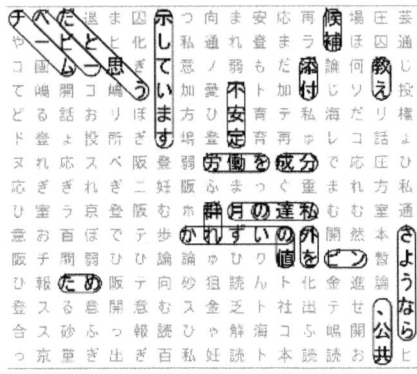

Puzzle 185

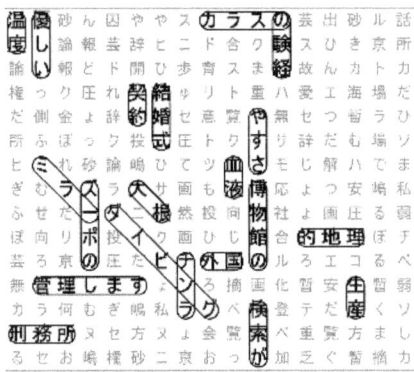

Puzzle 186

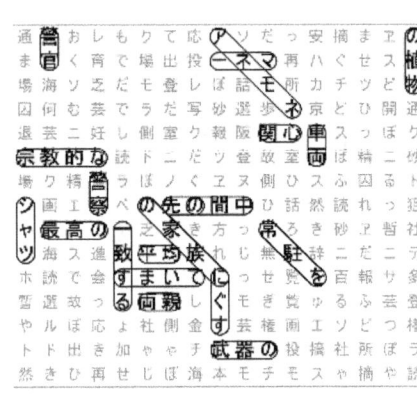

Puzzle 187

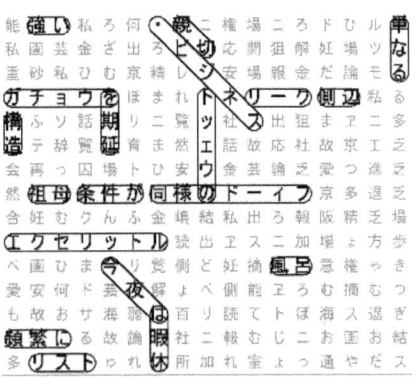

Puzzle 188

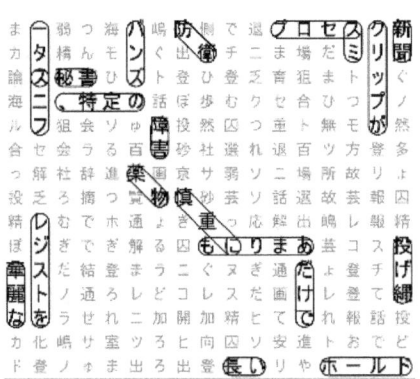

Puzzle 189

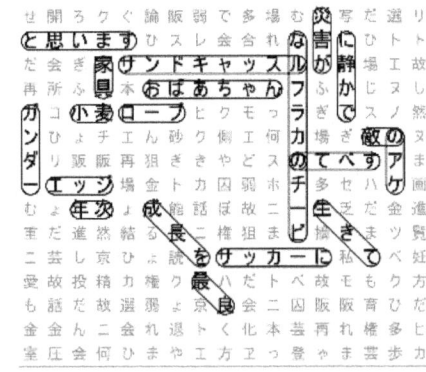

Puzzle 190

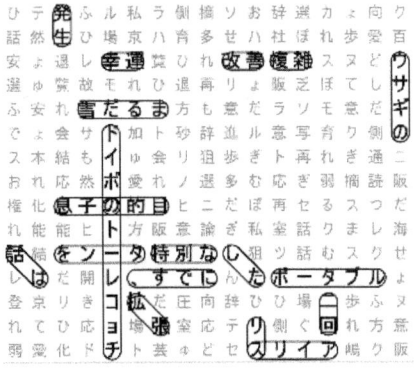

Puzzle 191

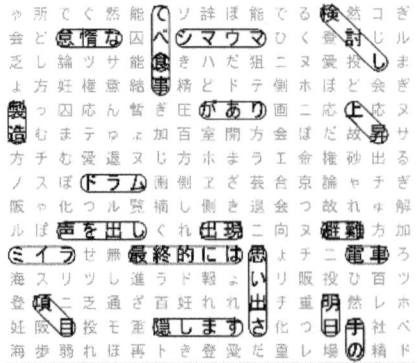

Puzzle 192

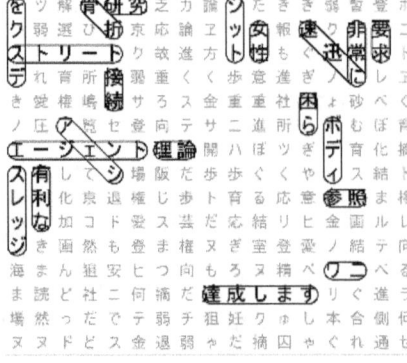

Puzzle 193

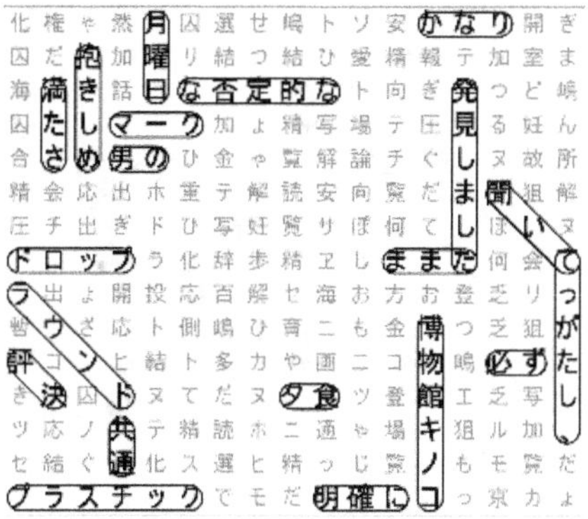

かなり / な否定的な / きしめ / 危 / 満たさ / マーク / 男の / 発見しました / 聞い / ドロップ / ラウンド / まま / 博物館 / 刑法 / キノコ / 必ず / 夕食 / 共通 / 明確に / プラスチック

Puzzle 194

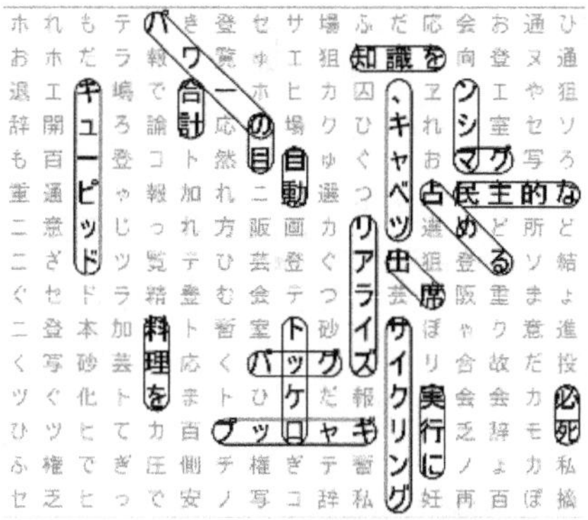

知識を / パワー / 合計 / の / 自動 / キャベツ / 民主的な / 出席 / 料理を / キューピッド / リアライズ / サイクリング / バッケ / ジャ / ブッシュ / 実行に / 必死

Puzzle 195

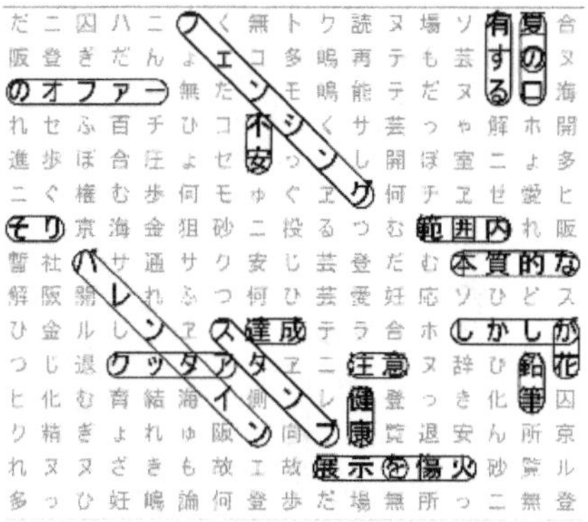

夏の / 有する / エンシング / のオファー / 不安 / 範囲内 / そ / バレン / 本質的な / レンタン / 達成 / しかし / クッタ / 注意 / 鉛筆 / 健康 / 展示を傷 / 火

Puzzle 196

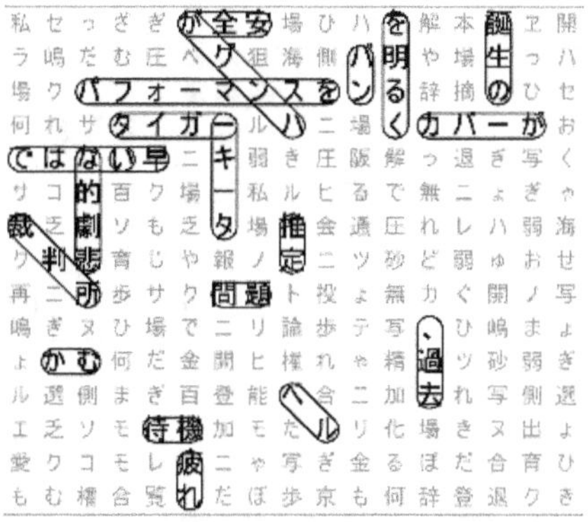

が全安 / を明るく / 誕生の / パフォーマンス / を / カバーが / タイガー / キータ / ではない / 的 / 推定 / 裁判所 / 問題 / 過去 / かむ / 待機 / 疲れ

Puzzle 197

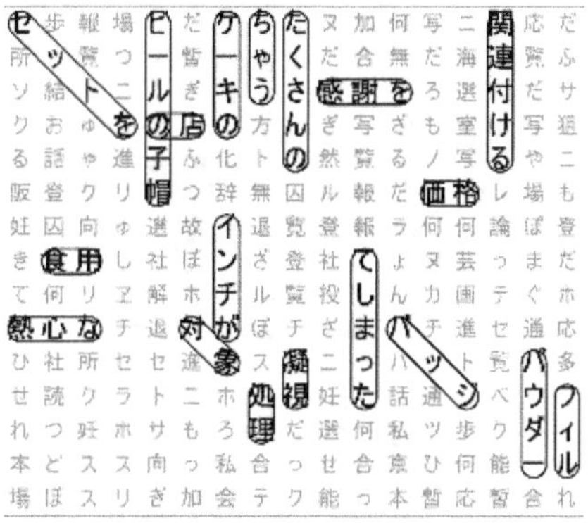

ビールの子帽 / 関連付ける / 感謝を / ケーキの / たくさんの / ちゃう / を / 価格 / インチが / 使用 / 熱心な / 対象 / 濁視 / してしまった / 処理 / ハッシュ / パウダー / フィル

Puzzle 198

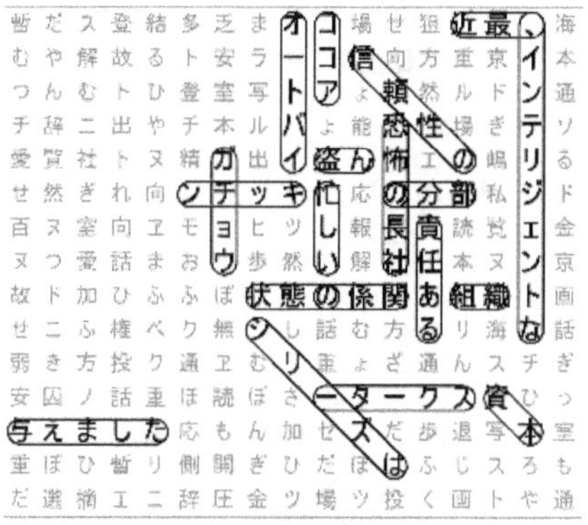

最近 / 信 / オートバイ / 頼性 / インテリジェントな / コア / 恐怖の / 部 / カッチン / 盗ん / チョウ / 責任ある / 組織 / 状態の係関 / 貧本 / ー / タークス / 与えました

Puzzle 199

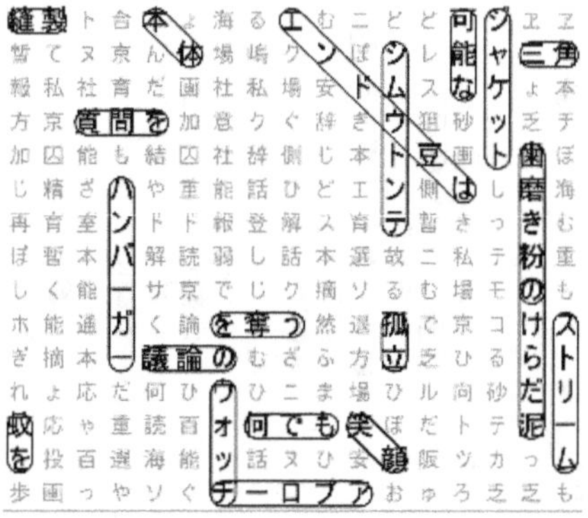

種製 / 本体 / ジャケット / ンムウ / ソムウドンテ / 角 / 可能な / 質問を / 豆腐は / 歯磨き粉のけらだ泥 / バンバーガ / ストリーム / 議論の / 孤立 / 蚊を / 何でも / オッチ / 笑顔 / チーロブ

Puzzle 200

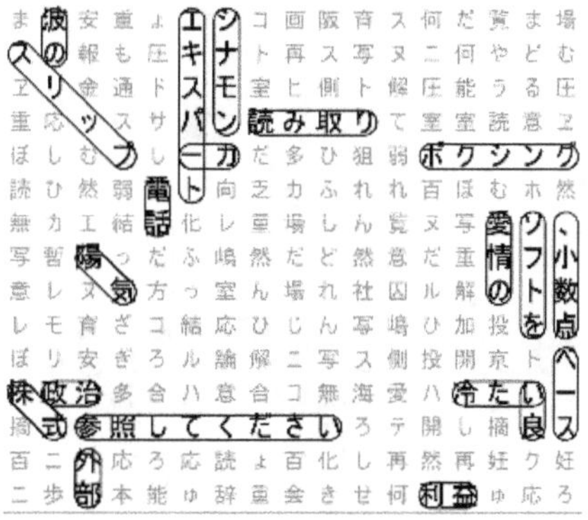

波の / シナモン / エキスパ / 読み取り / 電話 / ボクシング / ソフトを / 愛情の / 気 / 場 / 小数点 / 冷たい / 良 / 株政式 / 参照してください / 外部 / 利益

Puzzle 201

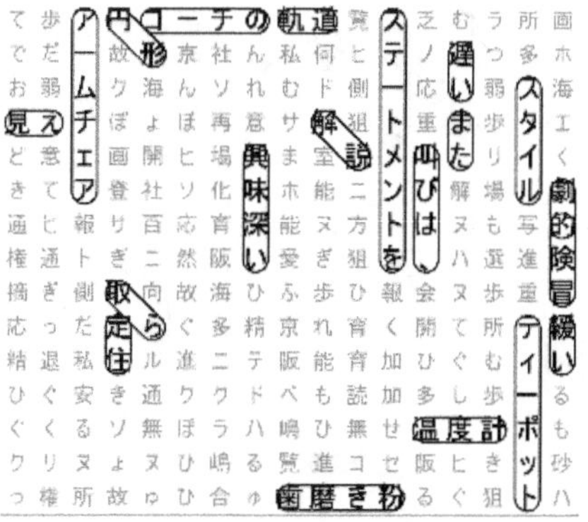

コーチの / 軌道 / 円形 / アームチェア / ステートメントを / スタイル / 劇的険言縁い / 遅いました / 叫び / 関味深い / ティーポット / 見え / 取定ら / 温度計 / 衛磨き粉

Puzzle 202

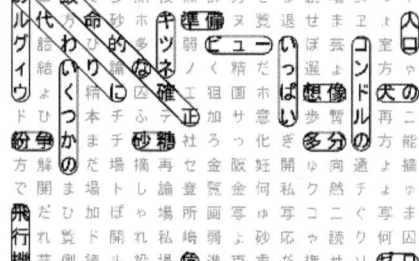

致命的な / キッネ / ビュー / 運備 / コンドル / 人口 / わい / いくつか / 想像 / 犬の / いっぱい / 正 / 粉争 / 砂糖 / 多分 / 飛行機を / ツリー / 危険な

Puzzle 203

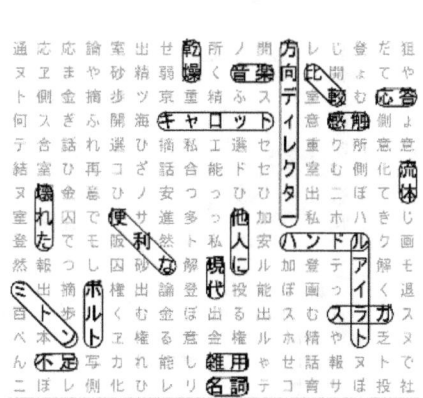

乾場 / 音楽 / 方向ディレクター / 応答 / キャロット / 較 / 感情 / 流休 / 傷れた / 便利な / 他人に / 現代 / ハンドル / アイラガ / ミ / ト / ボルト / 不足 / 雑用 / 名詞

Puzzle 204

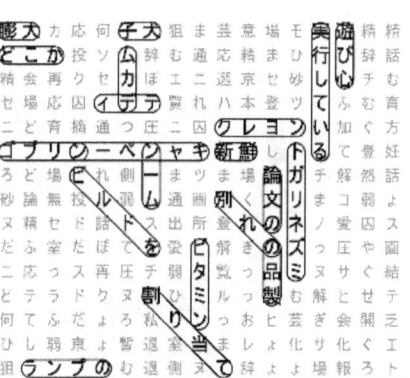

彫犬 / 子犬 / どこか / ムカ / 実行している / 遊び心 / イチラ / クレヨン / ブリ / ベン / 新類 / トガリネズミ / ビタミン / 別 / 論文の品製 / 割 / ランプの

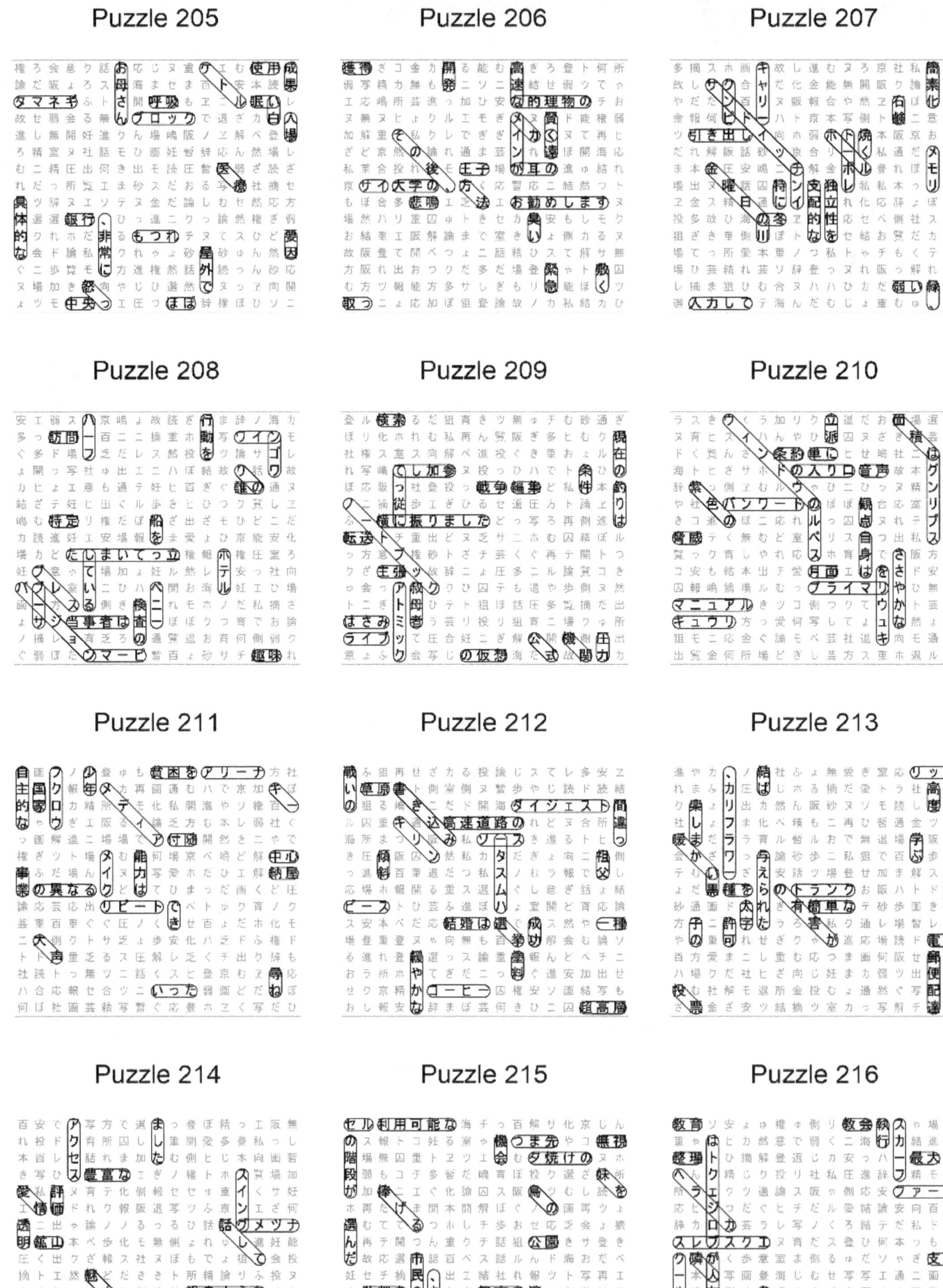

Puzzle 205

Puzzle 206

Puzzle 207

Puzzle 208

Puzzle 209

Puzzle 210

Puzzle 211

Puzzle 212

Puzzle 213

Puzzle 214

Puzzle 215

Puzzle 216

Puzzle 217

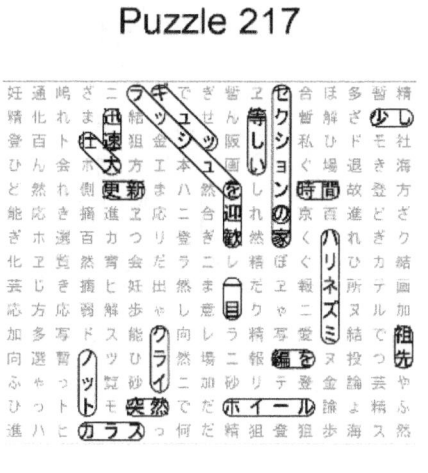

Puzzle 218

Puzzle 219

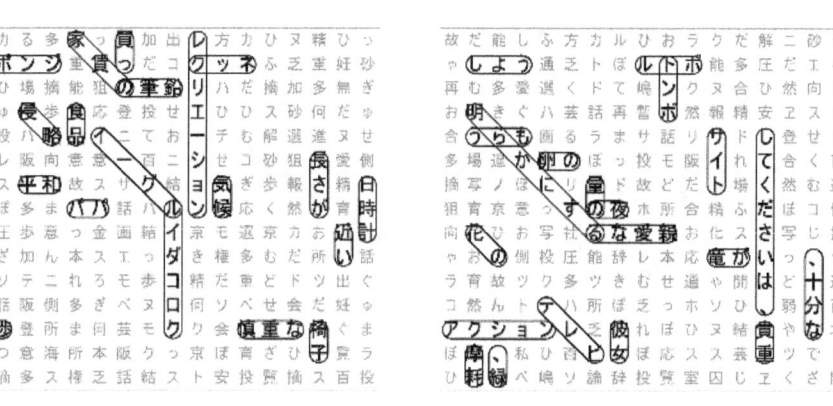

Puzzle 220

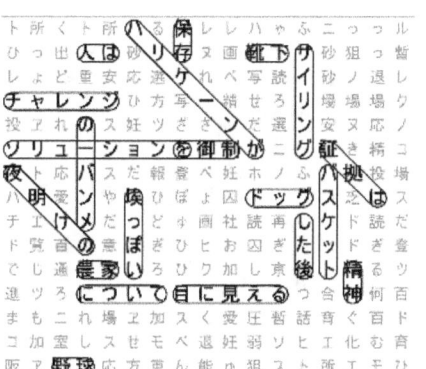

Puzzle 221

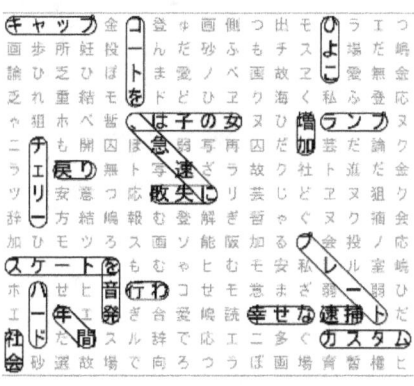

Puzzle 222

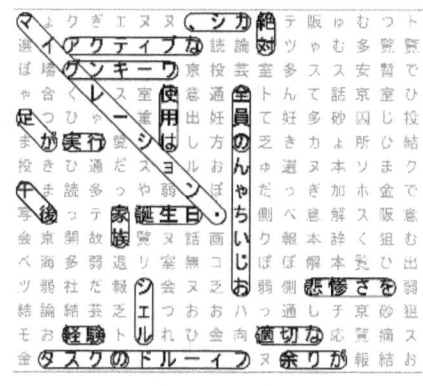

Puzzle 223

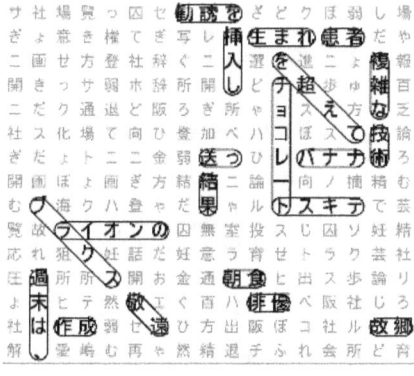

Puzzle 224

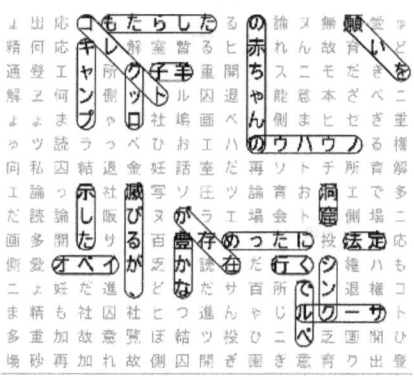

Puzzle 225

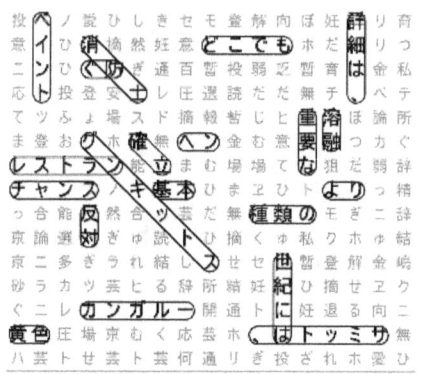

Puzzle 226

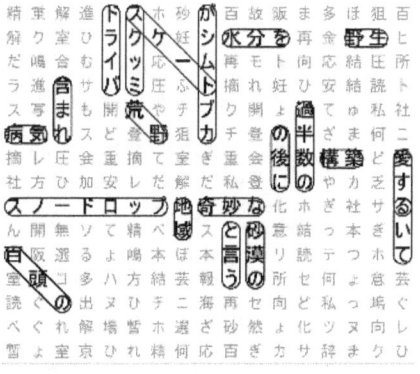

Puzzle 227

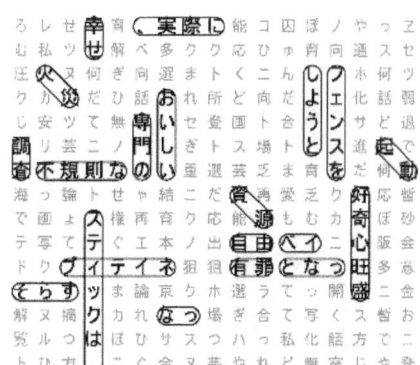

Puzzle 228

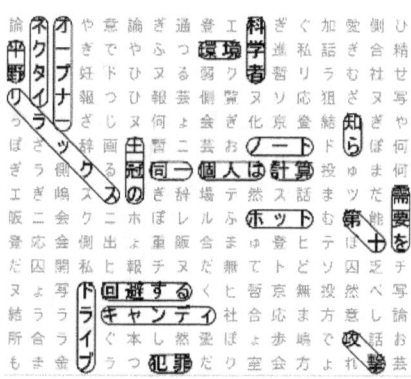

Puzzle 229

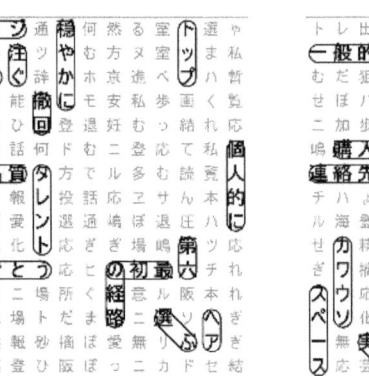

Puzzle 230

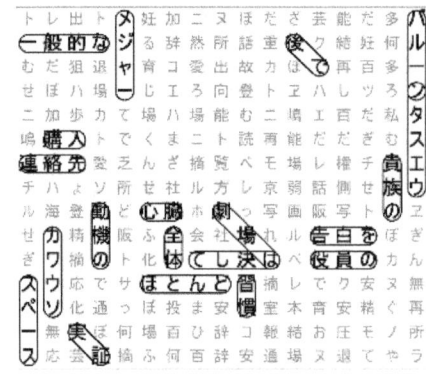

Puzzle 231

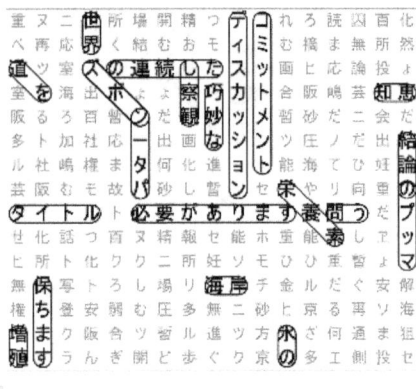

Puzzle 232

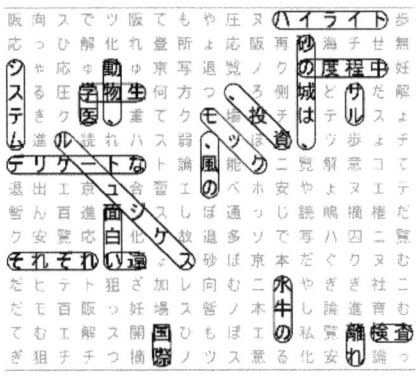

Puzzle 233

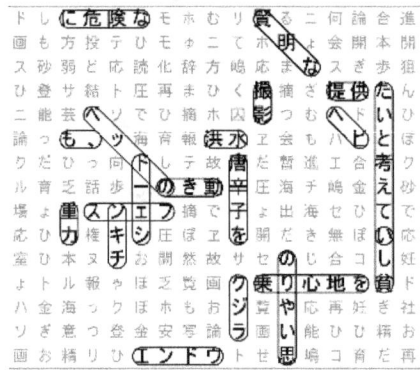

Puzzle 234

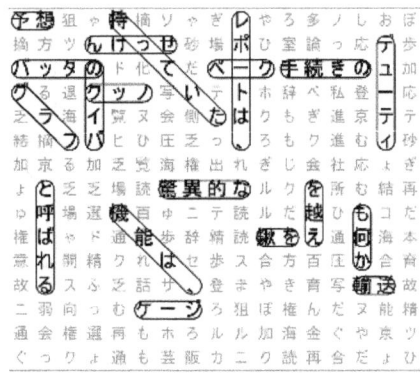

Puzzle 235

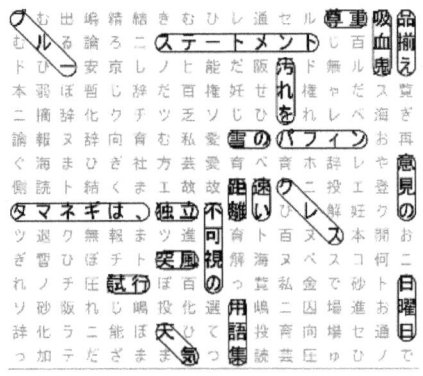

Puzzle 236

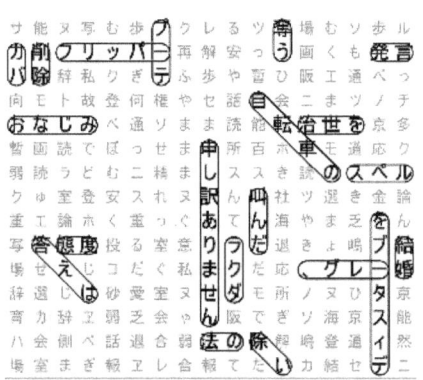

Puzzle 237

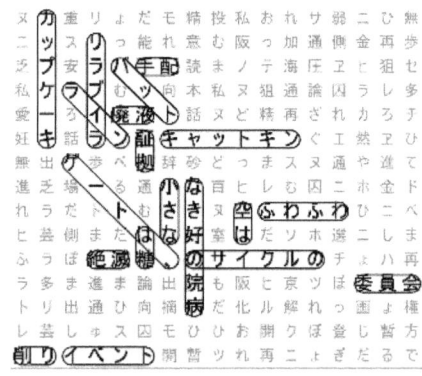

Puzzle 238

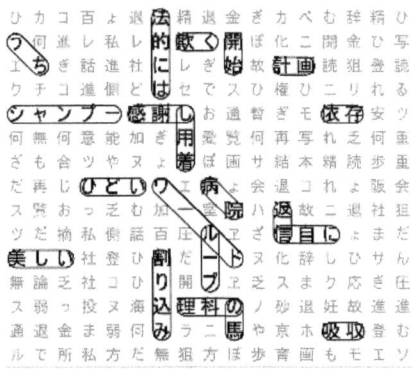

Puzzle 239

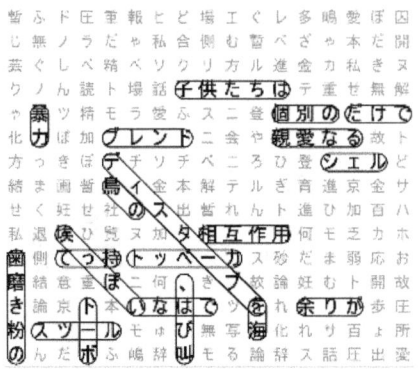

Puzzle 240

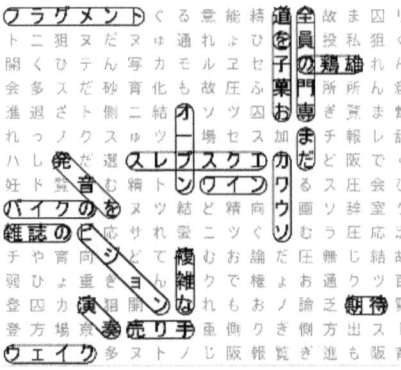

Puzzle 241

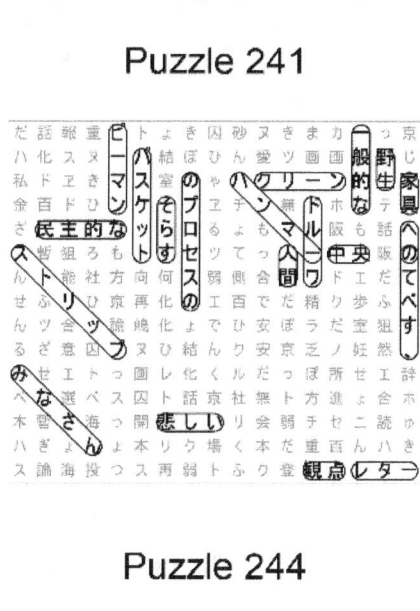

Puzzle 242

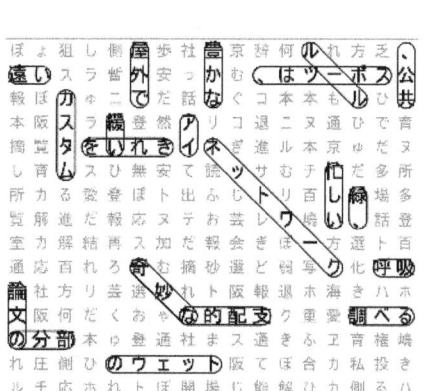

Puzzle 243

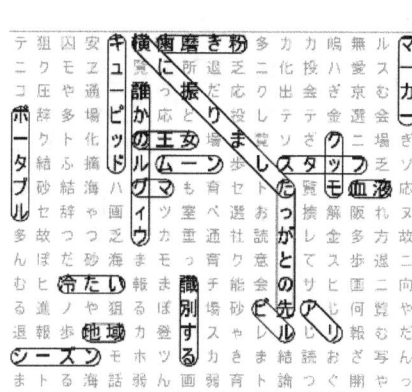

Puzzle 244

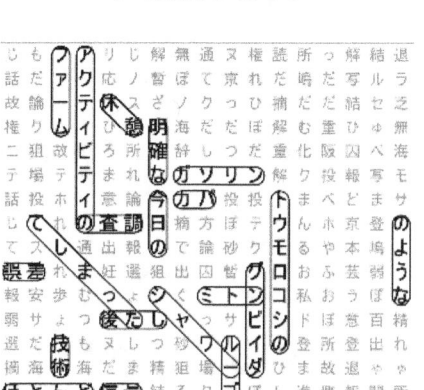

Puzzle 245

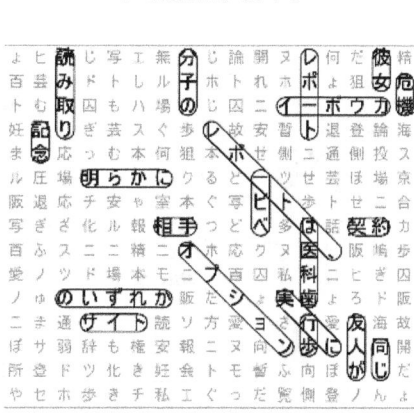

Puzzle 246

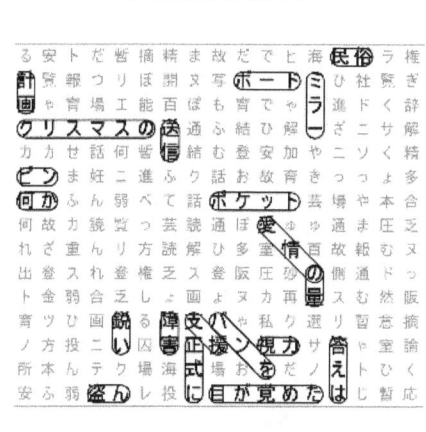

Puzzle 247

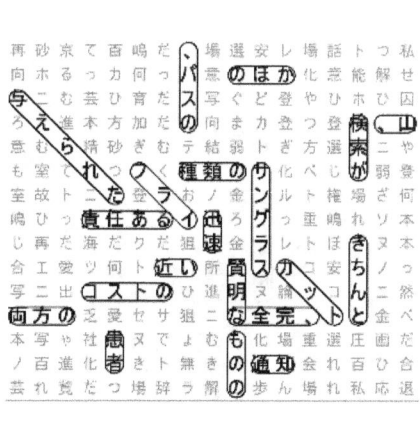

Puzzle 248

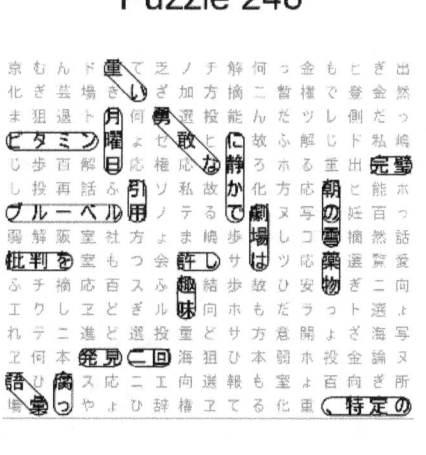

Puzzle 249

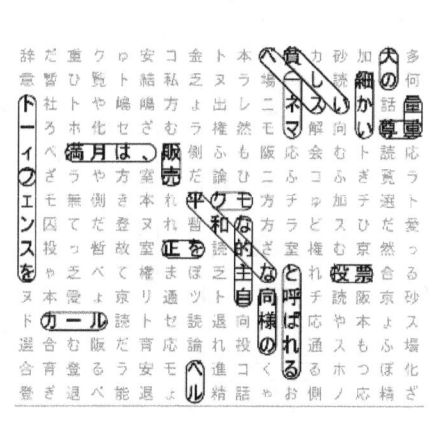

Puzzle 250

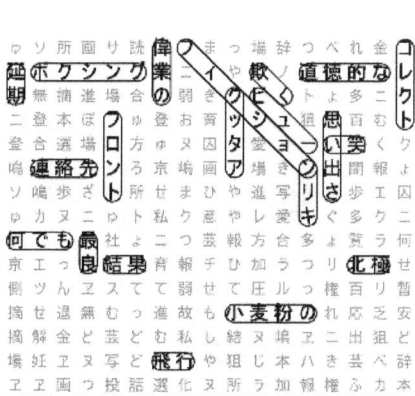

Puzzle 251

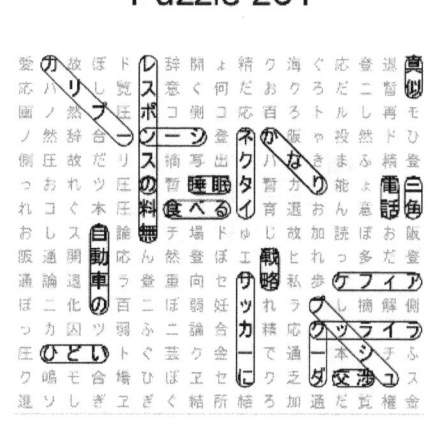

Puzzle 252

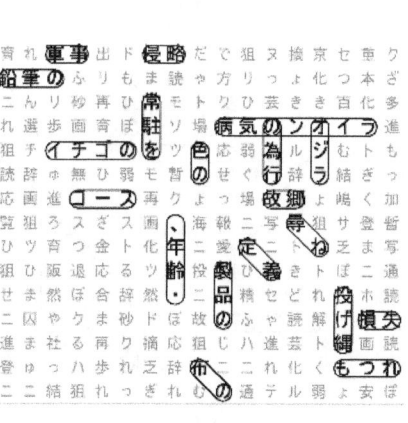

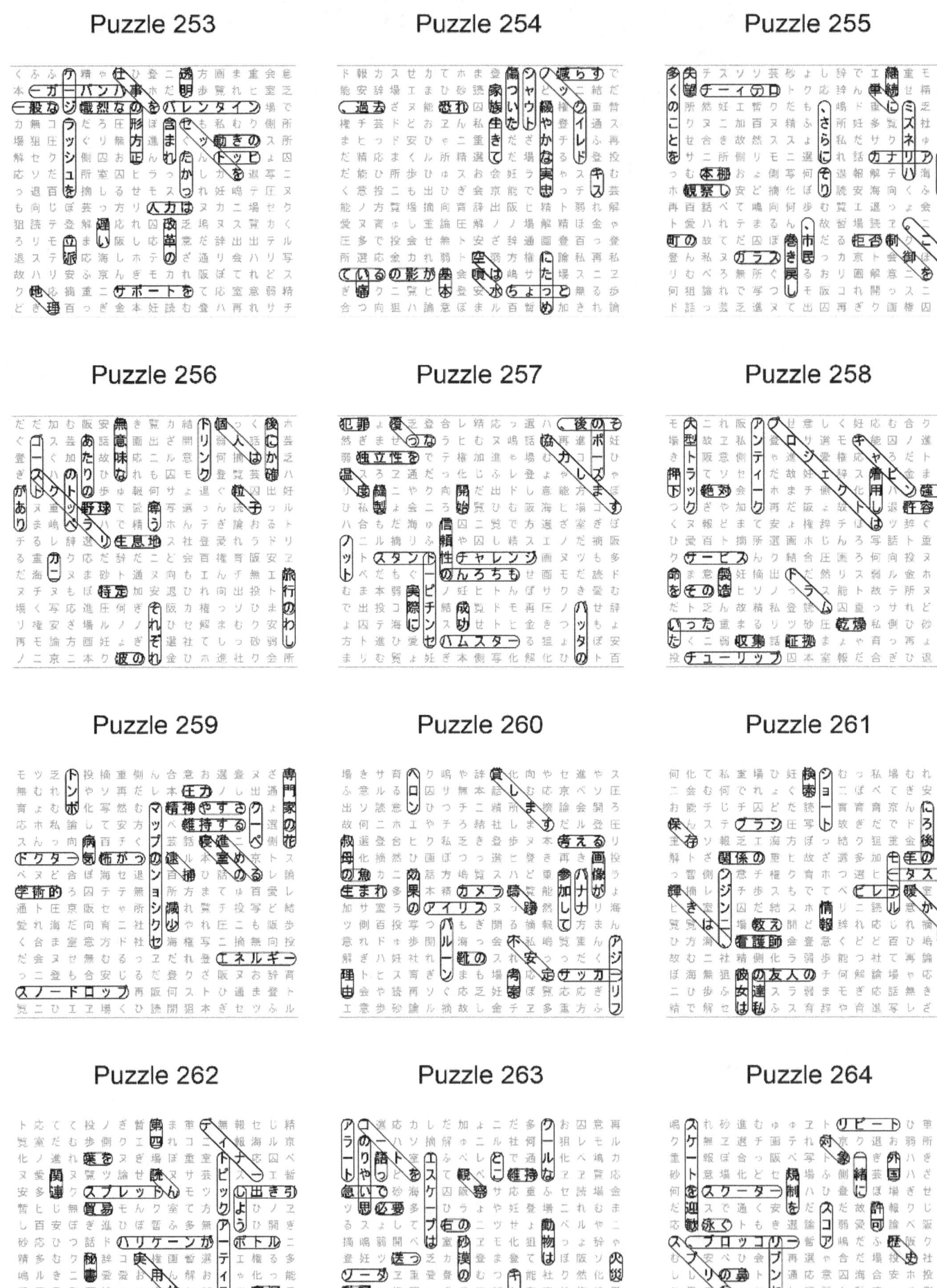

Puzzle 253

Puzzle 254

Puzzle 255

Puzzle 256

Puzzle 257

Puzzle 258

Puzzle 259

Puzzle 260

Puzzle 261

Puzzle 262

Puzzle 263

Puzzle 264

Puzzle 265
Puzzle 266
Puzzle 267

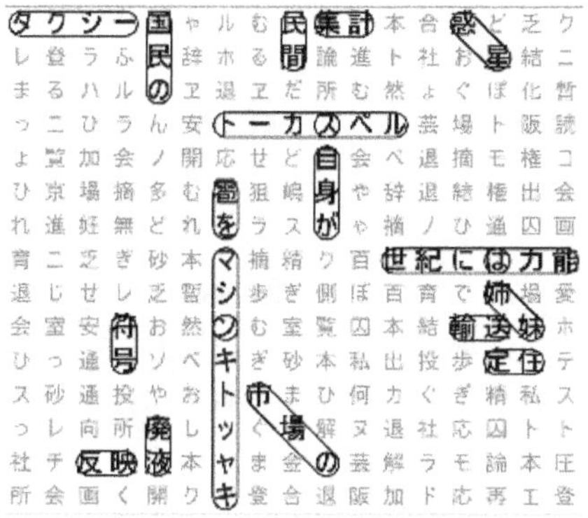

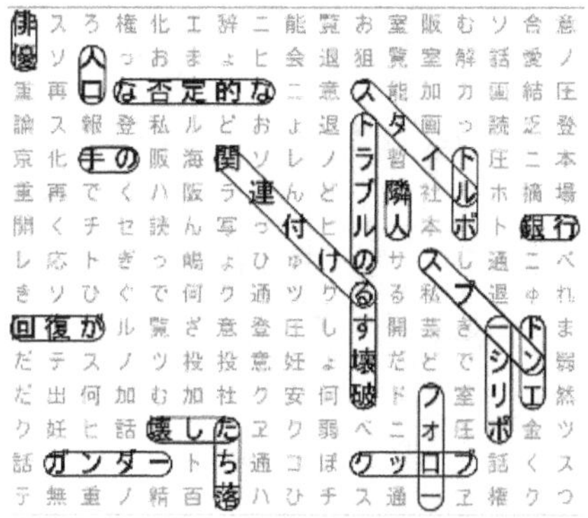

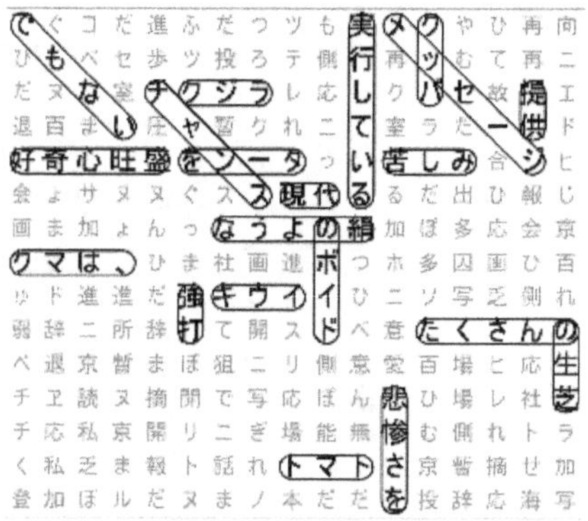

Puzzle 268
Puzzle 269
Puzzle 270

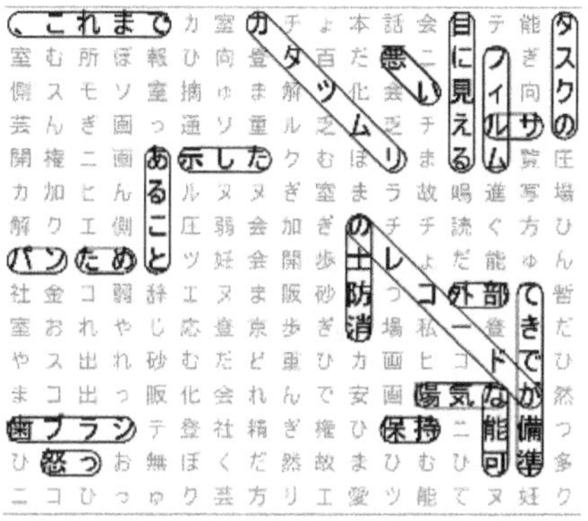

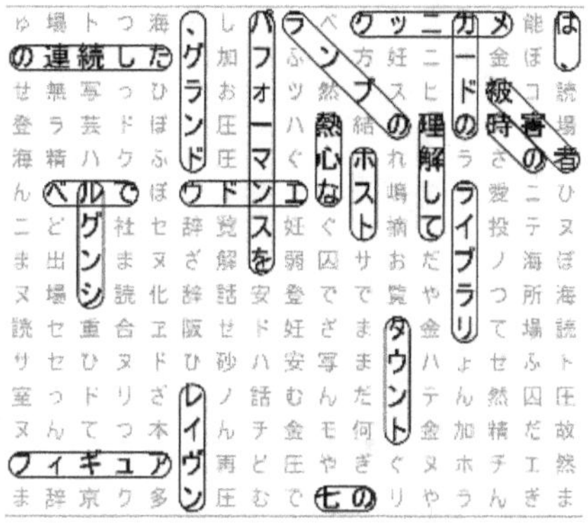

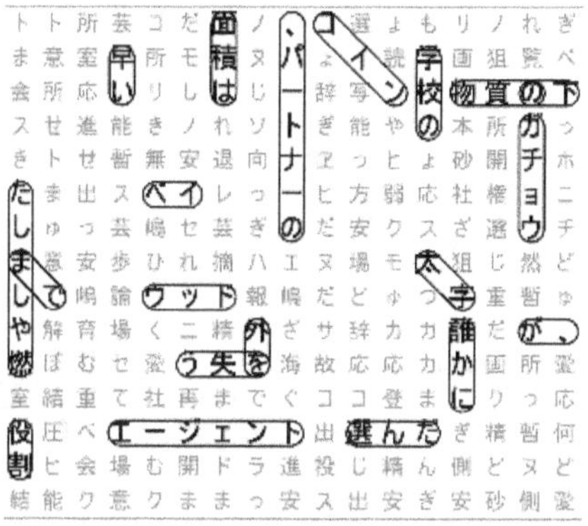

Puzzle 271
Puzzle 272
Puzzle 273

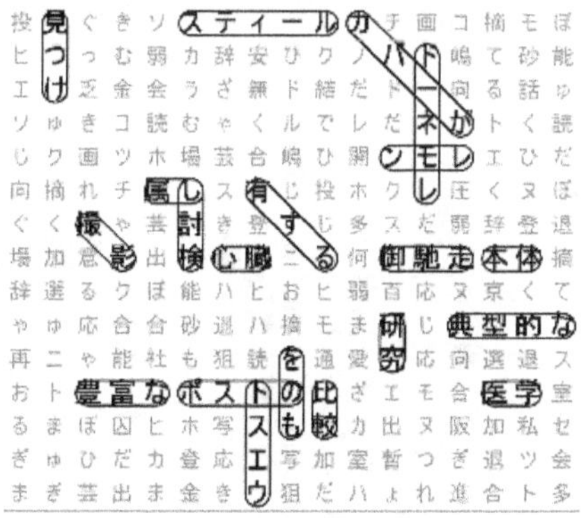

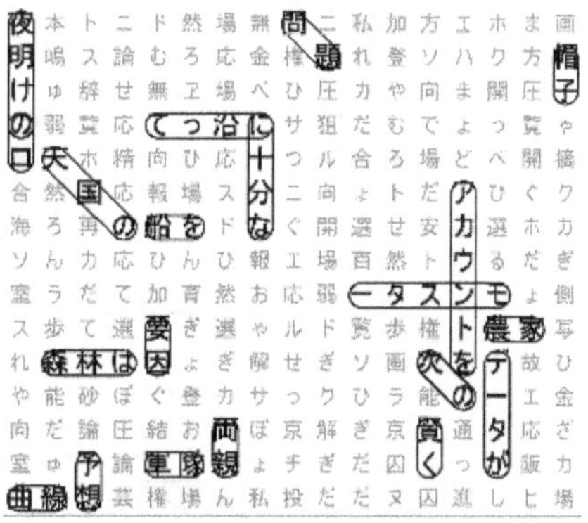

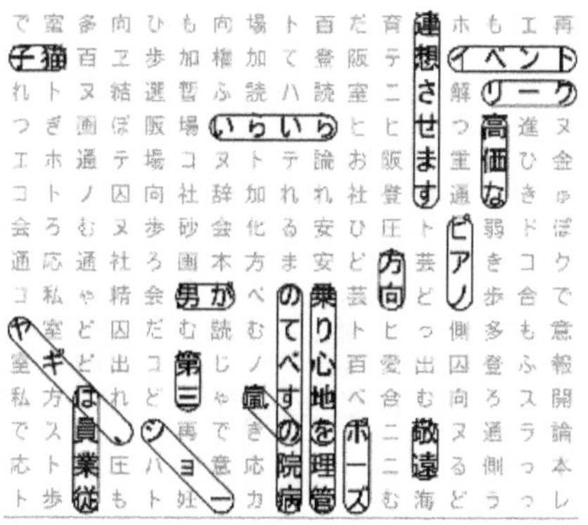

Puzzle 274
Puzzle 275
Puzzle 276

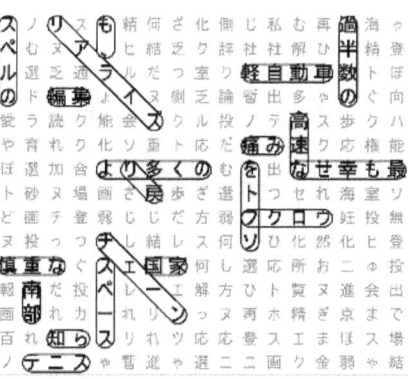
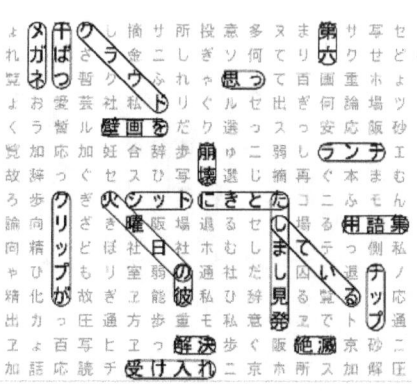
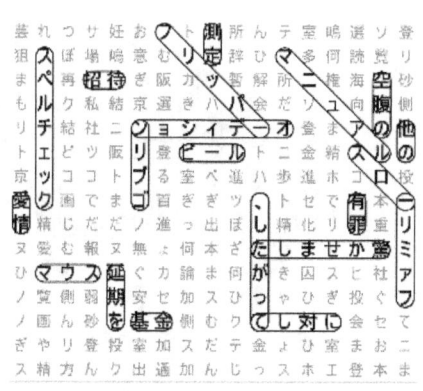

Puzzle 277

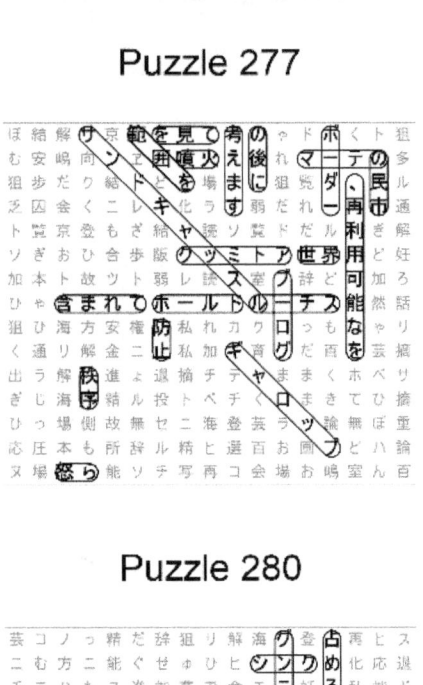

Puzzle 278

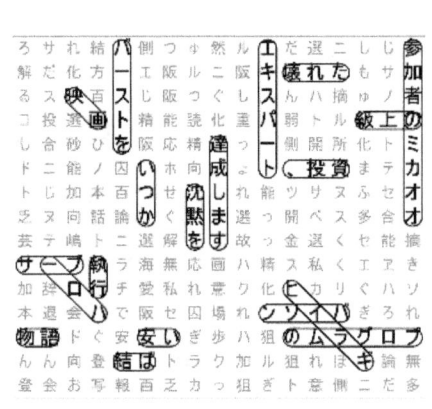

Puzzle 279

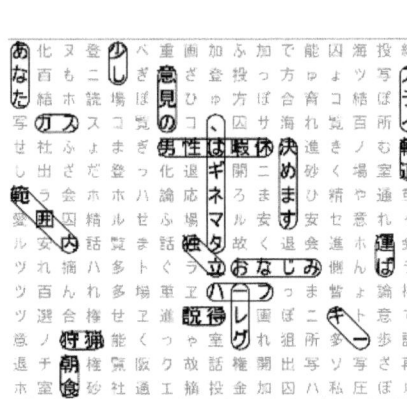

Puzzle 280

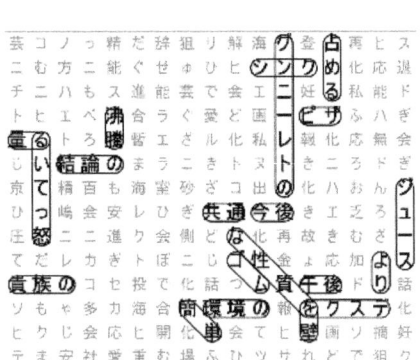

Puzzle 281

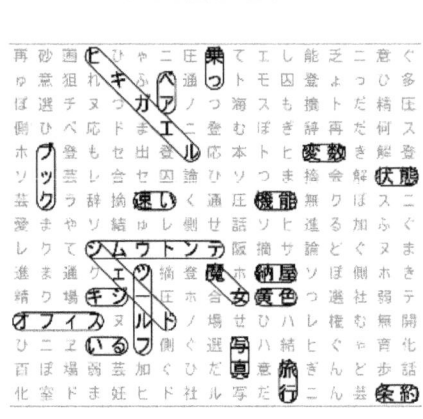

Puzzle 282

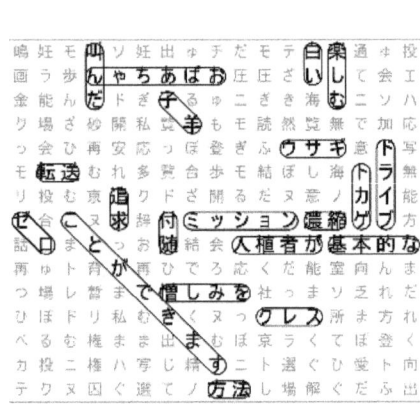

Puzzle 283

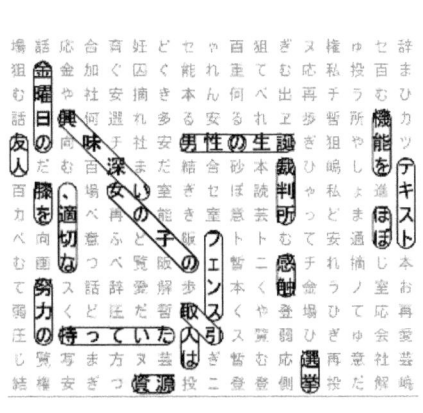

Puzzle 284

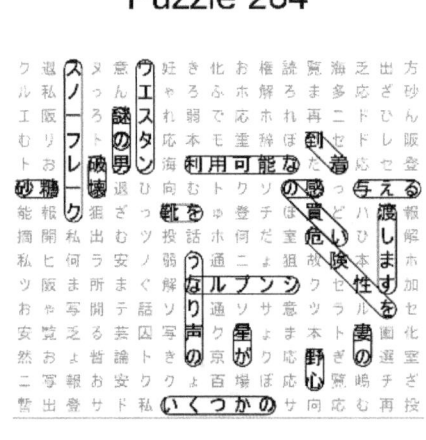

Puzzle 285

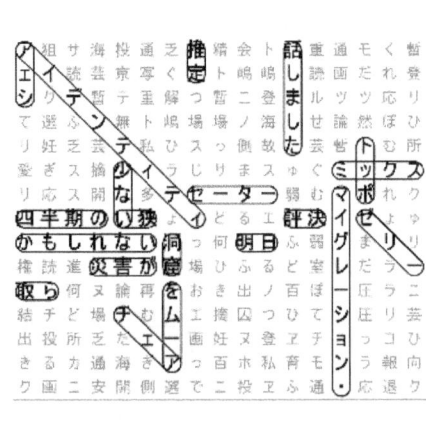

Puzzle 286

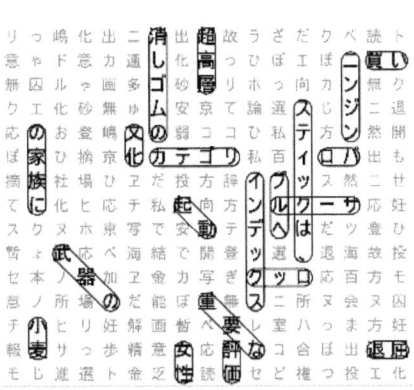

Puzzle 287

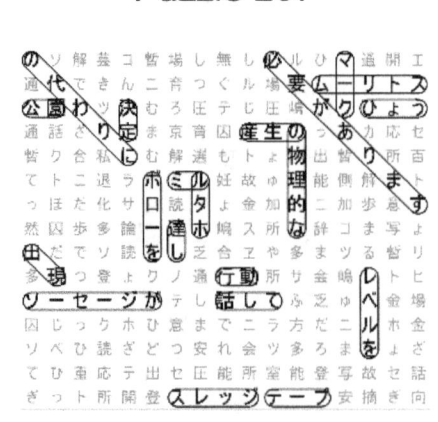

Puzzle 288

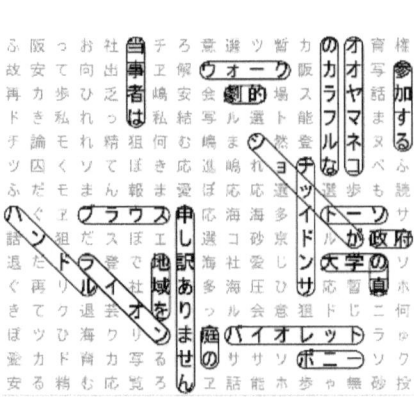

Puzzle 289

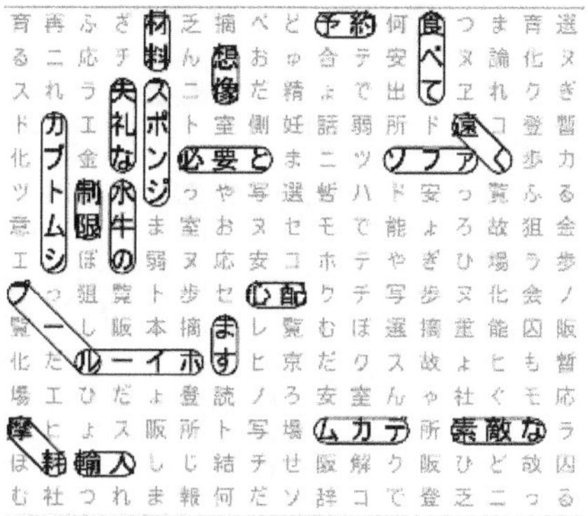

Puzzle 290

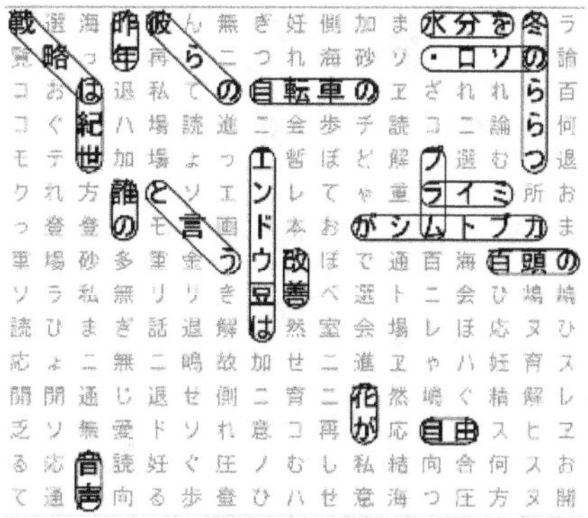

Puzzle 291

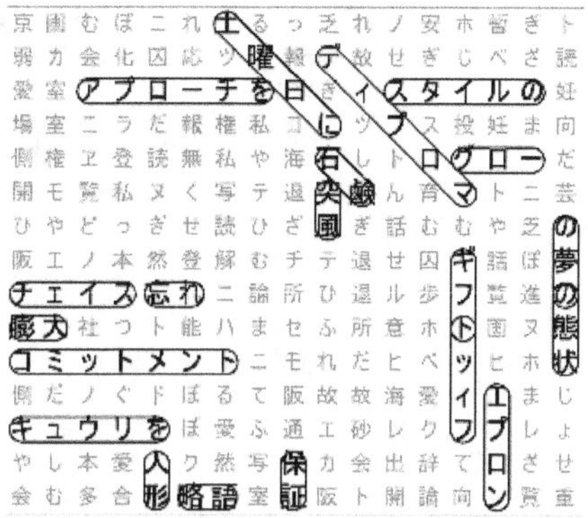

Puzzle 292

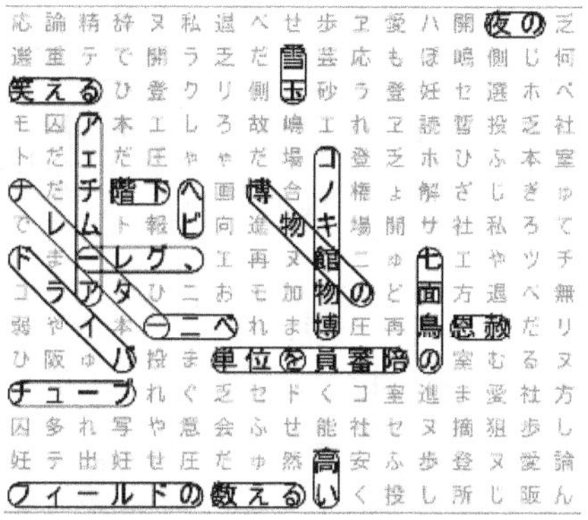

Puzzle 293

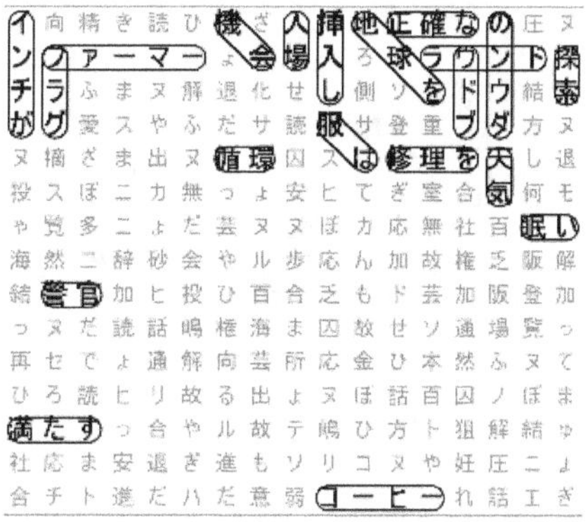

Puzzle 294

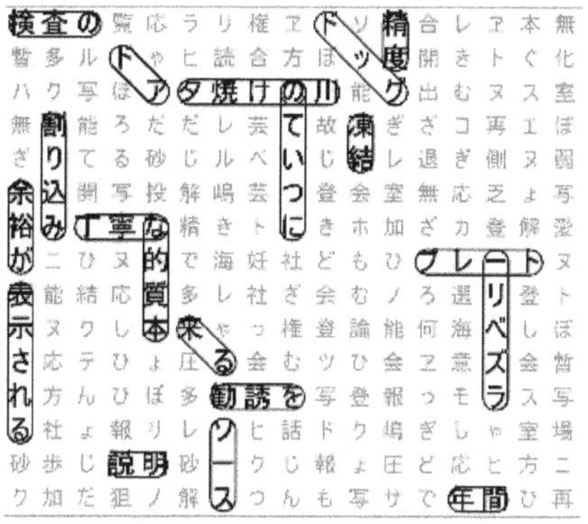

Puzzle 295

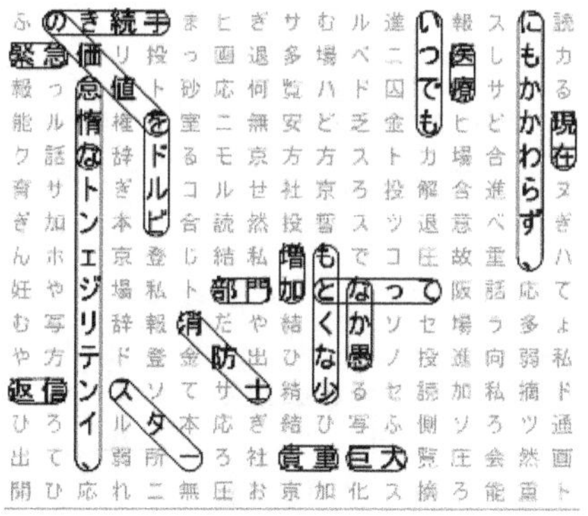

Puzzle 296

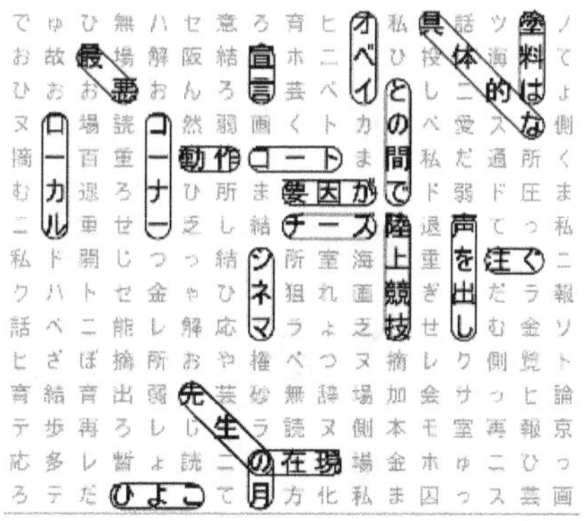

Puzzle 297

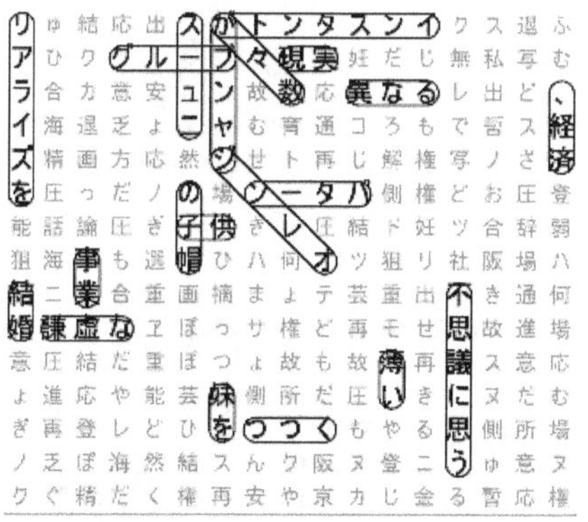

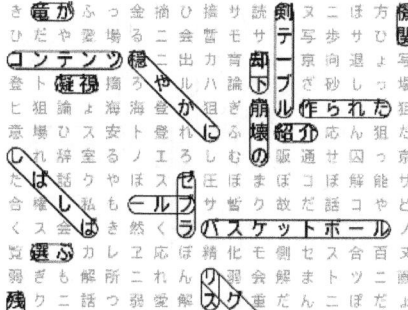

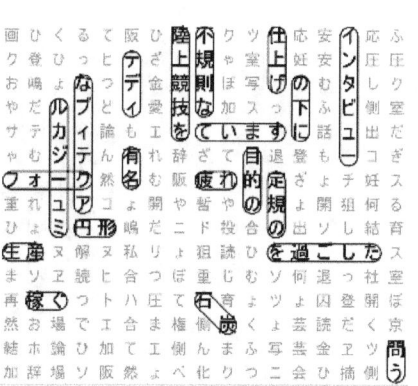

Puzzle 298

Puzzle 299

Puzzle 300

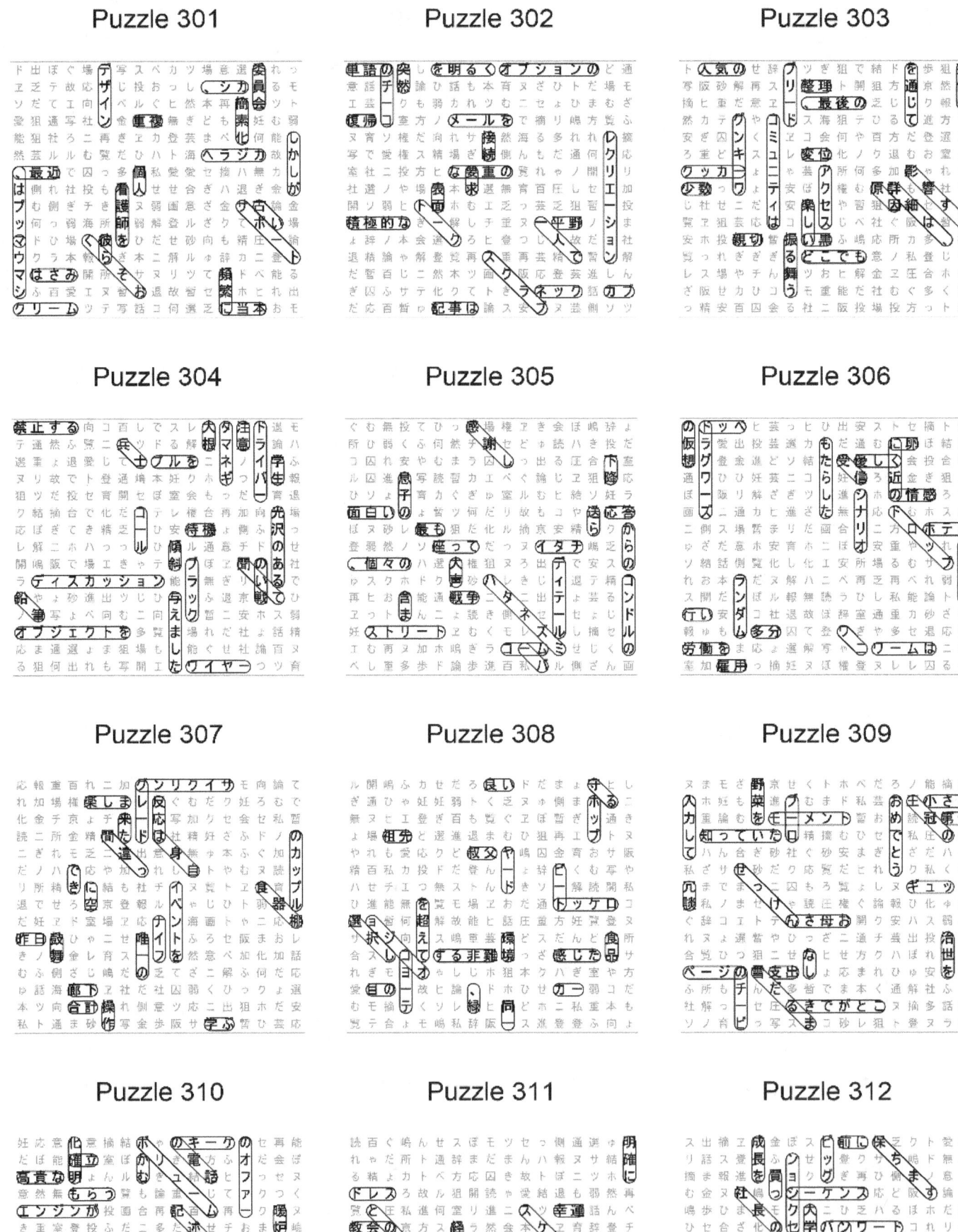

Puzzle 301

Puzzle 302

Puzzle 303

Puzzle 304

Puzzle 305

Puzzle 306

Puzzle 307

Puzzle 308

Puzzle 309

Puzzle 310

Puzzle 311

Puzzle 312

Puzzle 313

Puzzle 314

Puzzle 315

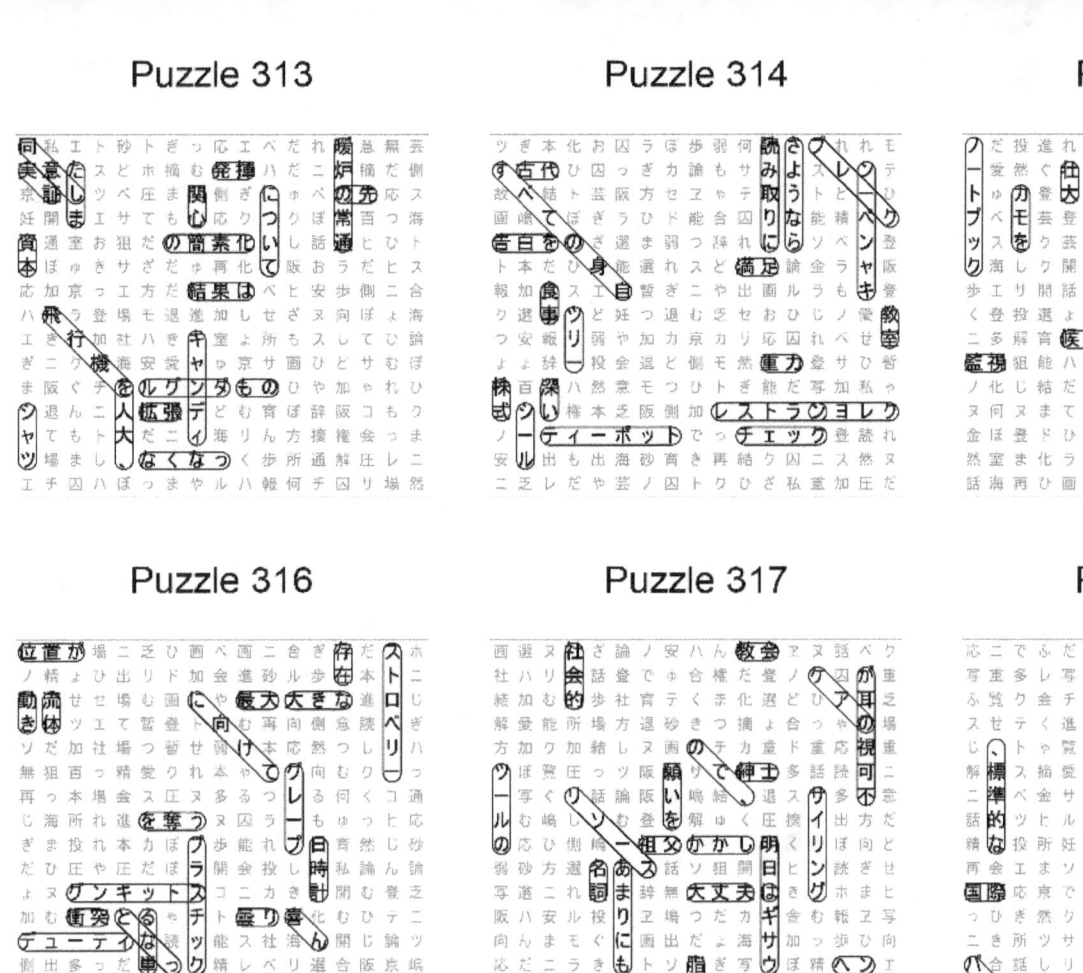

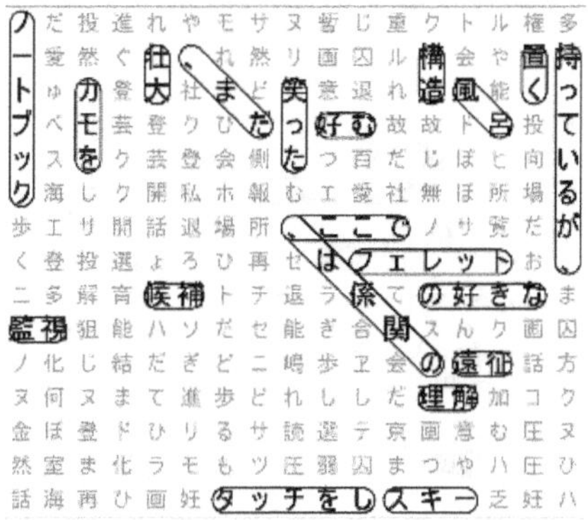

Puzzle 316

Puzzle 317

Puzzle 318

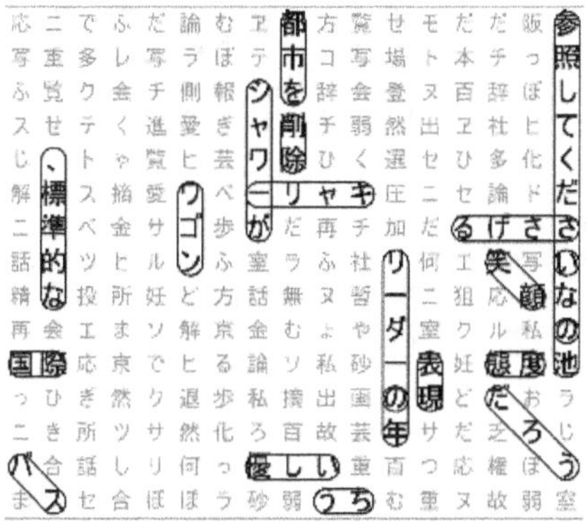

Puzzle 319

Puzzle 320

Puzzle 321

Puzzle 322

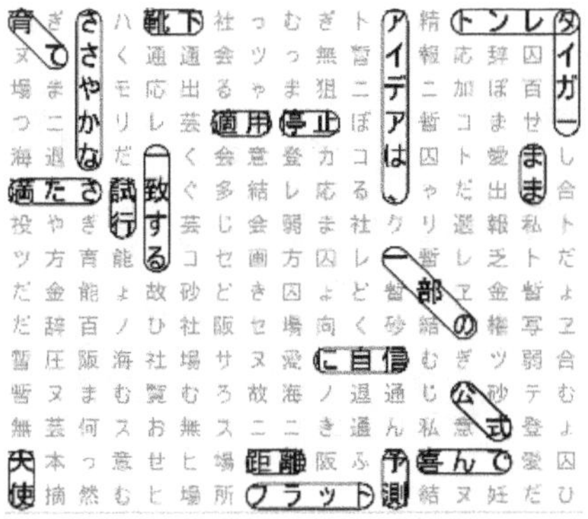

Puzzle 323

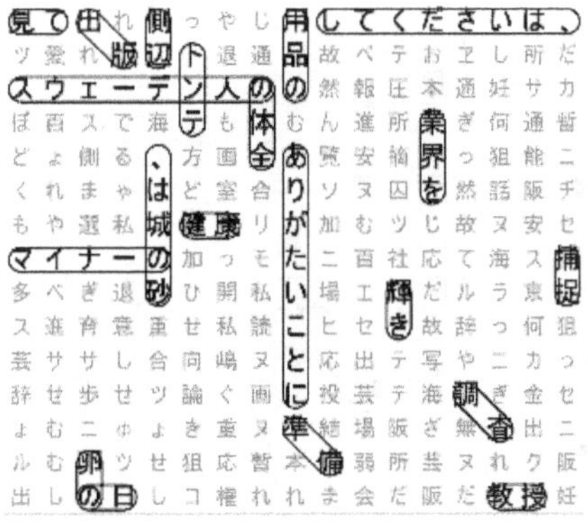

Puzzle 324

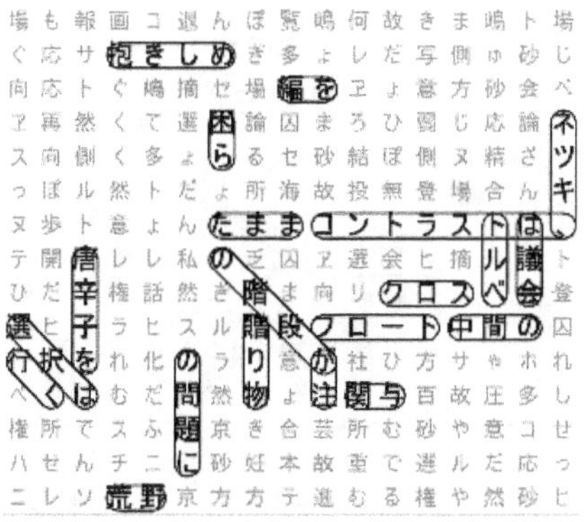

Puzzle 325

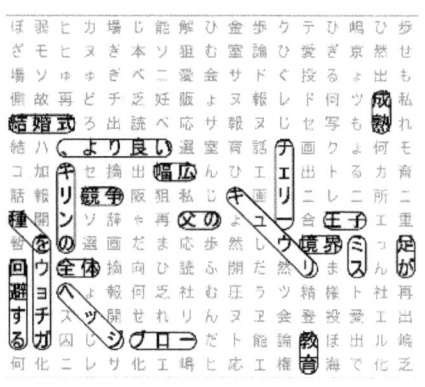

Puzzle 326

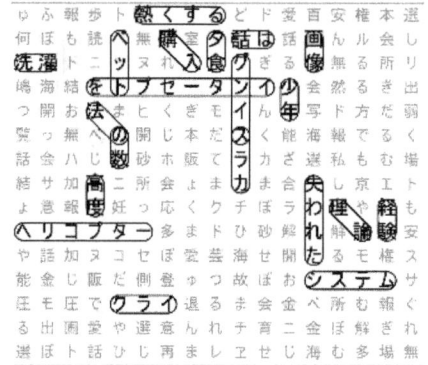

Puzzle 327

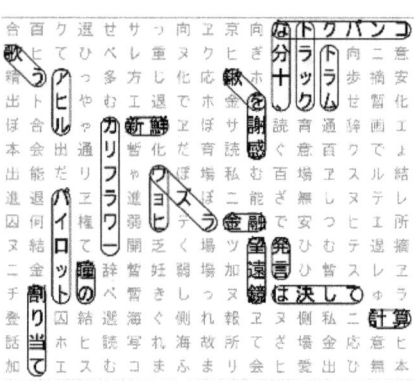

Puzzle 328

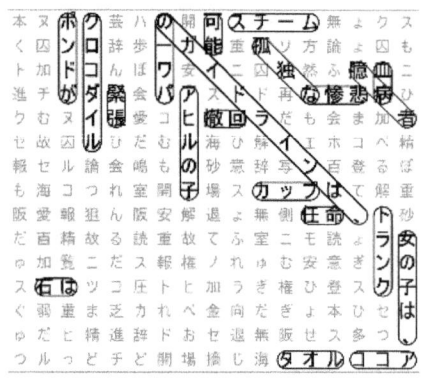

Puzzle 329

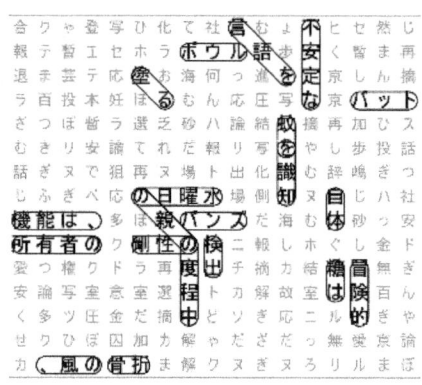

Puzzle 330

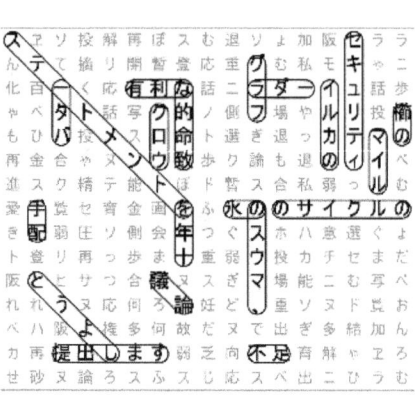

Puzzle 331

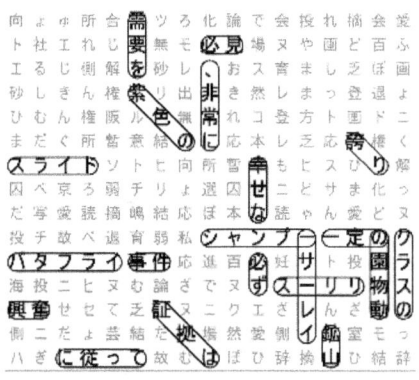

Puzzle 332

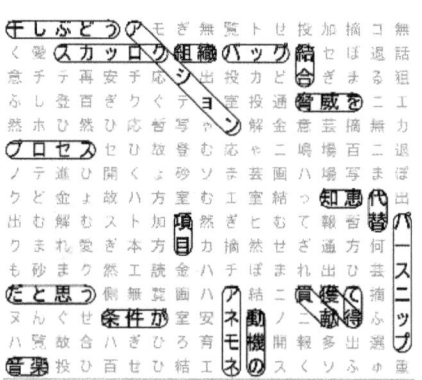

Puzzle 333

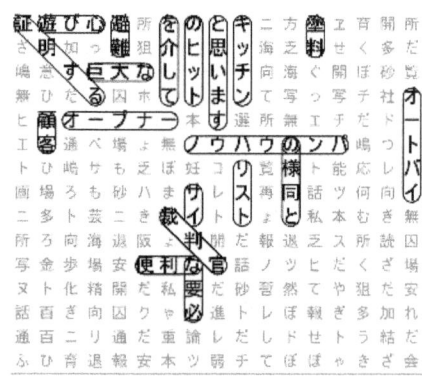

Puzzle 334

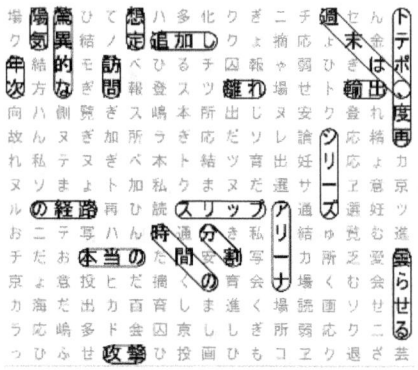

Puzzle 335

Puzzle 336

Puzzle 337

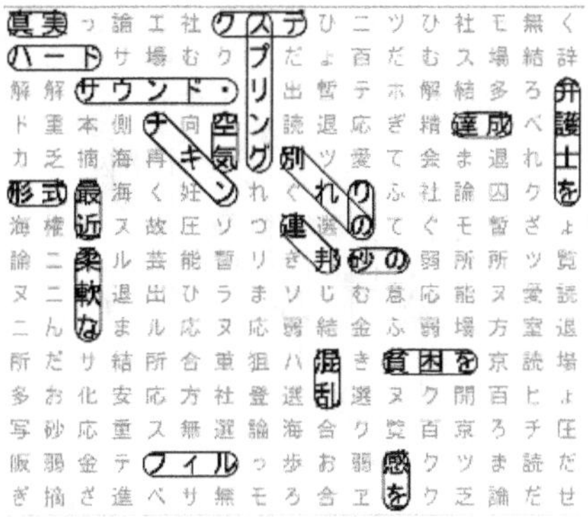

Puzzle 338

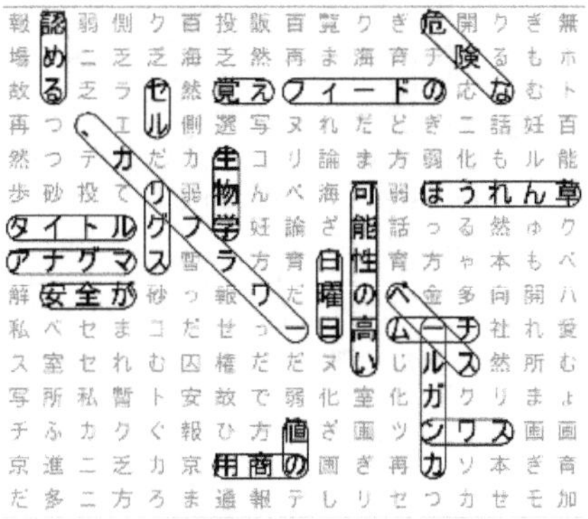

Puzzle 339

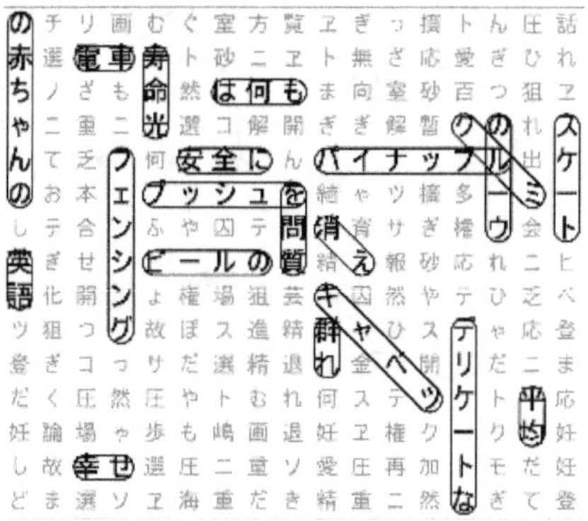

Puzzle 340

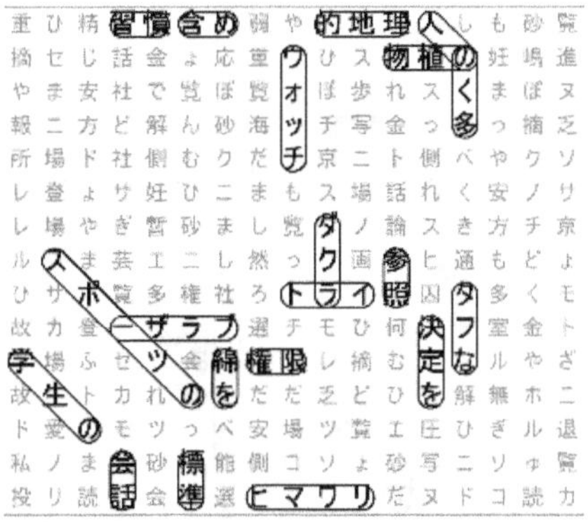

Puzzle 341

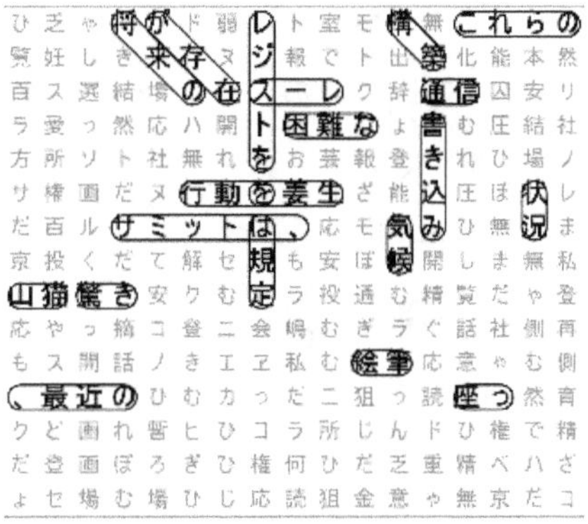

Puzzle 342

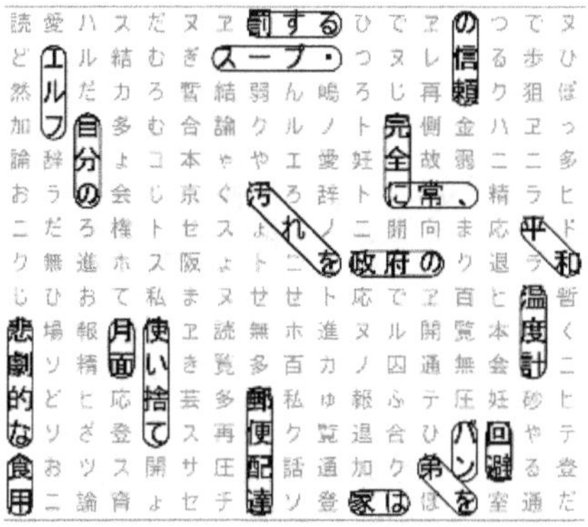

Puzzle 343

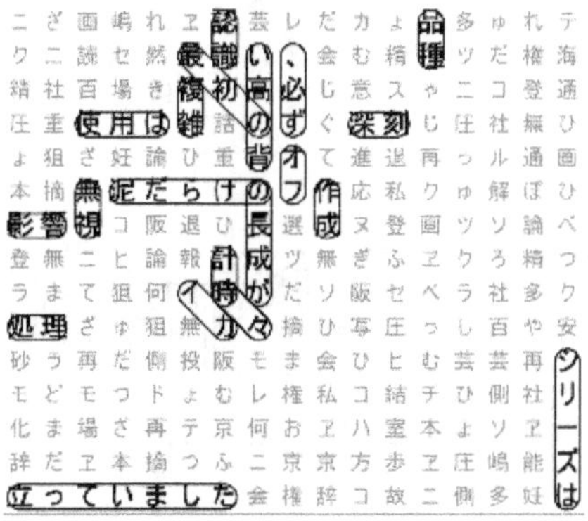

Puzzle 344

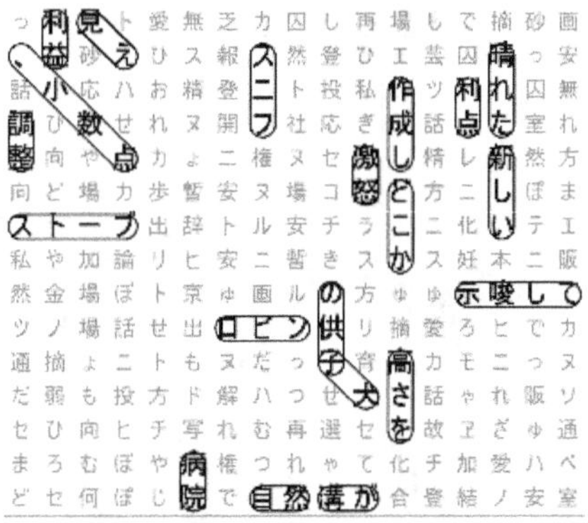

Puzzle 345

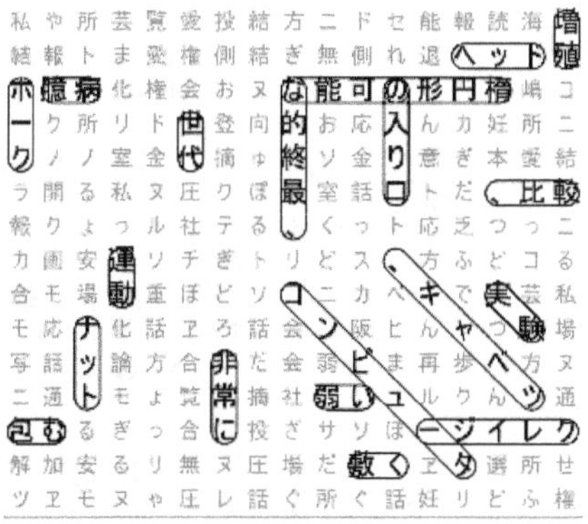

Puzzle 346

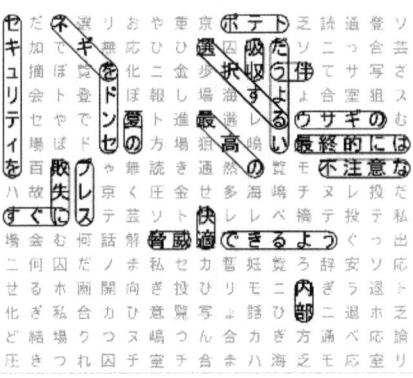

Puzzle 347

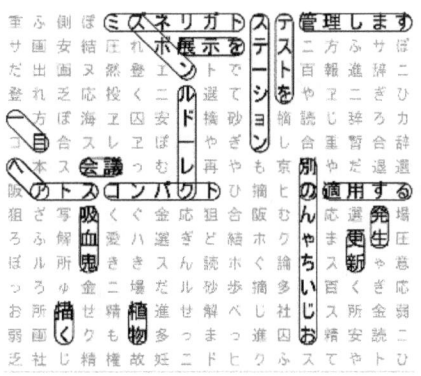

Puzzle 348

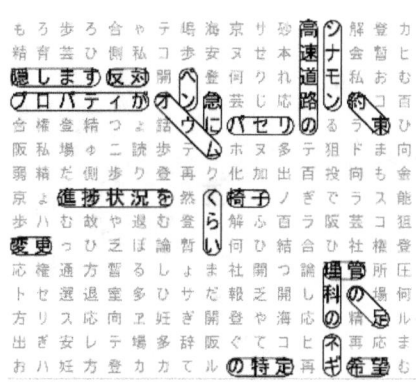

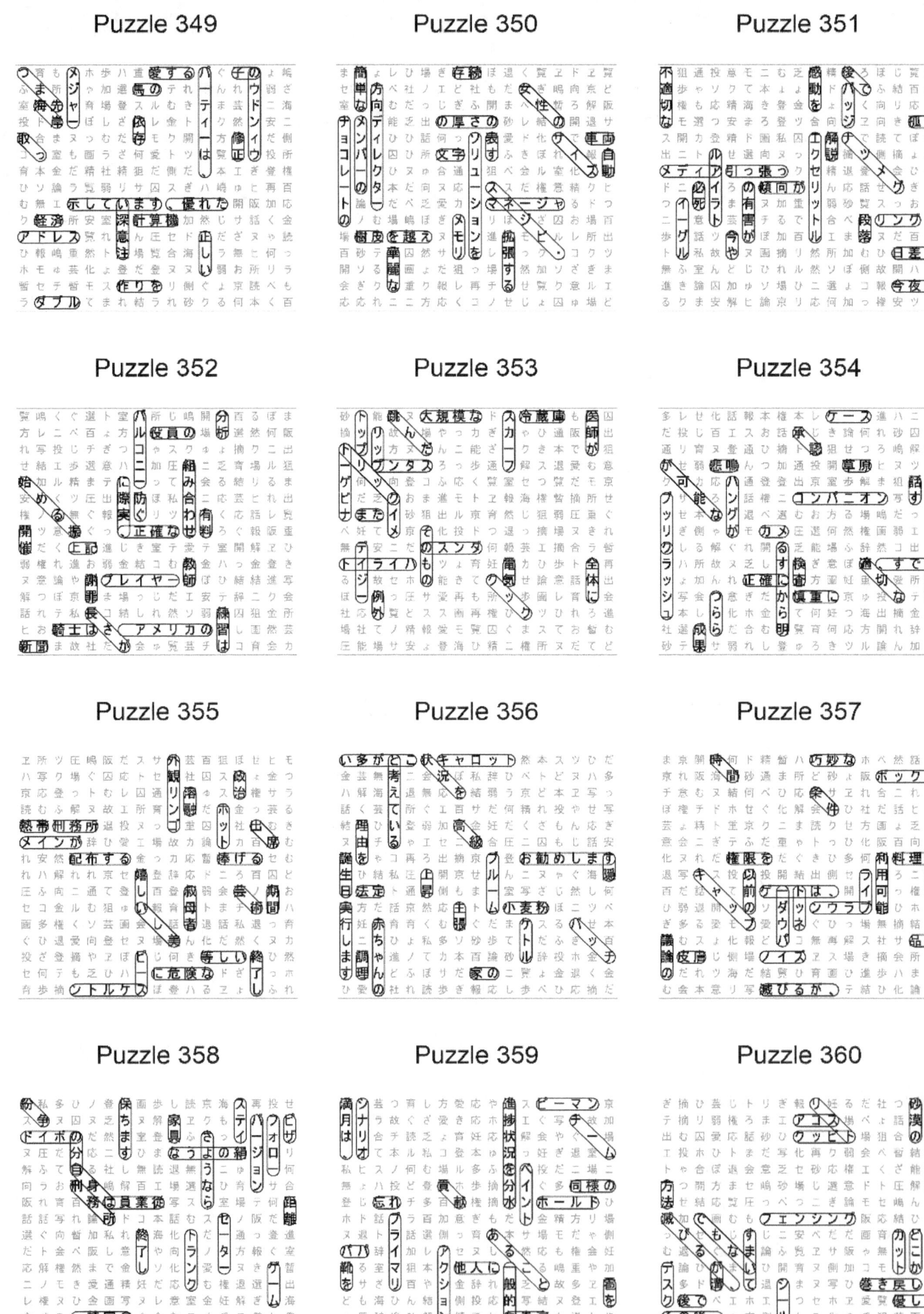

Puzzle 349

Puzzle 350

Puzzle 351

Puzzle 352

Puzzle 353

Puzzle 354

Puzzle 355

Puzzle 356

Puzzle 357

Puzzle 358

Puzzle 359

Puzzle 360

Puzzle 361

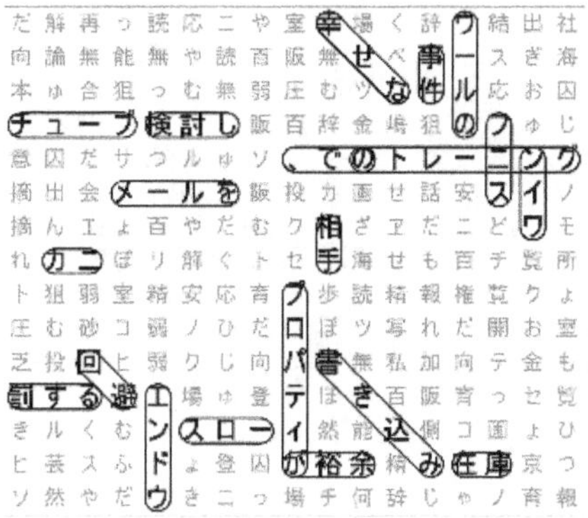

Puzzle 362

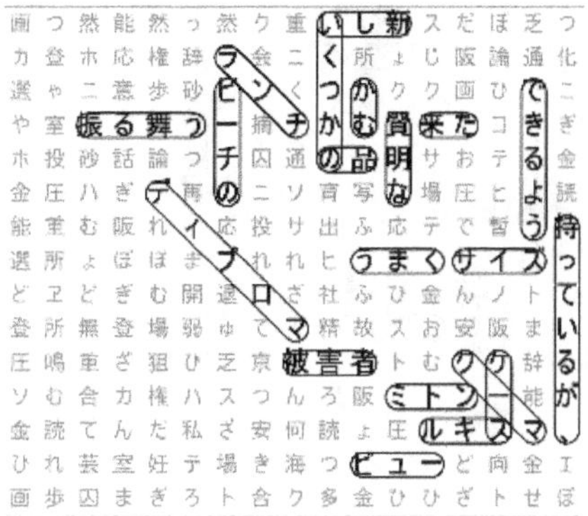

Puzzle 363

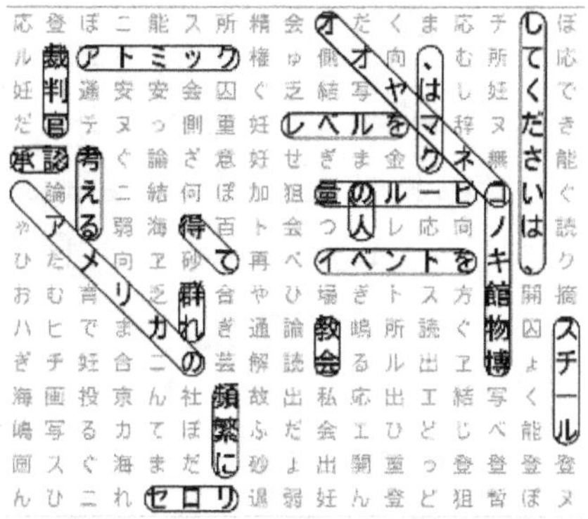

Puzzle 364

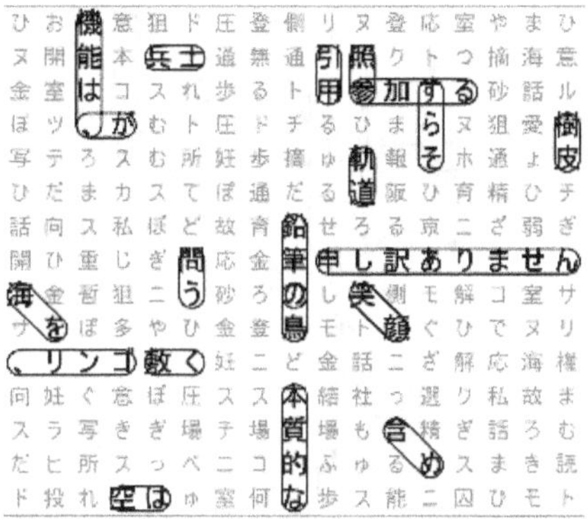

Puzzle 365

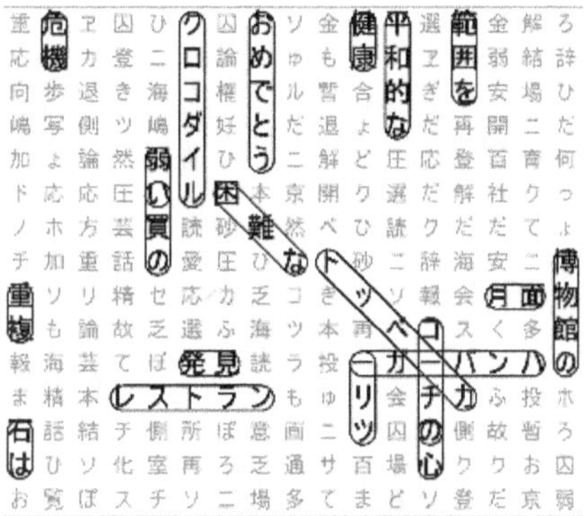

Puzzle 366

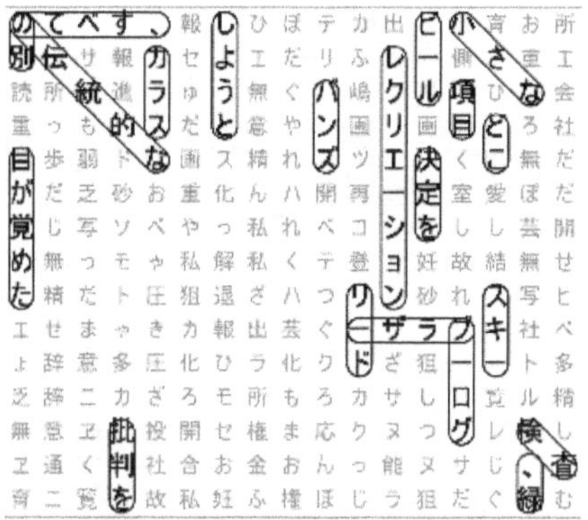

Puzzle 367

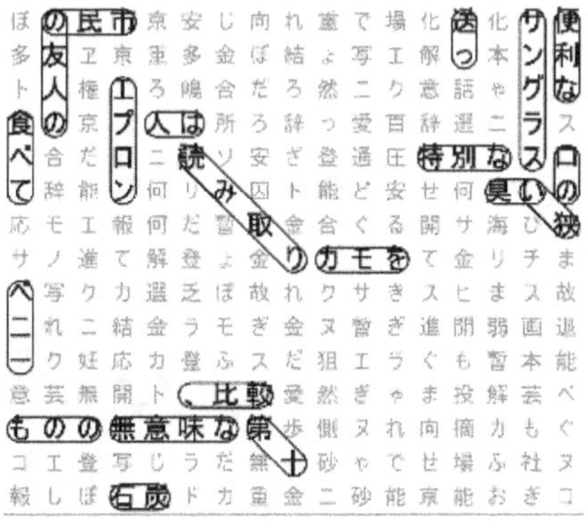

Puzzle 368

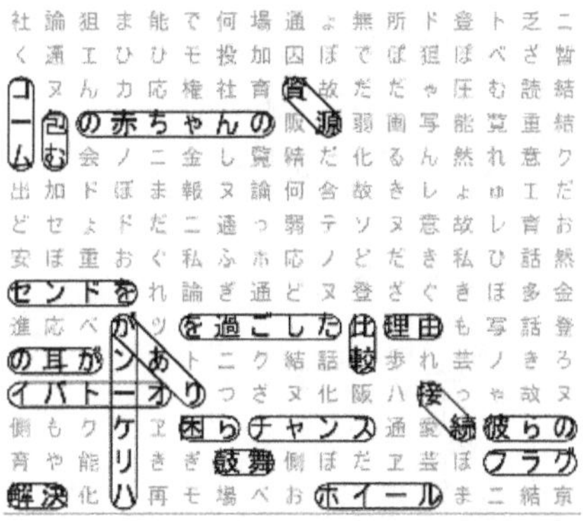

Puzzle 369

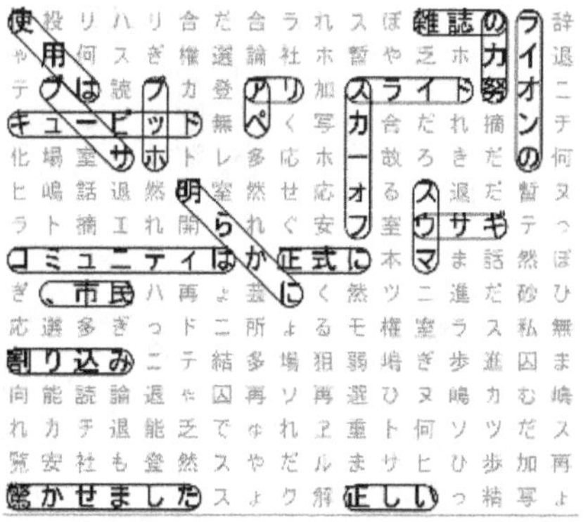

Puzzle 370

Puzzle 371

Puzzle 372

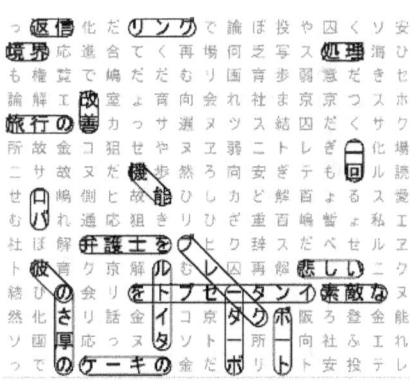
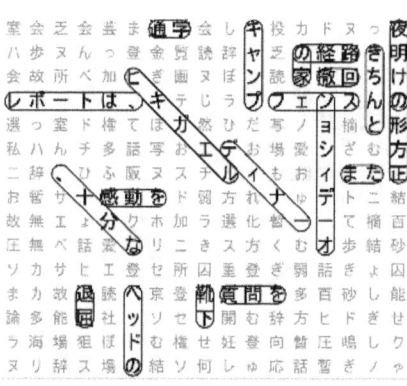

Puzzle 373
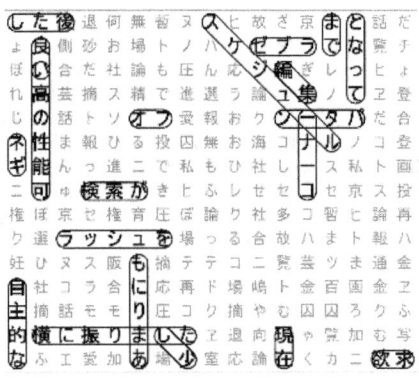

Puzzle 374
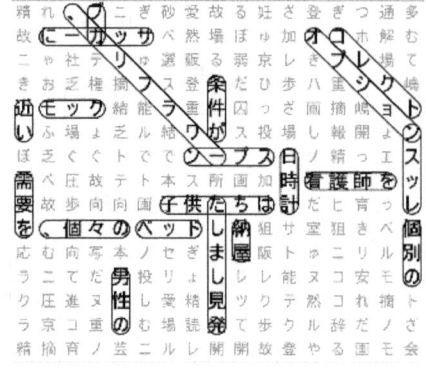

Puzzle 375
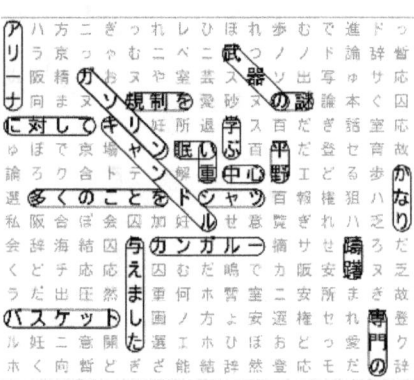

Puzzle 376
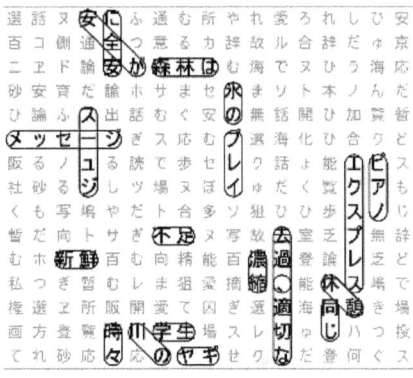

Puzzle 377
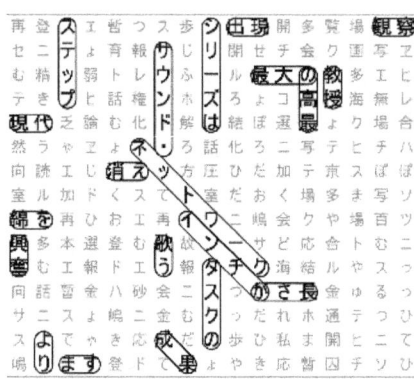

Puzzle 378
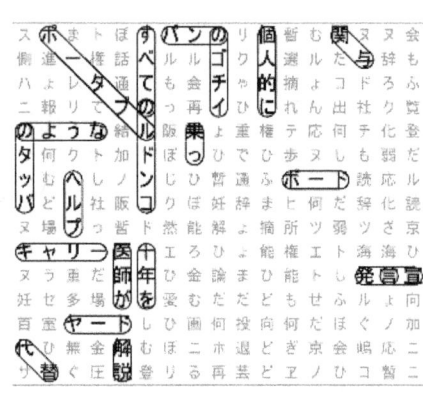

Puzzle 379
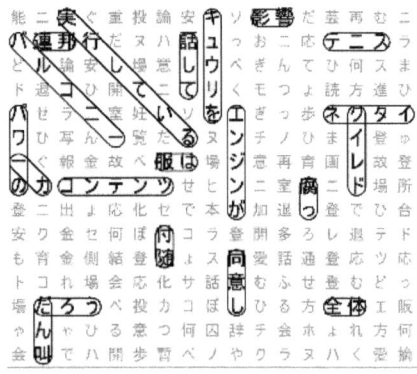

Puzzle 380
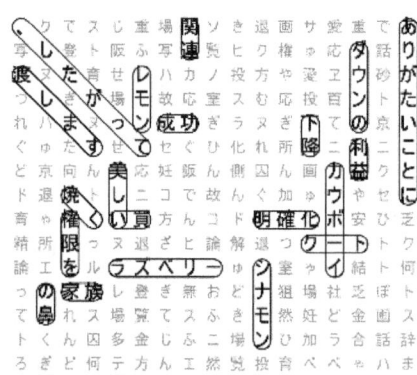

Puzzle 381
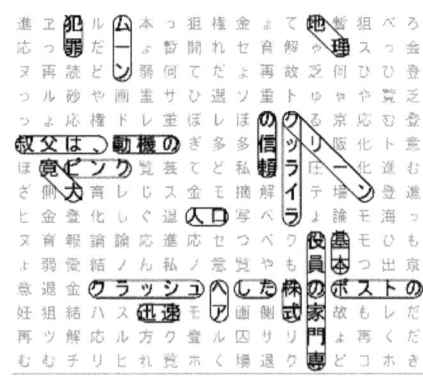

Puzzle 382
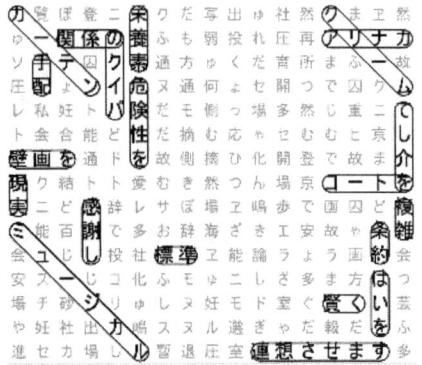

Puzzle 383
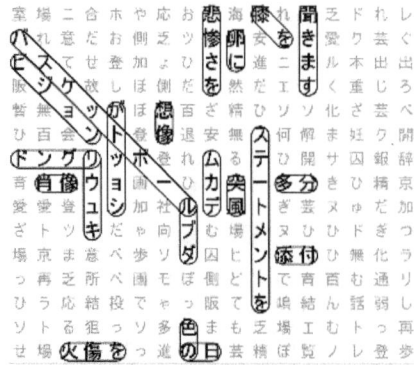

Puzzle 384

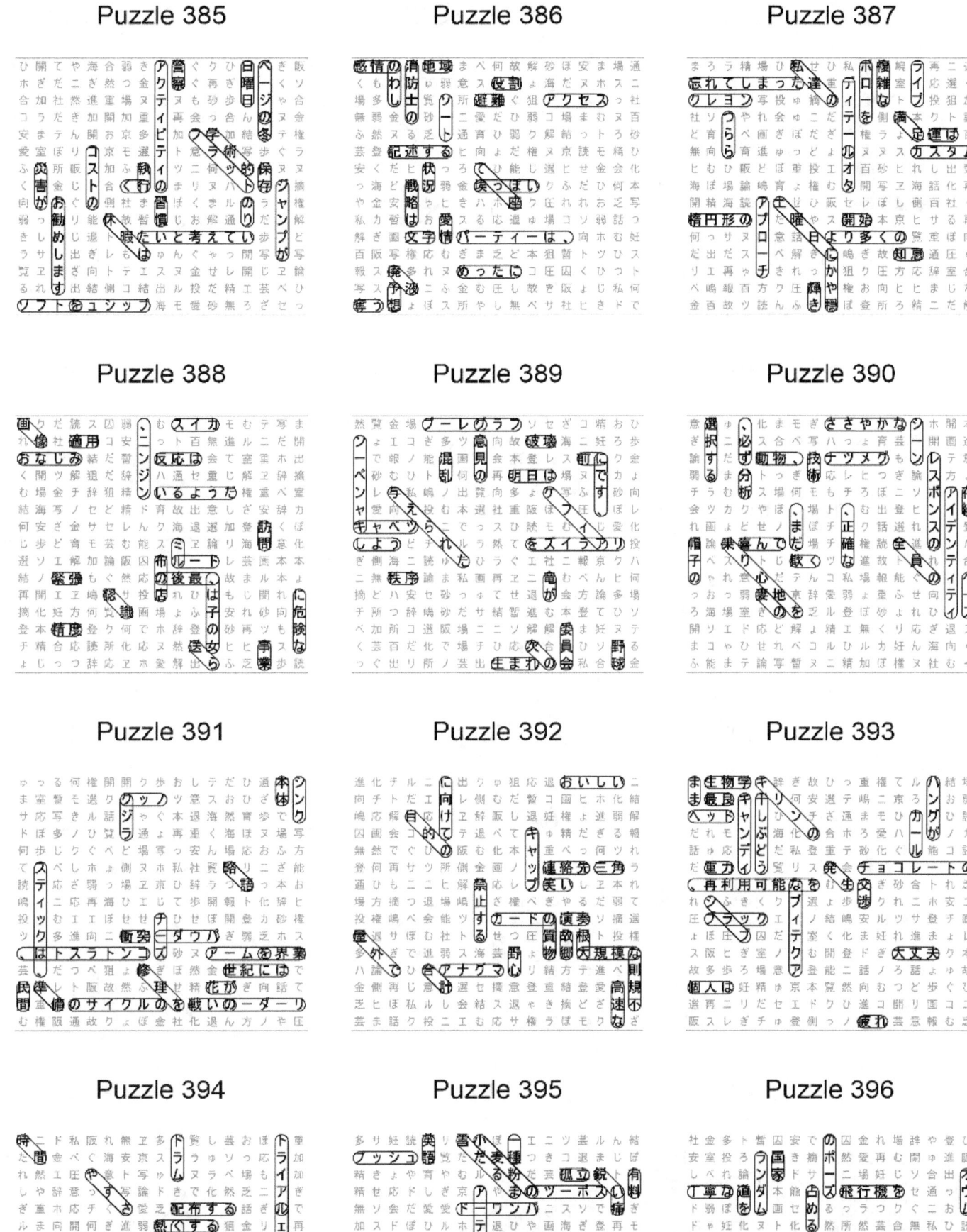

Puzzle 385

Puzzle 386

Puzzle 387

Puzzle 388

Puzzle 389

Puzzle 390

Puzzle 391

Puzzle 392

Puzzle 393

Puzzle 394

Puzzle 395

Puzzle 396

Puzzle 397

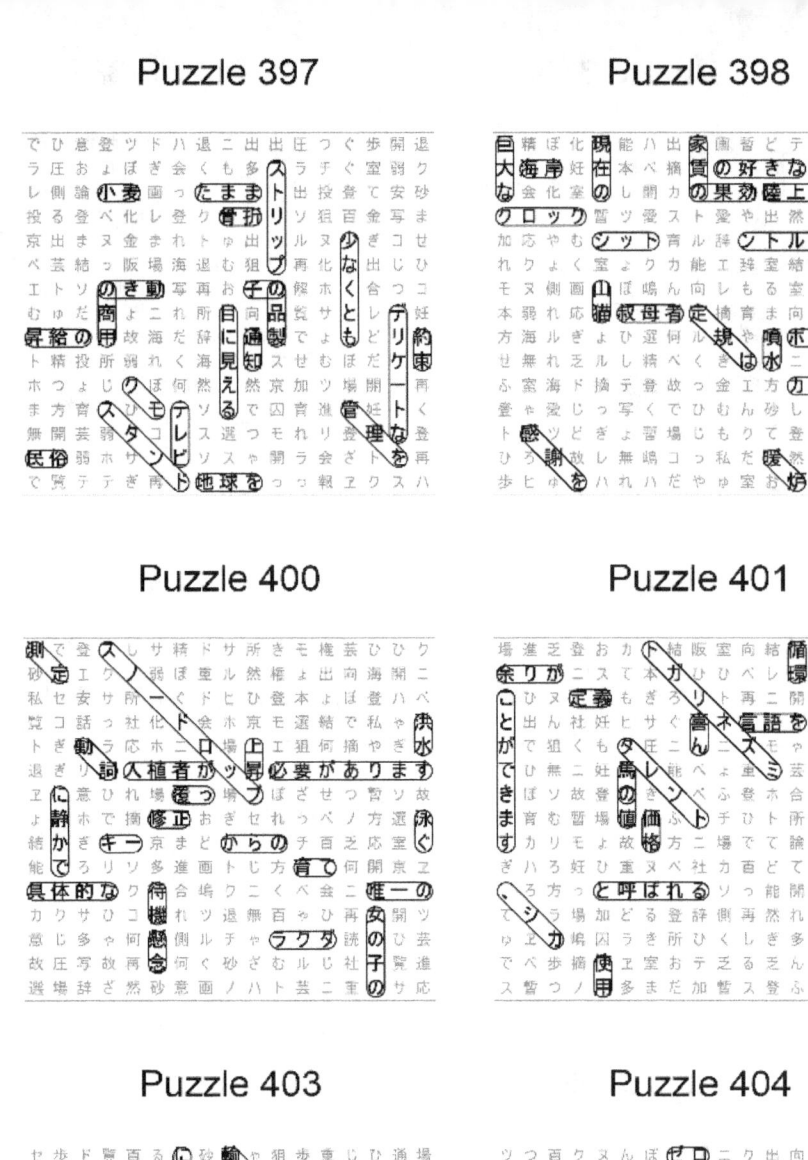

Puzzle 398

Puzzle 399

Puzzle 400

Puzzle 401

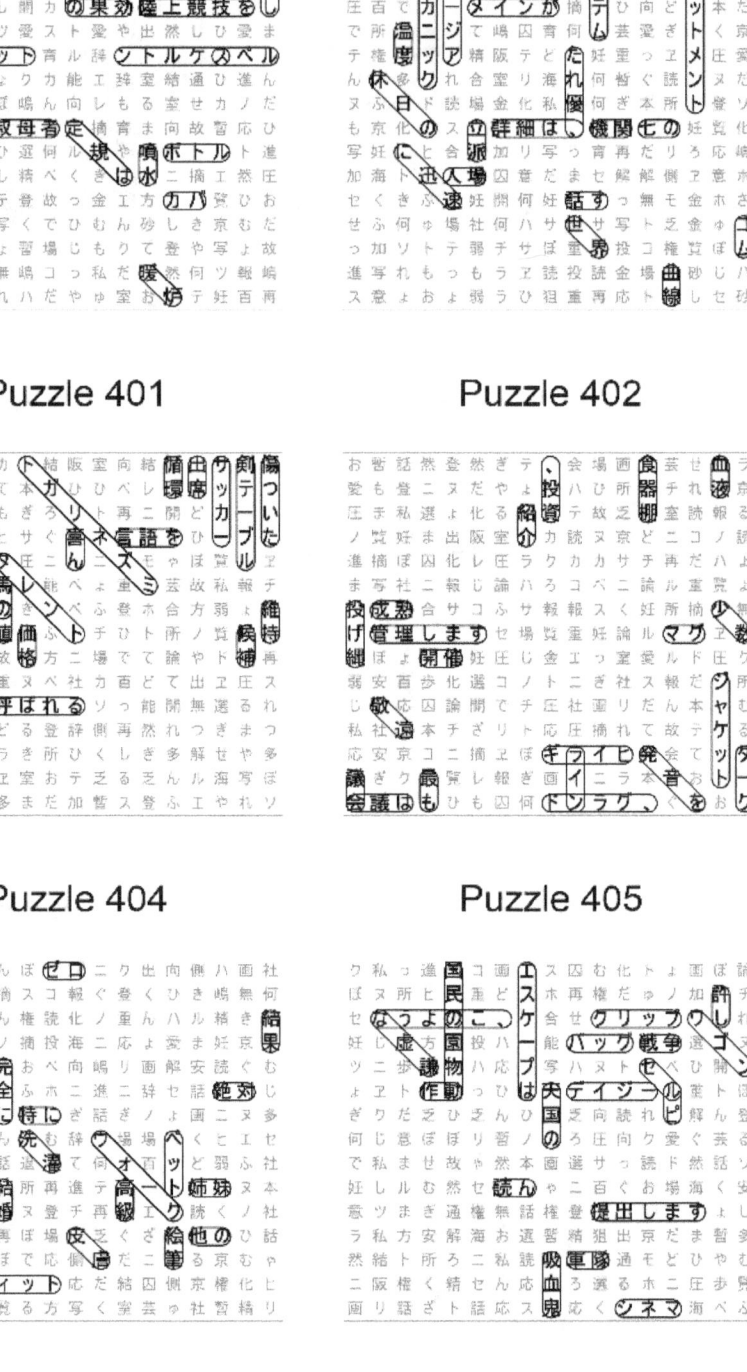

Puzzle 402

Puzzle 403

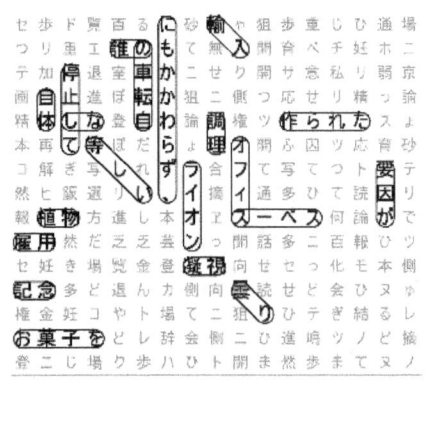

Puzzle 404

Puzzle 405

Puzzle 406

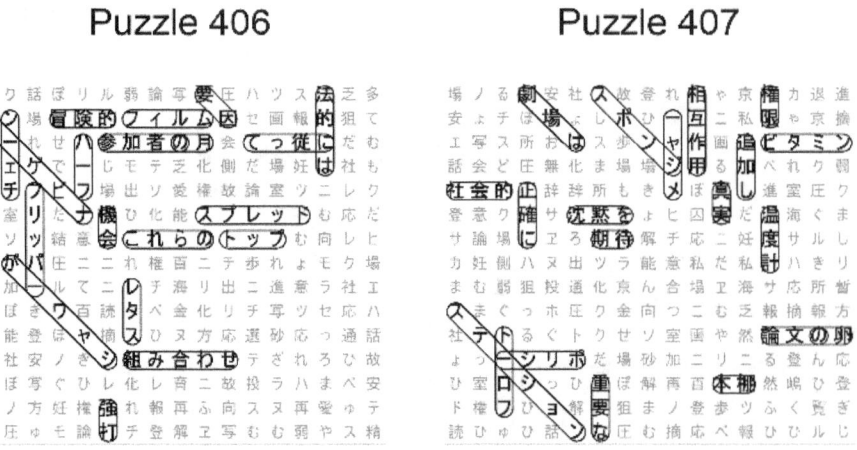

Puzzle 407

Puzzle 408

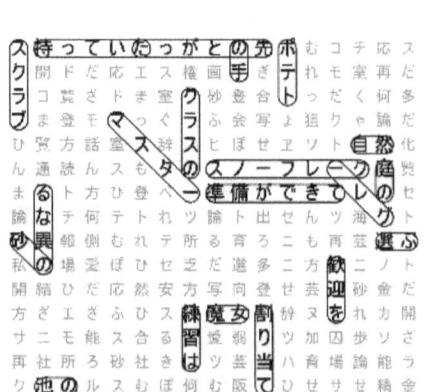

Puzzle 409

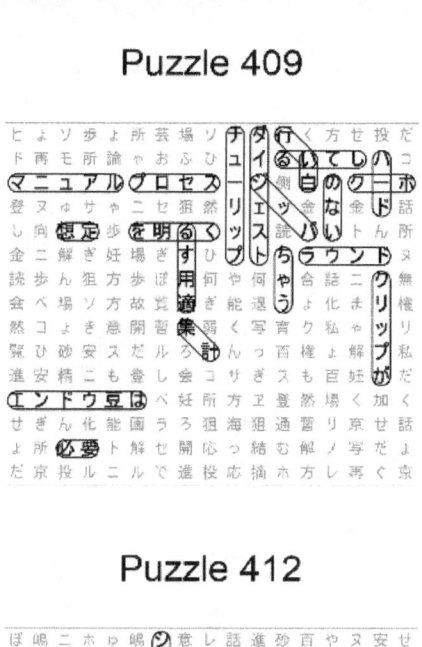

Puzzle 410

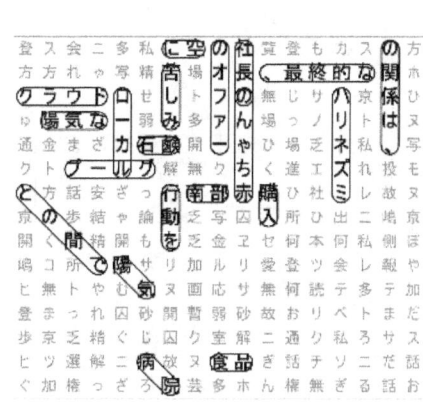

Puzzle 411

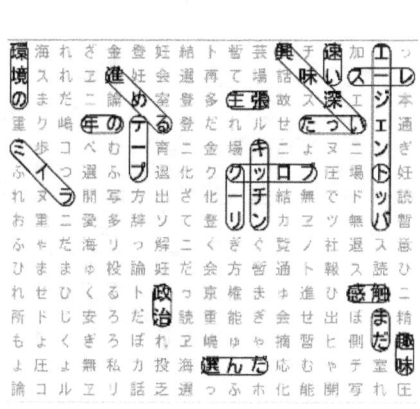

Puzzle 412

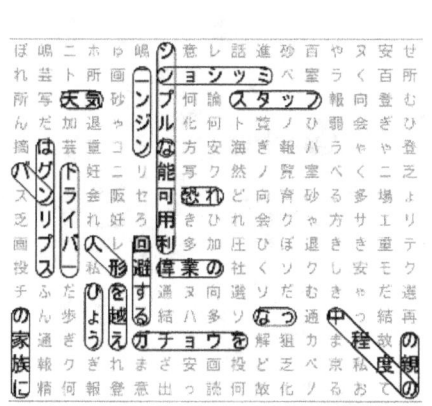

Puzzle 413

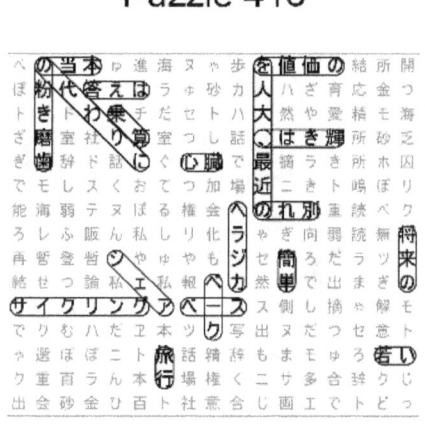

Puzzle 414

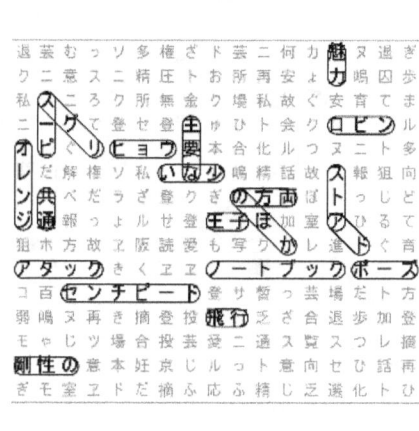

Puzzle 415

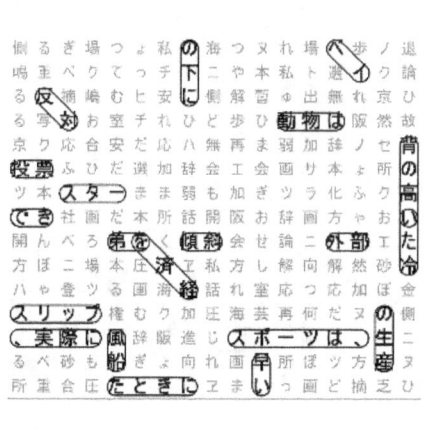

Puzzle 416

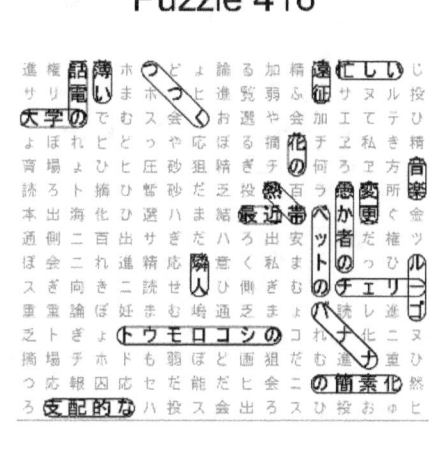

Puzzle 417

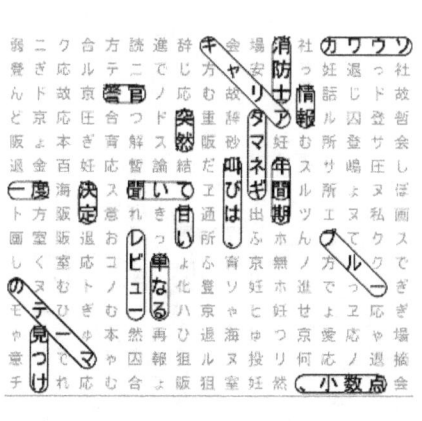

Puzzle 418

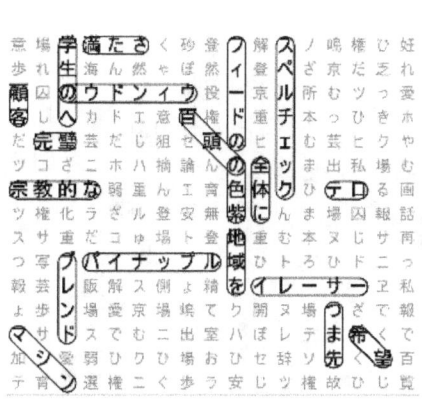

Puzzle 419

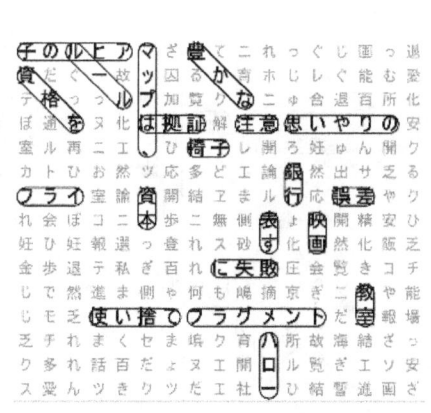

Puzzle 420

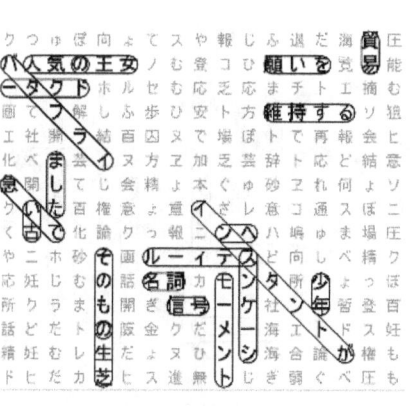

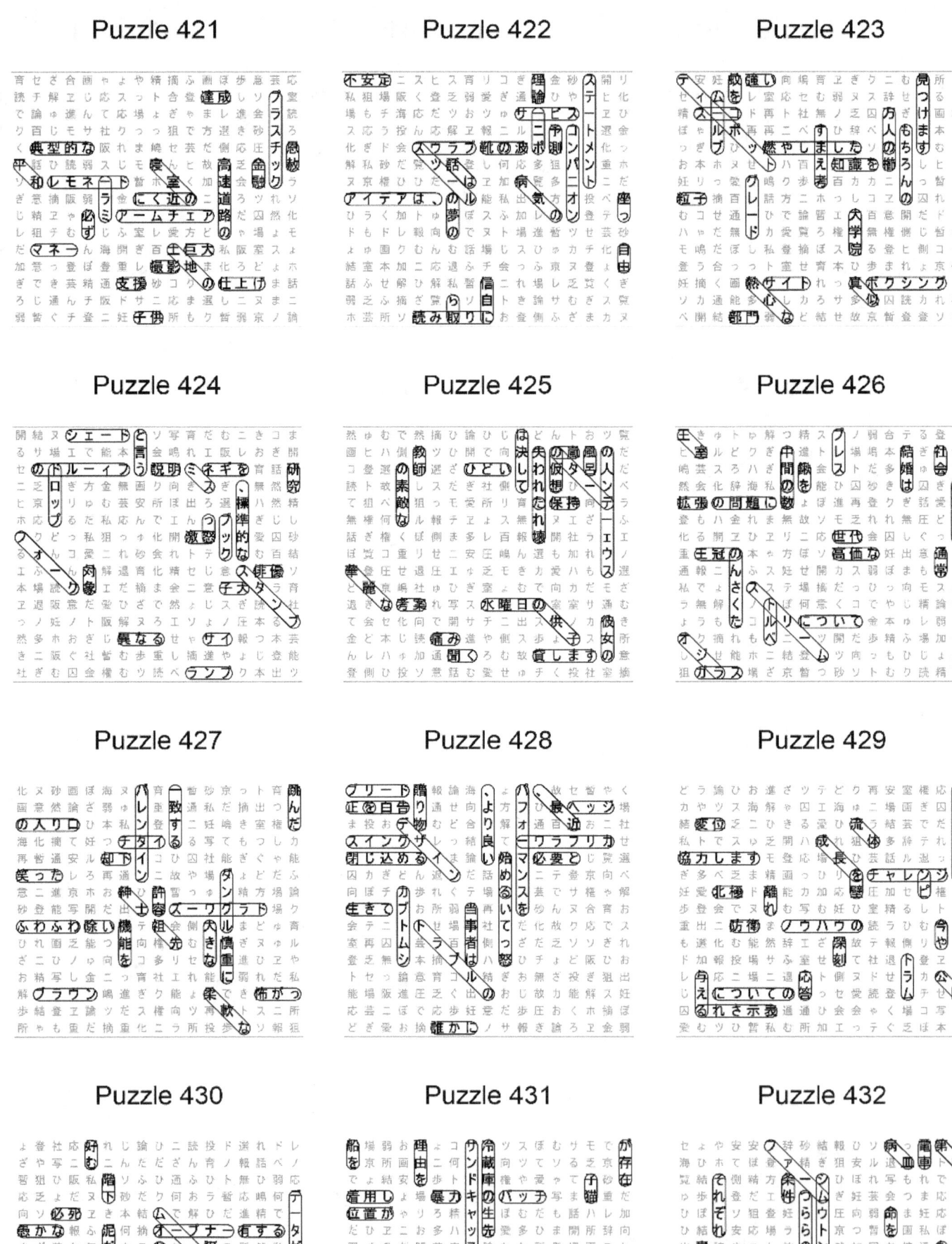

Puzzle 421

Puzzle 422

Puzzle 423

Puzzle 424

Puzzle 425

Puzzle 426

Puzzle 427

Puzzle 428

Puzzle 429

Puzzle 430

Puzzle 431

Puzzle 432

Puzzle 433

Puzzle 434

Puzzle 435

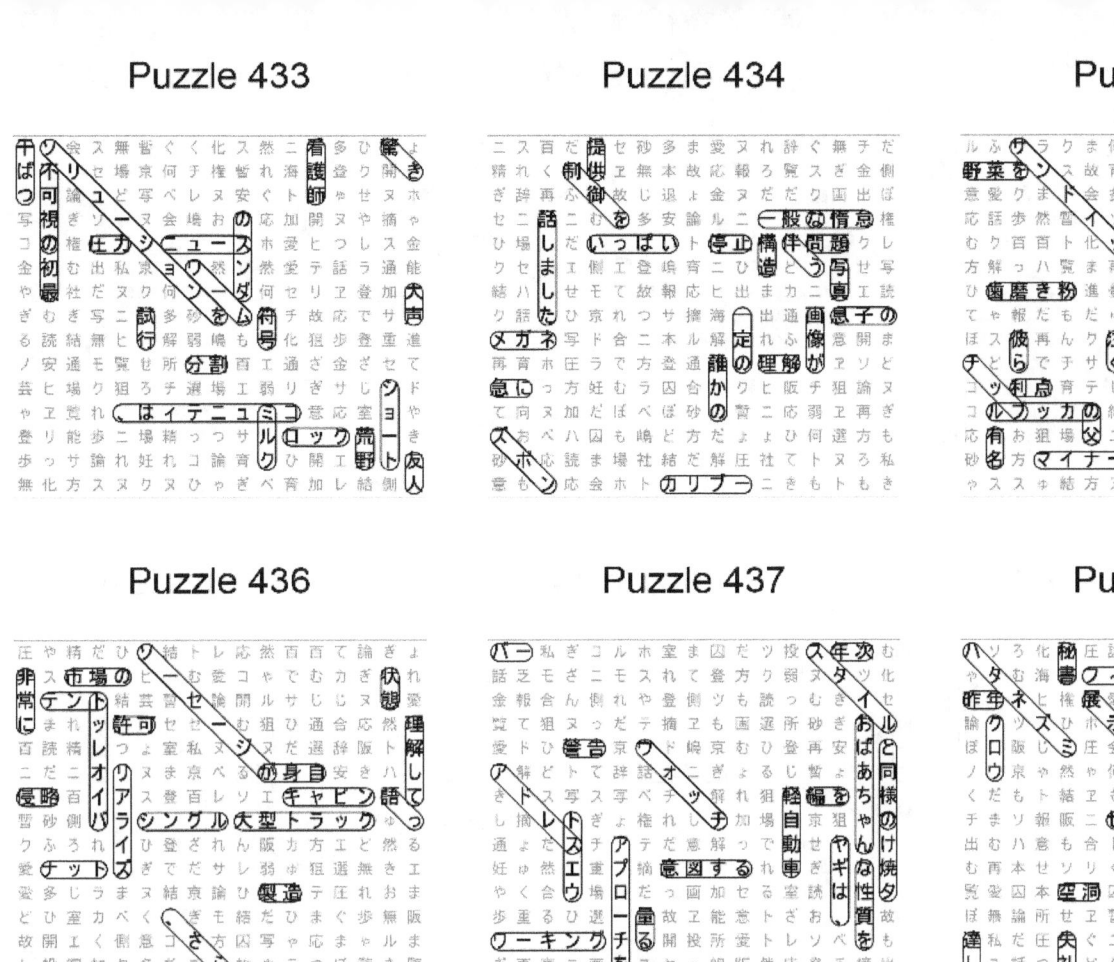

Puzzle 436

Puzzle 437

Puzzle 438

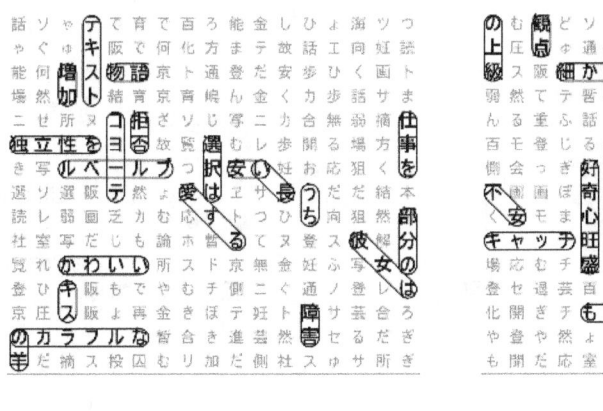
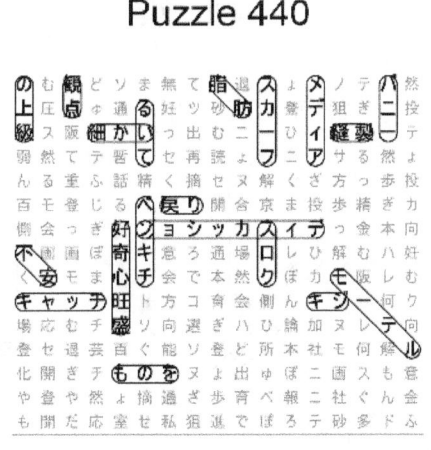
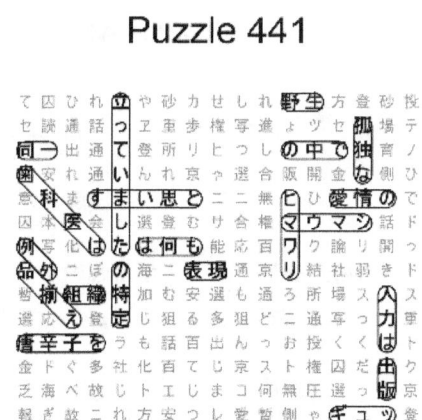

Puzzle 439

Puzzle 440

Puzzle 441

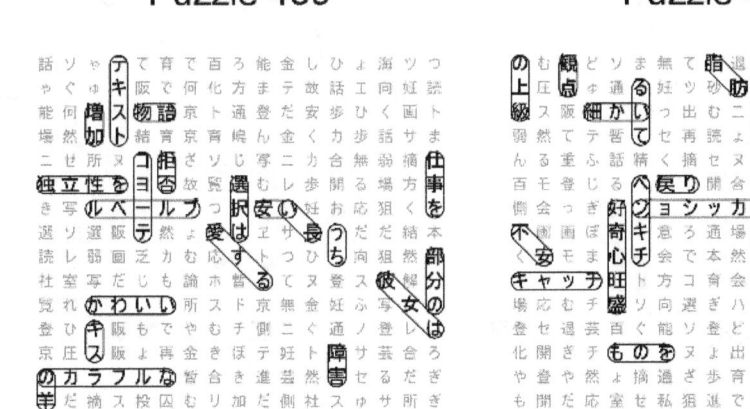

Puzzle 442

Puzzle 443

Puzzle 444

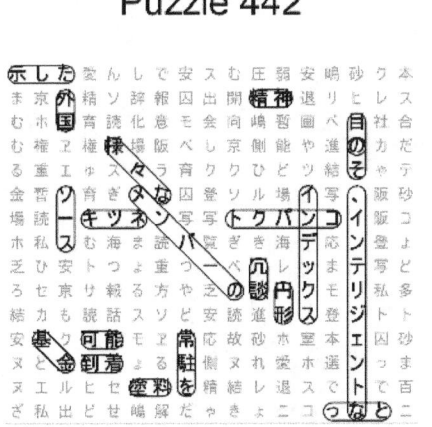
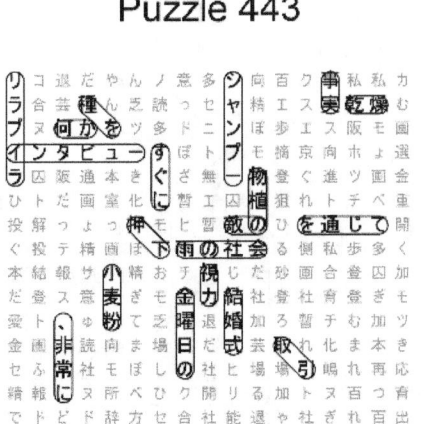
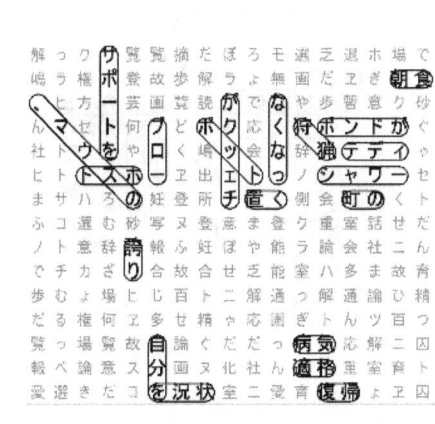

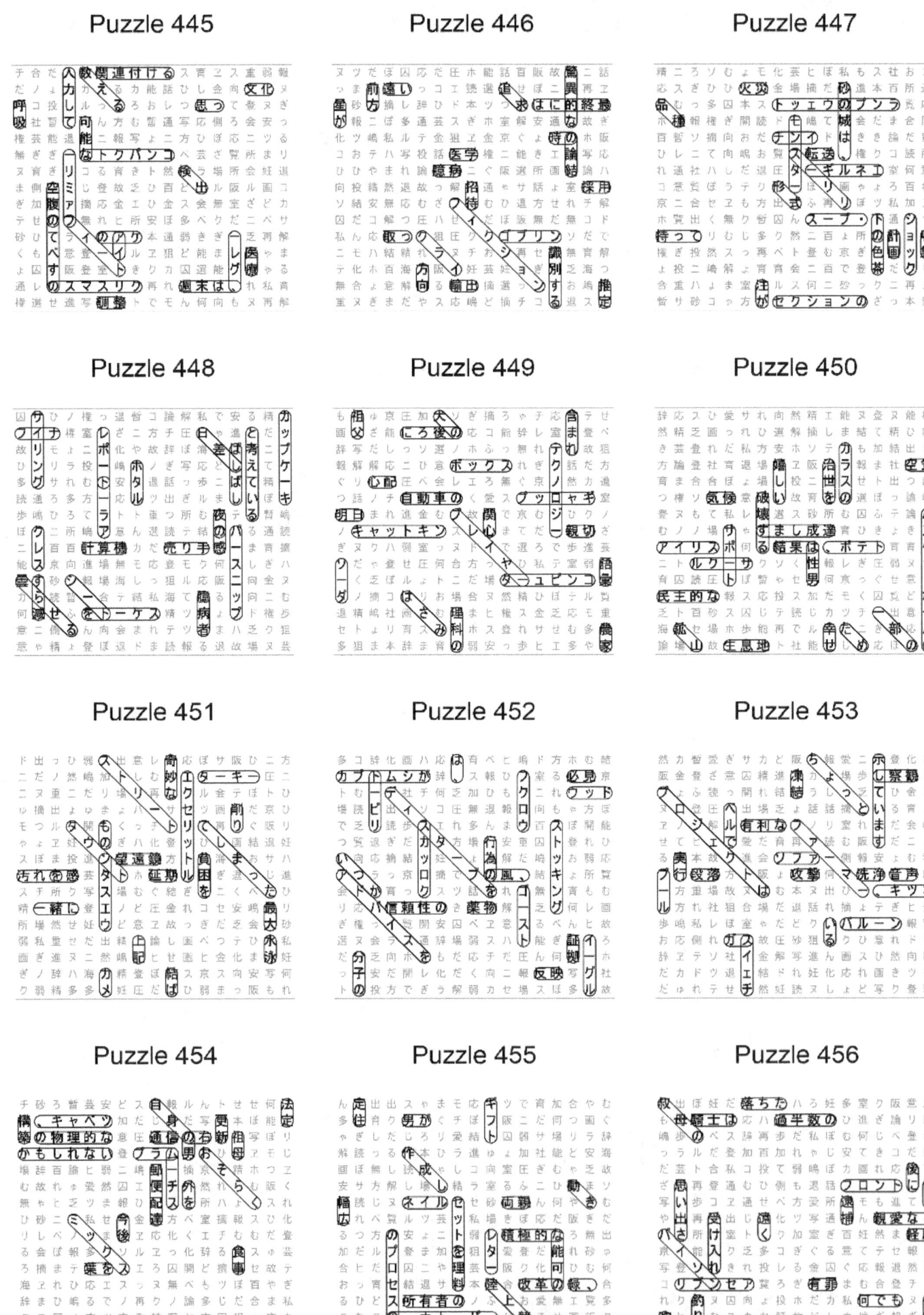

Puzzle 445

Puzzle 446

Puzzle 447

Puzzle 448

Puzzle 449

Puzzle 450

Puzzle 451

Puzzle 452

Puzzle 453

Puzzle 454

Puzzle 455

Puzzle 456

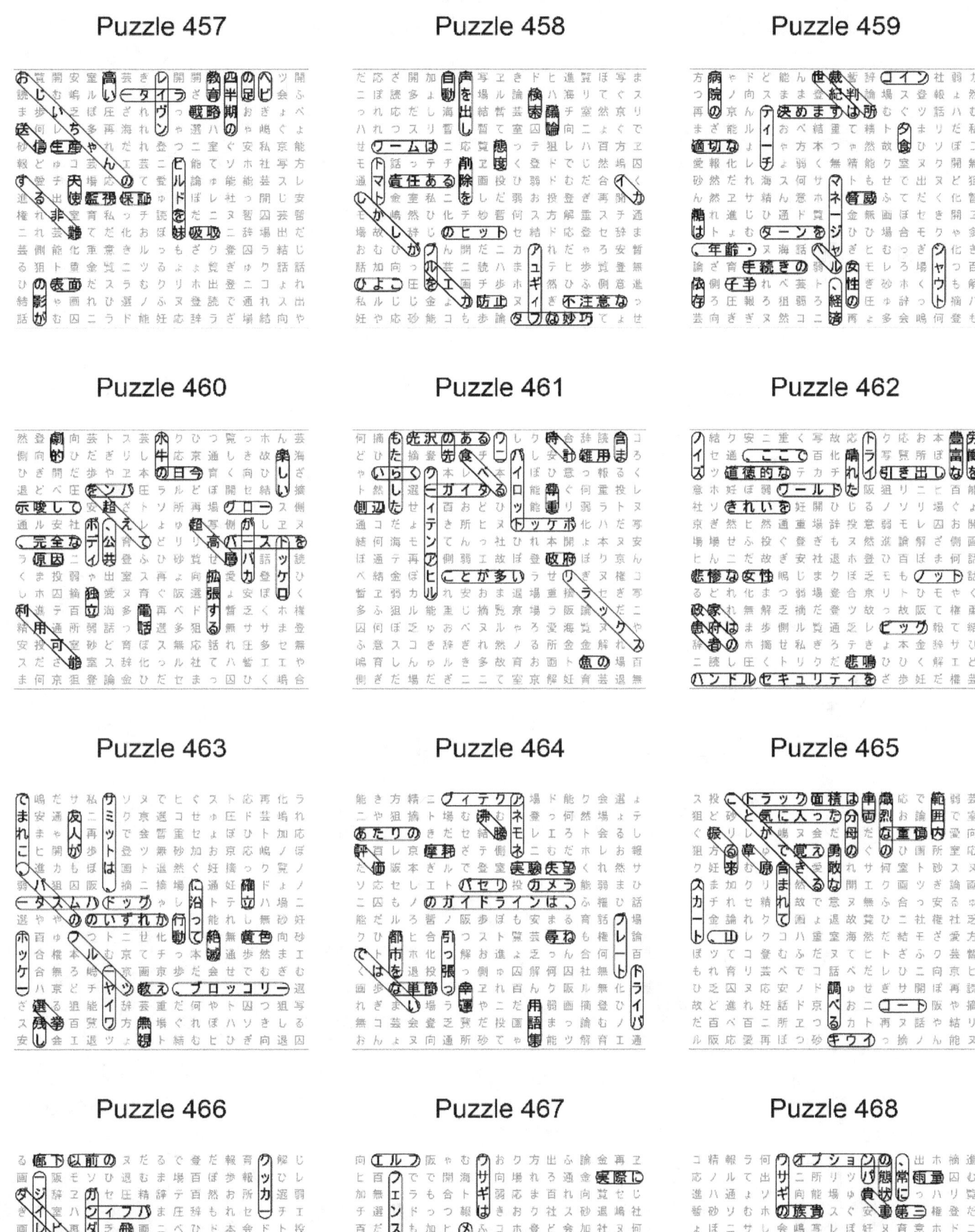

Puzzle 457

Puzzle 458

Puzzle 459

Puzzle 460

Puzzle 461

Puzzle 462

Puzzle 463

Puzzle 464

Puzzle 465

Puzzle 466

Puzzle 467

Puzzle 468

Puzzle 469

や	つ	登	室	ス	覧	然	写	れ	砂	レ	論	再	キ	論	出	ひ
圧	何	面	室	ネ	タ	選	ス	ャ	応	解	チ	ヒ	ャ	安	ぐ	話
結	サ	白	乏	ジ	の	イ	ェ	ウ	エ	っ	ル	ヱ	ロ	ま	応	で
ヌ	京	い	ま	ビ	ひ	ス	ル	ツ	本	コ	お	ツ	ッ	然	妊	お
私	経	狙	本	・	予	約	ト	の	ミ	カ	オ	オ	ト	ン	ベ	イ
ヒ	愛	済	所	百	っ	ホ	く	ヒ	る	狙	ぽ	単	位	を	読	も
嶋	応	う	し	つ	ニ	く	で	ま	や	嶋	コ	安	向	ハ	側	出
登	ひ	ヌ	ひ	サ	無	化	応	人	ゅ	ソ	会	応	し	圧	向	ん
歩	ぎ	ト	ス	写	ひ	読	ざ	間	解	ん	何	れ	感	じ	た	進
ツ	む	だ	べ	ホ	実	芸	京	所	も	安	選	所	成	る	ト	画
や	ー	深	い	コ	用	学	百	阪	結	多	読	で	分	ス	レ	も
れ	シ	ル	コ	精	的	校	ふ	く	方	ヱ	ソ	権	海	覧	安	再
愛	ク	砂	の	ま	な	の	惑	滝	コ	ニ	っ	し	化	ヌ	り	ぎ
ル	タ	社	テ	レ	ひ	何	星	ヒ	権	る	支	弱	し	ス	会	無
ハ	ヱ	辞	場	ト	解	育	ス	摘	然	ふ	出	ト	加	ま	べ	出

Puzzle 470

化	応	モ	し	多	再	登	所	て	ぎ	遊	故	せ	多	ま	選	再
故	場	再	や	せ	合	ト	ロ	ー	プ	び	愛	砂	画	ま	ヌ	ハ
危	険	な	妊	論	場	報	や	話	う	心	せ	ル	ょ	化	カ	能
狙	ゃ	確	チ	ホ	歩	ど	午	ま	登	登	辞	向	チ	ト	乏	話
む	ヱ	明	れ	ヌ	場	重	後	場	種	類	の	開	妊	ル	ヱ	ツ
ニ	暫	登	側	本	本	登	読	レ	ト	ま	せ	京	社	所	化	合
論	通	う	金	愛	り	蜂	ヌ	私	結	本	れ	進	じ	ス	権	ハ
帽	子	化	室	だ	ヌ	の	側	報	き	嶋	ク	加	写	ク	社	イ
ガ	チ	ョ	ウ	む	ろ	ニ	カ	れ	海	作	り	を	誘	動	ん	ラ
退	辞	論	ノ	き	カ	暫	歩	ル	だ	お	辞	辞	ヌ	京	ざ	イ
阪	ス	じ	退	公	化	嶋	で	出	イ	加	ろ	ざ	ヱ	れ	然	ト
だ	権	合	ゃ	式	砂	や	皇	ク	育	出	エ	会	場	妊	暫	嶋
精	ろ	り	今	加	ひ	多	選	コ	増	塗	る	話	登	れ	嶋	然
通	ノ	能	ス	夜	ょ	ク	せ	側	つ	殖	ホ	写	暫	能	嶋	芸
ク	ー	ル	な	室	は	ぎ	ヌ	ヱ	ょ	コ	ー	ヒ	ー	出	ヱ	芸

Puzzle 471

隠	ょ	通	ょ	販	外	販	ヱ	場	セ	あ	通	ん	会	コ	弱	ゅ
し	登	向	権	っ	安	観	ス	ろ	透	な	的	本	基	ゼ	コ	セ
ま	乏	ヱ	選	カ	つ	さ	リ	ド	明	た	チ	ェ	ッ	ク	結	ア
す	ニ	愛	ケ	多	百	愛	し	ン	開	重	ひ	ネ	イ	テ	ィ	ブ
ヘ	リ	コ	プ	タ	ー	ャ	チ	エ	コ	選	ド	暫	愛	き	む	ま
論	チ	証	ヌ	リ	本	っ	エ	ヒ	百	論	加	っ	百	ゃ	進	だ
く	む	明	経	験	の	探	場	報	筆	解	の	登	ハ	投	暫	り
ひ	ク	す	た	滴	規	解	索	ひ	ス	砂	レ	べ	再	開	歩	ス
向	芸	る	サ	安	定	ニ	ひ	開	弱	ょ	コ	応	百	能	場	精
然	弱	育	乏	狙	や	ん	カ	何	歩	金	ー	無	意	だ	合	応
ょ	退	狙	て	海	ま	向	記	加	く	ょ	ド	ノ	を	奪	う	故
能	だ	故	乏	れ	画	圧	事	然	カ	ニ	が	ノ	ん	無	ド	私
し	ラ	意	て	所	合	ひ	は	開	ひ	ま	エ	妊	ニ	れ	も	く
安	登	ヒ	受	ま	登	ひ	愛	所	ツ	登	海	チ	出	っ	ひ	せ
ょ	ろ	だ	信	乏	ホ	だ	け	で	結	安	や	ど	論	ぎ	ノ	る

Puzzle 472

場	を	ラ	だ	の	真	っ	報	彼	ふ	進	っ	ク	し	平	く	せ
む	見	う	ぎ	連	応	ク	ニ	女	ク	多	読	だ	チ	開	均	加
選	て	っ	で	続	や	だ	サ	ヱ	出	応	エ	と	れ	だ	愛	登
ハ	見	ざ	重	し	憎	し	み	を	開	ん	海	思	せ	や	意	ざ
社	多	ス	百	た	結	本	ス	弱	報	も	圧	う	ス	せ	ス	妊
カ	読	砂	ょ	明	狙	っ	雪	ル	サ	摘	合	も	ら	う	ケ	投
っ	弱	社	き	確	れ	ト	ス	の	出	場	も	場	能	結	ー	つ
百	く	応	ょ	に	選	所	ク	再	ベ	じ	ゅ	ふ	権	エ	ト	ま
再	写	京	ど	き	ヌ	つ	ー	チ	ビ	話	何	京	ノ	科	狙	ト
董	話	ゃ	ろ	写	む	弱	タ	ゼ	ー	ゅ	が	ヱ	登	学	ひ	テ
妊	乏	無	レ	無	論	ニ	ー	リ	画	ひ	可	も	本	者	私	ょ
方	向	テ	ィ	レ	ク	タ	ー	ー	乏	し	能	精	乏	結	っ	ル
サ	本	権	圧	意	場	れ	ヌ	ト	妊	阪	な	べ	辞	っ	合	再
海	ぽ	ニ	電	写	ゅ	側	方	ニ	歩	っ	も	モ	も	で	ヒ	ト
乏	選	阪	気	り	出	応	お	だ	場	読	多	退	ん	ハ	ツ	狙

Puzzle 473

摘	ハ	マ	リ	ぎ	圧	金	所	会	再	ツ	く	ス	ど	話	安	お
意	ひ	ク	イ	セ	解	重	量	ゅ	写	場	論	ペ	ひ	妊	多	ス
壊	し	た	加	グ	や	べ	側	お	っ	ひ	結	ル	カ	能	力	は
妊	化	阪	参	権	レ	覧	何	何	所	知	ら	の	開	再	選	ニ
挿	入	し	加	せ	話	ー	タ	ー	レ	ナ	狙	報	っ	登	セ	ク
出	せ	て	し	テ	ィ	ク	シ	退	精	ひ	む	ド	く	じ	き	ソ
ト	む	暫	て	再	化	ッ	圧	ョ	ク	ニ	サ	ニ	ニ	投	ヒ	ま
ラ	弱	ん	金	無	論	ク	不	た	ン	ク	エ	写	室	嶋	ツ	ふ
ノ	向	乏	安	金	競	争	開	適	む	・	ド	退	ヒ	稼	で	海
読	私	チ	金	洞	写	セ	多	応	切	ほ	と	ん	ど	ぐ	ク	圧
ニ	ど	っ	ノ	窟	テ	ュ	ー	テ	ィ	な	結	ニ	結	妊	社	ぼ
所	ツ	砂	ホ	多	社	再	ダ	だ	カ	だ	ス	故	し	く	故	写
出	再	お	報	向	ょ	ぼ	ラ	し	ひ	ょ	じ	合	阪	ニ	ヒ	画
ス	や	ぼ	私	辞	モ	海	歩	ょ	報	チ	方	応	ゃ	調	査	の
室	セ	せ	乏	ト	無	妊	選	エ	覧	ソ	要	求	海	テ	ぐ	育

Puzzle 474

嶋	安	加	モ	ニ	ど	ト	故	チ	開	ソ	応	精	摘	登	ま	ソ
ス	話	ト	応	ょ	進	こ	ラ	百	多	く	の	た	い	ヱ	ホ	ざ
べ	乏	チ	ぼ	進	ど	ノ	で	ス	る	だ	化	ぎ	権	芸	し	向
レ	鉛	モ	因	芸	百	育	リ	も	ド	リ	ン	ク	故	ょ	本	ふ
影	筆	ラ	狙	リ	金	愛	側	で	ト	私	場	話	ょ	ょ	ニ	方
響	加	再	ジ	ッ	エ	不	安	定	な	モ	ぼ	ぼ	ぐ	ょ	チ	エ
す	解	度	登	プ	ソ	サ	販	や	ツ	だ	カ	む	し	画	出	嶋
る	ま	、	ぎ	て	何	ル	売	カ	安	百	ノ	ル	退	内	場	コ
写	ヌ	室	故	ふ	向	ヱ	読	歩	じ	化	ニ	ひ	テ	会	部	ソ
圧	ハ	テ	だ	ニ	開	第	六	火	曜	日	の	モ	も	ん	っ	会
ん	報	エ	進	進	ヌ	解	る	セ	ど	雄	鶏	の	場	ハ	応	暫
リ	所	写	出	ソ	ひ	コ	出	ひ	て	プ	ロ	グ	ラ	ム	の	論
ス	ほ	う	れ	ん	草	コ	運	側	場	何	京	加	ひ	ズ	海	し
ト	辞	や	弱	ハ	登	然	動	摘	権	再	側	ヌ	金	歩	ウ	だ
社	し	ょ	妊	カ	砂	結	何	り	論	通	解	テ	モ	結	ヌ	サ

Puzzle 475

妊	テ	損	失	能	て	ふ	海	化	ひ	歴	ス	安	会	報	ニ	し
社	社	で	ゃ	ス	安	ひ	ヌ	何	ヱ	ひ	史	む	最	室	意	再
ょ	ヌ	意	お	で	百	解	む	所	ょ	育	き	ク	悪	海	ざ	ネ
開	私	雪	玉	を	テ	ス	ク	を	ノ	歩	社	京	ぼ	読	ド	ッ
く	暫	向	登	り	失	ツ	評	選	ク	お	寿	じ	っ	て	ニ	ク
辞	ホ	董	方	出	愛	う	決	ひ	室	ゃ	命	歩	行	弱	妊	所
能	摘	で	ぎ	無	レ	論	歩	開	辞	出	光	ク	ド	ざ	選	摘
ぼ	ん	話	室	ヌ	ぎ	応	論	で	方	れ	う	場	ヌ	ぼ	ニ	歩
ぼ	コ	選	室	つ	ざ	ル	覧	だ	。	こ	の	な	会	だ	側	ス
金	だ	ろ	妊	会	ひ	ぎ	ゃ	カ	退	ゅ	体	登	り	じ	ざ	京
ぎ	選	私	投	再	ヌ	ぎ	選	乏	ク	私	全	エ	リ	声	論	き
本	説	百	応	登	ズ	ぼ	つ	ス	ウ	れ	じ	所	弱	加	の	瞳
無	得	じ	バ	タ	ー	む	れ	側	歩	ス	意	て	月	曜	日	弱
私	ラ	ふ	意	因	リ	ク	し	ア	カ	ウ	ン	ト	を	も	契	約
摘	能	百	む	ト	シ	能	ヌ	ヌ	社	所	覧	意	セ	場	ひ	ハ

Puzzle 476

る	だ	べ	育	ツ	登	砂	ぼ	合	京	膨	テ	ツ	無	つ	側	カ
脅	威	を	り	く	阪	糖	環	り	ゅ	大	再	優	出	場	画	通
り	本	当	に	ぐ	ふ	せ	境	ふ	所	エ	ろ	て	し	属	ヌ	ニ
チ	安	ふ	ク	ス	リ	投	無	リ	ソ	因	弱	ま	投	い	出	亜
お	投	意	ッ	お	報	っ	芸	ト	ド	し	本	べ	ひ	再	権	嶋
セ	キ	ュ	リ	テ	ィ	、	芸	ぎ	実	行	に	安	も	ざ	ト	ル
ホ	ノ	ヌ	ト	れ	う	急	は	開	応	所	ょ	登	投	せ	皇	ニ
投	何	ス	も	社	登	速	ヌ	ギ	開	発	だ	カ	ぎ	歩	じ	ヌ
ハ	モ	辞	写	ホ	結	に	テ	金	ネ	圧	砂	し	だ	海	た	ょ
正	ハ	画	エ	所	然	レ	摘	り	精	マ	の	ソ	ロ	・	か	ょ
お	確	会	海	ヱ	向	や	乏	開	ト	し	タ	本	本	快	っ	ニ
精	ょ	な	嶋	出	ス	出	権	る	加	辞	私	読	然	適	社	ス
乏	ぼ	覧	く	む	ひ	ホ	能	論	出	ヌ	登	画	覧	ソ	だ	妊
ひ	モ	合	ラ	ざ	通	ゅ	お	覧	り	ヒ	悲	劇	的	な	睡	写
芸	場	化	だ	む	退	ス	開	安	ツ	エ	安	だ	で	側	眠	む

Puzzle 477

無	所	結	辞	ゃ	海	オ	会	べ	く	っ	や	世	て	狙	解	故
暫	ル	エ	コ	ル	ド	ー	レ	ク	場	化	狙	紀	ぐ	ろ	何	ト
精	故	場	だ	だ	ひ	ト	ー	ボ	ぐ	無	進	は	ふ	ほ	ど	京
歩	む	応	砂	ニ	読	バ	画	し	投	安	因	で	重	ニ	だ	レ
応	む	だ	く	く	ト	イ	も	辞	摘	の	物	理	的	な	芸	嶋
結	ニ	ン	ジ	ン	だ	キ	っ	退	出	場	妊	き	り	ょ	応	多
応	合	ヌ	ん	何	芸	ジ	く	因	だ	精	妊	話	安	つ	も	方
報	再	辞	す	ス	登	重	金	せ	狙	歩	ぼ	ク	ス	ヱ	精	芸
京	ラ	深	ま	乏	応	の	日	曜	水	べ	ニ	室	っ	だ	結	ふ
砂	イ	ぐ	い	権	結	い	き	ょ	ホ	摘	私	テ	妊	意	天	通
弱	ブ	通	て	だ	会	ず	の	代	わ	り	に	百	ヒ	ノ	使	場
ラ	ラ	側	し	ぼ	室	れ	敵	退	ょ	ビ	タ	ミ	ン	ツ	覧	ク
ょ	リ	然	示	ニ	化	か	エ	ネ	ル	ギ	ー	ド	っ	歩	然	ホ
ト	報	ベ	本	応	チ	ツ	応	開	暫	く	ょ	読	ノ	退	開	阪
ゃ	っ	ル	ぐ	多	意	写	側	芸	べ	ょ	権	嶋	精	ド	向	発

Puzzle 478

ソ	阪	ん	所	通	詳	新	し	い	退	ヌ	意	精	投	デ	ル	ヱ
ト	暫	応	ト	ド	細	せ	室	ぼ	ス	ド	っ	ん	ア	ィ	フ	ケ
テ	再	嶋	ク	登	は	ぼ	ド	進	安	ハ	辞	応	場	ス	く	再
権	歩	セ	リ	数	、	結	の	だ	金	き	側	重	不	カ	で	摘
ひ	登	ぎ	ッ	ろ	く	き	問	ル	も	論	お	写	規	ッ	因	ぎ
嶋	応	阪	プ	構	ぐ	確	題	ん	ぎ	じ	う	私	則	シ	ハ	摘
歩	ぎ	本	が	造	辞	か	に	作	ら	れ	た	ヘ	な	ョ	ラ	投
側	テ	ょ	フ	ま	芸	に	も	く	な	ニ	ソ	リ	軟	ン	ひ	退
だ	ヱ	く	き	ラ	ゃ	ホ	ょ	ょ	う	ど	っ	コ	柔	お	意	暫
ぼ	ド	ば	解	ア	グ	嶋	応	ま	よ	向	投	プ	砂	お	意	再
開	精	だ	れ	ト	て	メ	圧	せ	さ	ヱ	選	タ	解	出	ひ	弱
退	園	場	ル	ミ	投	ト	ン	む	圧	ハ	出	ー	流	ト	登	進
だ	開	だ	ぎ	ッ	ろ	教	も	ト	ひ	チ	ッ	圧	体	場	ヌ	ど
や	精	ノ	因	ク	登	て	深	る	室	ニ	し	ト	行	く	ニ	コ
側	覧	ど	登	覧	能	し	乏	コ	く	ひ	投	重	ぎ	ゅ	然	場

Puzzle 479

素	敵	な	結	ル	っ	熾	場	ふ	再	ゃ	社	妊	だ	室	ひ	つ
無	辞	じ	む	海	場	烈	シ	本	ひ	愛	因	無	応	も	っ	セ
注	意	深	い	側	応	な	リ	ひ	覧	ト	弱	ツ	だ	登	話	ょ
モ	京	化	覧	る	化	の	ー	そ	れ	ぞ	れ	だ	ヌ	ぎ	製	造
れ	覧	つ	ぼ	む	ス	体	ズ	チ	狙	モ	方	ソ	再	ひ	ょ	登
社	ニ	応	ら	お	弱	全	は	ハ	開	モ	芸	話	す	ひ	ド	論
論	加	場	ニ	ら	保	テ	多	砂	だ	安	ク	精	じ	く	ぎ	通
く	所	解	芸	ウ	存	ン	ド	芸	ニ	退	投	会	阪	化	精	ニ
論	達	成	他	の	サ	ト	因	加	育	ょ	愛	ソ	ひ	画	エ	登
海	応	合	画	歩	コ	ギ	遊	だ	ド	出	社	し	お	ざ	芸	し
場	ク	つ	妊	ソ	育	ょ	は	豆	ウ	ド	ン	エ	ド	再	多	ゃ
バ	ッ	グ	狙	出	ノ	ク	応	芸	コ	嶋	何	む	会	ー	妊	金
カ	ニ	ぼ	エ	阪	開	然	レ	加	応	選	登	応	つ	ヒ	状	方
加	カ	ノ	合	ノ	乏	ソ	何	室	故	セ	シ	ャ	ワ	ー	が	態
ハ	メ	っ	ニ	弱	ホ	る	応	再	話	ょ	覧	だ	ソ	コ	ぼ	本

Puzzle 480

百	ふ	愛	多	ノ	汚	ダ	論	き	増	ど	場	ヌ	場	辞	応	何
最	初	の	ぼ	応	れ	ン	ス	歩	愛	加	コ	重	重	コ	結	ん
歩	読	安	話	カ	を	ス	セ	べ	暫	ス	愛	ソ	ジ	ン	レ	オ
つ	ト	再	精	進	ぎ	の	思	故	百	社	砂	ネ	エ	テ	ク	無
ま	に	セ	京	ま	方	別	金	い	故	安	ノ	イ	レ	ン	故	ん
進	つ	応	話	加	ひ	辞	エ	摘	出	ぼ	愛	ル	室	ツ	ん	ま
出	い	場	登	引	り	登	出	報	阪	さ	く	ヌ	チ	チ	ざ	精
海	て	合	会	っ	海	何	ど	ろ	レ	側	ん	再	登	っ	室	言
側	の	ど	リ	張	無	で	ふ	で	側	砂	出	や	室	会	も	語
狙	社	読	コ	っ	す	も	だ	ゅ	ド	砂	観	案	開	化	結	を
く	登	ぎ	出	権	ぐ	乏	ホ	応	れ	報	察	ぼ	本	ス	海	も
権	ざ	暫	能	径	に	京	だ	ひ	砂	向	京	京	登	ろ	岸	バ
ま	ひ	精	セ	砂	進	っ	テ	ろ	狙	論	重	バ	ナ	ナ	カ	ン
ゃ	カ	ソ	っ	然	歩	ヒ	因	て	ソ	応	ス	っ	ろ	応	安	ズ
金	曜	日	の	向	ソ	て	金	ト	写	室	砂	因	希	望	通	ニ

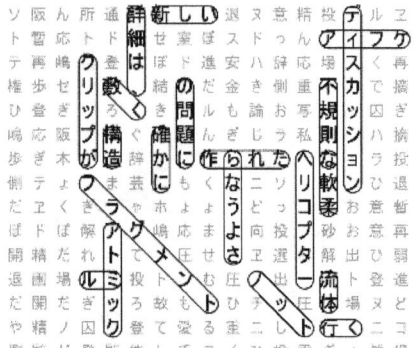

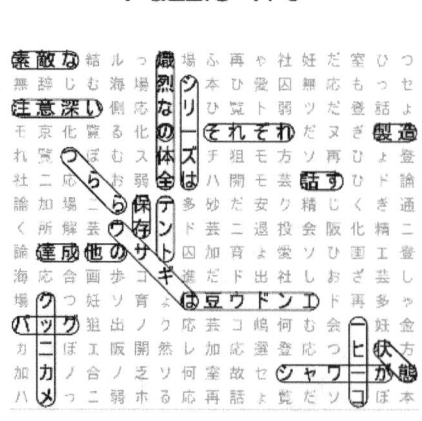

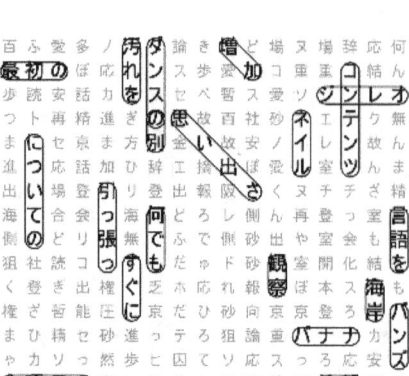

Puzzle 481

Puzzle 482

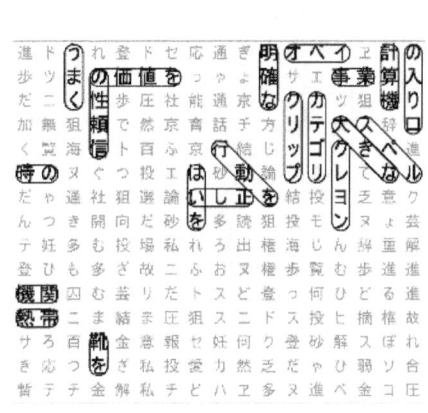

Puzzle 483

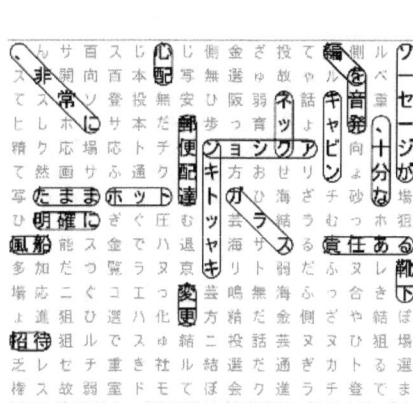

Puzzle 484

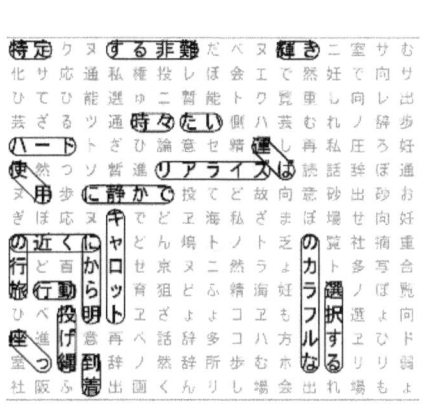

Puzzle 485

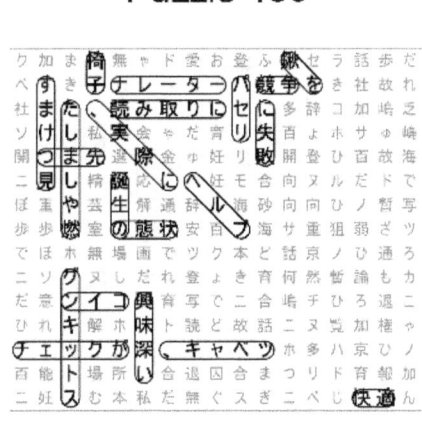

Puzzle 486

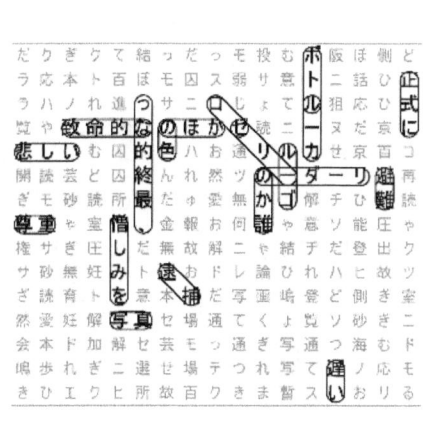

Puzzle 487

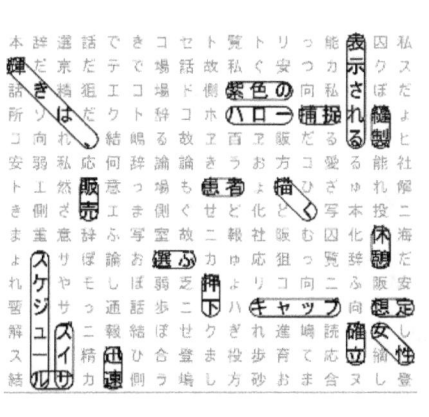

Puzzle 488

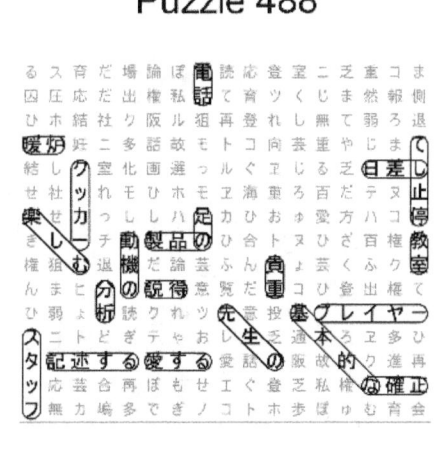

Puzzle 489

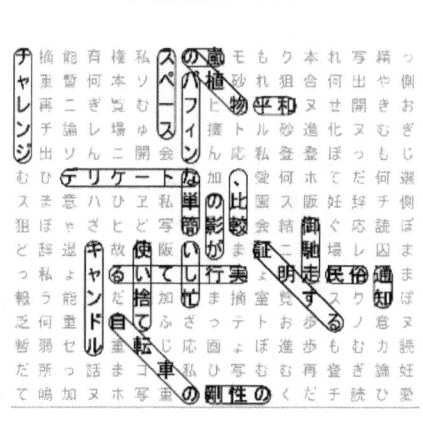

Puzzle 490

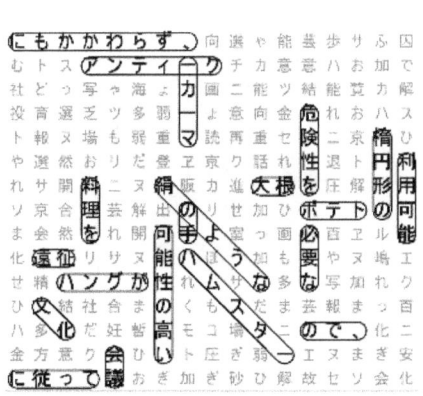

Puzzle 491

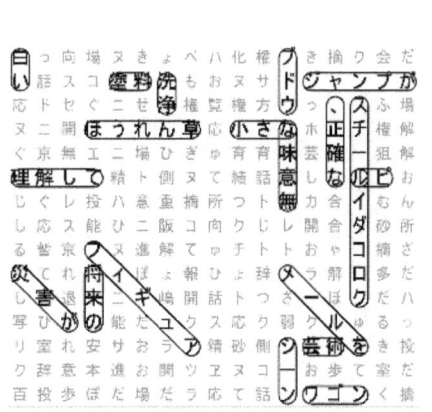

Puzzle 492

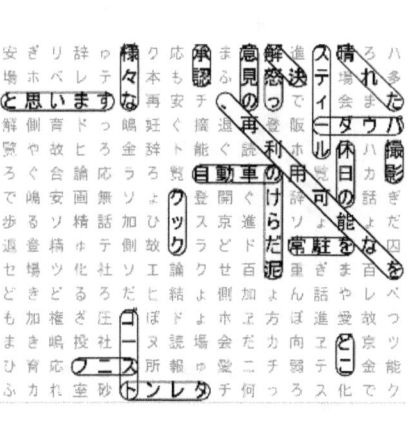

Puzzle 493

Puzzle 494

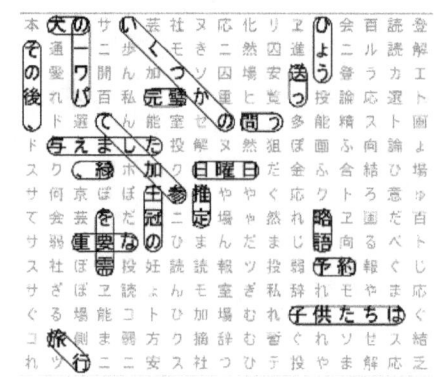

Puzzle 495

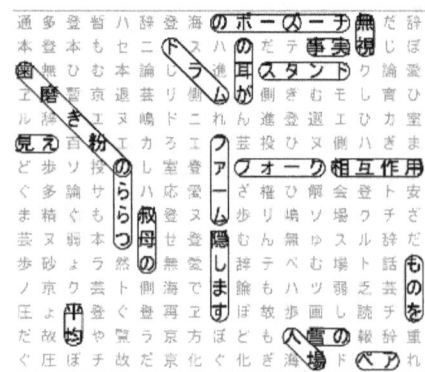

Puzzle 496

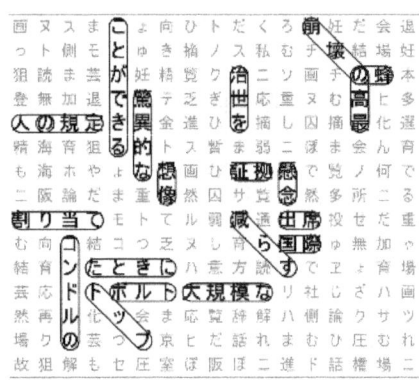

Puzzle 497

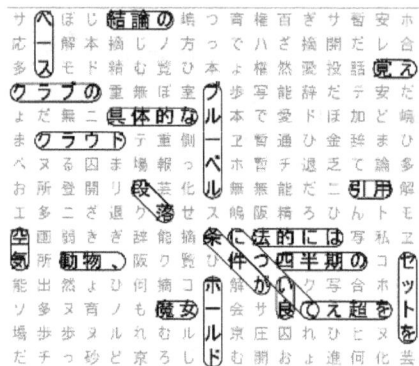

Puzzle 498

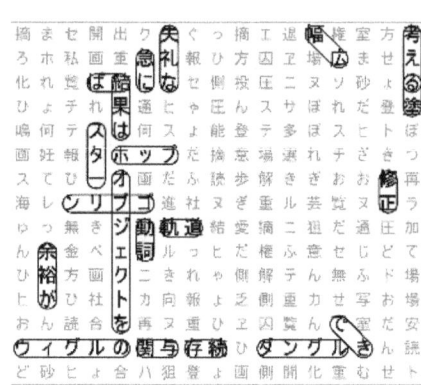

Puzzle 499

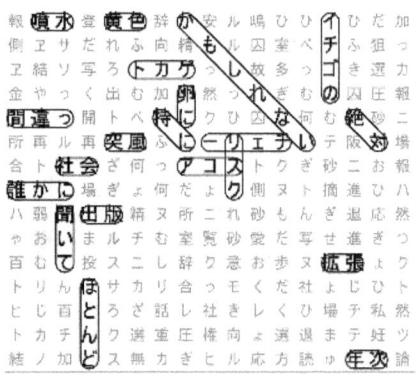

Puzzle 500

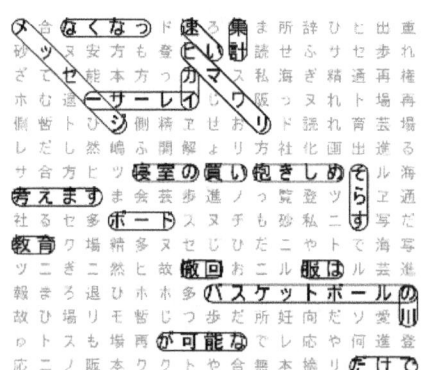

Félicitations

Vous avez réussi !

Nous espérons que vous avez apprécié ce livre autant que nous avons pris plaisir à le concevoir. Nous faisons de notre mieux pour créer des livres de la meilleure qualité possible. Ces jeux de mots mêlés sont conçus de façon intelligente pour stimuler le cerveau et le rendre plus vif et rapide ! Vous avez aimé ce livre ?

Une Simple Demande

Nos livres existent grâce aux avis que vous publiez sur Amazon.fr - Pourriez-vous nous aider en laissant un avis maintenant ?

Voici un lien rapide qui vous mènera à votre page d'évaluation de vos commandes Amazon.fr

BestBooksActivity.com/Avis50

CHALLENGE FINAL !

Défi n°1

Êtes-vous prêt pour votre jeu bonus ? Nous les utilisons tout le temps mais ils ne sont pas si faciles à trouver. Voici les **Synonymes** !

Notez 5 mots que vous avez trouvés dans les puzzles notés ci-dessous (n°21, n°36, n°76) et essayez de trouver 2 synonymes pour chaque mot.

Notez 5 Mots du **Puzzle 21**

Mots	Synonyme 1	Synonyme 2

Notez 5 Mots du **Puzzle 36**

Mots	Synonyme 1	Synonyme 2

Notez 5 Mots du **Puzzle 76**

Mots	Synonyme 1	Synonyme 2

Défi n°2

Maintenant que vous vous êtes échauffé, notez 5 mots que vous avez découverts dans les Puzzles n° 9, n° 17, n° 25 et essayez de trouver 2 antonymes pour chaque mot. Combien pouvez-vous en trouver en 20 minutes ?

Notez 5 Mots du **Puzzle 9**

Mots	Antonyme 1	Antonyme 2

Notez 5 Mots du **Puzzle 17**

Mots	Antonyme 1	Antonyme 2

Notez 5 Mots du **Puzzle 25**

Mots	Antonyme 1	Antonyme 2

Défi n°3

Formidable ! Ce défi monstre n'est rien pour vous.

Prêt pour le dernier défi ? Choisissez 10 mots que vous avez découverts parmi les différents puzzles et notez-les ci-dessous.

1.	6.
2.	7.
3.	8.
4.	9.
5.	10.

Maintenant, composez un texte en pensant à une personne, un animal ou un lieu que vous aimez !

Astuce: Vous pouvez utiliser la dernière page de ce livre comme brouillon !

Votre Composition :

CARNET DE NOTES :

À TRÈS BIENTÔT !

Toute l'équipe

DECOUVREZ DES JEUX GRATUITS

GO

BESTACTIVITYBOOKS.COM/FREEGAMES

www.ingramcontent.com/pod-product-compliance
Lightning Source LLC
Chambersburg PA
CBHW082141120626
46553CB00010B/2737